ソーシャル・イノベーションを理論化する

切り拓かれる社会企業家の新たな実践

高橋勅徳・木村隆之・石黒督朗【著】

文眞堂

緒言
本書の目的と問題意識：
ソーシャル・イノベーションの理論化を目指して

　本書の目的は，ソーシャル・イノベーションを担う社会企業家の実践を，経営学の知見に基づく先行研究の理論的再構築と，そこから導かれる新たな理論的視座と分析枠組みに基づいた事例分析を通じて社会企業家の新たな実践を明らかにしていくことにある。

　本書のこのような研究目的は，ソーシャル・イノベーションを担う社会企業家を巡る議論の混乱が，ソーシャル・イノベーションという現象そのものを見失わせているという，問題意識にもとづいている。そこで本書ではまず，ソーシャル・イノベーション研究における社会企業家の捉えられ方を俯瞰していくことで，この研究領域の混乱がもたらす理論的・実践的課題を明らかにしていきたい。

　社会企業家は，政治家とも運動家とも異なる，新たな社会変革——ソーシャル・イノベーションの担い手として提唱された (e.g., Giddens, 1998, 2000；Yunus, 2007)。社会企業家は営利・非営利の事業を構築していくことで社会問題を解決に導く。例えば貧困問題を対象とした場合，一方でグラミン銀行を創設したユヌスのように，金融システムの不全に貧困の原因を見出し，マイクロファイナンス事業の構築という市場メカニズムを通じて解決を図るものから，他方で福祉制度からの排除に貧困の原因を見出し，貧困者と既存の福祉制度を繋ぐ非営利組織を社会政策に取り込んでいくことで解決を図る欧州各国 (e.g., Bhalla and Lapeyre, 2004) のように，そのバリエーションは多様性に満ちている。

　この社会企業家によるソーシャル・イノベーションの実践は，その多様性故に社会問題を取り扱う既存研究とのズレを生み出し続けていることに，改めて

注意していく必要があると本書は考える。

　例えば，公共政策の領域において社会問題への対応を求められるのは専ら公的組織であった。ところが，先行研究では公共政策そのものが社会的排除（social exclusion）を生み出し，既存の制度では解決し得ない社会問題の存在を浮き彫りにする。その上で，社会企業家を社会問題解決のエージェントとして政策的に取り込んでいくことで，構造的解決を実現していくことを求める（e.g., Evers and Laville, 2007）。

　他方で，従来は社会問題の解決を目指す際，市場とは社会問題を産み出す社会的排除の源泉であり，市民の連帯を通じた社会運動を通じて政治的に働きかけ，最終的には議会を通じた制度改革を目指すという，民主主義的な手続きを通じた解決が目指されてきた（e.g., 長谷川編，2001）。しかし社会企業家研究は，市場メカニズムそのものに，社会問題を解決して行くダイナミズムを見出していく（Giddens, 2004，邦訳，93-94頁）。

　このように社会企業家によるソーシャル・イノベーションの実践は，既存研究が自明視してきた社会問題の解決に係る諸々の手段から軽やかに逸脱しつつ，従来には無いソリューションを提供してきたことで，多くの研究者の耳目をひきつけてきた。ソーシャル・イノベーション研究および社会企業家研究が，現場で生じる多様な実践に注目する様々な分野（政治学，行政学，経済学，社会学，経営学）の研究者によって，研究蓄積が進められてきたことは当然のことであるといえるだろう。

　とはいえ，ソーシャル・イノベーション研究や社会企業家研究が現場主導型の学際的研究であったとしても，この研究領域に参加する各研究者の持つ認識前提や理論的体系から自由になれるわけではない。むしろ，各研究領域の研究者が持つ認識前提や理論的体系は，ソーシャル・イノベーションを担う社会企業家の多様な実践を見えづらくしてしまう。一方で，行政学や社会学を基盤とする研究者にとっては，営利企業を構築し市場メカニズムを通じた社会問題の解決を図る社会企業家は，その実，新たな社会的排除を生み出し，ソーシャル・イノベーションという美名のもとで新たな社会問題の発生を覆い隠す悪事として捉えられる（e.g., Karim, 2008）。他方で，経営学（組織論）を基盤とする研究者にとっては，行政学者や社会学者が目指す社会企業家の政策

的な取り込み（e.g., Borzaga and Deforny, 2001）は，ソーシャル・イノベーションの源泉である人々の企業家精神を抑制する障壁に映る（e.g., Taylor and Warburton, 2003）。

このような研究者間の認識前提と理論体系の違いに基づく現象理解のズレは，我々が眼前で捉える社会企業家の実践が正統であるか否かを問う神学論争を生み出し，現場と政策立案が研究者間の代理戦争の場となり足を引っ張りかねない。これが本書を執筆するにあたっての，最大の問題意識である。今，求められるのは，社会企業家がどのような社会的基盤のもとで成り立っているのかについての問い直しを通じて，このような神学論争や代理戦争を超克し，社会企業家を独自の論理体系を持つ固有の研究領域として再構築していくこと，すなわちソーシャル・イノベーションを理論化していくことであると考えられる。

ソーシャル・イノベーションという灯火と英雄としての社会企業家

先行研究が指摘してきたように，社会問題が，既存の諸制度から不可避に産み出される陰―社会的排除―として生じるのであれば，社会問題の解決とはその陰を取り払う輝きを産み出す必要がある。いわば，我々が捉えようとする社会企業家とは，社会問題を起点としつつ，市場，行政組織，地域社会，法体系といった諸制度の陰をソーシャル・イノベーションという灯火で払拭する英雄であると言えるだろう。それは，社会問題の解決を目指して未だ市場化されていない領域をソーシャル・ビジネスの創出を通じて接続していく行為であり（e.g., Drucker, 1990），様々な制度当局が持つ資源と権限にアクセスし，新たな組み合わせを模索することで自助努力による困難の克服が不可能であった人々を支援する，持続可能な事業の構築である（e.g., Kanter, 1999）。

しかしながら，社会企業家の作り出す灯火は，その輝き故に不可避に新たな陰を産み出す（e.g., Kharn, Munir and Willmott, 2007）。ソーシャル・イノベーションや社会企業家を巡る学術界の神学論争とは，この新たな陰を産み出す灯火の是非を論じているに過ぎない。この新たな陰の是非を問う神学論争は，社会企業家という実践そのものの否定に繋がりかねない。兎にも角にも，

社会企業家が作り出す灯火に照らされることで，救われる人々は必ず存在し，その灯火はこれまでに無い輝きを見せている。我々は論争の前に，ソーシャル・イノベーションや社会企業家という概念が示す灯火に惹かれて，この研究領域に関与してきたという，基本に立ち戻らねばならない。

ただし，現場に根付きながら，社会企業家の実践を全て肯定するのがソーシャル・イノベーション研究もしくは社会企業家研究ではないということは，改めて注意を喚起しておく必要があるだろう。この研究領域が社会問題の解決に関与する研究領域である限り，その倫理的妥当性を問わず，現場を全面的に肯定する形で現象に対峙することはできない。それは，社会企業家が作り出す灯火の輝きに目を奪われ，陰の存在を忘却しているに過ぎない。同様に，自ら信奉する倫理や社会性の下で，社会企業家の実践を悪と断じることも出来ない。それは，社会企業家が産み出す灯火に目をつぶり，救われる人々を無視することである。

本書の第5章で詳細に論じるように，ソーシャル・イノベーションや社会企業家を巡る神学論争とは，それぞれに依拠する学問領域が歴史的に信奉してきた思想的背景に基づき，社会企業家の正しさを問う議論であった。だとすれば，ソーシャル・イノベーション研究および社会企業家研究の未来は，自らが信奉する思想の下で現場を一方的に肯定／否定するのではなく，社会企業家というエージェンシーを求める社会の根幹を見据えた上で，社会企業家の作り出す灯火と不可避に産み出す新たな陰をすべて受け入れた先にこそある，と筆者たちは考える。

このような認識論的前提に立って初めて，社会企業家の多様な実践を通じて現在進行形で産出され続けるズレを既存研究とその先に不可分に接続されている諸制度の限界を示すものとして受け入れ，より良き社会を目指した理論と実践を求める研究領域として，ソーシャル・イノベーション研究および社会企業家研究を再構築していくことが可能となる。これこそが，ソーシャル・イノベーション研究および社会企業家研究を，固有の理論的体系を持つ研究領域として展開を図る，最大の理論的・実践的意義であると筆者らは考える。社会企業家が作り出す灯火が産み出す光と陰を，理論と実践の貢献と限界を示す羅針盤と受け入れた先に，ソーシャル・イノベーション研究及び社会企業家研究の

未来が在ると考えられるのである。

本書が想定する読者層

　本書の第1章で詳細に論じているように，ソーシャル・イノベーション研究および社会企業家研究という研究領域は，社会企業家として捉えていく固有のロジックを共有しつつ，多様な学問領域の研究者が学際的に参加する学際的な研究領域として形成されてきた。言うなれば，社会企業家によるソーシャル・イノベーションを問うという固有のロジックのもとで，現象と不可分に結びついた各研究領域の持つ理論的・政策的課題を捉え，解決への途を探索していくソーシャル・イノベーションの理論化を通じてはじめて，この研究領域の持つ本来的な理論的含意を獲得し得ると本書は考えている。

　このソーシャル・イノベーション理論化を試みていくにあたって本書では，以下の3種類の読者層を想定している。

　第一に，ソーシャル・イノベーションおよび社会企業家を研究対象とする研究者である。この研究領域は，社会企業家を鍵概念としつつ，多様な理論的背景を有する研究者が参加する学際的領域として成立しているが故に，一方ではそれぞれの持つ理論的関心から参加できる敷居の低さがあると共に，他方では研究領域に固有の理論体系を見通すことが出来ないという難しさを有する。本書では経営学（主として企業家研究，公共経営論，経営倫理研究）における先端的研究に基づき，ソーシャル・イノベーションおよび社会企業家研究の持つ固有のロジックを明らかにすると共に，先行研究の理論体系を経験的研究とともに再構築を試みている。

　経営学を専門としない読者にとって，経営学の立場から社会企業家やソーシャル・イノベーションに関する先行研究の再構築を試みることは，乱暴な作業に思えるかもしれない。しかし，ソーシャル・イノベーションと社会企業家は企業家精神（entrepreneurship）をコアとして戦略的に構築された概念である。Schumpeter (1927) を端緒とする企業家概念を鍵概念の一つとして研究を蓄積してきた経営学は，常に制度と実践のダイナミズムを問うてきた（e.g., 桑田，2015）。先行研究においても多様な研究領域の研究者が，経営学の理論

や概念を（時には誤解含みで）利用し，社会企業家に迫ろうとしてきた。それ故に，経営学は社会企業家概念の持つ固有の理論的含意を問い直していく入り口となり得るとともに，経営学を参照することで解決可能な理論的課題と，見通すことの出来る新たな理論的地平があると考えられる。

　第二に，ソーシャル・イノベーションや社会企業家を学ぶ学部生・大学院生にも読んでいただきたい。本書では，ソーシャル・イノベーション研究，社会企業家研究の主要な研究成果を，経営学の観点から再体系化を試みている。各セッションの冒頭（1章，5章，9章）において米国における新自由主義学派，欧州を中心とした社会政策学派，そして双方に影響をうけつつ独自の体系化が進みつつある我が国の研究を踏まえて，それぞれ企業家研究，公共経営論，経営倫理論の立場からこの研究領域の持つ固有のロジックに基づく新たな理論的視座を明らかにしていく。これらの論考を通じて，この研究領域を学ぶ際に必要とされる諸概念の理解を深めていくことができる。

　更にこの研究領域は，現象と不可分に結びついた既存研究の理論的・政策的論考に対して，ソーシャル・イノベーションや社会企業家という概念を通じて見出される現場での実践を通じて再考していくことで，より良き社会の実現を目指す研究実践を蓄積してきた。この意味で，ソーシャル・イノベーションおよび社会企業家研究を学ぶということは，各現象に根付いた様々な研究領域の議論を批判的に学んでいく必要がある。本書で取り上げる各事例は，我が国におけるソーシャル・イノベーションの先端的事例であると共に，各事例が根付いている各研究領域（例えば，まちづくり研究，市町村合併研究，農業経営論）を社会企業家研究の持つ固有のロジックのもとで，具体的なフィールドワークを通じて再検討していく。本書は社会企業家という概念を用いて，ソーシャル・イノベーションの現場に向かい研究を展開していくことで，アカデミックな理論的貢献を目指す学生諸氏の礎になりうる。

　第三に，本書はソーシャル・イノベーションに関わるビジネスパーソンや行政パーソン，社会企業家を目指す社会人一般にもぜひ手にとって頂きたい。

　本書で取り上げる各事例研究は，専門学術誌での査読をくぐり抜けた理論的研究であるとともに，首都大学東京大学院社会科学研究科ビジネス・スクールでの講義「ビジネスイノベーション特別演習」および，九州産業大学経営学部

「中小企業論」,「ベンチャービジネス論」,更には内閣府地方創生事務局による「地方創生カレッジ事業」[1]での映像教育で用いられてきた。各事例から見出される発見事実は,この研究領域への理論的意義を有するだけでなく,新たなソーシャル・イノベーションを目指した実践を導く元型（archetype）として鍛え上げられたものである。本書は研究書であるとともに,現場と研究を教育で繋ぐツールとしても構想された。本書を通じて読者が得る知見が,ソーシャル・イノベーションの新たな実践の地平を切り開いていくことを期待している。

本書の構成

ソーシャル・イノベーションおよび社会企業家の理論的・経験的研究を展開していくにあたって求められるのは,なぜ,現代社会において社会企業家という概念が求められるのかという,理論的根拠から問い直していくことであるだろう。一方で貧困問題を営利事業の構築を通じて解決して行く試みは,他方で貧困者を利用して利潤を得る貧困ビジネスの主でもある。あるいは,一方で環境問題に対して,複数の省庁から獲得した補助金や助成金を組み合わせることで新たなソリューションを提供していく非営利組織は,他方で補助金や助成金の想定外利用を行うグレーゾーンの住人でもある。このような社会企業家の実践を,特定の研究領域が信奉するロジックのもとで肯定／否定するのではなく,なぜ,社会企業家という実践が正統に認められるのか,という理論的基盤を確定していくことから始めなければならない。

そこで Session 1「英雄としての社会企業家」では,企業家精神が正統化された現代社会において,より良き社会を目指しイノベーションを目指し続ける英雄としての社会企業家という理論的基盤を構築していくことで,社会企業家の個別具体の行為戦略を捉えていく研究領域として,社会企業家研究を再構築していくとともに,具体的なフィールドワークから発見事実として見出される社会企業家の具体的な行為が持つ,既存研究に対する理論的貢献を明らかにしていきたい。

第1章では,社会企業家研究を社会的排除と価値創造という鍵概念から整理

した上で，この研究領域が社会企業家という英雄的概念を求めた経緯から迫ることで，この研究領域が持つ固有の理論的視座を明らかにしていく。

　社会企業家研究は，既存の諸制度が不可避に産み出す社会的排除が，社会問題の根源にあると見なしてきた。それ故，社会問題の解決には諸制度の変革，すなわちソーシャル・イノベーションが必要不可欠となる。その際，選挙や議会などの民主主義的な手続きを通じて制度変革を実現する政治家や運動家に対して，社会企業家は諸制度の新たな組み合わせを通じて価値創造を行うことで，社会問題の解決を担う主体として位置づけられてきた。本章では社会企業家研究の持つこのような論理体系が，Giddens（1993）の『第三の道』がソーシャル・イノベーションに企業家精神を求めた際に依拠した Kanter（1999），更に米国における非営利組織論の理論的基盤となった Drucker（1990），企業家精神を定義したシュムペーターの一連の著作に遡り検討していくことで，イノベーションの創出，すなわち企業家精神の発露によって初めて社会企業家の存在が正統化されてきたことを明らかにする。いわば，社会企業家とは，より良き社会を求める現代社会において，その実現を英雄的個人の営為に委託する際に求められる概念である。その際，社会企業家のあらゆる行為は，企業家精神の発露による新たな価値の創造によって初めて正統化されるのである。

　　高橋勅徳（2012）「秩序構築の主体としての社会企業家：倫理・社会資本・正統性概念の再検討を通じて」『経営と制度』第10号, 1-11頁。

　第2章では，欧州を中心とした社会政策学派と，その議論をもとに展開されてきた我が国における社会企業家による抵抗戦略の持つ理論的課題に注目する。

　ハイブリッド構造としての社会的企業は，マルチステークホルダーの参加に開かれた多元的目標，多元的資本，多元的所有という組織的特徴を持ち，公共と市場の間で独自の生存領域を確保しそれぞれの長所を引き出し社会問題の解決を担っていく事業体として定義されてきた。その上で，市場と公共双方からの同型化圧力（isomorphism pressure）に抵抗しソーシャル・イノベーションを遂行する社会企業家を，ハイブリッド構造を通じた学習として捉える独自の理論的視座が提示されてきた。

しかし，社会企業家がハイブリッド構造を通じて，同型化圧力に抵抗する方法を学習するのであれば，いかにして，そのハイブリッド構造を社会企業家は構築し得るのであろうか。この理論的課題に対して本章では，Granovetter and Swedberg（2001）による「新しい経済社会学」を参照していくことで，多元的ロジックに埋め込まれた社会企業家が有効性を求めてハイブリッド構造を構築していくという新たな分析枠組みを提示し，障がい者の就業支援事業を展開してきた吉野智和の事例分析を行う。この分析を通じて，市場・再分配・互酬性というロジックが混合される多様な取引の場において，障がい者であることが労働単位として付加価値を生み出していく形に諸制度を組み合わせていく実践として，社会企業家の抵抗戦略が捉え直されていくことになる。

<small>高橋勅徳・木村隆之（2017）「社会企業家によるソーシャル・イノベーションを可能とするハイブリッド構造の構築：New Standard Chocolate の事例を通じて」『経営と制度』第 16 号, 1-24 頁。</small>

　第 3 章および第 4 章では，ソーシャル・イノベーションの事例として頻繁に注目され，地方創生の方法としても重要視される 6 次産業化について，この議論が抱える理論的課題を明らかにするとともに，企業家精神の深耕に基づいた事例分析を通じて，新たな理論的・実践的地平を切り開いていく。
　6 次産業化とは生産者が生産・加工・流通・販売の垂直統合を実現し価格決定権を確保していくことで，各生産者の利益の向上を図るだけでなく，都市部から地域に利潤が還元される経路を構築し，地域活性化を実現する有力な方法として政策的に提案された概念である（e.g., 今村, 1998）。農業経営者を不利な状況に陥らせる既存の関係構造からの脱却として議論されてきた 6 次産業化だが，経営資源に乏しい多くの農業経営者にとってその実現は困難である。
　他方で，6 次産業化に求められる新たな知識と能力を獲得し，それを実行しうるだけの資本力を有する生産者は限られており，近年は生産者と流通業者の連携によって 6 次産業化を実現する方法が模索されている（e.g, 後久, 2011）。
　しかし，既存の流通業者や地域内の企業との連携によって，再び生産者から価格決定権が奪われてしまっては，6 次産業化の本来的な狙いが失われる。この課題に対して既存研究は，生産者が価格決定権を維持したまま連携する必要に迫られ，それを実現するカリスマ性や特異な交渉能力が企業家精神として求

められてきた。しかし，肝心の企業家精神を，生産者がどのように獲得し得るのかについて，先行研究では明らかではない。

　そこで第 3 章では，近年の企業家研究における関係論的転回（relational turn）に基づいた新たな分析枠組みを構築していくことで，企業家精神を構造的不利益から新たな利潤を見出すエージェンシーと再定義し，関係構造をレバレッジとして他者を動員していくプロセスとして 6 次産業化を捉える新たな分析視角を提示する。この分析枠組みのもとで，一般社団法人 TOKYO WOOD 普及協会を対象とした具体的なフィールドワークを通じて，林業および一般建築業界で陥った構造的不利益のもとでそれぞれに新たな利潤を見出した林業者，木材加工業者，地元工務店が，「持続可能な家造り」を掲げ一般社団法人の設立や助成金の獲得を通じて互いの利害を調整していくことで，6 次産業化が実現されていくことを明らかにする。この分析を通じて，6 次産業化における農商工連携が，個人のカリスマや交渉能力に依存するのではなく，諸制度を利用し利害を調整するマネジメントとして再定義されていくのである。

　　高橋勅徳（2017）「林業の 6 次産業化を通じた地域活性化：東京都多摩地域における TOKYO WOOD 普及協会の事例分析」『地域活性研究』第 8 号, 68-77 頁。

　他方で，農商工連携において，諸制度を利用し利害を調整し 6 次産業化の本来的な目的を達成していくことが有効であったとしても，個々の農業経営者が独力で 6 次産業化への途を切り開くことの意義が失われるわけではない。むしろ，社会企業家によるソーシャル・イノベーションという論点から議論するのであれば，十分な資本や経営知識の持たない人々が，6 次産業化を実現していく現象に注目し，そのプロセスを明らかにしていく理論的意義は極めて大きいと言えるだろう。時に，農畜産業が抱える食料自給率の問題，後継者不足，経営機会の喪失といった様々な問題に対して，他業種との連携ではなく単独で生産から流通・販売に至る経路を開拓していく農業経営者の実践を捉えていくことの意義は，農商工連携による 6 次産業化を捉えるのと等しく重要なトピックであると言えるだろう。

　そこで第 4 章では，第 3 章において検討してきた企業家研究の理論的視座と分析枠組みを引き継ぎつつ，既存関係構造を前提とした農業経営者の新たな実

践に迫る。株式会社みやじ豚の分析を通じた事例分析では，農協を中心として構築された，豚の生産，解体・加工，流通・販売の関係構造を利用することで，構造的に不利な農業経営者が既存関係構造から脱却するのではなく，解体・加工や流通機能を一方では委託することで技術や知識の不足をカヴァーし，他方では農協や食肉加工問屋にコストやリスクを負担させていくことで，6次産業化が実現されていくプロセスを明らかにする。この，既存の関係構造を異なる形で利用し，新たな利害関係を構築していく企業家活動に注目していくことで，個々の農業経営者が，低コスト・低リスクで6次産業化を実現する新たな可能性が切り開かれていくのである。

石黒督朗 (2017)「既存関係構造の利用から見出される6次産業化：株式会社みやじ豚のブランド構築の事例を通じて」『地域活性研究』第8号，144-152頁。

　これらの社会企業家によるソーシャル・イノベーションの遂行は，より良き社会を目指す英雄的行為によって正統化されるとはいえ，企業家精神の下で全てが認められるとは限らない。「より良き社会」の具体的な意味内容は，その社会が持つ「社会性」に依拠している。いわば社会企業家は，その社会が信奉する「社会性」に接続されていく中で，その企業家精神の発露が認められることになる。このことに迫るのが，Session 2「厚生が可能とするソーシャル・イノベーション」である。

　第5章では，欧米におけるソーシャル・イノベーションに関する先行研究を，米国を中心とした新自由主義学派と欧州を中心とした社会政策学派という論点から整理していくことで，それぞれ新自由主義と社会民主主義に基づいた社会性理解のもとで，理論的・政策論的展開を遂げてきたことを明らかにする。欧米の先行研究を同時に輸入し展開されてきた我が国のソーシャル・イノベーション研究は，一方では新自由主義学派の影響のもとで営利事業としての社会的企業を論じた谷本 (2006) が法や行政による制度化をソーシャル・イノベーションの到達点に起き，他方では社会政策学派の影響のもとでハイブリッド構造としての社会的企業の可能性を労働者協同組合に見出した藤井・原田・大高 (2013) が，社会企業家による学習にソーシャル・イノベーションの根拠を見出すという，欧米とは異なる理論的展開を見せていた。この我が国のソー

シャル・イノベーション研究が見せた独自の理論的展開について，我が国の社会政策史を紐解いていくことで，我が国固有の社会性と理解として厚生概念の存在を指摘していく。

>木村隆之（2017）「「厚生」概念に基づく日本型ソーシャル・イノベーション研究の再考」『九州産業大学経営学会経営学論集』第28巻第2号，83-108頁。

　我が国が歴史的に構築してきた厚生という社会性理解のもとでソーシャル・イノベーションの多くは，より良き社会（国家の繁栄）を目指し，一方では市民が自助努力によって福祉向上を目指し，他方で政府や行政の役割とは統治を委託された代理人として，彼らの自助努力を取り込みつつ，同時に生じうる主体間の利害衝突を調停し「厚生」につなげていく役割を担う，官民連携の形で進められてきた。この意味で，我が国におけるソーシャル・イノベーションを捉えていくためには，行政も社会企業家という役割を担いうる主体として捉えなおしていく必要がある。そこで第6章では，広義のソーシャル・イノベーションとして捉えられる市町村合併に注目していきたい。

　市町村合併研究は，財政健全化を目指し福祉を維持するため適正規模のシミュレーションをもとに市町村合併を推し進める政策の論理，その適正規模のシミュレーションが政治的野心の産物であると断じ，自治体と行政組織現状維持を求める行政の論理，更には都市計画に対する市民の不在を指摘する市民自治の論理が互いに批判を繰り返し，市町村合併を可能とする首長の行為を明らかにしてこなかった。他方で，この三つの論理は，市町村合併に関わる政府，地方自治体職員，市民団体の利害を代弁する議論であり，首長はこれらの利害の衝突を調停していくことで，市町村合併を実現していくことが可能になると考えられる。そこで本章では Selznick（1957）による制度的リーダーシップの検討を通じて，平成の大合併の成功例として知られる静岡県浜松市の市町村合併の事例を，イデオロギーを形作る制度の使命と役割の設定を行い，様々な政治的闘争を仕掛けてくるアクターを政策に組み込んでいく利害マネジメントの過程として明らかにしていく。

>木村隆之（2014）「地域再生政策という「公共性」の実現として読み解かれる市町村合併：静岡県浜松市の事例を通じて」『地域活性研究』第5巻，259-268頁。

市町村合併という地域内の様々な主体の利害衝突が生じる場面において，首長の役割は市町村合併に各主体の誰にも帰属しない新たな価値を提示していくことで，利害衝突を調停し，政策実現へ動員していくことにあった。しかし，行政組織がソーシャル・イノベーションに果たし得る役割は，これだけではない。地域内の課題解決に際して，行政組織だから行使し得る固有の力があることに，注目していく必要がある。このことに迫るのが第7章である。この章では，近年のソーシャル・イノベーション研究における主要な研究トピックの一つである，まちづくりに注目していきたい。

近年，まちづくり論において，行政組織はイノベーションを生み出す事業主体に対して法制化や許認可による正当化か，助成金等の資源や事業委託という形で事業機会を提供する役割を持つ主体として分析されてきた。確かに，これらの行政組織がまちづくりに果たすこれらの役割は重要である。しかし，厚生という観点から捉え直した時，行政の役割は民間企業の自助努力を吸収しながら，自らの政策を実現していく変革主体として捉えなおさねばならない。その方法は，事業委託や助成金にだけに留まるわけではない。むしろ，社会企業家がソーシャル・イノベーションを担う役割概念であることを踏まえた時，まちづくりにおいて地方自治体が行使し得る権限をもとに社会企業家として役割を担うことも可能であると考えられる。そこで本章では，まちづくりの成功例として知られる，島根県隠岐郡海士町の島おこし事例の分析を通じて，新山村振興等農林特別対策事業や辺地債・過疎債など行政組織が主導して獲得できる助成金や予算を利用し，町の実質的な負担を限りなく削減しつつ，島おこしに必要な事業を構築していったプロセスを明らかにしていく。地方自治体は多様な制度当局の持つ職域と予算，権限を鑑み，自らの地域活性化に結びつける計画を作成することで，地域内の様々な主体を結合しソーシャル・イノベーションを実現する中心的アクターとなることが可能なのである。

  木村隆之（2017）「ソーシャルイノベーションの実現における地方自治体の役割：島根県隠岐郡海士町の事例をもとに」『地域活性研究』第8巻，173-182頁。

我が国におけるソーシャル・イノベーションの多くは，第三セクターや事業委託制度等の社会政策の構築を通じて，行政が企業の自助努力を吸い上げ官民

連携によって行われてきた。それ故に，第三セクターや事業委託制度といった社会政策が，ソーシャル・イノベーションにとって有効であるか否かを問う制度設計に関する議論が行われる一方で，海士町のように社会政策をいかに利用するのかという観点から，ソーシャル・イノベーションが議論されることが少なかったと言わざるをえない。

　そこで第8章では，再びまちづくり論に注目し，社会政策が当事者によっていかに利用され，ソーシャル・イノベーションに結実していくのかについて明らかにしていきたい。

　まちづくりにおいて大きな課題となるのが，地域内の資源を新結合していくことにある。しかし，既存の地域構造のもとでは，資源の利用をめぐり利害衝突が生じて，資源の新結合を行っていくことは困難を極める。それ故にまちづくり研究は，地域内で多様な主体の利害を調整し，まちづくりを可能にしていく社会企業家に注目し，利害調整の手段として社会企業家による価値共有を基盤においてきた。しかし，この社会企業家による価値共有とは，「社会的課題を解決したいという熱い想い」を共有させられる特異な能力「ヒーロー的起業家」の有無に理念の統合と利害の調整を全て還元して説明するという理論的課題を有している。そこで，本章では，物的資源を媒介して人々の利害を表出化した上で，その利害を結び直す行為として社会企業家活動を捉える，新たな理論的視座を提示し，リノベーションを活用して老朽化した不動産を再生させることで不動産業界に新たなる価値を提示した福岡県福岡市の事例と，商店街活性化を行政により事業委託されたまちづくり会社による商店街活性化について滋賀県長浜市の事例を分析していく。遊休不動産のリノベーションによる商店街活性化において，長浜市の場合は「黒壁（文化資源）保存」，福岡市の場合は「老朽ビルの再生」という組織目標を掲げる必要に迫られた。まちづくりは特定のアクターの利害に利する形になると，新たな利害対立を招いてしまい，一部のアクターが独占的に利益を得ていく仕組みへと変化してしまうという危険性を孕む。そこで，それら利害を調整しつつ多様なアクターを巻き込んでいく，ローカルに根付いた社会企業家による自助努力を通じて，ソーシャル・イノベーションが実現していく仕組みとして読み解かなければならない。

木村隆之（2015）「遊休不動産を利用した「利害の結び直し」として読み解かれるソーシャル・イノベーション：滋賀県長浜市株式会社黒壁と福岡県北九州市株式会社北九州家守舎の事例」『Venture review』第25巻，47-59頁。
木村隆之・上西聡子（2016）「老朽化した不動産を起点に行なわれる地域制度のマネジメント―株式会社スペースRデザインの事例―」『産業経営研究所ディスカッションペーパー』。

　本書ではここまで，その国・地域が信奉する固有の社会性に根ざすことで，より良き社会実現を目指す社会企業家が正統化され，ソーシャル・イノベーションが実践されていくことを，具体的な事例研究とともに明らかにしてきた。しかしながら，社会企業家は新たな価値創造を求められるが故に，その事業が正統なものとして社会に受け入れられる際，固有の困難に見舞われる。市場ロジックに基づき収益化や商品化によって正統化されうる企業家に対して，社会企業家は自らが根付く社会性に根ざした形で，自らの正統性を明らかにしていかねばならない。そこでSession 3「社会企業家の責任＝応答可能性」では，社会企業家が根付いている社会に対する応答責任を果たしていくなかで，彼らの事業が正統化されていく様相に注目していきたい。

　第9章では，社会企業家の社会性について，経営倫理論の立場から再考していくことで，新たな理論的視座を切り開いていく。社会企業家に対する批判的研究が登場したことで，社会企業家の存在そのものに社会性を担保することの理論的限界が浮き彫りとなった。市場原理に立脚する新自由主義学派は，社会民主主義に立脚する社会政策学派からすれば，市場の暴走による新たな社会問題の源泉を生み出しかねない。逆に新自由主義学派からすれば，社会政策学派は公共政策が抱える課題を克服し得ないだけでなく，法制度による介入は企業家精神を妨げる要因として問題視されるのである。

　この理論的限界に対して本章では，経営倫理論の古典を振り返ることで，不可知な倫理とシンパシーという理論的視座から，社会企業家を善悪の臨界に位置し，倫理を求め実践していく主体として再定義していく。

　書き下ろし。

　第10章では，社会企業家に対する批判研究の再考を通じて，社会企業家の倫理性を問い直していく。批判的研究は，社会企業家の非倫理性の暴露にとど

まり，社会企業家の倫理的実践を把握できないという理論的課題を有してきた。この理論的課題に対して本章では，フーコーの倫理の不可知性に基づく議論を検討していくことで，倫理とは何かに帰属するのではなく権力関係の下での人々の実践を通じてからしか把握できないことを指摘する。その上でバトラーが，権力関係がその権力作用を反復する人々の実践によって維持されていると指摘したことに着目し，その反復を意図的にズラす「撹乱する反復」を社会企業家の実践として提唱する。これを踏まえて本章では社会企業家を，権力関係の内部に介入し，ズレを生み出す撹乱する反復を通じて，真理の体制に変革をもたらす存在として再定義する。その上で，オーガニックコットン事業を通じた社会企業家の第一人者としても知られる株式会社アバンティ・代表取締役の渡邊智恵子の事例分析を通じて，服飾産業と綿農家の支配的関係から児童労働を見出し，支配的関係をソーシャルビジネスへと置換していく行為として社会企業家の実践を把握していく。

> 石黒督朗（2018）「問い直される社会企業家の倫理性：反復される倫理的実践としてのソーシャル・イノベーションの構築過程」『東京経大学会誌（経営学）』掲載予定。

第11章では，ソーシャル・イノベーションの一つとして注目される，エコツーリズムに注目していきたい。

エコツーリズムは，自然環境を単に保全するのではなく，観光資源として開発し，その収益を自然環境の保全へと還元することで，持続可能性を確保していく。このエコツーリズムは，政府による補助金に依存してきた環境保全に対するオルタナティブを提示しただけでなく，大量の観光客誘致によって自然環境を消費するマス・ツーリズムに対するアンチテーゼとしても注目された。

他方で，エコツーリズムは守るべき自然環境を，特定の人々が独占的に利用し，収益を上げていく仕組みでもある。それ故にエコツーリズムを担う人々は，特定の自然環境を観光資源として独占的に利用することが，環境保全と持続可能性を実現していることを常に証明していく必要に迫られる。そこで本章では，我が国におけるエコツーリズムの代表例として知られる座間味村におけるダイビング産業に注目し，当事者による資源管理組織の形成，その組織において特権的に行使される権利・義務の発生とその公認過程を明らかにしてい

く.

　高橋勅徳（2007）「座間味村におけるダイビング事業の成立とサンゴ礁保全：ダイビング事業者による資源管理」『環境社会学研究』第13号, 204-213頁.
　高橋勅徳（2010）「地域産業の展開と野生生物資源管理組織の構築への取り組み：座間味村のダイビング事業者による「害獣」の発見とエコツーリズムの導入」『村落社会研究』第46巻, 115-148頁.

　第12章では，改めて社会企業家研究に立ち戻り，善悪の臨界という理論的視座がこの研究領域にもたらす理論的貢献を明らかにしていきたい。先行研究において社会企業家によるソーシャル・イノベーションは，一方で既存の諸制度が産み出す社会的問題の解決のため，社会企業家による新結合の遂行が注目されるとともに，他方でその新結合は市場あるいは行政への適応プロセスとして説明されてきた。その結果，過度な市場化もしくは行政の下請け化によって，社会企業家そのものの存在意義が失われるという理論的課題を有してきた。

　そこで本章では，先行研究が依拠してきた制度派組織論における同型化概念の詳細な検討を通じて，社会企業家による新結合の遂行が同型化の働きのもとで，適応・抵抗の双方が可能になるという新たな分析視角を提示する。その上で，一般社団法人ラバルカグループの詳細な事例分析を通じて，代表者である夏目浩次氏が障がい者雇用の賃金問題に対して，一方で諸制度に適応することで資源を組み合わせ，障がい者へ全国平均を超える賃金を支払うことが可能になる事業を構築し，他方で彼が構築した仕組みが悪用されたことを契機に，一旦その仕組みを切り離し，改めて営利事業を中心とした障害者雇用支援事業へと再構築していったプロセスを明らかにする。社会企業家は諸制度に適応してくことで資源を獲得し，それを組み合わせていくことで新たな価値を生み出し社会問題を解決していく。新たな価値の提供者であるがゆえに，彼らの立場は善悪の臨界点にある。社会企業家にとって諸制度に適応することは，自らが正統であることの証である。同時に，その正統性が疑われた際，獲得した証に固執するのではなく，あえてその証を手放すという必要にも迫られるのである。

高橋勅徳・木村隆之（2017）「ソーシャルビジネスにおける同型化と事業の展開：一般社団法人ラバルカグループの事例分析」『NPO学会　第19回年次大会　報告論文』。

　以上のように，本書では社会企業家という固有の論理体系のもとで，社会問題の各現場に根付いた諸研究領域の抱える暗黙の前提とそこに起因する理論的課題に対峙し，フィールドワークを通じてソーシャル・イノベーションという現象を捉えなおしていくことで，社会企業家の実践に迫っていく。

　本書では最後に，ここまでの議論が単に理論的貢献に留まるのではなく，現場と不可分に結び付けられ，様々な形で現場に還元されていく研究実践でもあることを明らかにしていきたい。

　この研究領域は，社会的排除に起因し，既存制度を通じた解決が困難な社会問題が，社会企業家による新たな価値創造（ソーシャル・イノベーション）を通じて解決されるという，固有のロジックを有する。この研究領域に参加する多様な理論的背景を持つ研究者は，社会企業家の持つ固有のロジックと対峙することで，自らの研究活動が諸制度と不可分に結びつき，社会問題を構成するアクターとして作動してきたことを自覚する契機となる。それ故に，社会企業家研究とは，研究者としてより良き社会の実現へと参加していく途を切り開く。もちろん，研究者がソーシャル・イノベーションという現象にいかに関与していくのかについては，様々な役割があり得るであろう。そこで本書では，遂行的次元（performative dimension）と参加的次元（precipitative dimension）という視座からこの研究領域に関与する研究者の役割を整理し，本書が担った役割と今後の展開について議論を深めていく。

謝辞

　本書の出版には，多くの方々のご協力が不可欠であった。

　まず本書は，取材に応じていただいた各企業・団体の関係者の方々のご協力によって，第一次産業からまちづくり，市町村合併，離島振興，障害者支援，エコツーリズムといった多様な事例を掲載することができた。その全ての事例から，従来の研究とは異なる社会企業家の新たな実践を見出すことができたのが，現場で奮闘されるみなさまの芳醇な経験を包み隠さず筆者らに開示してい

ただくというご厚意によるものである。ここに記して，特別に感謝を申し上げたい。

次に，本書は首都大学東京大学院経営学研究科という場を抜きに，完成することはなかった。共著者である木村・石黒は本書のプロジェクトを高橋が企画した当時，博士課程の大学院生として在籍していた。木村・石黒は本学教員からの厳しくも温かい指導と支援を通じて，本書のもとになる研究論文の作成を積み重ねてきた。

また，本書で取り上げる事例はビジネススクールでの教育という場でケーススタディとして利用されることで，ビジネスの第一線で活躍する社会人大学院生の方々の厳しい目を通じて磨き上げられたものである。その意味で本書は，本学ビジネススクールに在籍したOB諸氏との交流の結晶である。特に九州国際大学の藤野義和氏，ビジネススクールOBであり博士過程に進学した谷口正一郎氏，川名善之氏，田代昌彦氏には，原稿執筆に際してのディスカッションに付き合っていただいただけでなく，校正作業に協力いただいた。

最後に，今日の厳しい出版状況の中で，本書のような学術的な書籍の出版を快くお引き受けいただいた株式会社文眞堂の前野隆氏には，大幅に遅れた執筆スケジュールの謝罪と共に，特に感謝の意を表したい。

本書は以下の助成に支えられたものである。
JSPS科学技術研究費・若手研究B 2012〜2015年度　社会問題に触発される社会企業家：環境系ビジネスの構築に関する理論的・経験的研究（課題番号24730326）代表者（高橋勅徳）
JSPS科学技術研究費・基盤研究B 2018〜2022年度　日本型イノベーション・マネジメントの理論的・経験的探求（課題番号18H00886）代表者（高橋勅徳）
福岡ビジネス創造センター運営委員会受託研究　福岡市における起業家活動に関する研究　代表者（木村隆之）
九州産業大学産業経営研究所・基盤研究プロジェクト2016〜2017年度　ソーシャルイノベーションの実現における社会企業家の役割に関する理論的・経験的研究　代表者（木村隆之）

2018年1月末日

高橋 勅徳
木村 隆之
石黒 督朗

注
1　地方創生カレッジについては「地方創生カレッジホームページ」(https://chihousousei-college.jp) を参照されたい。

参考・引用文献

Bhalla, A. S. and Lapeyre, F. (2004) *Poverty and Exclusion in a Global World, Second Revised Edition*, Palgrave Macmillan. (福原宏幸・中村健吾訳『グローバル化と社会的排除：貧困と社会問題への新しいアプローチ』昭和堂, 2005年。)

Borzaga, C. and Defourny, J. (2001) *The Emergence of Social Enterprise*, Routledge. (内山哲朗・石塚秀雄・柳沢敏勝訳『社会的企業（ソーシャルエンタープライズ）：雇用・福祉のEUサードセクター』日本経済評論社, 2004年。)

Drucker, P. F. (1990) *Managing the Nonprofit Organization*, Harper Collins Publishers. (上田惇生・田代正美訳『非営利組織の経営』ダイヤモンド社, 1991年。)

Evers, A. (1993) "The Welfare Mix Approach, Understanding the Pluralism of Welfare Systems", in Evers, A. and Svetlik, I. eds., *Balancing Pluralism, New Welfare Mixes in Care for the Elderly*, Avebury.

Giddens, A. (1998) *The Third Way*, Polity Press. (佐和隆光訳『第三の道　効率と公正の新たな同盟』日本経済新聞社, 1999年。)

Giddens, A. (2000) *The Third Way and its Critics*, Polity Press. (今枝法之・干川剛史訳『第三の道とその批判』晃洋書房, 2003年。)

Kanter, R. M. (1999) "From spare change to real change: The social sector as beta site for business innovation", *Harvard business review*, 77, pp. 122-133.

Karim, L. (2008) "Demystifying Micro-Credit The Grameen Bank, NGOs, and Neoliberalism in Bangladesh", *Cultural Dynamics*, Vol. 20, No. 1, pp. 5-29.

Khan, F. R., Munir, K. A. and Willmott, H. (2007) "A Dark Side of Institutional Entrepreneurship: Soccer Balls, Child Labour and Postcolonial Impoverishment", *Organization Studies*, Vol. 28, No. 7, pp. 1055-1077.

Schumpeter, J. A. (1926) *Theorie der Wirtschaftlichen Entwicklung: eine Untersuchung ube Unternehmergewinn, Kapital, Kredit, Zins und den Konjunkturzyklus*, 2nd revised ed., Leipzig: Duncker and Humblot. (塩野谷祐一・中山伊知郎・東畑精一訳『経済発展の理論：企業者利潤・資本・信用・利子および景気の回転に関する一研究（上・下）』岩波文庫, 1977年。)

Selznick, P. (1957) *Leadership in Administration*, Harper & Row. (北野利信訳『新訳　組織とリーダーシップ』ダイヤモンド社, 1970年。)

Taylor, M. and Warburton, D. (2003) "Legitimacy and the Role of UK Third Sector Organizations in the Policy Process", *Voluntas*, Vol. 14, No. 3, pp. 321-338.

Yunus, M. (2007) *Creating a World without Poverty*, PublicAairs. (猪熊弘子訳『貧困のない社会を作る：ソーシャル・ビジネスと新しい資本主義』早川書房, 2008年。)

今村奈良臣 (1998)「新たな価値を呼ぶ，農業の6次産業化―動き始めた農業の総合産業戦略」21世紀村づくり塾編『地域に活力を生む，農業の6次産業化―パワーアップする農業・農林』1-28頁。

桑田耕太郎 (2015)「制度と実践の学としての経営学」桑田耕太郎・高橋勅徳・松嶋登編『制度的企業家』ナカニシヤ出版，413-442頁。

後久博 (2011)『売れる商品はこうして創る：6次産業化・農商工等連携というビジネスモデル』ぎょうせい。

谷本寛治 (2009)「ソーシャル・ビジネスとソーシャル・イノベーション」『一橋ビジネスレビュー』第57号，1巻，東洋経済新報社，26-41頁。

長谷川公一編 (2001)『講座 環境社会学〈第4巻〉環境運動と政策のダイナミズム』有斐閣。

藤井敦史・原田晃樹・大高研道 (2013)『闘う社会的企業―コミュニティ・エンパワーメントの担い手』勁草書房。

目　次

緒言　本書の目的と問題意識：
ソーシャル・イノベーションの理論化を目指して ……… *i*

ソーシャル・イノベーションという灯火と英雄としての社会企業家 …… *iii*
本書が想定する読者層 ……………………………………………………… *v*
本書の構成 …………………………………………………………………… *vii*

Session 1　英雄としての社会企業家

第1章　企業家精神に正統化された社会企業家 …… *3*

1. はじめに ……………………………………………………………… *3*
2. 社会企業家研究のコアロジック ………………………………… *4*
3. 正統化された主体としての社会企業家 ………………………… *11*
4. おわりに：英雄としての社会企業家 …………………………… *18*

第2章　ソーシャル・イノベーションを可能とするハイブリッド構造の構築：
New Standard Chocolate の事例を通じて …… *25*

1. はじめに ……………………………………………………………… *25*
2. ハイブリッド構造としての社会的企業が切り拓く理論的視座 … *27*
   - 2.1　ハイブリッド構造としての社会的企業の展開 ………… *27*
   - 2.2　ハイブリッド構造としての社会的企業を巡る理論的課題 … *29*
   - 2.3　新たな理論的視座と分析枠組み ………………………… *32*
3. 事例分析：吉野智和氏による障がい者の就労支援事業の構築 … *35*

3.1 福祉政策が産む障害者への社会的阻害と市場流通への挑戦 ……… 35
  3.2 NPO法人を通じた新結合の展開 …………………………… 41
  3.3 就労移行の広がりを目指した展開とショコラティエ …………… 45
 4. おわりに ……………………………………………………… 49

第3章 林業の6次産業化を通じた地域活性化： 東京都多摩地域におけるTOKYO WOOD普及協会の事例分析 …………………………………………………… 55

 1. はじめに ……………………………………………………… 55
 2. 先行研究の検討 ……………………………………………… 56
  2.1 6次産業化研究の展開と理論的・実践的課題 ………………… 56
  2.2 企業家研究における関係論的展開 …………………………… 58
  2.3 6次産業化を捉える新たな分析枠組み ………………………… 60
 3. 事例分析：一般社団法人TOKYO WOOD普及協会 ……………… 62
  3.1 林業—建設業を取り巻く構造的不利益と企業家的利潤の発見 …… 62
  3.2 利害の読み解きとTOKYO WOOD普及協会の設計 …………… 65
  3.3 地域型住宅ブランド化事業への申請を通じた役割の深化 ……… 68
 4. おわりに ……………………………………………………… 70
  4.1 発見事実の整理 ……………………………………………… 70
  4.2 農商工連携のフローモデルと実践的貢献 …………………… 72

第4章 既存関係構造の利用を通じた6次産業化の実現： 株式会社みやじ豚のブランド構築の事例を通じて ……… 76

 1. はじめに ……………………………………………………… 76
 2. 既存関係構造を利用した6次産業化 ………………………… 77
  2.1 農業における構造的問題と6次産業化 ……………………… 77
  2.2 6次産業化の理論的・実践的課題 …………………………… 80
  2.3 既存の関係構造を利用した6次産業化 ……………………… 83

3. 事例：株式会社みやじ豚による6次産業化 ················· 85
　　3.1　養豚業における関係構造とブランド化への動機 ············ 85
　　3.2　既存の関係構造を利用したみやじ豚ブランド確立 ·········· 87
　　3.3　BBQマーケティング：地域農業への利害関係の創出 ········ 90
　4. おわりに ·· 92

Session 2　厚生が可能とするソーシャル・イノベーション

第5章　我が国の「厚生」とソーシャル・イノベーション ········· 99
　1. はじめに ·· 99
　2. ソーシャル・イノベーション論における2つの潮流 ············ 100
　　2.1　新自由主義学派（米国型社会企業家研究） ··············· 100
　　2.2　社会政策学派（欧州型社会的企業研究） ················· 106
　3. 我が国におけるソーシャル・イノベーション研究の導入と混乱 ··· 113
　　3.1　我が国におけるソーシャル・イノベーション研究の展開 ····· 113
　　3.2　厚生という社会性理解 ································· 119
　4. ソーシャル・イノベーション研究のリサーチアジェンダ及び理論的
　　　イシュー ·· 126

第6章　市町村合併という自治体の再結合における利害マネジメント：静岡県浜松市の事例を通じて ················· 133
　1. はじめに ··· 133
　2. ソーシャル・イノベーションとしてみる「平成の大合併」 ······· 134
　3. 厚生のもと市町村合併政策を実現させる制度的リーダーシップ ··· 137
　4. 事例分析：静岡県浜松市の市町村合併 ························· 144
　　4.1　調査概要 ··· 144
　　4.2　環浜名湖政令指定都市構想の挫折 ······················· 144
　　4.3　「クラスター型政令指定都市構想」の掲揚 ················ 147

4.4　合併方式の決定：自治体間闘争の発生と北脇氏が発揮した政治
　　　　的手腕 ………………………………………………………………… 149
　4.5　「クラスター型政令指定都市構想」に基づく地方自治組織の設計
　　　　………………………………………………………………………… 156
　5.　おわりに：理念を媒介とした利害マネジメント ……………………… 161

第7章　ソーシャル・イノベーションにおける地方自治体の役割：島根県隠岐郡海士町の島おこし事例 …… 169

　1.　はじめに ……………………………………………………………… 169
　2.　先行研究 ……………………………………………………………… 170
　3.　事例分析：島根県隠岐郡海士町の島づくり ………………………… 173
　　3.1　海士町における支出抑制策 …………………………………… 173
　　3.2　島前高校魅力化プロジェクト ………………………………… 175
　　3.3　島の資源を活用するための事業構想と制度整備 …………… 178
　　3.4　新規事業を可能とする「攻め」の人材獲得 ………………… 183
　4.　おわりに ……………………………………………………………… 186

第8章　物的資源を媒介した利害の結び直し：吉原住宅有限会社と株式会社黒壁の事例分析を通じて … 190

　1.　はじめに ……………………………………………………………… 190
　2.　我が国におけるまちづくり研究の動向 ……………………………… 191
　3.　ソーシャル・イノベーション・プロセスモデル …………………… 193
　4.　利害の結び直しとしてのまちづくり ………………………………… 195
　5.　事例分析：吉原住宅有限会社（福岡県福岡市） …………………… 197
　　5.1　老朽化したビルの継承と不動産業界の"当たり前" ………… 197
　　5.2　リノベーションという新たな価値の提示を通じたオーナーの利
　　　　害調整 …………………………………………………………… 199
　　5.3　リノベーションで不動産業界の新陳代謝を促進する仕掛けづくり
　　　　………………………………………………………………………… 201

6. 事例分析：株式会社黒壁（滋賀県長浜市） ………………… 203
　　　6.1　黒壁保存から長浜市活性化へ …………………………… 203
　　　6.2　遊休不動産を利用した商店街の新陳代謝 …………… 206
　　　6.3　株式会社新長浜計画による再生エリア拡大 ………… 208
　7. 事例から導きだされる発見事実と理論的貢献 …………… 210

Session 3　社会企業家の責任＝応答可能性

第9章　善悪の臨界に立つ社会企業家 ……………………………… 219

　1. はじめに ……………………………………………………………… 219
　2　社会企業家の倫理はどこに求められるのか？ ……………… 220
　3. 不可知な倫理とシンパシー：実践としての経営倫理 …… 227
　4. 善悪の臨界と社会企業家の闘い ……………………………… 230
　5. おわりに：社会企業家の倫理性を求めて …………………… 232

第10章　社会企業家による撹乱する反復と倫理的実践： 株式会社アバンティによるオーガニックコットン 事業の事例分析を通じて …………………………………… 235

　1. はじめに ……………………………………………………………… 235
　2. 先行研究の検討 …………………………………………………… 236
　　　2.1　問い直される社会企業家の倫理性 …………………… 236
　　　2.2　社会企業家による撹乱する反復 ……………………… 239
　　　2.3　本章の理論的視座と分析視角 ………………………… 241
　3. 事例分析：アバンティによるオーガニックコットンの事業化 …… 242
　　　3.1　オーガニックコットン事業を通じた服飾産業と児童労働問題の接続 …… 243
　　　3.2　日本オーガニックコットン協会設立による撹乱する反復 …… 245
　　　3.3　新たな社会問題への接続とソーシャルビジネスの展開 ……… 247
　4. おわりに ……………………………………………………………… 249

第11章 エコツーリズムを可能とする資源管理組織：座間味村における「害獣」オニヒトデの発見と対応を中心として …………… 254

1. はじめに …………………………………………………………… 254
2. 資源としてのサンゴ礁と害獣としてのオニヒトデの発見 …… 257
   2.1 座間味村における鰹産業と漁協を中心とした村内組織 …… 258
   2.2 ダイビング産業の成立とサンゴ礁の資源化と害獣オニヒトデの発見 ………………………………………………………… 261
3. オニヒトデの駆除とサンゴ礁の保全を目指した組織の形成 … 266
   3.1 海洋保護区域の設置 …………………………………………… 266
   3.2 慶良間海域保全会議の結成 …………………………………… 270
   3.3 エコツーリズム推進法の制定 ………………………………… 275
4. おわりに …………………………………………………………… 278

第12章 ソーシャル・ビジネスにおける同型化と事業の展開：一般社団法人ラバルカグループの事例分析 …………… 283

1. はじめに …………………………………………………………… 283
2. 社会企業家研究における同型化の罠とその克服 ……………… 283
   2.1 同型化の罠 ……………………………………………………… 283
   2.2 同型化概念の再考 ……………………………………………… 288
   2.3 本章の分析視角 ………………………………………………… 290
3. 事例分析：一般社団法人ラバルカグループの事例 …………… 292
   3.1 我が国における福祉的就労支援制度の持つ構造的不利益：1ヶ月1万円の衝撃 ………………………………………… 293
   3.2 社会福祉法人を活用した民福連携の展開 …………………… 295
   3.3 久遠チョコレートへの事業展開 ……………………………… 301
4. おわりに …………………………………………………………… 304

結語　社会企業家への関与 ……………………………………………… *309*
　1. はじめに ……………………………………………………………… *309*
　2. 企業家における遂行的次元と参加的次元 ………………………… *312*
　3. 社会企業家を語る我々の作法 ……………………………………… *316*
　4. おわりに ……………………………………………………………… *318*

索引……………………………………………………………………………… *323*

Session 1
英雄としての社会企業家

第1章
企業家精神に正統化された社会企業家

1. はじめに

　社会企業家は，社会問題に対して社会的企業（social business）の構築を通じて解決を図る主体である（e.g., Alvord, Brown and Letts, 2004）。社会企業家は，行政が提供する福祉でも，非営利組織による支援でも，民間企業による企業の社会的貢献でも無く，社会的事業の構築を通じて新たな価値を産み出す形で社会問題を解決していく主体を捉えた点に，この概念の新しさがあった。この社会企業家という概念の持つイメージは，一般的に知られる営利企業としての社会的企業を焦点化するだけでなく，社会的責任の下で公的－私的セクターの連携からビジネスを構築する実践（e.g., Waddock, 1988；Sagawa and Segel, 2000）という定義から見いだされる社会企業家による公民連携や，新たな価値の創出を通じて社会問題を解決に導く非営利活動（e.g., Boschee, 1995；Audtin, Stevenson and Wei-Skiller, 2003）という定義から見いだされる非営利組織としての社会企業家活動に至るまで，その多様な実践を焦点化していった。
　他方で，様々な定義のもとで明らかにされてきた社会企業家の多様な実践がなぜ可能であるのかを問い直した時，実はこの研究領域が極めて危うい基盤の上に成立していることに気付かされる。社会企業家の代表的事例とされるグラミン銀行を例に取れば，貧困者に金を貸し付け，金利（先進国の水準からしても高い年利20％）を得ていくことが，なぜ正統な事業として認められるのだろうか。これは，欧州において主流である，行政から補助金や委託事業を受け，ソーシャル・ビジネスに携わる社会的企業も例外ではない。なぜ，NPOやNGOが政府から補助金を獲得し，特定の領域で独占的な事業の運営が許さ

れるのであろうか。社会企業家研究は，一方で社会企業家概念の下で社会問題に対して新たな価値を提供する社会的事業を構築する人々の多様な実践を捉えつつ，他方で個々の社会企業家の実践を過剰な市場適応もしくは既存の行政組織への適応として問題視し，その手法の是非を問う議論が展開されてきた（e.g., 藤井・原田・大髙，2012；木村，2017）。本書においても第10章で詳細に議論していくが，社会企業家に対する批判的研究（e.g., Khan, Munir and Willmott, 2007；Karim, 2008；Dayand Steyaret, 2008）の台頭を踏まえれば，市場か公共かという二項対立のもとで社会企業家の是非を問う論争の前に，社会企業家という実践がなぜ可能になるのかという理論的根拠から確定していくことが求められると考えられる。

そこで本章では，社会企業家研究について社会的排除（social exclusion）と価値創造（value creation）という鍵概念から整理し，この研究領域が持つ独自のコアロジックを明らかにする（2）。次に，社会企業家研究が持つ独自の論理構造が，Giddens（1998, 2000），Kanter（1993），Drucker（1990）という欧米を跨ぐ知的潮流に根ざしていることを指摘し，社会企業家の存立基盤が企業家精神に根ざしていることを指摘する（3）。その上で本章では，企業家概念そのものの持つ理論的含意を再検討していくことで，企業家精神によって正統化される社会企業家という実践を，我々がいかに把握し，迫っていくことが出来るのかを検討していく（4）。

2. 社会企業家研究のコアロジック

社会企業家とは何かを理解するにあたって，社会企業家として最も知られた存在であり，ソーシャル・ビジネス（social business）概念の提唱者であるムハンマド・ユヌス（Yunus, Muhammad）によるグラミン銀行の事例から迫っていきたい。

グラミン銀行は，1974年に起きたバングラデシュ飢饉の際に，当時チッタゴン大学の教授であったユヌスが42の家庭に総額27ドルという少額の融資を行ったことに始まる。当時，バングラデシュの農村部は，深刻な貧困状態に陥っていた。ユヌスはこの貧困の原因を，農村部にはびこる貧困層向けの高利

貸にあると見ていた。高利貸達は，貧困層に年率100〜200％という金利で融資している。洪水や天候不順などで飢饉に陥った農民達は，貧困故に銀行から融資を受けられず，生活のために彼らから融資を受けざるを得ない状況にあった。しかし，高利貸の金利が高すぎるが故に，農民達は利子の支払いすら滞り，担保としていた土地を失うことになる。ユヌスが試みた，少額・低金利（年率20％）という融資は，高利貸を中心とした貧困のサイクルを断ち，バングラデシュの農村部における貧困問題を解決することにあった。

その後，1978年にユヌス主導の下で開始された，貧困層向け金融サービスプロジェクトは，1983年10月2日のバングラデシュ政府の政令によって，政府と顧客である貧困層を出資者としたグラミン銀行として正式に認可される。以後，グラミン銀行から融資を受けた顧客は，その半数以上が絶対的貧困から脱出し，学齢期の子供は全て学校に通い，1日3度の食事と清潔な水と家を確保しつつ，週に300カタの返済を実現しているとされる。現在，世界銀行の指導の下，40カ国以上でグラミン銀行をモデルとしたプロジェクトが実施されている（e.g., Yunus, 2007）。

このグラミン銀行の事例には，ソーシャル・イノベーションと社会企業家を問うコアロジックが潜在している。

まず，ユヌスは，バングラデシュの絶対的貧困を，既存の諸制度（既存の金融システム）の構造的空隙（structural hole：e.g., Burt, 2009）にその原因を見いだした。貧困者向けの低利の融資制度の不在が貧困を再生産しているのであれば，それを用意すれば人々は自律的に貧困から脱出し得る。それ故に，そこでユヌスは諸制度の関係を組み替え（マイクロファイナンスを実施することで），新たな価値（金融業を通じた絶対的貧困の自律的解消）を生み出すソーシャル・イノベーションを試みていったのである。社会企業家研究は，このユヌスによるグラミン銀行の事例を象徴的な原型としつつ，① 既存の諸制度から構造的に生じる社会問題に注目し，② その解決を可能とする社会的企業が提示する新たな価値と，③ 社会的企業の構築と運営を担う社会企業家の行為を主たる論点として，様々な概念を生み出し利用しつつ独自の理論体系を構築してきた。

まず，既存の諸制度から生じる社会問題は，欧州を中心とした社会政策学派

が提唱する社会的排除（social exclusion）という鍵概念を通じて精緻化されていった（e.g., Taylor, 2003）。社会的排除とは行政，政治，コミュニティにアクセスする経路から排除されている（あるいは喪失している）が故に，自助努力や他者からの支援によって社会問題を解決し得ない現象を指す概念である（e.g., 岩田, 2009；樋口, 2004；嶋内, 2011）。例えばバングラデシュにおける絶対的貧困は，農家が低利の事業融資を受けられないことに原因がある。農家が低利の事業融資を受けられないのは自身の信用力が欠けるからでは無い。なぜなら，バングラデシュの主要作物であり外貨獲得手段である稲作は，一本の苗から数百粒のコメが収穫できる。つまり，多くの農家は天候不順さえ起こらなければ，農家は年利100〜200％の高利の借金をしたとしても返済可能である。もちろん，天候不順に見舞われてしまうと，バングラデシュの農家は常に資金繰りに苦しむことになり，それが彼らを貧困層に留める要因になっている。しかし何より問題なのは，バングラデシュ国内に，農家に対する低利の事業融資が存在しないことにある。低利の事業融資が存在しない限り，バングラデシュの貧困層は天候不順などで連続した不作に陥ってしまうと，自助努力で貧困状態から脱出することはできないからである。このように社会的排除では，社会問題を当事者の持つ能力に還元するのでは無く，既存の諸制度へのアクセスから排除されているが故に生じる問題として捉える。

　この社会的排除という概念は，この研究領域が社会企業家という概念を必要とする理論的根拠となる。社会問題の当事者は，社会的排除の状態に置かれているが故に，自律的に社会問題の解決に取り組むパワーを獲得できない。更に，本来的に社会問題の解決を担うはずの諸制度も，社会的排除の状況に置かれている当事者は対象とし得ないため，解決の手を伸ばすことが出来ない。それ故，社会的排除に起因する社会問題は社会企業家による制度変革，すなわちソーシャル・イノベーションを必要とするのである。

　この社会的排除と社会企業家の関係は，米国を中心とした新自由主義学派にも根付いている。例えばカナダにおけるHIV／AIDsの治療プロジェクトに注目したMaguire, Hardy and Lawrence（2004）は，HIV／AIDsのキャリアが性的マイノリティであるが故に，既存の医療制度から阻害されてきたことを指摘する。医師はHIV／AIDsを性的マイノリティのみが感染する風土病と見な

しており，積極的に研究や治療対象と見なさなかった。製薬会社も，患者数が少なく収益を見込めない病気に対する新薬開発に興味を示さなかった。政治家も保守層からの反発を危惧し，積極的に性的マイノリティと関わることを避けてきた。医師も政治家もHIV／AIDsに関わらないため，行政組織もこの病の防疫と治療プロジェクトを立ち上げることはなかった。医療制度を構成する主要なアクターから排除されたHIV／AIDsキャリア達が自分の身を守る武器は，患者団体の相互扶助しかなかった。この患者団体の理事達は，HIV／AIDsが全ての人に感染の可能性がある伝染病であることを周知し，国家レベルで防疫体制と治療薬開発を求めるアドボカシー（advocacy）を目指し，地域ごとの患者団体を連携し全国組織へと発展させると共に，シンポジウムやパレードを通じてマスコミと連携しHIV／AIDsを社会問題として周知していく。さらにこの活動をレバレッジとして知己を得た医師に，患者のみが知りうる知識を提供することで協力し研究活動を支援する。患者たちはこれらの活動を通じて得たパワーを利用し，政治家と連携していくことで行政と製薬会社を動かし，カナダのHIV／AIDs防疫・治療プロジェクトが実現していった。同性愛者が社会的排除という状態に置かれているが故に，HIV／AIDs患者たちは社会企業家として行動する必要性が生じたのである。

　この社会的排除が産み出す社会問題に対して，社会企業家には新たな価値を創造することで解決して行くことが求められる。ここで，いかにして社会企業家が価値創造を実現していくのかについては，各国の政治的・歴史的背景によって大きく異なることに注意が必要になるだろう。

　例えば米国において社会企業家が求められた新たな価値とは，社会問題を事業機会へ変える，新たなビジネスの構築である（e.g., Mulgan, 2006）。米国ではレーガン政権以後に進められた減税と緊縮財政によって，政府からの公共サービスは大幅に削減された。同時に，積極的な規制緩和による企業活動の活発化は新産業と雇用の創出をもたらしたものの，貧困問題や環境汚染の拡大といった社会問題が拡大していった。しかし，新自由主義における「小さな政府」を推進する限り，このような社会問題に対して政府が十全な公共サービスを提供していくことはできない。そこでPorter and Kramer（2006, 2011）の戦略的CSR（corporate social responsibility）やCSV（creating shared value）

に代表されるように，社会問題を企業経営の新たな事業機会として再定義し，市場メカニズムへの適応を通じた営利事業の構築を通じて解決していくことが求められる。

例えばPorter and Kramer（2011）は，メキシコの建設会社であるウルビ社が提供するレント・トゥ・オウン（rent to own）に注目する。これは低所得者を対象とした賃貸住宅であるが，契約者は月々の家賃を頭金の一部として家を購入できる住宅ローンビジネスでもある。ウルビ社は，一方で低所得者の住宅問題を解決しつつ，他方でサブプライムローンより危険度が低い方法で，低所得者向けの住宅市場を開拓していったのである（Porter and Kramer 2011, pp.15-17）。このように，米国内では営利事業として公共サービスを担う社会的企業が登場するなかで，一方では社会的企業に投資する寄付金市場が形成され，他方では社会問題に対応する行政組織や当事者までも顧客へと変えるソーシャル・ビジネスの産業化が押し進められていった（e.g., Kerlin, 2006）。すなわち米国における社会企業家研究—新自由主義学派は，政府が公共サービスとして担えない領域に事業機会を見いだし，営利事業として提供していくということに，社会企業家の実現する価値創造の可能性を求めた。

これに対して欧州各国が社会企業家に求めてきた価値について理解するにあたり，1990年代に展開された第三の道（third way）を見逃すことは出来ない。欧州における福祉国家政策の行き詰まりと，英国を中心とした新自由主義政策による貧困・格差問題の拡大を踏まえた上で，Giddens（1998）によって提唱された第三の道は，リスクへの対処を国家の機能として再定位した上で，欧州各国において伝統的な保守主義もしくは社会民主主義政策に，市場のダイナミズムを取り入れることで，イデオロギーの対立を超克した新たな政策の実現を目指すものであった（Giddens, 1998，邦訳，37-55頁）。

このような政策的背景のもとで欧州の社会企業家研究—社会政策学派は，国家が対処すべきリスクとしての社会問題の根源を社会的排除に求めていく。貧困や差別，環境問題といった社会問題は，国家が構築した諸制度が不可避に産み出す陰に生じる。既存の諸制度の陰に在るがゆえに，社会問題の当事者（被害者）は，福祉の対象から外れ自助努力で解決していく道が閉ざされるだけでなく，社会問題そのものも再生産されていくことになる。そのため，社会政策

学派は社会的企業を「ヨーロッパにおける社会的排除の闘いの道具」（藤井・原田・大高，2012，83頁）と位置づけ，この諸制度を産み出す陰を取り払う事業構築のあり方に，新たな価値創造の可能性を見出す。その具体的方法として提示されたのが，社会的企業のハイブリッド構造である。

　社会政策学派は，社会的企業が営利事業による収益，行政からの補助金，コミュニティからの寄付金という多様な財源で構成される多元的資本を有し，その財源に紐付けられた各アクターの多元的所有によってコントロールされるハイブリッド構造を有する必要性を強調する。社会的排除とは，市場，行政，コミュニティがカヴァーし得ない陰に生じる。この陰を取り払うためには，市場，行政，コミュニティと社会的排除の当事者（被害者）との関係を，社会企業家が繋ぐ必要がある（e.g., Evers and Laville, ed., 2007）。いわば，社会政策学派における価値創造とは，社会的排除の当事者と市場，行政，コミュニティを繋ぐハイブリッド構造という型で表現されているのである。それ故に，社会企業家は媒介者として市場，行政，コミュニティと社会的排除の当事者（被害者）を繋ぐ役割を果たすとともに，これらのアクターからの出資（補助金）と，社会的排除の当事者さえも組織運営に参加させていくことで，特定の制度当局に過度に結びつき新たな社会的排除を生み出さないようにコントロールされていくことが求められる（藤井・原田・大高，2012，84-91頁）。いわば，社会政策学派は第三の道を思想的背景とした上で，ハイブリッド構造が産み出すダイナミズムによって社会的排除を解消されることに，社会企業家の価値創造を見いだしてきたのである。

　このように各国の持つ政治的・歴史的背景に社会的企業のあり方と産み出す新たな価値が規定されるのであれば，その社会的企業を構築し運営していく社会企業家の行為も異なる様相が見いだされることになる。

　例えば米国を中心とした新自由主義学派の場合，Mulgan（2007）によって，ソーシャル・イノベーションのプロセスモデルが提唱された。社会的企業の構築と運営を，①社会的ニーズの発見と解決策の作成，②アイデアの開発，③試作化及びテスト，④成功に基づく拡大と普及，⑤学習と適応による継続的な変革の段階として捉えるこのモデルをもとに，各段階で求められる具体的な社会企業家の行為が経営学やマーケティング論の知見をもとに深掘りされると

共に，ケーススタディとしてその研究成果が用いられ，ビジネススクールで教育が展開されてきた。

　この新自由主義学派において，独自の発展を見せてきたのが社会資本（social capital）概念である。社会資本とは，社会企業家が社会問題を解決する際の資源動員の可能性を左右する社会構造として定義される（e.g., Prabhu, 1999；Thompson, Alvy and Less, 2002）。米国における社会的企業は，宗教団体や地域コミュニティによる寄附金を基盤としたボランティア活動を，社会的企業という新たな型に再編成された事業体である。つまり米国の社会企業家は社会的企業をNPO／NGOや純然たる営利企業として始めるにしても，Mulgan（2007）のプロセスモデルの各段階において立ち上げ・運営資金として寄付金や投資を既存の団体や個人から動員していくことが求められる。いわば，社会企業家になれるか否かは，寄付金市場において資源を動員し，適切に運用できる構造的位置を占めているか否か（あるいは，その位置を獲得するためにはどのように行為すべきか）という問題に集約されていく。

　ここで注意せねばならないことは，社会資本が企業家研究におけるネットワーク（network）概念のように，単なる資源獲得の経路を意味する訳では無いことである。社会企業家は，既存の諸制度では対応し得ない社会問題に対峙し，新たな価値を生み出し社会問題を解決していくことが求められる。その際，社会企業家は，寄付者や出資者に対して新たな価値を説明し納得して貰うのみならず，時には寄付時・出資時に彼らが想定している事業以外の事業に取り組むことについて，利害関係者に対して説明責任を果たさねばならない。この資源の動員と運用をめぐる説明責任について，社会企業家研究はSuchman（1995）の「相手を説き伏せる戦略」や谷本（2006）の「価値の共創環境」を強調する[1]。社会企業家は既存の社会関係において獲得している信頼・尊敬・親密さをレバレッジとして利用し，他者を説き伏せ，新たな価値を共に創造していく関係を作り上げることで資源動員を可能とし，ソーシャル・イノベーションを実現しているのである（Fukuyama, 1995；Liao and Welsh, 2003）。

　他方で，社会的企業のハイブリッド性を強調する社会政策学派では，社会企業家に求められる行為は異なる様相を見せることになる。多元的資本とそこに紐付けられた多元的所有という特性を持つハイブリッド構造としての社会的企

業は，社会企業家が市場，行政，コミュニティ，更には社会的排除の当事者（被害者）それぞれの利害に適応する多元的目標を掲げることで資源を獲得していく（藤井・原田・大高，2012，83頁）。

　当然，市場，行政，コミュニティそれぞれの利害関係者に対応する多元的な組織目標を設定するがゆえに，社会企業家は利害関係者からの同型化圧力に晒されることになる。とりわけ欧州では，保守主義と社会民主主義の伝統の観点から市場への過剰適応によって社会的企業が営利事業に傾くことが問題視され，市場の政治的再埋め込みを強調する余り，社会的企業が行政の安価な下請け企業化するという問題が生じた（e.g., Taylor and Warburton, 2003）。当然，社会的排除に社会問題の根源を求めるのであれば，市場，行政，コミュニティのどれかに同型化してしまうと，社会政策学派が求める価値創造を伴うソリューションは困難となる。それ故に社会政策学派は社会企業家に，諸制度から得られる諸資源の「いいとこどり」（e.g., 宮本，2003）をしつつ，多方面からの同型化圧力から避けられる抵抗戦略を強調してきた（藤井・原田・大高，2012，119-128頁）。この社会政策学派においては，「いいとこどり」を可能とする抵抗戦略の遂行こそが，社会的排除に起因する社会問題を社会企業家によるソーシャル・イノベーションによって解決していく際に，必要不可欠な要素となるのである。

　本章ではここまで，社会企業家研究の論理構造と主たる概念の展開を概観してきた。欧米における政治的・歴史的背景の違いによって用いられる概念が異なるものの，社会企業家による価値創造を，「相手を説き伏せる戦略」，「価値の共創環境」，「いいとこどり」，「抵抗戦略」といった具体的な行為の次元から行為を明らかにしてきたのである。

3. 正統化された主体としての社会企業家

　以上のように社会企業家研究は，米国における新自由主義学派と欧州における社会政策学派によって発展してきたものの，社会的排除によって生じる社会問題に対して，社会企業家が事業構築を通じて実現する価値創造を，具体的な行為の次元から捉えていくという，共通したコアロジックを有してきた。

しかしながら，実際に社会企業家を捉えようとすると，現前する現象が社会企業家であるか否かについて，確証が得られないという難問が立ちはだかる。例えばグラミン銀行の事例を新自由主義学派の視座から見た時，マイクロファイナンスという金融業の新たなビジネスモデルの構築を通じて絶対的貧困を解消していった点が強調されることになるだろう。しかし，社会政策学派の視座からグラミン銀行の事例を捉えた時，マイクロファイナンスが貧困者を搾取する新たな社会問題が生じる危険性が指摘され (e.g., Karim, 2008)，グラミン銀行が政府や貧困者自身による出資によって市場原理の暴走を抑制し得るハイブリッド構造を保有している点が強調されることになる。とはいえ，この社会政策学派の批判も，新自由主義学派の立場からすれば，社会的企業が行政や政府に資金を依存することで同型化圧力が生じ，社会企業家が産み出す新たな価値が淘汰されるという観点から，ハイブリッド構造の危険性が指摘されるという形で，批判が返されることになる。このように社会企業家研究は，一方では営利事業の構築を通じた社会問題の解決を強調する新自由主義学派と，他方では官民連携のハイブリッド構造の構築に社会問題を解決する可能性を見いだす社会政策学派という，認識前提が異なる二大学派間の論争の霧に紛れて，社会企業家の具体的行為を見失っていくという理論的課題が存在する (e.g., 高橋・木村，2017，2018)。

　この理論的課題に対して，藤井・原田・大高 (2012) は当事者の潜在的ニーズを発掘することで得られる「新たな価値の提示」に，社会企業家を捉える新たな準拠点を見出そうとする (藤井・原田・大高，2012，70頁)。とはいえ，彼らの議論もまた，前節で指摘しているように何を「新たな価値」として見出すのかについて，歴史的・政治的コンテクストに飲み込まれていく中で，対話不能な論争へと発展していくのを避けることは出来ない。

　むしろここで求められるのは，社会企業家という概念が，いかに我々が生きる社会で固有の役割を纏い，ソーシャル・イノベーションという固有の現象を導く働き (work) を獲得していたのかを改めて確認していく作業を通じて，この理論的課題を認識前提レベルから解消していくことであると考えられる。そこで，社会企業家という概念がいかなる思想的背景のもとで提唱された概念であるかを振り返っていくことにしよう。

既に指摘しているように，社会企業家研究における社会政策学派の思想的背景となっているのが，Giddens（1998）による「第三の道」である。社会民主主義と新自由主義という対立項のなかで行き詰まりを見せてきた社会政策に対して，第三の道は国家の機能をリスクへの対応と再定義した上で，社会民主主義に市場のダイナミズムを取り込んだ──まさに「いいとこどり」を目指した──新たな国家モデルを提示するものであった（Giddens, 1998，邦訳，122-137頁）。

Giddens（1998）は従来の社会民主主義＝公共による福祉の提供か，新自由主義＝市場成長を通じた福祉の実現かという二項対立の政策論争を，市場の外部性という観点から解決を試みる。確かに不平等の解消と福祉の実現を目指した，国家による市場への介入はダイナミズムを喪失する要因になる。これは単に経済的な活力が失われるという，単純な意味ではない。過度な市場への介入は技術的なイノベーションの可能性を削減し，新産業が創出され雇用が拡大する可能性を低下させる。また，雇用条件や賃金にかんする法制度の充実は一方で国民の安定した生活を支える基盤となるが，他方で雇用の流動性を低下させ貧困格差や階級問題を固定化する要因になりうる。いわば，国家による市場への過度の介入は，市場の経済的ダイナミズムを失わせるだけでなく，国家やコミュニティという市場の外部に社会問題を生み出すとともに，自律的に解決して行くダイナミズムさえも失わせていく。

起業家的活力と結びついているがゆえに，市場経済は他のタイプの経済システムよりはるかにダイナミック（＝能動的）である。しかしなら，富の創造にとって本質的なまさにそのダイナミズムが，経済的不振が技術的変化の結果としての失業によって社会の分裂が生み出される場合のように，市場それ自体が解決できない深刻な社会的コストをもたらすのである。市場はそれ自身が必要としている人的資本を育成することも出来ない。政府，家族そしてコミュニティが人的資本を育成していかなければならないのである。市場経済は外部性を生み出すのであり，その外部性に関連した社会的な事柄には，他の手段によって対応しなければならない。たとえば，環境破壊は市場メカニズムだけでは対処できないのである（Giddens, 1998，邦訳，41-42頁）。

もちろん,市場への過度な依存は市場の外部に様々な社会的リスク＝社会問題を生み出す。しかしながら,市場がもたらすダイナミズムは,国家や伝統社会によって提供される教育機関や家族制度からの人的資源の供給によって支えられている。公共か市場かという二項対立の政策論争のもとでは,国家の過度な介入によって市場が規制されダイナミズムが失われるか,市場への過度な依存によってダイナミズムの源泉である国家や伝統社会が破壊されるか,という最悪の帰結を生み出すのである。そこでGiddens (1998) は,一方で市場がもたらすダイナミズムを国家の改革の原動力として取り込み（政治的再埋め込み）,他方で市場の自己調整機能では解決し得ない社会的リスクの管理が国家の役割であるとした。これが,第三の道の骨子である。

　市場ダイナミズムを国家改革の源泉とみなすGiddens (2000) は,その代表例として欧州では重要視されていなかった,サード・セクター（民間非営利部門）を社会企業家として積極的に再評価していく。

　　かつては,左派のいくらかの人々は「サード・セクター」（民間非営利部門）に対して懐疑的だった。しばしば素人くさくて,移り気な慈善感情に依拠しているサード・セクターの集団に,政府とその他の専門的機関が可能な限り取って代わるべきだというのである。しかしながら,実効的な形態に発展した場合,サード・セクターの集団は,公共的サービス供給の責任ある担い手として,一つの選択肢となりうるのである。それらはまた,地域の市民文化とさまざまな形のコミュニティの発展を促進するのに役立ちうるのである。そのようになるためには,サード・セクターの集団は活力と起業家精神に満ちあふれたものである必要がある。社会起業家は市民社会の領域で,きわめて実効的な革新をもたらす人物になりうると同時に,経済の発展にも貢献しうるのである。(Giddens, 2000, 92-93頁)

　ここで注目すべきは,Giddens (2000) が企業家精神（entrepreneurship）という観点からサード・セクターを再評価している点である。このギデンズの着想のもとにあるのが,意外なことに米国の経営学者であるKanter (1999) による,公民連携の教育通信サービス事例であった。Kanter (1999) は米国

における伝統的な企業の社会的貢献である寄付行為が，企業の余剰資源をコミュニティに押し付けるゴミ箱と化しており，社会問題の解決に対する実効性を有していないと批判する。その上で彼女は，貧困層が大多数を占める学校に双方向通信が可能な通信教育システムを提供するベル・アトランティック社のプログラムが，対象校を国のモデル校にまで押し上げるとともに，同社も教育通信サービスの技術開発と運用データの蓄積によって長期的に利益を得た事例を紹介する。彼女が「新パラダイム」として提唱するこの事例は，社会問題が，政府やその他の専門的機関による公共サービスの提供でも，善意に基づく寄付とボランティアの力によるものでもなく，企業家精神によってコミュニティの活力を生み出し（再生し）つつ経済的成果を生み出すという，ソーシャル・イノベーションによって可能になることを示唆するものであった。

ロザベス・モス・カンターの論文は，この点に関して参考になる。彼女は多くの企業や企業集団が従来とは極めて異なった仕方で，社会発展に寄与することを見出した。（中略）大半の生徒は貧困層の子供たちであり，そのプログラムの対象校はほとんど活力を失った状態にあった。しかし，それ以来，それらの学校は国の模範校となり，ベル・アトランティック社は，教育サービスにおけるデータ送信を処理する新しい手法を発見することによって，その経験から利益を得たのである。モス・カンターが指摘しているように，懐疑的な批評家はそうした努力を単なる「企業の広報戦略」にすぎないとみなす傾向がある。しかし，彼女が研究した事例においては「これは好意的な評価を得るための，極端にリスクとコストが大きい方法であろう」。主として，「革新から派生する新しい知識と可能性」によって，その方法は正当化されるのである。（Giddens, 2000, 邦訳, 93-94頁）

Giddens（1998, 2000）が提唱した第三の道は，思想的には社会民主主義と新自由主義の二項対立を市場と外部性という視座から超克するものであったが，政策的には必然的に既存の諸政策をミックスしたものとなる。当然，社会民主主義，新自由主義それぞれの陣営から支持者を失うことになり，先駆者であったイギリス・ブレア政権を始めとして，第三の道を標榜した政権の多くは

既に政権の座を降りている。しかし，第三の道において重要な点は，社会民主主義と新自由主義を折衷するポリシー・ミックスでは無い。市場の産み出すダイナミズムを国家の変革へとつなげる企業家精神こそが，公共と市場の二項対立を超えて社会問題を解決に導くことを，社会思想として定義付けたことであった。第三の道が可能性の再分配とポジティブ・ウェルフェア（positive welfare）にもとづく市民参加を政策的に求めるのも（Giddens, 1998, 邦訳, 168-197頁），「革新から派生する新しい知識と可能性」たるソーシャル・イノベーションを発揮する企業家精神を政策の根幹においたからであると考えられる。

　この第三の道を巡るギデンズの一連の論考を踏まえたとき，社会企業家とは，企業家精神によって社会思想として正統化していくことで生み出された概念であると考えられる。だとすれば，なぜ企業家精神によって社会企業家は正統化されるのであろうか。言い換えれば，Giddens（2000）が依拠したKanter（1999）の「新パラダイム」とは，どのような経緯で公共領域に企業家精神を求めたのだろうか。米国における公共領域での企業家精神を議論した代表的研究として見逃すことができないのが，Drucker（1990）の *Managing The Nonprofit Organization*（邦題：非営利組織の経営）である。彼は同書の冒頭において，非営利組織が企業や国家とも異なるサービスを提供する事業体であり，その根幹にはイノベーションが不可欠であると指摘する。

　一九五〇年代には，非営利組織を論ずる者はいなかった。病院は病院，教会は教会，ボーイスカウトやガールスカウトは少年少女のためのものと考えられてきた。ところが，その後われわれは非営利組織という言葉を使うようにあった。非営利とは否定語である。それは営利でないことを意味するにすぎない。しかしこの言葉は，非営利の組織が何か共通のものをもっていることを示した。今日われわれは，その何かが何であるかを知った。非営利組織は，政府や企業とは違う何かを行う。企業は財とサービスを提供する。政府はコントロールする。企業は顧客が買い，払い，顧客のニーズが満たされたときに役割を果たす。政府は，自らの政策が意図した成果をもたらしたときに役割を果たす。非営利組織が生み出すものは，治癒した患者，学ぶ生徒，

自立した成人，すなわち変革された人の人生である。(Drucker, 1990, 邦訳，ⅶ-ⅷ頁)

　Drucker（1990）は，企業にも行政組織にも提供し得ないサービスを提供することが，非営利組織の役割であると定義した。このためには，非営利組織のリーダーは企業とも行政組織とも異なる，独自の領域を切り開く非営利組織のミッションを設定し（Drucker，邦訳，2-9頁），資金源を開拓し（Drucker，邦訳，96-101頁），人材を集め組織化し（Drucker，邦訳，111-112頁），そこから得られた成果を公表して大義を得なければならない（Drucker，邦訳，118-125頁）。いわば，企業とも行政とも異なる，独自のニッチを切り開く企業家精神によって，非営利組織の存在意義は正統化されると指摘したのである。
　その上でDrucker（1990）は，非営利組織の経営者に求められるマネジメントの具体的な内容を明らかにしていく。企業や行政組織とは異なるサービスを提供するのが非営利組織の役割である限り，そのプロセス全てにおいてイノベーションが求められる。非営利組織のサービスを提供する市場を開拓するということは，資源や人材を新結合していくという単純な意味ではない。寄付者には新たなサービスに寄付し組織の運営に協力することの意義に目覚めさせ，顧客には非営利組織のサービスを通じて新たな価値と行動の変化を求め，非営利組織のスタッフには非営利組織という新たな領域を切り開き拡大して行くマネジメントの体得を求める（Drucker, 1990, 邦訳，ⅶ-ⅺ頁）。Drucker（1990）は非営利組織の存在が企業とも行政組織とも異なる領域を切り開いていく企業家精神によって正統化されるとともに，非営利組織の立ち上げから運営に至る全てのプロセスにおいてイノベーションを遂行していくことを求めたのである。
　このDrucker（1990）の論考を踏まえ，Kanter（1999）は非営利組織から営利企業による官民連携にまで対象を広げることで，ソーシャル・イノベーションの「新パラダイム」を切り開いた。このKanter（1999）の「新パラダイム」を評価するGiddens（1998, 2000）の第三の道を経て，企業家精神によって正統化された社会問題を解決する主体としての社会企業家が誕生したの

である。

4. おわりに：英雄としての社会企業家

本章ではこれまで，社会的排除と価値創造という鍵概念から社会企業家研究を紐解き，この研究領域の持つコアロジックを明らかにしてきた。その上で，Giddens（1998, 2000），Kanter（1999），Drucker（1990）と社会企業家概念の思想的背景を遡っていくことで，この概念が企業家精神によって正統化された社会問題を解決する主体として求められてきたことを明らかにしてきた。これを踏まえた上で最後に求められるのは，なぜ，企業家精神によって社会企業家は正統化されるのか，ということを問い直すことである。そのために本章では最後に，企業家精神の提唱者であるシュムペーターの一連の論考を辿っていくことで，企業家精神の役割と働きから社会企業家研究の理論的視座を改めて検討していきたい。

周知の通り，現在の社会科学的な意味での企業家精神の源流となったのは，Schumpeter（1926）による『経済発展の理論』（*Theorie der Wirtschaftlichen Entwicklung: eine Untersuchung ube Unternehmergewinn, Kapital, Kredit, Zins und den Konjunkturzyklus*）である。彼は合理的経済人と均衡に対置する形で，企業家精神と新結合を準備する。これは，封建主義から産業革命を経て資本主義へ至るような経済体制の変革を伴う経済発展現象を説明するために，周到に準備された概念であった。

均衡を前提とした合理的経済人を前提とする限り，経済発展現象とは所与に与えられた外部環境のもとで経済的取引を繰り返し，均衡点に到達する現象として捉えられる（e.g., Kirzner, 1973）。この場合，未知の新技術を生産設備として導入することや，原料の供給源や製品の販売先を求めて新たな市場の開拓を求めることで均衡点そのものを動かし，企業家的利潤を得ることは想定されていない。神の見えざる手としての均衡のもとで合理的経済人を捉えていく限り，均衡点そのものを動かそうとする行為は説明の対象外になるのである。

しかし，産業革命が大航海時代に開拓された海外市場と蒸気機関を始めとした新技術の導入によってもたらされ，その果てに帝国主義から資本主義へと転

換したことからも解るように,経済体制の変革を伴う経済発展とは均衡点を動かす人々の働きによって生じる。そのためSchumpeter (1927) は,既存の経済均衡をシフトさせる企業家と,彼が遂行する新結合の五類型[2]を提唱した。

その上でSchumpeter (1927) は,合理的経済人と対置される企業家について勝利者欲求・創造の喜び・私的王国の建設という特異な心性を設定した (Schumpeter, 2917, 邦訳,235-236頁)。しかし,Schumpeter (1927) がこの心性について,企業家に生得的に備わっているものではなく,帝国主義の残滓として言及していたことに注意が必要である。国富の増大を目指す帝国主義の時代精神が産業革命を産み資本主義体制に導く。そして,取り残された帝国主義の残滓は,資本主義体制のもとで資本主義を駆動させるエンジンたる企業家精神として制度化されたのである (塩野谷,1995,邦訳,228頁)。

更に,Schumpeter (1950) は,『資本主義・社会主義・民主主義』(Capitalism, Socialism and Democracy) においてこの企業家精神を,資本主義そのものを次の経済体制へと導くエージェンシーとして位置づけていく。企業家による新結合が遂行され続けると,もはや新結合を通じて新たな企業家的利潤を生み出すことが不可能な飽和状態に到達する。その結果,企業家精神の必要性そのものが失われ,経済を一つの機械として管理するという時代精神のもとで,企業家の役割は大企業やカルテル化した産業組織とその運営を担う管理者機能に代替され,ついには経済発展の終末を迎えるとした。この資本主義の終末の先にあるのは,科学的に管理された資本主義もしくは政治的選択としての社会主義という社会体制の変革なのである[3] (Schumpeter, 1950, 邦訳, 205-210頁)。

このようにシュムペーターの経済発展を巡る一連の論考において,企業家精神とは,新たな経済体制への変革を導くプロセスを説明するために準備された役割概念である。同時に,企業家とは新大陸を求めて大海原に繰り出した英雄達の末裔である。その英雄の精神は資本主義という新たな制度的環境のもとで企業家精神へと姿を変え,未開拓の領域を市場化し,その先に在るユートピア (その最果てにある科学的に管理された資本主義もしくは社会主義) へと我々を導く企業家活動として今もなお駆動している。いわば企業家精神は,帝国主義から資本主義へ,更には資本主義からまだ見ぬ社会主義へという,より良き

社会を導く変革を導くものとして求められてきた。

　それ故，人々は企業家というペルソナを被った時，変革を導く英雄として正統化された振る舞いが可能となる（e.g., O'Corner, 2004；高橋, 2008）。人々は企業家というペルソナに対する信頼をもとに，投資や事業への参加といった形で彼の事業に参加していくことで，イノベーションというダイナミズムを生み出していく。そして研究者は企業家という概念を用いることで，変革の担い手を分析対象として対象化し，研究実践を通じて，より良き社会を目指した活動へと関わりを有していくことになる（e.g., 松嶋・高橋, 2015, 22-23頁）。いわば企業家精神とは，より良き社会に向けて永続的に人々を駆り立てるエンジンとして，独自の役割と働きを担っているのである。

　これらの議論を踏まえた時，企業家精神によって正統化された社会企業家概念の持つ，独自の役割と働きを見出すことができるだろう。

　我々は社会企業家という概念を用いることで，社会問題から未開拓の領域を想起し，既存の資源を新結合していくことで新たな価値を生み出す可能性を見出しうる。Drucker（1990）は非営利組織に，企業でも政府でも無いサービスを提供する社会的役割を求めた。Kanter（1999）は，官民連携を通じて公共サービスと営利事業の間に生じる，ソーシャル・ビジネスという新たな市場の出現を「新パラダイム」として捉えた。Giddens（1998, 2000）は社会民主主義と新自由主義の二項対立を超える第三の道の根幹に企業家精神を求め，その担い手としてサード・セクターの可能性を指摘した。そして社会企業家研究は，社会的排除として社会問題を未開拓の領域として提示し，社会企業家による価値創造によって，各国の政治的・歴史的背景に基づく価値に根ざし，より良き社会を求めて行動していく人々の営為を捉えるという理論的視座を獲得していったのである。

　社会企業家という概念は，我々が目の前に広がる現象から，未解決の社会現象を見出し，その解決により良き社会の到来の可能性を見出させるという感受概念（conceptive attractor）としての役割を有している（e.g., Steyaert, 2007）。だとすれば社会企業家とは，英雄としての社会企業家を奉り，ソーシャル・イノベーションを求める研究者を含めた人々の関係から見いだされていく。

それ故に社会企業家研究は，社会的排除という概念のもとで未解決の領域を対象化し，その解決を図る人々の営為を，人々が根ざしたコンテクストを踏まえた社会企業家の具体的行為として分析することで，プロセスモデルや社会資本，ハイブリッド構造などのソーシャル・イノベーションを導く方法を見出してきた。これらの概念は，社会企業家という概念を通じて現象から見出した既存研究に対する理論的貢献であるのと同時に，大学での教育（新自由主義学派）や政策立案（社会政策学派）への援用という形で研究者が様々なアクターと係り合い，社会企業家の働きを産み出す研究実践であった。

　だとすれば社会企業家研究において求められるのは，社会企業家の行為の是非を問う神学論争ではない。企業家精神に正統化された主体である社会企業家を起点として，一方では社会企業家という概念の働きによって可能となる，より良き社会を求める人々の新たな行動類型を見出しつつ，他方では新たな行動類型から既存研究を再考していくことで，その行動類型が切り開く理論的・実践的地平を明らかにしていくとともに，その行動類型からソーシャル・イノベーションへの方法を提案していくことで，社会企業家という概念の働きを産み出しつづけることが求められるのである。

　我が国における社会企業家研究において求められるのは，欧米の先行研究に根付いて解決不能な神学論争を繰り広げることでも，それを日本のコンテクストから読み替えて論争を複雑化していくことでもない。また，社会企業家という概念に背負わされた役割から，目に映る現象に飛び付きグッド・プラクティスを集めることでもない。社会問題を取り上げる既存研究そのものが，実は社会問題を産み出す関係構造と不可分に結びついている。その自覚のもとで，社会企業家という感受概念を通して我々が見出す発見事実とは，既存研究の理論的貢献であるのと同時に，既存研究が不可分に結びつき産み出す社会問題を解消する実践的貢献となる。すなわち，社会企業家研究という研究実践そのものも，企業家精神によって正統化されているのである。

（高橋　勅徳）

注
1　谷本（2006）は，組織内外のステークホルダーが社会企業家が提示する社会問題を解決する新た

な価値を共有することで，資源の獲得を可能とし，ソーシャル・イノベーションが生じることを「価値の共創環境」（谷本，2006，52頁）と指摘した。
2　新結合の五類型とは，① 新しい財貨，すなわち消費者の間でまだ知られていない財貨，あるいは新しい品質の財貨の生産，② 新しい生産方法の導入，すなわち当該産業部門において実際上未知な生産方法の導入，③ 新しい販路の開拓，すなわち当該国の当該産業部門が従来参加していなかった市場の開拓，④ 原料あるいは半製品の新しい供給源の獲得，⑤ 新しい組織の実現，すなわち独占的地位（たとえば，トラスト化による）の形成あるいは独占の打破，として定義される。
3　Venkataraman (1997) は，Schumpeter 体系における企業家概念が，私益を追求する存在というよりは資本主義という社会に適応し推進する存在として定義されており，この概念そのものが社会の発展に寄与するイメージを内包していることを指摘している。

参考・引用文献

Alvord, S. H., Brown, L. D. and Letts, C. W. (2004) "Social entrepreneurship and societal transformation", *Journal of Applied Behavioral Science*, Vol.40, No.3, pp.260-282.

Borzaga, C. & Deforny, J. (2001) *The Emergence of Social Enterprise*, Routledge. （内山哲朗・石塚秀雄・柳沢敏勝訳『社会的企業（ソーシャルエンタープライズ）：雇用・福祉のEUサードセクター』日本経済評論社，2004。）

Burt, R. S. (2009) *Structural holes: The social structure of competition*, Harvard university press.

Dey, P. and Steyaert, C. (2012) "Social entreprenearship: Critique and the radical enactment of the Social", *Social Enterprise Jhornal*, Vol.8, No.2, pp.90-107.

Drucker, P. F. (1990) *Managing the Nonprofit Organization*, Harper Collins Publishers. （上田惇生・田代正美訳 (1991)『非営利組織の経営』ダイヤモンド社。）

Evers, A. (1993) "The Welfare Mix Approach, Understanding the Pluralism of Welfare Systems", Evers, A. & Svetlik, I. ed., *Balancing Pluralism, New Welfare Mixes in Care for the Elderly*, Avebury.

Fukuyama, F. (1997) *Trus: The Social Virtues and the Creation of Prosperity*, Free Press.

Gardin, L. (2006) "A variety of resource mixes inside social enterprises", In Nyssens, M. (ed.) *Social enterprise*, Routledge, pp.111-136.

Giddens, A. (1998) *The Third Way*, Polity Press. （佐和隆光訳『第三の道 効率と公正の新たな同盟』日本経済新聞社, 1999年。）

Giddens, A. (2000) *The Third Way and its Critics*, Polity Press. （今枝法之・干川剛史訳『第三の道とその批判』晃洋書房，2003年。）

Kanter, R. M. (1999). "From spare change to real change: The social sector as beta site for business innovation", *Harvard business review*, 77, 122-133.

Karim, L. (2008) "Demystifying Micro-Credit The Grameen Bank, NGOs, and Neoliberalism in Bangladesh", *Cultural Dynamics*, Vol.20, No.1, pp.5-29.

Kerlin, J. (2006) "Social Enterprise in the United States and Europe: Understanding and Learning from the Differences", *Voluntas*, Vol.17, No.3, pp.247-264.

Khan, F. R., Munir, K. A. and Willmott, H. (2007) "A Dark Side of Institutional Entrepreneurship: Soccer Balls, Child Labour and Postcolonial Impoverishment", *Organization Studies*, Vol.28, No.7, pp.1055-1077.

Kirzner, I. M. (1973) *Competition and Entrepreneurship*, University of Chicago Press.

Liao, J. and Welsch, H. (2003) "Social capital and entrepreneurial growth aspiration: A comparison of technology and non technology based nascent entrepreneurs", *Journal of High Technology*

Management Research, Vol.14, No.1, pp.149-170.
Maguire, S. Hardy, H. and Lawrence, T. B. (2004) "Institutional Entrepreneurship in Emerging Fields: HIV/AIDS Treatment Advocacy in Canada", Academy of Management, Vol.47, No.5, pp.657-679.
Mulgan, G. (2007) "The Process of Social Innovation", Innovations: Technology, Governance, Globalization, Vol.1, No.2, pp.145-162.
O'Connor, E. (2004) "Storytelling to be real: narrative, legitimacy building and venturing" in D. Hjorth and C. Steyaert (eds.) Narrative and Discursive Approaches in Entrepreneurship: A Second Movements in Entrepreneurship Book, Edward Elgar Publishing, pp.105-124.
Porter, M. E. and Kramer, M. R. (2006) "Strategy and society: the link between corporate social responsibility and competitive advantage", Harvard Business Review, Vol.84, No.12, pp.78-92.
Porter, M. E. and Kramer, M. R. (2011) "Creating Shared Value", Harvard Business Review, Vol.89, No.1, pp.3-17.
Prabhu, G. N. (1999) "Social entrepreneurship leadership", Career Development International, Vol.4, No.3, pp.140-145.
Schumpeter, J. A (1926) Theorie der Wirtschaftlichen Entwicklung: eine Untersuchung ube Unternehmergewinn, Kapital, Kredit, Zins und den Konjunkturzyklus, 2nd revised ed., Leipzig: Duncker and Humblot. (塩野谷祐一・中山伊知郎・東畑精一訳『経済発展の理論：企業者利潤・資本・信用・利子および景気の回転に関する一研究　上巻・下巻』岩波文庫，1977年)。
Schumpeter, J. A. (1950) Capitalism, Socialism, and Democracy, 2nd edition, Harper. (中山伊知郎・東畑精一訳（1995）『資本主義・社会主義・民主主義』東洋経済新報社)。
Steyaert, C. (2007) "'Entrepreneuring'as a conceptual attractor? A review of process theories in 20 years of entrepreneurship studies", Entrepreneurship and regional development, Vol.19, No.6, pp.453-477.
Suchman, M. C. (1995) "Managing legitimacy: Strategic and institutional approaches", Academy of management review, Vol.20, No.3, pp.571-610.
Taylor, M. (2003) Public Policy in the Community, Prlgrave Macmillan.
Taylor, M. & Warburton, D. (2003) "Legitimacy and the Role of UK Third Sector Organizations in the Policy Process", Voluntas, vol.14, no.3, pp.321-338.
Thompson, J., Alvy, G. and Less, A. (2002) "Social entrepreneurship: A new look at the people and the potential", Management Decision, Vol.38, No.5, pp.412-432.
Venkataraman, S. (1997) "The distinctive domain of entrepreneurship research" in Katz, J., Brockhaus, R. (eds.) Advances in Entrepreneurship: Firm Emergence and Growth, Vol.3, JAI Press, pp.119-138.
Yunus, M. (2007) Creating a World without Poverty, PublicAffairs. (猪熊弘子訳（2008）『貧困のない社会を作る：ソーシャル・ビジネスと新しい資本主義』早川書房)。

岩田正美（2008）『社会的排除：参加の排除・不確かな帰属』有斐閣。
木村隆之（2017）「「厚生」概念に基づく日本型ソーシャル・イノベーション研究の再考」『九州産業大学経営学会経営学論集』，第28巻第2号，83-108頁。
塩野谷祐一（1995）『シュムペーター的思考：総合的社会科学の構想』東洋経済新報社。
嶋内健（2011）「社会的包摂としてのアクティベーション政策の意義と限界―ワーク・アクティベーションとソーシャル・アクティベーション」『立命館産業社会論集』第47巻第1号，173-194頁。
高橋勅徳（2009）『企業家の社会的構成』滋賀大学研究叢書。

高橋勅徳・木村隆之（2017）「ソーシャルビジネスにおける同型化と事業の展開：一般社団法人ラ・バルカグループの事例分析」『首都大学東京社会科学研究科経営学系 Research Paper Series』No.189, 1-14 頁。

高橋勅徳・木村隆之（2018）「社会企業家によるソーシャル・イノベーションを可能とするハイブリッド構造の構築：New Standard Chocolate の事例を通じて」『経営と制度』第 16 号, 1-24 頁。

谷本寛治編著（2006）『ソーシャル・エンタープライズ―社会的企業の台頭』中央経済社。

樋口明彦（2004）「現代社会における社会的排除のメカニズム―積極的労働市場政策の内在的ジレンマをめぐって」『社会学評論』217 号, 2-18 頁。

藤井敦史・原田晃樹・大高研道（2013）『闘う社会的企業：コミュニティ・エンパワーメントの担い手』勁草書房。

松嶋登・高橋勅徳（2015）「制度的企業家のディスコース」桑田耕太郎・松嶋登・高橋勅徳編『制度的企業家』ナカニシヤ出版, 5-29 頁。

宮本太郎（2003）「ヨーロッパ社会的経済の新しい動向：ポスト福祉国家の理論と経験」『社会運動』276 号, 37-48 頁。

第2章
ソーシャル・イノベーションを可能とするハイブリッド構造の構築：
New Standard Chocolate の事例を通じて

1. はじめに

　ソーシャル・イノベーション（social innovation）は社会変革を促し社会問題の軽減をもたらす活動（e.g., Alvord, Brown and Letts, 2004）を，社会的責任の下で，公的－私的セクターの連携からビジネスを構築する行為（e.g., Sagawa and Segel, 2000；Waddock, 1988）として定義されてきた。先行研究では市場への適応と公共からの自立に社会性を求める米国の社会企業家論（以下，新自由主義学派）と，福祉国家の理念の下で社会的企業を通じた市場の社会的・政治的埋め込み（socio-political re-embedding）を強調する欧州の社会的企業論（以下，社会政策学派）の間に社会性を巡る論争が交わされてきたものの，ソーシャル・イノベーションを公共と市場を繋ぎ新たな価値を生み出す社会企業家による諸活動から見いだす点に，この研究領域独自の理論的視座があると考えられる（e.g., 藤井・原田・大高，2012）。

　他方で，先行研究は，公共と市場を繋ぐ新結合の遂行主体として社会的企業家をアプリオリとしてきたため，彼らが如何にして社会問題を発見しソーシャル・ビジネスを構築していくのかについて，分析的に把握することが出来ないという理論的課題を抱えてきた（e.g., Osborn, 1998；Nicholls and Cho, 2006；木村，2016）。いわば，社会企業家という，極めて強力な感受概念（conceptive attractor）に絡め取られる形で，我々は社会企業家の実践を見失ってきたのである（e.g., Steyaert, 2007）。そこで本章では，社会政策学派を基盤として提唱されたハイブリッド構造（hybrid structure）としての社会的企業の再考を

通じて，この理論的課題の克服を目指したい。

　ハイブリッド構造としての社会的企業は，マルチステークホルダーの参加に開かれた多元的目標，多元的資本，多元的所有という組織的特徴を持ち，公共と市場の間で独自の生存領域を確保しそれぞれの長所を引き出し社会問題の解決を担っていく肯定的媒介（positive synergetic mix）として定義される（藤井・原田・大高，2012，4頁）。この際，市場と公共双方からの同型化圧力（isomorphism pressure）に抵抗しソーシャル・イノベーションを遂行する社会企業家を，ハイブリッド構造としての社会的企業を通じた社会企業家の学習から把握するという，「闘う社会的企業」という独自の理論的視座が提示されてきた（e.g., 藤井・原田・大高，2012，104-107頁）。

　しかしながら，ハイブリッド構造としての社会的企業と社会企業家の関係に注目した時，先行研究には論理矛盾が生じていることに気付かされる。ソーシャル・イノベーションは，ハイブリッド構造としての社会的企業での学習によって変革に必要な能力を獲得した社会企業家によって遂行されていく。他方で，ハイブリッド構造としての社会的企業は，社会的排除に起因する社会問題の創造的な解決を目指して，社会企業家によって想起され構築される事業体である。だとすれば，その社会企業家はいかにして，ハイブリッド構造としての社会的企業を想起し，構築していく能力を学習していったのであろうか。

　この理論的課題を克服するために本章では，ハイブリッド構造としての社会的企業を巡る先行研究の抱える理論的課題に対して，Granovetter（1985）およびGranovetter and Swedberg（2001）が提唱する「新しい経済社会学」に基づいた新たな分析枠組みを提示する（2節）。この新たな分析枠組みのもとで，多元的ロジックに埋め込まれた社会企業家が有効性を求めてハイブリッド構造を構築していく過程として，我が国における障がい者への就業支援事業の事例分析を行う（3節）。そして，この事例分析から見いだされた発見事実を整理し，そこから得られる理論的・実践的貢献を明らかにしていく（4節）。

2. ハイブリッド構造としての社会的企業が切り拓く理論的視座

2.1 ハイブリッド構造としての社会的企業の展開

　社会政策学派は，主として貧困・格差問題への対応を目的とした，労働統合型社会的企業（Work Integration Social Enterprise：以下，WISE）を中心として展開されてきた（e.g., Borzaga and Defourny, 2001）。この際，社会政策学派は，貧困・格差問題を当事者の能力の欠落ではなく，社会的排除（social exclusion）にその根源を求める点に特徴を有している（e.g., Taylor, 2003）。

　社会的排除は貧困や格差問題を「関係性の次元で参加の欠如を意味し，複合的な不利が連鎖的に重なっていくプロセス」（藤井・原田・大高，2012, 91頁）として捉えていく。すなわち貧困や格差問題の根源を属人的な能力に求めるのでも，労働市場からの排除といった構造的不利のみに求めるのでも無く，セイフティーネットになりうる行政，政治，コミュニティへのアクセスそのものから排除されている（あるいは喪失している）が故に生じる，複合的な問題として捉え直した（e.g., 岩田，2009；樋口，2004；嶋内，2011）。

　ここに，社会政策学派が WISE の内実として，ハイブリッド構造を求めた理論的根拠がある。

　まず，社会的排除に起因する貧困・格差問題の当事者は行政，政治，コミュニティの全てから疎外されており，自助努力による解決が困難である（嶋内，2011, 178頁）。そのため，現場から彼らの声を拾い上げることにより，社会的排除ゆえに既存の諸制度から見落とされてきた社会問題を焦点化し，個々に置かれた状況に応じた支援を目指す必要がある。その際，社会的排除に起因する社会問題は，個別の現場に応じて各セクターから動員しうる資源を組み合わせる「いいとこ取り」（宮本，2006, 33頁）を通じて，当事者の支援に繋がる形で仕組みを再構築しなければならない。これが，ハイブリッド構造としての社会的企業である。

　このハイブリッド構造としての社会的企業を構築するためには，行政，市場，コミュニティを横断的に跨ぐ積極的な関与を通じてソーシャル・イノベーションを促していく，社会企業家の存在が必要不可欠となる。そこで先行研究

は社会企業家を，既存の諸制度では対象になり得なかった貧困・格差問題の当事者のニーズを掘り起こし，市場，政府，コミュニティから動員した資源の新結合—ソーシャル・イノベーション—を通じて解決を図る，肯定的媒介の担い手として定義した (e.g., Evers, 1993)。

　このハイブリッド構造としての社会的企業は，「ヨーロッパにおける社会的排除の闘いの道具」（藤井・原田・大高，2012, 83頁）と位置づけられてきた。実際，この概念は，欧州の歴史的・政治的背景を踏まえた「戦いの道具」として戦略的に構築されている。

　まず，ハイブリッド構造としての社会的企業は「多元的なステークホルダーと多元的な目標を持ち，多様なタイプの経済的諸関係を連結させるもの」として定義される（ラヴィル・ニッセン，2004, 442頁）。貧困・格差問題は社会的排除によって生じる。それ故に，市場への適応，行政からの補助金，コミュニティからの支援，政治的アドヴォカシーなど多様な手段を組み合わせ（新結合）から解決を図る必要がある。その結果，社会的企業は社会問題の解決を前提としつつも，具体的な組織目標は市場，政府・行政，コミュニティといった各ステークホルダーを対象とした多元性を有する必要がある。当然，多様なステークホルダーから資源を動員し解決に挑むため，その所有構造と資本構成も多元的なものとなる。多元的組織目標，多元的所有構造と多元的資本構成という組織的特徴を有するためにハイブリッド構造と称される。

　次に，ハイブリッド構造としての社会的企業は，その社会的問題の解決に際して，市場・再分配・互酬性の三つの経済を混合させることを求められる (e.g., Gardin, 2006)。市場とは営利事業から得られる収益，再配分とは政府・行政等の公的セクターから得られる補助金や公共サービス，互酬性はコミュニティから提供されるソーシャル・キャピタル (social capital) を意味する (e.g., Fukuyama, 1995；Liao and Welsh, 2003)。社会的排除に起因する貧困・格差問題は，その当事者が市場での就労，行政からの補助，コミュニティからの支援を獲得する経路を有していないことによって生じる。欧州の場合，社会民主主義の下で市場に政策的に介入していくことで再分配を実現する福祉国家構想と，宗教と伝統社会に根付いたコミュニティからのボランタリーな支援が展開されてきた。しかし，1990年代の新自由主義政策の実施や，2000年代に移民

が大量に流入したことによって，これらの経路から断絶し自助努力で貧困から抜け出せない社会的排除という状況が現れた。ハイブリッド構造としての社会的企業は，市場，互酬性，再分配を混合していくことで，社会的排除の原因となる社会構造を変革していくソーシャル・イノベーションを引き起こすことで，この問題に対処していくことが期待された。

　最後に，これらの議論を踏まえた上で，ハイブリッド構造としての社会的企業には，市場の社会的・政治的再埋め込みという機能を有する事業体とみなされることになった（Gardin, 2006, p.132；藤井・原田・太田他，89頁）。この独特な概念を理解するためには，欧州における政治的背景を簡単に踏まえておかねばならない。伝統的な社会民主主義に基づく福祉国家として成立した欧州各国は，1970～1980年代に国家予算の増大と債務超過による破綻の危機と，英国におけるサッチャー政権下での新自由主義導入による失敗の双方を経験した。この失敗を踏まえた上で，市場原理を取り入れた新たな社会民主主義として提唱されたのが「第三の道」である（e.g., Giddens, 1998）。この「第三の道」は，社会民主主義と新自由主義の二項対立という欧州における歴史的・政治的背景を踏まえた上で，この対立軸では解消し得ない社会問題の発生と，そこから発生するリスクの管理を国家の役割とする新たな国家観を提示した（Giddens, 1998, 邦訳, 51-55頁）。その上で，社会民主主義政策による行き詰まりを，企業家精神による新結合のダイナミズムを政策的に支援していくことで克服することを目指したのである（e.g., Giddens, 2000, 邦訳, 41-42頁）。

　この第三の道を思想的背景として提唱されたのが，ハイブリッド構造としての社会的企業の市場の社会的・政治的再埋め込みという機能であり，それを担う社会企業家はその企業家精神をもって市場原理を公共サービスに持ち込むのみならず，行政・コミュニティの資源を市場と新結合していくことで，ソーシャル・イノベーションを実現するダイナミズムの源泉として期待された。

2.2　ハイブリッド構造としての社会的企業を巡る理論的課題

　以上のように社会政策学派は，一方で社会的排除を起点に既存の諸制度からの排除に起因する社会問題に焦点をあて，他方でこの社会問題を解決していくための戦略的な概念として，ハイブリッド構造としての社会的企業と社会企業

家を準備してきた。

　しかしながら，ハイブリッド構造を有するからと言って，ソーシャル・イノベーションが実現するとは限らない。むしろ，多様なステークホルダーと関係を取り結ぶが故に，社会的企業は不安定に陥る危険性が指摘されている（藤井・原田・大高，2012，111-112頁）。先述しているように，ハイブリッド構造としての社会的企業は，既存の諸制度では解決し得ない社会問題の解決のために多元的目標を掲げ各ステークホルダーから必要な資源を動員する。当然，ハイブリッド構造としての社会的企業には，資源を獲得した各ステークホルダーに対する説明責任を果たす必要性に迫られている。この各アクターに対する説明責任は，社会的企業に対して市場あるいは法制度や行政組織への同型化圧力として作用する。その結果，市場からの収入もしくは公共からの補助金にのみ依存する財源の単一化を招き，更には市場あるいは公共に過度に適応することで専門知識を持つスタッフの重要性が増し，社会的企業への当事者やボランティア参加の後退を招くスタッフの専門化などの危機に陥るのである（e.g., Bode, Evers and Schultz, 2006）。当然，ハイブリッド構造の不安定化，すなわち社会的企業の営利企業化，もしくは行政の下請け組織化は，社会的排除に起因する貧困・格差問題の解決を著しく困難にする。

　それ故にハイブリッド構造としての社会的企業には，目標，資本構成，所有構造の多元性を維持したまま「一定のフレキシビリティ（社会問題の現場に対する応答可能性を担保する柔軟性）を維持しつつ，生き残り可能なニッチを形成」していくために，「多様なステークホルダーの利害をどのように調整し，合意形成を可能とし，協力を引き出すのかという課題」を乗り越える必要がある（藤井・原田・大高，2012，112頁）。いわば，ハイブリッド構造としての社会的企業を通じたソーシャル・イノベーションを捉えるためには，それを作動させる社会企業家の行動に改めて注目せざるを得ないのである。

　例えばLeadbeater（1997）は社会企業家の成功条件として，①ミッション・マネジメントに長けていること，②雄弁なストーリー・テラーとして自分たちの価値理念を基盤とした動機付けに長けていること，③人的資源を重視し，スタッフ，支援者，利用者の知識やアイディアが重要な資源であることを認識していること，④構想力があると同時に機会を逃さない現実主義者であること

(visionary opportunist)，⑤ 幅広いサポート・ネットワークや同盟（alliance）の構築に長けていることを指摘する。あるいは Chrislip and Larson（1994）は，① 社会問題の性質を分析して主要なステークホルダーを特定し，② ステークホルダーのニーズを適切に理解すると同時に，彼らの当初の狭い利害関心をより広いコミュニティの利益に結びつけていくこと，③ 信頼される開放的なプロセスを作り出し，不信と疑義を克服すること，④ 可視的で一定の力を有したキー・パーソンを巻き込むこと，⑤ グッド・タイミングを活かすこと，⑥ 中間的な小さな成功を積み重ねながら勢いを産み出すことで協働を維持する，協働的（collaborative）リーダーシップとして社会企業家の行為を説明した。

　このような社会企業家のリーダーシップ行動について，組織学習という観点から迫るのが藤井・原田・大高（2012）である。彼らは，同型化圧力に抵抗しハイブリッド構造を作動させる社会企業家を組織学習概念から基礎づけた。ハイブリッド組織としての社会的企業は，様々なステークホルダーから多元的資本を獲得できる。特に公的資金や寄附といった，収益性を度外視して利用可能な組織スラックを有する。これが，社会企業家の組織学習の基盤となる。その上で，社会企業家は当事者を取り巻く文脈に根ざした現場の知識（local knowledge）から社会問題を顕在化し，自身が動員可能な諸資源を組み合わせる実験を繰り返すことで，ソーシャル・イノベーションの担い手としての能力を獲得していくのである（藤井・原田・大高，2012，104-108頁）。

　この藤井・原田・大高（2012）らの議論は，既に存在する社会的企業に就職し，ハイブリッド構造のもとで働くなかで学習と実験を重ね，社会企業家として新たなソーシャル・ビジネスを産み出していくという現象に注目するのであれば，一定の説明力を有すると考えられる[1]。しかし，既存の組織（企業・行政組織・非営利組織）にありながら，社会的排除に起因する社会問題に注目し，その解決を目指してハイブリッド構造としての社会的企業を構築する社会企業家を説明することはできない。仮に組織学習という概念にもとづいて説明するのであれば，既存の組織で学習できる内容を棄却しつつソーシャル・イノベーションを創発し，更にはその実行にあたって他者を動員し得るリーダーシップを発揮できる，特異な能力を持つ主体として社会企業家を再定義せざ

を得ない。しかしながら，このような再定義は「ヒーロー的なリーダーシップの罠」（Martin, 2003）という実務的問題として指摘されるだけでなく，社会的企業から生じる新奇性（ソーシャル・イノベーションを実現）が，最終的に社会企業家個人の能力に還元され，ブラックボックス化されることで説明不可能となるという理論的課題を招いてしまい（e.g., Osborn, 1998；Nicholls and Cho, 2006；木村，2016），多元的目的・多元的所有・多元的資本に新奇性の根拠と社会問題の解決の可能性を見いだしたハイブリッド構造という概念との論理矛盾を招くことになるのである。

2.3 新たな理論的視座と分析枠組み

　社会的排除に起因する社会問題に対して，ハイブリッド構造としての社会企業家がソーシャル・イノベーションを生み出し，解決の途へと繋がる可能性については，本章も主張を同じくする。これまで検討してきた社会政策学派は，新自由主義に起因する福祉サービスの低下を福祉サービスの市場化による公共からの自立によって解決を図る新自由主義学派に対して，ハイブリッド構造を有する社会的企業による創造的な解決（ソーシャル・イノベーション）によって実現するという独自の理論的・実践的視座の下で研究実践を展開してきた。確かに，欧州の社会的企業論は，ハイブリッド構造としての社会的企業の有効性を定義づけた上で，その研究蓄積を社会政策へと反映してきた。しかし，ひとたびハイブリッド構造の不安定性に目を向け，その解決策を社会企業家の特異な行動や能力に還元した時，社会政策学派はハイブリッド構造と社会企業家の論理矛盾に巻き込まれる形で，政策的な根拠までもが失われる。ここで求められるのは，ハイブリッド構造としての社会的企業を，社会企業家がいかに構築し，作動させていくのかを特異な行動と能力に還元しない形で説明する，新たな理論的視座と分析枠組みであるだろう。

　そこで本章では，社会的・政治的再埋め込みの機能を担う社会的企業という先行研究の議論に注目し，埋め込み（embeddeness）概念を提唱したグラノベッターの「新しい経済社会学」の構想を解決の糸口として，この理論的課題に取り組んでいきたい。

　先行研究においてハイブリッド構造としての社会的企業は，市場の社会的・

政治的再埋め込みの機能を有する事業体として見出されてきた。これは，福祉国家という国家観の下で富の再分配を担う政府・行政と宗教的・歴史的背景に基づく伝統社会に根ざしたコミュニティを基盤とした互酬性，更には近代以後の市場経済が，政治的にも経済的にも分断していることを前提とした議論であるといえる[2]。

しかし，埋め込み概念の提唱者であるグラノベッターによる一連の論考に基づいた時，市場と公共の分断を前提とした議論そのものが社会政策学派の論理矛盾と混乱を招いた原因であった事に気づかされる。

まず Granovetter（1985）は合理的経済人（homoeconomics）を前提とし抽象的な均衡モデルとして経済活動を分析する従来の経済学を，過小社会化（under-socialized conceptions）と批判する。他方で，政治体制や宗教から経済活動の説明を試みる社会経済学を，社会制度（social institution）を強調する余りに人々の経済活動の主体性を見失った過剰社会化（over-socialized conceptions）として退ける（pp.482-484）。その上で Granovetter and Swedberg（2001）は，人々の経済活動を市場，歴史，文化，宗教を包含した経済制度（economic institution）に埋め込まれた現在進行形の関係構築の行為として再定義した（p.8）。ここで重要なことは，Granovetter（1985）が経済制度に埋め込まれることで人々が経済活動を円滑に遂行し得るのと同時に，その埋め込みによって生じる利害を計算した上で優位性を求めて逸脱していくことまでも可能になることを，正統化された逸脱として指摘した点である（pp.486-490）。

例えば Granovetter（1973）の転職研究において提唱された弱い紐帯の強み（strength of weak tie）とは，友人関係や趣味のサークル活動で得られた人脈を，労働市場に転用していくことで満足度の高い転職先を獲得していく人々の経済的行為を捉えるための概念であった。つまり，通常の採用窓口へのエントリーや，人材派遣会社のエージェントを利用した転職をする場合には，そこから転職可能な職場と，転職のために支払わねばならないコストがある程度予想できる。その予測故に，相対的に満足度は下がってしまう。しかし，労働市場においては弱い紐帯でしかないプライベートな繋がりを，転職活動のための人脈として転用した場合は，上述の経路ではアクセスし得ない職場への転職可能性が切り開かれる。その結果，弱紐帯を利用した転職の満足度のほうが高く

なったのである。

　すなわち我々は，市場，再分配，互酬性といった多元的なロジックが混合された経済制度に埋め込まれた（embedded）主体であり，経済制度に内包される様々なロジックを参照しつつ，正統かつ逸脱的な経済的行為を遂行しているのである（石黒・高橋，2014，305頁）。だとすれば，市場，再分配，互酬性という多元的ロジックが混合された経済制度に埋め込まれた主体が，社会問題の解決を求めてハイブリッド構造としての社会的企業を構築し，その有効性を確保しつづける形で運営を図る実践として捉えるという，新たな理論的視座が見いだされることになる。

　このような理論的視座に基づいた時，ハイブリッド構造としての社会的企業を構築し，運営していく社会企業家の実践は，以下の分析枠組みの下で捉えられると考えられる。

　第一に，人々は市場・互酬性・再分配が混合された諸制度に埋め込まれており，ここから見いだされる構造的不利益として社会問題が見いだされる。この際，社会的排除に起因する社会問題は，既存の正統化された社会的手段（例えば，行政からの福祉サービス）では解決し得ないが故に，人々は諸制度から逸脱し新たな解決，すなわちソーシャル・イノベーションへと動機づけられる。

　第二に，社会的排除に起因する社会問題に動機づけられた社会企業家は，既存の諸制度から動員できる資源の新たな組み合わせを通じて，新たな価値を生み出すハイブリッド構造としての社会的企業を構築していく。この際，社会企業家は諸制度が生み出す同型化圧力に対する抵抗だけではなく，既存の諸制度が有するロジックを介して各ステークホルダーの利害を読み解き，資源動員が可能な組織目標を逐次的に掲げていくことで，ハイブリッド構造としての社会的企業を構築していくと考えられる。

　第三に，社会企業家によって構築されるソーシャル・ビジネスとは，当事者性に基づいた局所的解決であると共に，既存の諸制度を担うステークホルダーを巻き込んでいるが故に，社会的排除を解決しうるダイナミズムを生み出していく。それは，社会企業家が市場・互酬性・再分配に紐付けられた諸制度の新たな組み合わせから生じる，社会問題の解決を可能とする新たな行動類型として提示されると考えられる。

3. 事例分析：吉野智和氏による障がい者の就労支援事業の構築

　New Standard Chocolate は京都市中京区の堀川商店街で障がい者を雇用しているチョコレートショップである。2014年11月，京都府の住宅供給公社が進めている「堀川団地再生まちづくり」の一環で堀川商店街に開業した。主に取り扱うチョコレートは「久遠」という障がい者雇用を目的としてブランド化が進められているチョコレートである。運営を担うのは，久遠チョコレート西日本統括リーダー兼プロジェクト推進リーダー（調査時点）の吉野智和氏である。障害者就労支援移行事業所として，このダイニング兼チョコレートショップを経営し，知的障がい者を雇用している。

　我が国において障がい者の就労支援は，福祉的就労支援と一般就労支援に分かれる。ともに国の法制度のもとで事業を営むため，補助金依存の事業所が多くあることは否めない[3]。特に福祉的就労支援は，安定的な雇用対象から排除されてきた障がい者の支援を重点的に行うため，福祉的傾向が強い。それ故に補助金に依存した組織運営を行う傾向が強く，事業収入を通じた事業所経営という点で課題を抱えている。実際，社会福祉法人という経営形態をとる共同作業所で働く障がい者の多くは，月給1万円以下という低賃金で働いている[4]。この現状に，吉野氏は強い問題意識を持ち，月給3万円以上で障がい者を雇用できるよう，障害者雇用の構造変革を掲げて事業展開している。彼は，福祉的就労支援において，支援の対象とされてきた障がい者を雇用の対象へと変革することに成功している。本ケースを通じて，吉野氏が行った，従来の福祉的労働支援施設には実現不可能であった障がい者支援について考察していく。

3.1　福祉政策が産む障害者への社会的阻害と市場流通への挑戦

　我が国の障がい者の福祉的就労支援は，障害者総合支援法のもとで，訓練等給付の就労移行支援事業及び就労継続支援事業（A型，B型）において行われている。障害者支援施設は，これらの事業の実施において，訓練等給付費，利用者負担金，その他関連制度からの補助金をもとに運営を行っている。

　就労移行支援事業は，比較的軽度の障がい者を対象としており，福祉的就労

から一般就労への移行を目的とするものである。事業所内や企業において作業や実習を実施し，一般就労に必要な知識・能力を養い，適性に合った職場に就労することを目指す。この事業の実施期間は24か月という限定が加えられる。

他方で，就労継続支援は，通常の事業所に雇用されることが困難な障がい者に就労の機会や生産活動にかかる知識・能力を提供することを目的とする。A型（雇用中心）は，比較的生産性の高い障がい者を対象としており，利用者を雇用することが原則である。B型（非雇用中心）は比較的生産性が低い障がい者を対象としており，障がい者に生産活動その他の活動の機会を提供することを目的とする。

これら福祉施設の収入は大きく分けると2種類で成り立っている。ひとつは物販などの事業収入であり，もうひとつが事業内容によって受けることができる補助金である。例えば，1人の障がい者が一日来ることによって，就労継続支援であれば6千円前後（事業所規模や自治体によって金額が異なる）が行政より支給される。これがほぼ施設の運営費として活用されており，職員の人件費などもそこから支出されている。それに対して，障がい者の作業によって生み出された売上は必要経費を除いて障がい者に分配される。つまり，障がい者の支援をすることで福祉施設は運営できるように制度設計されている。障がい者の賃金は都道府県によって異なるが，B型事業の場合，全国平均月額工賃は1万4,437円（平成25年度）である[5]。障がい者の就業支援施設は，市町村からの補助金によって設立・運営され，障がい者の賃金は彼らの労働から得られたほとんど売上のない事業収益から支払われるという，収益構造を持つ。

ここで問題となるのは，障がい者への賃金である。月額工賃が1万4,437円，時給換算で178円（平成25年度，厚労省の調べ）という金額は，労働基準法に定められる最低賃金からすれば程遠い金額である。もちろん，重度の障がい者は安定的に仕事に従事することが困難なため，3万円以上の平均賃金を受け取るに値する労働を行うことは，困難であるかもしれない。しかし，この時給換算で178円以下という賃金は，労働問題になってしかるべきであろう。ところが，作業所が働く場所ではなく，昼間に障がい者が仲間と一緒に楽しく暮らすデイケアを目的としており，障がい者を雇用の対象ではなく支援の対象として捉えるという認識から，この状況は黙認されてきた（e.g., 小倉, 2003）。

労働に対する対価という点で障害者支援事業を見直したとき，我々が考え直さねばならないことは，障がい者を庇護しなければならない存在と据えることで労働問題を覆い隠し，障がい者の社会参加そのものの道を閉ざしているのでは無いか，ということである[6]。そもそも，一月働いて従業員に月1万円強の対価しか支払うことの出来ない仕事は，事業として成立していない。そのような仕事で身につけた技能や知識をもって，健常者も参加する労働市場に参加する（就労移行する）ことは，当然不可能に近い。言い方を換えれば，現在行われている障害者雇用支援は，「福祉」という名の錦の御旗で障害者雇用の現実を覆い隠すことで，彼らを労働市場から隔離していく機能を果たしているのだ。

20歳で専門学校を卒業し京都市内の社会福祉法人に就職した吉野氏も，この問題に直面した[7]。吉野氏は開業したばかりの施設で，陶芸部門の担当を任された。施設の利用者（障がい者）は毎日何らかの陶芸品を作成する。出来上がった作品には，平たければ灰皿，背が高ければ花瓶，もっと大きなものをつくれば傘立てという風に命名される。障がい者が何か目的をもって作るのではなく，出来上がりに商品名を決め，月に1〜2回開催されるバザーに出店する。いくつかのバザーを中間支援団体に紹介してもらい，バザー会場で「障がい者が頑張って作った作品です」といって並べ，1回の売り上げは1万円に満たないような状況であった。

働き始めて4年ほど経過したとき，彼は，小倉正男の書いた『福祉を変える経営　障害者の月給一万円からの脱出』という本を手に取った。そこには，社会福祉法人をはじめとする障害者支援事業所が，助成金に依存した運営を行っているが故に，本来であれば3万円程度の賃金を支払うことが可能な状況をつくり出せるのにその努力を怠っていると言う内容が書かれており，吉野氏は強く衝撃を受ける。それをきっかけとして，自分が所属する社会福祉法人が行っているような，陶芸の先生に来てもらい，障がい者が何か作品をつくり，それに商品名を付けてバザーで売るというやり方に疑問を覚えるようになった。まず，バザーという販売方法は障がい者と社会がつながっていない＝収入にも就労にもつながらない，ということに大きな問題意識を感じた彼は，バザーでの出店をやめることを施設の会議で提案する。

宅急便っていう仕組みまで作ったその人がそこまで社会を変えるぐらいのビジネスを成し遂げた人が今度福祉の世界を変えようとしてる。…結構衝撃を受けて, 何をやっていい, 自分の仕事は何を目的に何を成さなければならないかっていうことを考えたことすらないっていう状態にちょっとショックを受けて, どうしようか, 嫌になって辞めようかぐらいのことも考えたんすけど, それもやり逃げやし, 何かせなあかんと思って, 何を変えなあかんやろと思った時に, 一番初めにすごい単純に思いついたのがバザーという販売方法をやめなければならないと, 社会に繋がっていない。商品を作れば, 普通にお店に卸して取引をするのが当たり前やと思って, まずそこで福祉施設の会議の中で「バザー販売をやめます」という提案をしたんです。(吉野氏)

バザー販売をやめるとなると, 代わりの出店先が必要となる。彼が最初に注目した場所が, 知恩寺[8]の手作り市であった。これはクラフト作家たちが出店する市場であったが, 福祉枠が用意されていたため毎月何施設かは無料で出店することができた。吉野氏は, どういった雑貨が出ているのか調査し, 作品のなかで暮らしにつながりがあるものが売れると考えて食器の出店を行った。

ところがこの手作り市への初参加は, 1個も売れずに一日を終えるという, 予想外の結果となった。バザーでは売れる工芸品が, 手作り市では売れない。吉野氏はここで, 手作り市が,「障害者支援」という錦の御旗が通用しない別ロジックの市場であることを体験したのである。だとしたら, 手作り市で売れるロジックに, 適応していけば良い。つまり, 福祉施設で作られた陶芸品を, 手作り市という市場で流通しうる商品にまで作り込めば良い。例えば植木鉢を作るだけで無く, そこに花を入れて鉢植えの花として売ったり, 商品の並べ方や出店の雰囲気も福祉事業所のバザーではなく, 手作り市に出店する商店として不自然では無い見た目に変更していった。そういった努力を積み重ねていくうちに, 1回のバザーでの売り上げが10万円程度になり, ある程度の成果は認められることになった。

手作り市での売り上げが10万円になったとはいえ, 1回10万円では障がい者達に, 小倉氏が実現したような月額工賃3万円程度の給与を支払うことなど不可能である。他方で, 障害者支援施設で作った陶芸品であっても, 一般的な

市場に商品として流通させられるという手応えも得ていた。そこで吉野氏は，手づくり市ではなく，継続的な取引を可能とする取引先を求めて営業活動を開始する。陶器の販売先を探すために参加した名古屋のクリエーターズマーケットというイベントで，東京の大手雑貨関係のチェーン店のバイヤーから「手作り感のあるものをテーマにした新しい業態を始めるため取引がしたい」と依頼を受けた。この取引先との付き合いを通じて，彼はモノを一般流通に乗せるための条件を知ることになる。それは，障がい者たちが作った工芸品を一般流通に乗せるためにどのようにカテゴライズするのか，という方法でもあった。

卸の営業とかもやったんですがなかなかうまくいかない，一般的にどれぐらいが卸値なんかっていうのも分かっていなくて…その時に名古屋のクリエーターズマーケットってイベントに出て。そこちょっとバイヤーさんがそそこくるんで，東京の大手のパスポートっていう雑貨関係ではいろんなチェーン持ってる会社のバイヤーさんにちょっと手作り感のあるモノをテーマにした新しい業態を始めるから取り扱いさしてくれって言ってもらって。「条件は？」って聞かれ，わかんないんすよ。「すんません。御社の条件を全てのみます，なんで一般的なものを教えてください。ロットがどれくらいだとか，卸値がどれくらいだとか全部教えてください」と。じゃあ「一般的な自分たちが海外から仕入れる雑貨っていうのはこれぐらいやけども…仕入れは6かけか5かけぐらいでいいだろう。ロットってゆうのはこれぐらいだけどもこうこうこういう風にしてこれぐらいでまとめてしたらいいんだよ」っていうことを教えてもらって，「条件は全部いいです，ロットもないです。各1とかでも全部用意しますんで」ということで契約さしてもらって，全部卸の一般的なことであったりとか，送料の元払いが，卸値がいくら以上かっていうのも教えてもらって，ようやくちょっと流通っていうものの一番初めに立ったぐらい。(吉野氏)

このように吉野氏は，障害者支援施設に通う障がい者を事業を通じて社会と結び付け，売上という形で目に見える実績を上げ始めた。しかし，売上が上がっていくに従い，彼が所属する社会福祉法人の他の職員と衝突する場面が増

えてきた。彼らにとって障害者支援事業は事業ではなく福祉であり，障がい者が製作するのは作品であって製品では無い。障害者支援施設が主催するバザーで「作品」を理解者が購入することは受け入れられるが，市場で製品として流通することは受け入れられなかったのである。

　それでまぁわりに取引先とかも増えてきたんですけども，やっぱりなかなか施設のなかでは理解してもらえなくて，「1000円の物をバザーで1000円で売ったらそのまま1000円入るのに卸したら600円になってしまうやないか」というようなことになったりとか。「卸をするな。直販だけにしろ」みたいなことになってしまって，30歳の時にその施設をやめてNPO法人のエクスクラメーション・スタイルを立ち上げました。(吉野氏)

　障がい者が生産する陶器を市場に流通させるという吉野氏の試みは，一方で障害者支援施設に市場を結合させ市場価値を発生させる＝障がい者の労働力としての価値を生み出しつつ，他方で障害者支援施設の事業収入を上げ施設としての目的を達成していくという，市場の社会的・政治的再埋め込みであった。しかし，障害者支援というロジックを重視する福祉施設の職員にとって，バザーでは1,000円で売れるものが，取引先に下ろすと600円になることが認められない。例え大量の取引が発生し事業収入が向上するとしても，作品が製品として取り扱われ，安く取引されることそのものが許しがたいことであった[9]。

　しかしながら，障がい者の就労という観点から見たとき，バザーからの事業収入では時給178円であり労働基準法上問題とすべき数字となる。吉野氏は障がい者であるからといって，労働に対する対価が低賃金に抑えられており，更に障害者施設のそのような運営が障がい者の就労移行を阻む要因になっていることの方が問題であると考えていた。丁度この時期，障害者自立支援法が制定され，社会福祉法人施設の立ち上げ規制が緩和され，障がい者の就労移行が新たな社会的課題として注目され始めた。これを機に，吉野氏は施設を辞め，NPO法人!−styleを立ち上げる。あえてNPO法人を設立したのが，吉野氏が目指す障がい者の就労移行のために，市町村からの補助金が組織運営の柱となる社会福祉法人より，NPO法人の方が多様な事業が展開出来るからであっ

た[10]。

3.2 NPO法人を通じた新結合の展開

　NPO法人を立ち上げた吉野氏が最初に取り組んだ事業は，今までの経験と販路を活用した陶器製造の作業所であった。障害者福祉施設は陶器製造の作業所が多い。これは，知的障害者支援の源流を辿ると，1946年，池田太郎と糸賀一雄が，知的障がい者が地域社会になじむことを目的として，滋賀県信楽町で行っていた活動に通じる。彼らは，近江学園を創設し信楽寮などの施設を設立し，障がい者を隔離するのではなく，地域社会と積極的に接点を持つことが可能となるよう地域の陶器工房を雇用の場とし，「汽車土瓶」という陶器を大量生産することで障がい者雇用を実現させた。「汽車土瓶」とは駅弁についてくるお茶入れのことで，国鉄へ安定的に出荷することで施設の運営を行った。陶器工房では捏ねる仕事等，障がい者が活躍できる作業がいくつかある。職人と共に働き，手に職をつけ，製品を作ることが出来るように育成することで就労移行が実現する。また，地域の工房に働きに行くことで，障がい者が社会との接点を持つ機会を増やすことも可能となる。今でも信楽町では障がい者が普通に町にある窯で働いており，地域に溶け込んでいる風景を見ることができる。本来，障害者支援施設が目指すべき，地域移行が実践されているのである。これは，福祉関係の専門学校・大学で教えられる我が国の障害者支援の基本的知識であり，吉野氏の試みはこの基本に立ち戻るものであった。

　吉野氏は，最初の施設を「!-factory（エクスクラメーション・ファクトリー）」と命名した。この「ファクトリー」という言葉に彼はこだわった。工場であるということは，そこで働く障がい者はアーティストではなく，職人なのだと彼の考えが現れているのである。吉野氏が目指すのは，障がい者は支援の対象であると同時に，雇用の対象へと変えていくことであった。B型事業からA型事業へ移行し，A型事業から就労支援事業へと移行し，最終的には一般就労へとつないでいく。このプロセスのなかで彼が掲げた目標は，障がい者が自らの能力を発揮できる状況を作り出すことであった。そのために支援施設は販路を開拓し，障がい者を「作品」の名の下で福祉に囲い込むのでは無く，市場へ結びつけられる独自の価値を生み出す努力をしなければならない。そう

することで，様々な企業が障がい者を雇用の対象として価値のある存在へと見なすことが可能になるのである。

　結局僕が10年間かけてその施設でずっと思って，こうだって思って，その新しく立ち上げた施設を「エクスクラメーション・ファクトリー」って名前にしたと，ファクトリーっていうことにすごいこだわって，ここはファクトリーで工場で仕事なんだと。別にアーティストが何かをするアトリエではないと，障がい者が表現者として何か表現をして陶芸をするんじゃなくて，ファクトリーとして職人として製品を作るんだっていうことを思って付けたんですけども，ほんまについ最近調べていくとすでにここで工場生産方式っていう言葉が出ていて，もう源流にあったみたいな，戻ってるんすよね。…すごくなんかどこかで何か経済とかビジネスっていうものに対しての嫌悪が広がっているはずなんですよ。お金を稼ぐ・儲けるっていうことに。…どこかでその経済社会から，生産性の悪い障がい者がはじかれたっていうことの考えがあって，それに対して社会に対して恨みがある。特に経済に対して恨みがあるっていう施設が，どこかで思いがねじれたんやと思うんですよ。（吉野氏）

　陶器の作業所の運営を進めていくなかで，彼は有限会社ナーダ[11]の原田博史氏と出会った。原田氏は，吉野氏と同様に障がい者の月給1万円という状況に対して強い問題意識を持っていた。原田氏には妹がおり知的障害を抱えていた。原田氏は，自らは内装デザイナーとして活躍しておりある程度充実した暮らしをしているのに対して，自分の妹の置かれている境遇をなんとかしたいと考えていた。原田氏の妹は施設で月額工賃1万円程度しかもらっておらず，ずっとそこで暮らしていた。吉野氏は，原田氏から，妹だけではなく福祉業界に対してなにかを還元できないかという相談を受けた。当初，原田氏は寄付を申し出たようだが，吉野氏は，自分たちと一緒に仕事をすることを依頼した。

　そこで，原田氏が提案してきたものが手作りタイルであった。もちろん，タイルを作るという作業は，全国の障害者支援施設で一般的に行われているものである。しかし，工業製品としてのタイルは寸法が揃っていることが求められ

るため，寸法がバラバラになる障がい者の作る手作りタイルを一般建材の流通経路に乗せることは難しい上，内装業者も積極的に購入しない。しかし，そのばらつきをデザインとして捉え，そのデザインを活かせる特殊な内装を取り扱うデザイン事務所や内装業者と組めば，不揃いの手作りタイルには付加価値と新たな販路が切り拓かれる。最初にそのタイルが活用された場所は，京都の錦商店街にある魚屋のイートインスペースであった。その後，引き続き原田氏が手掛ける店舗で内装タイルが活用されることで，タイル事業はある程度の収益を上げることが可能となった。このタイル工場は京都府八幡市で3名程度のスタッフと，15名程度の障がい者を雇用するまでに成長した。

　日本の中でこれに近しいので入ってきてるのが1個だけあって，ニューヨークかどこかの古い駅の地下鉄のタイルが昔手作りだったらしくて，それを再現したタイルが，タイルの大手メーカーが，取り扱いを始めて，それもバカ高いんですよ。それよりも安い値段で手作りのタイルをだせば多少施工が大変でも使いたいって人はすごくいて，手作りでオリジナルでそこにしかなくて更に障がいのある人達の手で作られてるって，見た目だけじゃなくストーリーも乗っかってくるんで，使いやすいと思うんですよね。（吉野）

　障害者支援施設の頃，吉野氏は市場に対して「一定のロットが必要」や「取引先の規格に沿って生産する」といった漠然としたイメージしか有していなかった。しかし，原田氏と提携したタイル事業を通じて，障がい者が手がける生産物を高付加価値でパッケージングしていく道があることを知ることになる。
　この考えの下で，吉野氏は企業のCSR（corporate social responsibility）活動に注目していく。戦略的CSR（e.g., Poter, 2006）と言われるように，CSRの実践は企業の付加価値を左右するまでに大きな存在になっており，多くの企業が自社のCSR活動の価値を上げられる提携相手を求めている。実際，障害者支援施設時代から取引のあった株式会社フェリシモ[12]は，CSRの一環として自立支援活動に力を入れており，CCP（チャレンジド・クリエイティブ・プロジェクト）[13]を通じて障がい者，福祉事業所，アーティスト，NPOなどを繋

ぐ活動に力を入れていた。

　障害者支援施設時代には，一般流通に乗せることに注力する余り，企業側が障がい者支援そのものに経営上の価値を見いだしていることに気づかなかった。しかし，手作りタイル事業から障がい者の製品が高付加価値商品として販売可能であることに気づいた。しかも，フェリシモに見られるように企業側は障がい者支援のための助成金やプログラムを公募しており，吉野氏が立ち上げたNPO法人であれば応募可能である。この公募という仕組みを利用すれば，取引先を求めてむやみに営業をかける手間が省けるだけで無く，施設の設置や運営に必要な資金を獲得しつつ，取引先を獲得できるのである。つまり，企業の社会貢献義務によって発生しているCSR市場に，助成金の公募という方法を用いて，障がい者の生産物に新たな価値を生み出すという戦略を描いたのである。

　その成果は，目覚ましいものであった。例えば，株式会社ラッシュジャパン[14]のチャリティープログラムに応募した結果，日本法人10周年のノベルティとしてソープディッシュ（石鹸置き）の作成を受けることとなった[15]。この取引は，最終的に，ソープディッシュの受注が1万個を超える大きな取引となり，吉野氏は，全国の福祉施設に声をかけて納品することとなった。

　また吉野氏は，インターナショナル・ギフト・ショーの出品のために中小企業向けの助成金も獲得した。ギフト・ショーに出展した際，彼は，CSRとしての助成金を出している企業や，その一環として福祉施設に発注をする企業が多いことに改めて気づかされることとなる。一般的に福祉事業の重要な資金源は行政の補助金である。しかし，企業が障がい者に付加価値を見いだすCSR市場が形成されていた。これは，吉野氏が漠然と目指していた一般流通とはまた異なる市場であった。店頭に並べる商品だけが販路ではない。インターナショナル・ギフト・ショーで取引される贈答品は，大量生産したものより手作り感を求める企業も数多くいる。その商品に社会問題の解決を組み込んでいくことで，企業のCSR活動を高めていく戦略的な製品となっていた。同時に，手作りとなるとどうしても小ロットの受注生産となり，大企業が自ら生産に関わることは難しい。だとすれば，手作りを得意とする障害者支援にとって，CSR商品市場とは極めて高い優位性が働く。そこで吉野氏は自身が運営する

障がい者を雇用する工場を，CSR 用の贈答品を担う OEM（original equipment manufacturer）専業としていくことで，安定的な販路と売り上げを獲得していったのである。

3.3　就労移行の広がりを目指した展開とショコラティエ

2011年，吉野氏はタイル工場を現場の責任者に事業譲渡し，京都市内で新たに立ち上げた「!-foods（エクスクラメーション・フーズ）」というカフェ事業に専念する。店舗のある三条新町（京都市中京区）は人がたくさん来る都心部である。この!-foods の立ち上げには，タイル工場では吉野氏が障害者支援施設で見いだした障がい者の社会的排除が十分に解決されていないという問題意識に基づいていた。

吉野氏は知的・精神障害を有する障がい者への就労支援に携わっている。彼らは臨機応変にいろんなことに対応することが困難であるが，同じことを繰り返すことについては熟練した菓子職人並の能力を発揮する。それ故に障害者支援に置いては，信楽町の事例をモデルとして伝統的に製陶業が選ばれていた。しかし，製陶業も機械化が進み多品種大量生産が当たり前になった現在，手作りでの小ロット生産に適応した障がい者が一般企業に就労移行することが難しい。しかし，同じ作業を繰り返すことでスキルアップしていく仕事は，社会に多数存在する。その中でも料理人は，施設で身につけたスキルを一般企業や個人店舗で活かせるという意味で，障がい者にフィットする業種であると考えた。

更に，今までタイル工場は，田畑のなかにある工場において顧客接点が皆無な状況で障がい者を雇用していた。そのため，障がい者の社会参加という点でタイル工場はまだ隔離された施設である。カフェであれば，障がい者が直接接客をすることがないとしても，社会に近い職場を提供することが可能となる。そこで吉野氏が立ち上げたカフェは顧客接点を増やすことを狙いとして，あえてオープンキッチンのスタイルをとった。そうすることで，障がい者を調理人として雇用していても，「いらっしゃいませ」「ありがとうございました」という程度の接客をしながら，調理場で作業をすることができるのである。

次に三条新町にカフェを立ち上げたんですね。それは飲食でそもそも陶器を立ち上げたのも，僕は障がい者のなかでも知的障害者，精神障害者にフィットする仕事は職人のような仕事だと思ってて，毎日毎日臨機応変にいろんなことを変えなければならない仕事じゃなくて，毎日毎日同じことを繰り返しながら少しづつスキルアップをしていくような仕事がフィットしているだろうってことで陶器をやって，その次に，もう少し広い目で見たときに一番世の中で身近な職人っていうのは料理人じゃないか，特にじゃあ料理人としてのスキルがなくても一番下っ端ぐらいのいろんな雑用のできる障害のある人達がいればそれはすごく現場にとって便利で雇用してもらえるんじゃないか。「この玉ねぎ皮むいて細く切っとけよ」って言われたら「はーい」って言って全部やっといてくれる人がいたらすごく便利だろうなと思って飲食を立ち上げたっていうのと，そこで今まで田んぼの真ん中でやってた施設は京都市内でオープンキッチンにして，直接接客はしないけれども，「いらっしゃいませ」「ありがとうございました」ぐらいの接客をしながら社会や市場に近いところで就職に向けて移行できていくっていうのでそれを作ったんです。(吉野氏)

　このような考えのもとで吉野氏が運営するNPO法人は，就労移行支援事業における一般就労への移行率については，100%を実現させていた。しかし，2年間という利用期限のなかで就職にはフィットしない障がい者も現れることになる。障がい者の特性を活用し一般企業ではフィットしなかった障がい者の雇用先を準備しつつ，同時にその職場で身につけたスキルが一般企業への就労支援にもなる事業を立ち上げる必要が生まれた。
　そこで吉野氏が着目したのが，チョコレートの製造の仕事であった。チョコレートでお菓子を製造するには，職人的に同じ条件で同じ作業を繰り返していく必要がある。特に重要なのは，溶かして固めるときの温度変化と，完璧なテンパリングである。一般的に食べられている工業用の準チョコレートは油などの添加物を入れることで機械でも滑らかなチョコレートを作ることができるが，高級洋菓子で使用されるピュアチョコレートは手作業が不可欠となる。温度を管理しながら手でかき混ぜてあげ，自由なシルエットのチョコレートを作

り上げていく。これを完璧にこなすことができるなら，障がい者であっても，ショコラティエを名乗ることができる。しかも，CSR と結びつくことで障がい者であることに価値が生まれるタイル工場でも，外食産業での単純労働に従事するのでもなく，障がい者がショコラティエという一般社会に通用する肩書きを得ることができるのである。

　吉野氏をチョコレートと結びつけたのは，一般社団法人ラ・バルカ[16]の夏目浩次氏であった。夏目氏は，10 年以上にわたり，障害者就労の創出や，工賃アップに取り組んできた人物だが，野口和男氏（OEM 専門のショコラティエ）とともに「夢の貯金箱」[17]というプロジェクトでチョコレート事業を進めていた。吉野氏は彼と出会うことで，ピュアチョコレートの製造が障がい者の行う労働条件にフィットすることを確信する。時を同じくして，自らの通った小学校区にある堀川商店街の空き店舗に，国庫補助金と「堀川団地再生まちづくり」という地域活性化プロジェクトの補助金活用の話が浮上した。吉野氏はその資金を活用して，障がい者がショコラティエとして働くチョコレートショップを開業する[18]。このチョコレートショップは，通常の雇用と B 型事業と組み合わせ，就労支援施設であるのと同時に，一般企業にフィットしなかった障がい者の受け皿にもなる施設として立ち上げられた。

　それまでは途中でやめた人以外は全部就職率 100％できてたんですけども，ちょっと企業に就職はフィットしないな…という人達がでてきて，就労移行支援は 2 年間と利用期限が決まってるんで，次を探さなきゃなんないんですけども，それで出すのもどうかっていうところにこの堀川の話があって，じゃあここを就労継続 B 型として新たに立ち上げてここの中で働き続けられるものをしようと思った時にチョコレートというプランがあって，チョコレートの仕事をみるとより職人的。料理人よりも更にやることって極端な話チョコレートを溶かす固めるだけなんですよ。溶かして固めることに温度変化をもたらして，この簡単なモノが結構難しい。これ突き詰めて行けば実はチョコレートを触れるパティシエって数少ないんですよね。これを障がいのある人が完璧にテンパリングという作業ができるようになるとこれはショコラティエと名乗れる。単に今まで飲食のどこかに下で入るっていうんじゃな

くてショコラティエとして存在できることになるんじゃないかっていうことでチョコレートを始めた。（吉野氏）

ピュアチョコレートづくりが障がい者にフィットすることで事業内容は決定したが，重要なのはチョコレートから利益を生み出し，障がい者の工賃を上げていくことである。野口氏が OEM 専門のショコラティエであったことから，その販路を活用し安定した収益を確保することができた。先にも述べたが，ピュアチョコレートは手作りでつくらなければならないお菓子である。吉野氏は，陶器事業のときに，OEM の製造の可能性を実感していた。OEM で受注したチョコレートとは，大量生産でつくる板チョコレートとは違い，機械では製造不可能であり，障がい者が手作業で作り上げていく必要がある。例えば，ドライフルーツにチョコレートをかけたものなどはテンパリングしているやわらかいチョコレートを振り掛けるという作業が必要となる。これは，機械では作ることができない。

吉野氏が堀川商店街という立地を選んだことにも，単に助成金があったという以上の意味があった。京都市中心部からやや離れた位置にある堀川商店街は，平均的な所得層の人々が生活する住宅地である。彼が New Standard Chocolate で販売している久遠ブランドのチョコレートは，スーパーで売っているものほど安くはないが，デパートで売ってあるものよりは安い。通常，商店街で買い物をする人が買うケーキなどは 400～500 円である。それらの人がちょっとプレゼント品を買いたいと思ってもデパートまでは足を運ばない。彼が狙ったのはその層であった。そのため久遠の価格設定は 600 円～1,000 円と，戦略的に決定された[19]。デパートなどで販売されるプレゼント用のチョコレートは 3,000 円以上が相場だが，自社販売の場合は原材料費が高いチョコレートであっても，パッケージを素朴にするなどしてコストをさげることが可能である。味は OEM のピュアチョコレートと同じ原材料を使っているため本物であり，必ずリピーターが生じる。この吉野氏の狙いは当たり，連日顧客の足が絶えることなく，売り上げはショップだけで月 200 万円を超えるまでに成長した。

このチョコレート事業を通じて，吉野氏は，障がい者にショコラティエとい

う社会的な立場を獲得させるだけでなく，全国平均で月額1万5千円程度の工賃を1日1,600円，月額平均3万円以上の工賃に引き上げることを実現させたのである．

4. おわりに

　本章はここまで，Granovetter (1985)，Granovetter and Swedbrug (2001) が提唱する新しい経済社会学の再検討を通じて新たな理論的視座と分析視角にもとづき，ハイブリッド構造としての社会的企業の構築プロセスを吉野氏による障がい者の就労支援事業の事例をもとに記述してきた．人々は，市場・再分配・互酬性というロジックが混合された経済制度に埋め込まれているが故に，これらのロジックを混合することで社会問題の解決へ有効性を獲得しうるハイブリッド構造として社会的企業を構築していくことが可能になる．その際，社会企業家に求められる行為とは，藤井・原田・大高 (2013) が指摘してきた同型化圧力に対して抵抗することではなく，諸制度に適応することで動員可能な資源を組み合わせ，新たな社会問題に対するソリューションを生み出し続ける，正統化された逸脱という視座から捉えられる．

　このような視座のもとで見いだされた第一の発見事実は，吉野氏がバザーから手作り市，CSR商品のOEM事業，チョコレート製造などの個々の市場との関係で見いだされる障がい者の特性を付加価値につながる事業を展開していったことである．

　ここで注目すべきは，市場・再分配・互酬性というロジックが混合される形で多様な取引の場が形成されていることである．例えば障害者施設で制作される作品を対面販売するバザーは互酬性と市場，大企業がCSR活動の一環として展開されるCSR商品は再分配と市場が混合される形で形成された取引の場である．伝統的に障がい者の就労支援においては，バザーを通じた陶器や木工品を作品として販売するという方法が用いられてきた．しかし，吉野氏はこのバザーという取引の場が，障がい者を社会的排除の状態に置いていることを問題視する．障がい者の就労支援事業へ支給される行政からの補助金は施設運営の費用として用いられ，バザーの売上では障がい者に十分な賃金が支払えない

だけでなく，ここでの活動実績が就労につながる実績にはなり得ないのである。そこで吉野氏は，CSR 商品に着目し障がい者施設で作品を作るのではなく，卸業者と取引可能な製品の製造へと舵を切る。市場と再分配が混合された CSR 商品という取引の場においては，障がい者が制作した製品そのものに高い付加価値が生じる。この CSR 商品への参入によって，吉野氏は障害者支援施設の事業収入を大きく伸ばすことに成功した。

　ところが，CSR 商品という取引の場は，障がい者であることそのものに付加価値が生じるが故に，障がい者の一般企業への就労移行を目指す吉野氏にとって不十分なものに思えた。そこで吉野氏が着目したのが，チョコレート製造と外食産業であった。これらの業界においては，チョコレートのテンパリングに代表されるように，定められた手続きのもとで単純作業を正確に繰り返す労働が存在する。吉野氏は，CSR 商品の取引を通じて彼が支援する知的障害者と健常者と比較したとき，このような労働に適性が高いことを見いだしていた。そこで吉野氏は，チョコレート事業における有力な労働単位として障がい者を位置づけ，就労支援事業（再分配）と結びつけることでカフェ事業や New Standard Chocolate を立ち上げ，新たな取引の場を構築していったのである。

　特に New Standard Chocolate という新たな取引の場は，障がい者を有効な労働単位として位置づけ直すだけでなく，ショコラティエという肩書きを障がい者が獲得していくことで，一般企業への就労移行を可能とするという，新たな価値を提示することに成功した。いわば吉野氏は，市場との関係で障がい者のもつ労働単位としての価値を再定義していくことで生じたダイナミズムを，障がい者を取り巻く就労支援制度や，地域のまちづくり事業（互酬性）と結合していくことで，障がい者の就労問題を解決する取引の場として社会的企業を構築していったのである。

　このように，吉野氏の構築した一連の障がい者の就労支援事業は，市場・互酬性・再分配というロジックの混合として形成される取引の場に，障がい者の労働単位としての価値を見いだし結合していくという，一種の適応過程として生じた。確かに，労働市場から疎外されている状態にある障がい者を労働市場に移行させるためには，障害者支援事業を福祉ではなく労働問題として取り

組んでいく必要がある。そのためには，市場に対する抵抗ではなく，互酬性や再分配を混合しつつも積極的に市場に適応していく必要があったと考えられる。

とはいえ，吉野氏の事業構築プロセスにおいて，抵抗の場面が皆無であったわけではない。実は吉野氏が最も抵抗した局面が，社会福祉法人時代に一般企業との取引に取り組んだ場面であった。3.1で指摘しているように，社会福祉法人として一般流通に障がい者が製造する商品を卸した際，市町村に対する説明責任と専門職員からの同型化圧力から，事業収入を上げ障がい者への賃金を引き上げる活動との軋轢が生じた。吉野氏はこの局面に対して，退職してNPO法人を立ち上げるという選択を行った。つまり吉野氏が抵抗した同形化圧力の根源は，障がい者の社会的排除を生み出した既存の社会福祉制度であった。

この抵抗の局面から見いだされる第二の発見事実が，吉野氏がNPO法人という組織構造を選択することで，社会福祉法人時代に生じていた同型化圧力を回避することに成功したことである。

確かに，障害者支援を目的とするのであれば，社会福祉法人の形態を取れば専門知識を有する職員の雇用が容易になるだけで無く，市町村の補助金により安定的に施設運営が可能となる。しかし，社会福祉法人として障害者支援に取り組んだ場合，市町村に対する説明責任と専門職員からの同型化圧力から，事業収入を上げ障がい者への賃金を引き上げる活動との軋轢が生じる。他方で，CSR市場でのOEMビジネスにおける公募型の助成金や，チョコレート事業におけるまちづくりの補助金のように，NPO法人であれば獲得できる資源は多様に存在する。企業の求めるCSR活動に対する利害，あるいは地域行政がもとめるまちづくりへの利害を，障がい者の参加によって満たされる限り，吉野氏は自らが構想するソーシャル・ビジネスに取り組むことは可能である。実際，その社会福祉制度についても，チョコレート事業の立ち上げに際しては，B型事業を組み合わせられた。B型支援から就労移行へというプロセス，更には一般企業での就労が困難な障がい者の受け皿（居場所）という目的からも，吉野氏の施設は適合していた。NPO法人の代表という立場を得た吉野氏は，組織形態や公募という仕組みを利用することで資源動員を可能とする

だけで無く，同型化圧力に対する一定のフレキシビリティを獲得していったのである。

この第二の発見事実から我々は，社会企業家の抵抗戦略が，彼らがコミットする社会問題との関係から，諸制度間の組み合わせや新たな用途の開発という形で生じるという新たな理論的知見が見いだされる。だとすれば，藤井・原田・大高（2013）が指摘する社会企業家の能力とは，属人的な能力に還元されるのでは無く，このような諸制度の利用という具体的行為の次元から把握されていく必要があると考えられる。

以上のように，社会企業家によるハイブリッド構造としての社会的企業の構築は，市場・互酬性・再分配のロジックが混合された経済制度を前提とした適応と抵抗の実践を通じて実現されていく。社会企業家研究は，各ロジックを混合する形で紐付けられた諸制度を利用した具体的行為の次元を明らかにしていくことで現象を理解し納得的な記述が可能になるとともに，社会的企業家という実践の地平を拡大していく必要があると考えられる。

（木村　隆之
　高橋　勅徳）

注
1　実際，藤井・原田・大高（2012）らは，我が国における協同組合を社会企業家の基盤と捉え，社会的企業として機能させるための制度的環境に関する議論を深耕している。
2　実際，第三の道を提唱したGiddens（2000）も，市場と外部性（政府・家族・コミュニティ）という形で，市場経済の分断を前提としている（邦訳，41-42頁）。
3　福祉的就労支援は「障害者の日常生活及び社会生活を総合的に支援するための法律（以下，障害者総合支援法）」を，一般就労支援は「障害者の雇用の促進等に関する法律（以下，障害者雇用促進法）」を法的根拠とする。
4　小倉正男（元ヤマト運輸会長）がこの事実に強い問題意識を持ち，ヤマト福祉財団を立ち上げたことは有名である。小倉正男（2003）『福祉を変える経営　障害者の月給一万円からの脱出』，日経BP参照。
5　東京都の場合は，14,588円（平成25年度）。その他，各自治体の公式サイトを参照。
6　これは，かつてハンセン氏病患者や精神病患者に対して行った隔離政策と同様の状況を生み出していると言えよう。1930年代から近年に至るまで，ハンセン氏病患者は「癩予防法」のもと，国立療養所に強制入所させられた。この法律は1996年まで廃止されることはなかった。また，1920年代に精神病者監護法が制定されたことによって，精神障害者は，私宅監置の手続で，路上を歩くことも制限されていた。この状況は，精神保健福祉法に改正された現在であっても，強制入院を認めることで，精神障害者の偏見を助長する状況として根深く残っている（藤野，2005）。
7　当時の障害者雇用は，措置制度と言われる状況で，行政が適合施設を選択し障がい者の家族はそ

れに従うというものであった。
8 京都市左京区にある浄土宗七大本山の寺院。手作り市については http://www.tedukuri-ichi.com を参照のこと。
9 1995年頃、ノーマライゼーション運動の一環として障がい者の地位向上から、障がい者がつくる製品をアートとする「エイブル・アート・ムーブメント」が興るが、障がい者の価値を強調しすぎるがあまりに、製品価値のないものにまで「アート」として売り出すことが当たり前のようになされている。これは、市場に組み込むことができるよう施設側が努力するなら意味がある動きであったが、障がい者を雇用の対象から外してしまった経済活動への「恨み」から自らの活動を市場性と切り離してしまい、助成金による支援を当たり前のものとした結果ではないかと吉野氏は指摘している。
10 吉野氏は、ハンセン氏病を引き合いに出し、かつては障がい者を保護し、障がい者のユートピアをつくるという思想が根源に流れていたと言う。しかし、時代が変化していくなかで保護制度だけが残り、思想が消えてしまったため、何億円も内部留保を持つ社会福祉法人が現れるという社会問題が起きているのだと指摘する。
11 http://nada-design.com/
12 http://www.felissimo.co.jp/
13 http://www.prop.or.jp/CCP/
14 https://www.lushjapan.com/
15 イギリス本社から、ソープディッシュの販売にストップがかかったのだが、日本法人は社員向けのノベルティであり、尚且つCSRとしての発注という形であるとして本社から許可を得た。
16 http://labarca-group.jp/
17 詳しくは http://yumecho.com/ 参照。
18 吉野にとって、興味関心の中心は障がい者の就労である。しかし、この「堀川団地再生まちづくり」プロジェクトから助成金を受けることで、商店街活性化という新たな社会問題の担い手となることを迫られることとなる。
19 メインの商品である「京テリーヌ」は6枚入りで960円である。

参考・引用文献

Alvord, S. H., Brown, L. D. and Letts, C. W. (2004) "Social entrepreneurship and societal transformation", *Journal of Applied Behavioral Science*, Vol.40, No.3, pp.260-282.

Bode, I., Evers, A. & Schltz, A. (2006) "Social Enterprises: Can hybridization be sustainable?", Nyssens, M. ed., *Social Enterprise: At the Crossroads of Market, Public Policies and Civil Society*, Routledege, pp.237-258.

Borzaga, C. & Deforny, J. (2001) *The Emergence of Social Enterprise*, Routledge.(内山哲朗・石塚秀雄・柳沢敏勝訳『社会的企業（ソーシャルエンタープライズ）：雇用・福祉のEUサードセクター』日本経済評論社、2004。)

Chrislip, D. D. and Larson, C. E. (1994). *Collaborative leadership: How citizens and civic leaders can make a difference*, Jossey-Bass Inc Pub.

Evers, A. (1993) "The Welfare Mix Approach, Understanding the Pluralism of Welfare Systems", Evers, A. & Svetlik, I. ed., *Balancing Pluralism, New Welfare Mixes in Care for the Elderly*, Avebury.

Fukuyama, F. (1997) *Trus：The Social Virtues and the Creation of Prosperity*, Free Press.

Gardin, L. (2006) "A variety of resource mixes inside social enterprises", Nyssens, M. (ed.) *Social enterprise*, Routledge, pp.111-136.

Giddens, A. (1998) *The Third Way*, Polity Press. (佐和隆光訳『第三の道 効率と公正の新たな同盟』日本経済新聞社, 1999年。)

Giddens, A. (2000) *The Third Way and its Critics*, Polity Press. (今枝法之・干川剛史訳『第三の道とその批判』晃洋書房, 2003年。)

Granovetter, M. (1973) "The strength of weak ties", *American Journal of Sociology*, Vol.78, No.6, pp.1360-1380.

Granovetter, M. (1985) "Economic action and social structure", *American Journal of Sociology*, Vol.91, No.3, pp.481-510.

Granovetter, M. S. and Swedburg, S. (2001) "Introduction to the second edition", Granovetter, M. S. and Swedburg, R. (eds.) *The Sociology of Economic Life 2nd edition*, Westview Press, pp.1-28.

Leadbeater, C. (1997) *The rise of the Social Entrepreneur*, DEMOS.

Liao, J. and Welsch, H. (2003) "Social capital and entrepreneurial growth aspiration: A comparison of technology and non technology based nascent entrepreneurs", *Journal of High Technology Management Research*, Vol.14, No.1, pp.149-170.

Martin, R. (2003) "To the rescue, Beating the heroic leadership trap", *Stanford Social Innovation Review*, Vol.1, pp.36-39.

Osborne, S. (1998) *Voluntary Organizations and Innvation in Public Services, Change*, Oxford University Press, pp.99-118.

Nicholls, A. & Cho A. H. (2006) "Social Entrepreneurship: The Structuration of a Field", Nicholls A. (ed.) *Social Entrepreneurship, New Models of Sustainable Social Change*, Oxford University Press, pp.99-118.

Steyaert, C. (2007) "Entrepreneuring as a conceptual attractor?: A review of process theories in 20 years of entrepreneurship studies", *Entrepreneurship and Regional Development*, Vol.19, No.6, pp.453-477.

Taylor, M. (2003) Public Policy in the Community, Prlgrave Macmillan.

石黒督朗・高橋勅徳 (2015)「制度に埋め込まれた企業家のネットワーキング：イーブイ愛知のコンバージョンEV事業で結ばれた地域の中小事業者」桑田耕太郎・松嶋登・高橋勅徳（編）『制度的企業家』ナカニシヤ出版, 300-318頁。

岩田正美 (2008)『社会的排除：参加の排除・不確かな帰属』有斐閣。

木村隆之 (2015)「遊休不動産を利用した「利害の結び直し」として読み解かれるソーシャル・イノベーション」『ベンチャーレビュー』25巻, 47-59頁。

嶋内健 (2011)「社会的包摂としてのアクティベーション政策の意義と限界―ワーク・アクティベーションとソーシャル・アクティベーション」『立命館産業社会論集』第47巻第1号, 173-194頁。

樋口明彦 (2004)「現代社会における社会的排除のメカニズム―積極的労働市場政策の内在的ジレンマをめぐって」『社会学評論』217号, 2-18頁。

藤井敦史・原田晃樹・大高研道 (2013)『闘う社会的企業：コミュニティ・エンパワーメントの担い手』勁草書房。

宮本太郎 (2003)「ヨーロッパ社会的経済の新しい動向―ポスト福祉国家の理論と経験」『社会運動』276号, 37-48頁。

ラヴィル, J. L.・ニッセン, M. (2004)「社会的企業と社会経済理論」ボルザガ, C.・ドゥルフニ, J. (編)『社会的企業：雇用・福祉のEUサードセクター』日本経済評論社, 420-447頁。

第3章
林業の6次産業化を通じた地域活性化：東京都多摩地域におけるTOKYO WOOD普及協会の事例分析

1. はじめに

　農作物，水産物，木材といった資源は日本各地に存在し，我が国の経済を支えている。実際，都市部の生活は，国内に張り巡らされた流通網を通じて地方都市で生産される資源の流入に依存している。他方で，第一次産業を主要な産業とする地域の多くが，都市圏と比較して低収入の状態に置かれている。これは，市場，仲買，卸，大手スーパーなどの複雑な流通構造の中で，一方で流通業者の利益が最終販売価格に上乗せされ，他方で消費者のニーズに合わせた価格を維持するため第一次産業の生産物が買いたたかれているためである。
　6次産業化という政策提案は，この産業構造に着目する。すなわち，第一次産業の生産物が買いたたかれるのは，消費者との取引を流通・小売り業者が独占しているが故に，生産者が価格決定権を保持できないからである。だとすれば，生産者が生産・加工・流通・販売の垂直統合を実現し価格決定権を獲得すれば，より多くの利潤が得られる。更に，6次産業化が成功した場合，地域の生産物を用いて都市部で利潤が生じる既存の産業構造に対して，都市部から地域に利潤が還元される経路が構築される。それ故に6次産業化は，地域活性化を実現する有力な方法として期待されている（e.g., 熊倉, 2015）。
　他方で6次産業化は，生産者に加工・流通・販売という新たな知識と能力の獲得を求める。農業経営論では，一般経営学の諸理論に依拠した経験的研究の蓄積を進めるとともに，これに基づくケーススタディを通じて，6次産業化を担う企業家精神（entrepreneurship）を有した農業経営者の育成が目指されて

いる（e.g., 高橋，1993）。しかしながら，旧来の生業の域に留まる我が国の第一次産業において，6次産業化に求められる新たな知識と能力を獲得し，それを実行しうるだけの資本力を有する生産者は限られている。

近年，6次産業化を巡るこの限界を克服する手段として，既存の流通業者や地域内の企業（例えば地元スーパー）と生産者が連携することで，6次産業化を実現する方法が模索されている（e.g., 後久，2011）。ところが，既存の流通業者や地域内の企業との連携によって，再び生産者から価格決定権が奪われてしまっては，6次産業化の本来的な狙いが失われる。このため，生産者が価格決定権を維持したまま連携するという，経営知識を身につける以上の困難が存在する。その結果，生産者が優位な形で連携を実現するようなカリスマ性や特異な交渉能力が企業家精神として求められることになる。しかし，肝心の企業家精神を，生産者がどのように獲得し得るのかについて，先行研究では明らかにされていない。

そこで本章では，6次産業化にかんする先行研究の抱える理論的・実践的課題が，企業家精神を文字通り動機として理解したことにあることを指摘し，近年の企業家研究に置ける関係論的転回に基づく理論的視座から新たな分析視角を導出する（2）。その上で，一般社団法人 TOKYO WOOD 普及協会を対象とした具体的なフィールドワークに基づき，企業間連携による6次産業化のメカニズムを明らかにしていく（3）。最期に，このフィールドワークから見いだした発見事実に基づき，理論的・実践的貢献を検討する（4）。

2. 先行研究の検討

2.1　6次産業化研究の展開と理論的・実践的課題

我が国における農業経営論は，戦後の農地改革によって誕生した自作農の経営問題・発展プロセスを対象として発展しつつ，農業経営者が旧弊的な価値を破壊し，新たな価値の構築によって持続性を獲得していく創造的局面を捉え，実践的に支えることを目指してきた。そのため，農業経営学は一方では一般経営学の諸理論に依拠しつつ経験的な研究を蓄積し，他方では農業経営者の育成を目指す実践の学として展開されてきた（e.g., 磯邊・金沢，1951；高橋，

1993)。今村（1997）によって提唱された6次産業化もまた，「旧弊的な価値を破壊し，新たな価値の構築」を実現する農業経営者の出現に期待し，それを促す意図があった。

　農業経営者に限らず，我が国の第一次産業の生産者は品種改良，生産効率や歩留まりの向上，中長期的な生産計画の立案と実行といった生産段階の知識や能力に優れるだけでなく，行政や協同組合といった既存の組織を介して勉強会や研究会を組織し，知識を伝播させる能力に長けている（e.g., 坂根，2010）。他方で，欧米と比べて生業の域を出ない家族経営の事業体が多くを占める我が国の第一次産業において，加工・流通・販売といった局面は市場や仲買，メーカーや流通業者に依存せざるを得ない状態にある。この状況の下で，生産者は生産段階の知識や能力の獲得に集中する一方で，生産物の価格決定権をこれらの業者に奪われるという状態に陥った（e.g., 飯田，2015）。

　6次産業化はこの状況を問題化し，脱出する手段として加工・流通・販売に関する知識を生産者に与えることを目指した。実際，高橋（1993）に見られるように，6次産業化の成功事例をケーススタディとして教材化し，農業経営者の教育に用いることで一定の成果が得られている。他方で，マーケティング論やORに基づいて作成されたケーススタディによって6次産業化への知識と意欲が向上しつつも，実際の行動に移らない（移れない）現象も多々見られる。個々の生産者が6次産業化に求められる経営体力を必ずしも有していないこともその原因の一端にあるものの（e.g., 石黒，2015），多くの場合，生産者が自ら商品開発や販路開拓を行う企業家精神を有していないことが問題視されてしまうのである。

　もちろん，第一次産業の生産者によるネットワークの構築とブランド化が，6次産業化の成功を左右する要因であることについて，本章も否定しない。しかし，6次産業化の成否を最終的には6次産業を担う生産者の企業家精神の有無に求める限り，ORやマーケティングに基づいた研究蓄積と，それに基づくケーススタディの作成と教育機会の提供による効果は，極めて限定的（経営体力を有し，かつ，企業家精神を持つ生産者）になってしまう。肝心の企業家精神を前提条件に置き議論の対象としないのであれば，6次産業化が持つ政策的狙いが達成されないだけでなく，農業者の自立を目指す農業経営学が持つ本来

的な意図すら見失われるのである。ここに，6次産業化を巡る諸研究が抱える理論的・実践的課題が存在すると考えられる。

この理論的・実践的課題を克服するためには，企業家精神を6次産業化の前提条件とするのではなく，いかに生産者が企業家精神を獲得し，6次産業化を推進しているのかを捉える，理論的基盤と分析枠組みを持つ必要がある。このような理論的基盤と分析視角を獲得することで我々は初めて，6次産業化における企業家精神に関する新たな発見事実を見いだすと共に，その成果をケーススタディへと実践的に還元しうると考えられる。

2.2 企業家研究における関係論的展開

以上の理論的・実践的課題の克服のために本章では，企業家研究における2000年代以後の関係論的転回（relational turn）の検討を通じて，6次産業化を捉える新たな理論的視座を探索していく。

初期の企業家研究において，企業家精神とはすなわち企業家の動機と位置づけられ，達成動機，危険負担指向性，統制の位置などの心理学的尺度を用いた分析が試みられてきた（e.g., MaCleland, 1961）。ここでは，高達成動機で，危険負担指向性が高く内的統制の高い心性の持ち主が，Schumpeter（1926）が『経済発展の理論』において指摘した企業家の動機[1]を持つ主体に相当するという仮説のもとで，企業家固有の動機を明らかにすることを試みる心理学的研究が蓄積されてきた。

6次産業化研究がイノベーションへの動機を生産者に求めるのは，Schumpeter（1926）の企業家の動機に関する議論から，企業家精神を文字通りの動機の問題として理解する，心理学的研究の知見に基づいているからであると考えられる。しかしながら，Brockhaus and Horwitz（1985）やShaver and Scott（1991）が指摘するように，心理学的研究は企業家固有の動機を見いだすことは出来なかったことに，改めて注意する必要がある。彼らの批判は，企業家精神を上記の心理学的尺度で測定することが出来なかった，という単純な批判に留まらない。むしろ，企業家的な行動は個人に内在する動機ではなく，社会的関係から生じていることが指摘されたのである。

例えば，Durand（1975）は，企業家教育の一環として1980年代に実施され

た達成動機向上プログラムを検証した結果，実際に起業行動に優位に働いたのは同時並行で行われた経営能力向上プログラムであることを指摘した。更にBaucus and Human (1994) は，大企業に勤めながら起業をキャリアとして選択した企業家への綿密なヒアリング調査の結果から，人々は動機の有無に関係なく，失業や定年退職といったキャリア上の危機という状況下で起業行動を選択するだけでなく，過去に蓄積した技術や知識，私的なネットワークをイノベーションに活用することを指摘している。

　これらの心理学的研究に対する批判に基づき，企業家精神を動機ではなく社会的行為の次元から捉え直そうとしたGartner (1999) を嚆矢として，Steyaert (2007) によって提唱されたのが関係論的転回である。関係論的転回は，企業家精神を個人に内在する動機ではなく，「創造的破壊」が正統化された近代社会において成立するエージェンシー（agency）として位置づける。すなわち企業家精神とは，資源の新結合によって既存の均衡状態を打破し，企業家的利潤を産み出すことでより良き未来を切り拓く役割として制度化されたものである（Schumpeter, 1950, 邦訳, 205-211頁）。それ故に，人々は企業家精神というエージェンシーを手掛りに自身を正統化し，必要な資源とそれを保有する他者を動員することが可能となり，新結合（イノベーション）を遂行し得る（e.g., 松嶋・高橋, 2015）。つまり，現代社会において，企業家精神が既に自明な存在として制度化されているのであれば，分析対象とすべきは個人に内在する動機としての企業家精神の有無ではない。むしろ関係論的転回が分析対象とするのは，他者との係り合いの中でいかに企業家としてのエージェンシーを取得し，具体的に人々が企業家としていかに他者を巻き込み，資源を動員し新結合を実践するのかを，秩序の（再）構築として捉えていくことになる。

　このような理論的視座の下で，関係論的転回では企業家精神を以下のように分析していくことになる。
　第一に，企業家精神の獲得は個人に内在する特異な心性としてでは無く，既存の関係構造から生じる構造的不利益と，その解消から獲得しうる企業家的利潤から説明される。そもそもSchumpeter (1926) における企業家とは，均衡状態の破壊に独占的利潤の可能性，すなわち企業家的利潤を見いだす主体とし

て位置づけられる（邦訳，235-236頁）。関係論的転回において均衡状態とは単なる純経済学的な概念ではなく，社会・法制度を包含した既存の支配的構造として理解される。企業家とは，既存の支配的構造が不可避に産み出す構造的不利益を契機に，その解消に独自の企業家的利潤を見いだす主体として再定位されるのである（Aldrich, 1999, 邦訳，129頁）。

第二に，構造的不利益から生じる企業家的利潤を獲得するために，企業家は他者を動員しうる事業を構想する。先行研究において企業家による事業の構想は，企業家による創発（emergency）として説明されてきた（e.g., Mintzberg and Waters, 1985）。それに対して関係論的転回において企業家による事業の構想とは，既存の支配的構造における利害関係を踏まえた上で，自分自身の企業家的利潤を，関係者の利害までを取り込む普遍化された組織目標にまで昇華することで，他者を具体的に事業へと取り込んでいく場（arena）の設計として行われる（e.g., Selznick, 1957；金井，2012；木村，2015）。

第三に，事業構想の実現のために企業家は，既存の支配的構造をレバレッジとして，新たな関係を構築する秩序の（再）構築として実行していく。企業家が構築した場は，既存の支配的構造から協力者と資源を獲得し，企業家的利潤の獲得に向けて新結合を遂行していくことで作動する。この際，協力者や資源獲得は企業家の特異な能力やカリスマ性に基づいて説明されるのではなく，既存の制度当局からの許認可の取得（e.g., Graud and Rappa, 1994），法制度に基づいた特許取得や任意団体の設立（e.g., 軽部・武石・青島，2014；Lounsbury, Ventresca and Hirsch, 2003），ロビー活動を通じた政治的次元への働きかけ（e.g., Maguire, Hardy and Lawrence, 2004）といった，既存の関係構造をレバレッジとして利用した，正統化された行為として行われる。

2.3　6次産業化を捉える新たな分析枠組み

以上の関係論的転回に基づく企業家研究の理論的知見に基づいたとき，6次産業化とは以下の分析視角の下で捉えられる。

第一に，生産者は，既存の第一次産業を取り巻く支配的構造が産み出す構造的不利益から，6次産業化を手がかりとして独自の企業家的利潤を見いだす形で企業家精神を獲得する。今村（1997）らによって提唱された6次産業化は，

生産者が既存の産業構造における構造的不利益を明示化すると共に，生産・加工・流通・販売の垂直統合による企業家的利潤の獲得という手段を提供した。すなわち，生産者はこの6次産業化を手がかりとして，獲得しうる独自の企業家的利潤を見いだすと共に，その利潤獲得のために必要な能力や資源，あるいは提携すべき他者を発見し，6次産業化に向けた具体的な事業構想を構築することが可能になると考えられる。

　第二に，6次産業化は生産，加工，流通，販売に係わる主体が各自に保有する利害関係を前提に，関係者が共に企業家的利潤を見いだし参加しうる組織目標を掲げ，互いの利害調整や役割を設定する場の構築からスタートする。6次産業化は，企業家的利潤を見いだした企業家が，利害関係者にその存在を提示するだけで実現するわけでは無い。むしろ企業家は自身が見いだした企業家的利潤を，協力を求める全ての主体の利害を計算に入れた上で，関係者全てにとって共通の組織目標として昇華していくことで，6次産業化を推進する場を設計していく。

　第三に，6次産業化は既存の法・社会制度をレバレッジとして利用することで，参加者の利害調整や役割分担を行うと共に，事業に必要な協力者や資源動員を実現していく。先行研究において，生産者主導の農業組合法人や株式会社の設立が，6次産業化の実現に必要であると指摘されてきた (e.g., 飯田, 2015)。確かに，法人化は農業経営者が農協や市場を通さずに流通・加工業者と取り引きする際に，必要な手続きであるだろう。これは見方を変えれば，法人格という既存の法・社会制度に適応することで，これまで取引が困難であった他者と提携関係を可能にする戦略である。だとすれば，法人格の取得に限らず，既存の法・社会制度は6次産業化を実現する際に必要不可欠な利害調整の場として利用可能であることを意味する。すなわち，任意団体の設立，その団体を通じた補助金の獲得といった社会制度に根付いた行為は，単に6次産業化に必要な資源動員の行為としてのみ捉えてはならない。むしろ，このプロセスそのものが6次産業化によって得られる企業家的利潤を公的な存在へと押し上げ，その獲得に向けて参加者の利害や役割分担を調整していく契機として利用されていく。本章では以上の分析視角に基づいて，東京都において林業の6次産業化を実現した一般社団法人TOKYO WOOD普及協会の事例の分析的記述

を行っていく。

3. 事例分析：一般社団法人 TOKYO WOOD 普及協会

本節では，東京都多摩地域において国産材の地産地消による高級住宅のブランド化事業を担う，一般社団法人 TOKYO WOOD 普及協会（以下，TOKYO WOOD 普及協会）の事例を取り上げる。TOKYO WOOD 普及協会の目的は，奥多摩地域の木材を利用した長期優良住宅の建築・販売を通じて，山林の適切な伐採サイクルを維持することにある[2]。本研究では 2012 年からの 4 カ年にわたり，同団体の主たるメンバーへのヒアリングおよび，月一回開催される定例会の観察調査を行った（表 3-1）。

3.1 林業─建設業を取り巻く構造的不利益と企業家的利潤の発見

東京都の奥多摩地域は，徳川家康の関東移封を契機に，良質な木材の産地として開拓された。奥多摩地域で伐採される原木は，あきる野市から青梅市にかけて集積していた製材業者によって材木に加工され，都内の住宅用建材として供給されていた。しかしながら，檜原村からあきる野市・青梅市の林業は，高度経済成長期の初期をピークとして衰退の道を辿っていった。

この衰退の原因になったのが，1964 年の原木の輸入自由化である。第二次世界大戦中の燃料不足のため，奥多摩地域を含めた日本の森林は過度に伐採され禿山に近い状態であった。その結果，戦後復興に伴って生じた住宅需要の爆発により，木材への需要が急騰に日本の山林は対応することが難しかった。当時の政府は一方で外国産材の輸入を解禁することで住宅需要に対応し，他方で

表 3-1　主たるヒアリング対象

林業者	株式会社東京チェンソーズ 田中林業株式会社
製材所	有限会社沖倉製材所 有限会社中嶋木材店
工務店	株式会社小嶋工務店

出所：筆者作成。

植林事業を押し進めることで将来的な木材の自給体制を整えることを目指した。終戦直後の材木価格は非常に高く，原木一本が製材業者の日当に相当する金額であった。しかし，外国産材が大量に輸入され，住宅需要が一貫して上昇していく中で，原木価格は下落していった。

　山林資源の未熟から林業者が衰退していくのを横目に，高度経済成長期からバブル景気に至る30年間，住宅需要は上昇を続け，多摩地域に多くの製材所と工務店が設立され，その経営は潤っていた。しかし，バブル崩壊後の失われた20年に，状況は一変する。1990年代末から2000年代初頭は，団塊ジュニアの世代が住宅購入を始める時期であり，バブル崩壊後に一旦低下した木造住宅の需要が，増加し始めた時期である。長期の不況のため平均所得が下がるとともに，政府のゼロ金利政策の影響で低金利の住宅ローンが提供されていた。この状況で生み出されたのがローコスト住宅であった。建物が1,000万円前後，土地代を入れて2,000万円前後に収まる住宅が住宅販売の多くを占め，住宅価格全体が低下した。この失われた20年の期間に，大手ハウスメーカーは地場の工務店を傘下におさめ，発注と引き替えにコストを工務店に転化していくことで，薄利多売のビジネスモデルを確立していく[3]。このビジネスモデルの成立が，多摩地域に立地する製材業者・工務店の経営を苦境に追い込んだ。

　まず製材業者は，輸入された原木を加工し，ハウスメーカーや工務店に販売することで収益を上げることはできていた。しかし，1990年代から始まるローコスト住宅の普及によって，大手ハウスメーカーやローコストビルダーからのコスト圧力に晒され建材の立米単価が下落していった。その結果，中小の製材業者を中心に廃業が相次いだ。実際，1994年に青梅市の木材組合が解散し，現在，東京都で活動しているのはあきる野市の秋川木材組合のみである。

　次に，ローコスト住宅の普及による住宅の低価格化によって，地場の工務店は価格競争に晒されていた。大手ハウスメーカーやローコストビルダーの傘下に入れば安定した受注が得られるものの，一棟あたりの収益率は低下する[4]。仮に直接受注を目指しても，大量生産・大量販売が可能な大手ハウスメーカーやローコストビルダーとの価格競争に太刀打ちすることは困難であった。

　最期に，2000年代に入り市場競争の軸がローコスト住宅販売に移ったことで，奥多摩地域の林業者は更なる追い打ちに見舞われることになった。終戦直

表 3-2　各主体の抱える構造的不利益と見いだした企業家的利潤

	林業者（東京チェンソーズ・田中林業）	製材所（沖倉製材所・中嶋材木店）	工務店（小嶋工務店）
構造的不利益	外国産材に押されて国産材の原木価格が低下し，材木市場に出荷しても利益が出ない	外国産材の加工である程度稼げるものの，原木の質が低下し，ローコスト住宅の普及でハウスメーカーからのコスト圧力が強まり苦戦	ハウスメーカーからのコスト圧力で，事業を継続できる利益率を下回り，直接受注するにも，ハウスメーカーとの価格競争力に巻き込まれる
見いだした企業家的利潤	花粉対策事業等の公共事業の受注。薪・木炭の販路開拓	多摩産材を利用した，家具・内装材の開発と販路開拓	長期優良住宅制度を利用した，高性能住宅の開発による地域ニッチの獲得

出所：筆者作成。

　後に植林した杉・檜は，住宅に利用可能な樹齢に育っていた。しかし，住宅市場は輸入木材を前提としたローコスト住宅に占められており，伐採・加工に際しての人件費の高い国産材は，外国産材と比べて高値となった。その結果，国産材は住宅に使われなくなった。山には豊富に木材がストックされている状態にあるにもかかわらず，伐採して出荷しても買い手が付かず，出荷に至るまでのコストで赤字に陥る。他方で伐採をしないでいると，今度は山林の維持コストだけが嵩み，事業として先細りしていくという悪循環に陥ったのである。
　以上のように，多摩地域の林業―建設業に携わる各事業者は，高度経済成長以後一貫して増加し続けていた住宅需要に対して，構造的不利益を被るという状況に陥っていたのである。多摩地域に立地する林業者，製材業者，地場の工務店が，構造的不利益を克服する際に注目したのが，奥多摩地域に豊富にストックされている森林資源である。彼らは，森林資源を新たな顧客に結びつけることで，各々に日々の経営を支える収益源を獲得することを目指した（表3-2）。
　まず林業者は，一方で国の植林事業や東京都の花粉対策事業を請け負うことで一定の収入を確保しつつ，他方で間伐された材木の新たな利用先を開拓していった。花粉対策事業などで伐採した原木を従来通りに木材市場に卸しても，諸費用を差し引けばほとんど利益は残らない。しかし，大消費地である都心部に目を向けると，本格イタリアンピザ店や高級志向の日本料理店，茶道愛好者

など，戦前〜終戦直後の燃料需要とは異なる，新たな薪・木炭の需要が生じていた。そこで檜原村の林業者は，都内の燃料問屋と連携することで，薪・木炭を新たな収益源へと変えていった[5]。

次にあきる野市に立地する製材業者は，花粉対策事業で大量に伐採され木材市場に流入してきた多摩産の杉・檜の新たな用途の開発を目指した。もちろん，多摩産の原木を建材に加工しても，ローコスト住宅で用いられる外国産材や集成材と比べて価格が高く簡単に出荷することはできない。そこで，一方では多摩産材を利用した家具の直販を行うことで草の根的に知名度を上げ，他方では東京都と連携し，都内の公設施設の改装に際して内装材として多摩産材を卸していく体制を整えていった。この多摩産材を利用した家具販売や東京都と連携した内装材の加工販売は，1970〜80年代の全盛期と比べると売上高は限定的であるものの，企業規模を維持する点では十分な売上となった[6]。

他方で小金井市において工務店を営む小嶋工務店は，異なる視点から多摩産材に利潤の可能性を見いだしていた。小嶋工務店はソーラーサーキット®[7]を核として建築ディティールを徹底的に詰めていくことで，快適な温熱環境を実現するだけで無く，高い耐震性・耐久性を実現した高性能住宅の注文販売に特化することで，大手ハウスメーカーとの競争を避ける地域ニッチを獲得していた。その技術力は，2009年に国土交通省が主幹する長期優良住宅先導的モデル事業[8]に，単独の工務店としては初めて採択されるなど，公的に認められたものである。小嶋工務店は，この長期優良住宅先導的モデル事業の採択にあたり，東京都の花粉対策事業で伐採される杉・檜の原木を用いることで，地産地消の地域ブランドとしての価値を確立していくことを目指していた。

3.2 利害の読み解きとTOKYO WOOD普及協会の設計

表3-2で示しているように，林業および建築業を巡る構造的不利益の中で，林業者・製材所・工務店は，多摩産材にそれぞれ独自の企業家的利潤を見いだしていた。

それゆえに，多摩産材を用いた長期優良住宅の供給という小嶋工務店の提案に対して，多摩地域の製材業者と林業者は必ずしも好ましい反応を示さなかった。その根底にあるのは，2000年代に入り住宅利用に好適となった杉・檜の

利用を目指して大手中小にかかわらず多くのメーカーや工務店が多摩産材の利用を打診してきたものの，具体的な取引には至らなかったという経験であった。メーカーや工務店から，伐採と出荷にコストのかかる国産材に対して，外国産材と同水準の低価格を求められたため，事業を継続するに十分な収益を得られないのだ。

　更に，既に林業者も製材業者も，公共事業と併せて内装材や家具（製材業者）や薪・木炭の製造販売（林業者）で経営を成り立たせている。そのような状況で，外国産材の金額をベースに多摩産材の原木の出荷および木材への加工の取引を結ぶ必要を感じないだけでは無く，安く買いたたかれることで奥多摩の森林資源が枯渇することを恐れたのである。

　それ故に小嶋工務店は，製材所と林業者の利害を読み解いた上で，対話可能な場として TOKYO WOOD 普及協会を設計していく。

　まず，TOKYO WOOD 普及協会を設立する契機となったのが，小嶋工務店が取得した長期優良住宅先導的モデル事業であった。製材所が多摩産材の利用に懐疑的であり小嶋工務店との連携に難色を示したのは，材木価格を買い叩かれてきたことに加え，国産材の加工に必要な設備投資を回収するだけの安定した受注数を工務店側が確保できないという過去の経験に起因していた。そこで小嶋工務店は，長期優良住宅先導的モデル事業に採択された 2009 年に，30 棟の注文住宅の受注を獲得すると共に，材木を外国産材より高い価格で全量買取するという取引を約束することで，秋川木材協同組合に所属する沖倉製材所と中嶋木材店から多摩産材の供給を取り付けることに成功した。この，長期優良住宅先導的モデル事業を通じた連携によって，多摩産材を利用した長期優良住宅の供給は，もはや小嶋工務店固有の企業家的利潤ではなく，小嶋工務店と秋川木材組合が共に獲得を目指す組織目標へと昇華され，2012 年の多摩産材の利用拡大を目指す TOKYO WOOD 普及協会の設立へと繋がることになる。

　次に，年間 20 棟の多摩産材住宅を建築するためには，良質な原木の確保が課題となる[9]。東京都の花粉対策事業によって多摩産の原木が市場に流通しはじめていたものの，材質にばらつきがある上，他地域からの原木も市場では取引されている状態であった。多摩産材で造る高性能住宅の構造材たりうる性能を確保するためにも，小嶋工務店は良質な原木を山主から可能な限り直接調達

図3-1 TOKYO WOOD 普及協会の設計

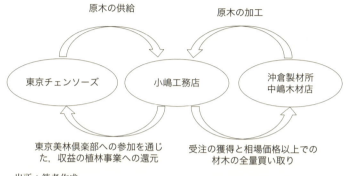

出所：筆者作成。

する必要性に迫られていた。

　花粉対策事業の受注と薪・木炭の販売を収入源としていた林業者にとっても，多摩産材の住宅利用は悲願ともいえる収益源である。しかし，小嶋工務店が相場より高い原木価格による全量買い取りを申し出ても，林業者は首を縦に振らなかった。彼らは，製材所が求めた取引のボリュームや原木価格だけではなく，急速な多摩産材の利用拡大によって林業の持続可能性が損なわれることを危惧していた。多摩産材の需要が伸びた後，伐採された跡地に植林をし，次の50年に備えなければ林業を継続することは出来ない。山主を兼ねる林業者にとって，適正規模かつ適正価格で原木の受注を受け，植林によって次世代に繋ぐ持続可能性の確保が最大の関心事であった。

　実際，林業者である東京チェンソーズは，持続可能な林業の新たな試みとして，年会費一口5万円と年会費1,000円で都市の住人が3本の苗木のオーナーとなり，30年かけて杉・檜を育成し，最終的に原木を家具等に加工して還元していく東京美林倶楽部を設立していた。そこで小嶋工務店は，東京美林倶楽部と連携することで，住宅の売上げの一部（販売価格の10%）を多摩地域の植林事業に還元し，30～50年後に訪れるリフォームや修繕に利用していく提携関係を構築することで，林業者である東京チェンソーズを TOKYO WOOD

普及協会に参加させていく。

この結果，TOKYO WOOD 普及協会は単に多摩産材の利用拡大を目指すだけで無く，山林の適切な伐採サイクルを維持し，山林の持続可能の確保までを組織目標として掲げていくことになった。

3.3 地域型住宅ブランド化事業への申請を通じた役割の深化

以上のように，小嶋工務店は，多摩産材の利用拡大と山林の持続可能な利用を組織目標として掲げることで，製材所（沖倉製材所と中嶋木材店）と林業者（東京チェンソーズ），工務店（小嶋工務店）が連携していく場として TOKYO WOOD 普及協会を設計していった。この TOKYO WOOD 普及協会を通じた林業者・製材所・工務店の連携による，多摩産材の住宅利用という6次産業化が作動していくことになる。

その際，TOKYO WOOD 普及協会は国土交通省が募集する地域型住宅ブランド化事業をレバレッジとして利用していく。地域型住宅ブランド化事業は，長期優良住宅先導的モデル事業に採択された建築会社をトップランナー工務店として，地域内の複数事業者の連合によって国産材の普及拡大を図る事業である。この事業に採択されるためには，単に長期優良住宅としての技術的要件を満たすだけで無く，地域における木造住宅生産・維持管理体制の強化を図り，地域経済の活性化及び持続的発展，地域の住文化の継承及び街並みの整備，木材自給率の向上による森林・林業の再生等に寄与する仕組みを構築する必要がある。いわば団体として地域型住宅ブランド化事業に申請し採択されることで，一方では同団体の提供する住宅に対する正当性を対外的に示し，他方で小嶋工務店，製材所（沖倉製材所と中嶋木材店），林業者の役割分担をより深化させていくことになった。

まず，小嶋工務店が果たすべき役割は，安定した注文住宅の受注の拡大である。実際，2009年に初めて受注した20棟から，地域型住宅ブランド化事業への採択を経て順調に直接受注を拡大していき，2016年段階で年間80棟の直接受注を獲得し，2021年までに年間100棟の直接受注の確保を目指した。

年間100棟の「TOKYO WOOD の家」の供給していくためには，1,500立米の原木を確保する必要がある。当然，地域型住宅ブランド化事業であるた

め，確実に多摩産材であることを証明する必要もあり，可能な限り市場を通さず，多摩地域の林業者から直接原木を供給してもらう体制を構築する必要がある。既にTOKYO WOOD に東京チェンソーズが参加しているものの，同社が保有する山林では年間1,500立米の出荷に対応することは出来ない。そこで，TOKYO WOOD として働きかけ，2016年より若手林業家であり，十分な木材の供給能力のある田中林業株式会社の参加を実現していった。

　更に，地域型住宅ブランド化事業として要件を満たすために，小嶋工務店は製材業者に対しても新たな役割を求めていくことになる。まず原木は天然乾燥を施し，一本一本の建材の強度をグレーディングマシンで測定し，その結果を印字する体制の構築を求めた。従来の火力による強制乾燥ではなく天然乾燥を施すことで，木材の強度が増すだけでなく，薬剤に頼らない防蟻性能を与えることが出来る。更に，天然乾燥によって得られた強度を木材一本一本に印字していくことで，住宅の性能に対する根拠を持ち，顧客に対して説明責任を果たすことになる。この天然乾燥と，それによって得られる性能の印字を製材業者が担うことで，TOKYO WOOD が地域ブランドへ一歩近寄ると考え，役割の

図3-2　TOKYO WOOD 普及協会における役割関係の深化

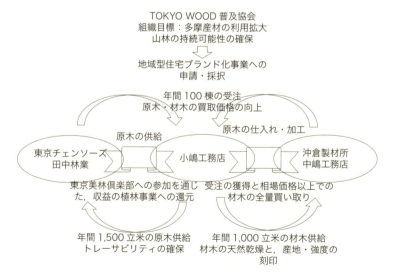

出所：筆者作成。

深化を求めたのである。

　もちろん，TOKYO WOOD 内で小嶋工務店の要求だけが一方的に通ったわけでは無い。TOKYO WOOD 普及協会を設立した時点で，地域型ブランドである「TOKYO WOOD の家」はもはや，受注と施工を担う小嶋工務店だけのものでは無くなった。原木を供給する林業者，仕入れと材木への加工を担う製材所と共に目指す，共通の組織目標へと昇華されている。林業者と製材所に役割の拡大を求めることは，小嶋工務店もそのコストと労力に見合う購入単価と，それに見合う価格で年間 100 棟という受注量を達成するという応答責任として生じる。具体的には，2016 年当初の TOKYO WOOD 普及協会の会合において，今後三年間の目標として年間 100 棟に受注と並んで，原木価格を現在の 3 倍まで上昇させることが中期目標として確認されることになった（図 3-2）。

4. おわりに

4.1　発見事実の整理

　本章は，企業家研究における関係論的転回を踏まえた分析視角に基づき，TOKYO WOOD 普及協会の事例を通じて 6 次産業化が実現されていく分析的記述を行ってきた。TOKYO WOOD 普及協会によって実現した多摩産材の 6 次産業化は，図 3-3 として纏められる。

　このプロセスを通じて見いだされる第一の発見事実は 6 次産業化が，個別の企業家的利潤に還元できない共通の組織目標を掲げる場の設計を通じて実現していったことである。実際，6 次産業化の到達点としての「TOKYO WOOD の家」は，そもそも多摩産材を用いた高性能住宅の開発による地域ニッチの獲得という，小嶋工務店の見いだした企業家的利潤に端緒が拓かれた。しかし，その実現に際しては多摩産材に個別の企業家的利潤を見いだしていた製材所（沖倉製材所と中嶋木材店）と林業者（東京チェンソーズ・田中林業）との連携が必要となる。そこで，工務店・製材所・林業者の持つ互いの利害を調整し，6 次産業化を実現する役割関係を規定しうる場として，TOKYO WOOD 普及協会は設計されたのである。

近年，6次産業化を実現する方法として生産者が異業種と連携する農商工連携の必要性が指摘されている。しかし，生産者が個々に固有の利害関係を有する流通業者や加工業者といかに連携していくのかについて，成功事例がケースとして紹介される一方で，いかに連携が可能になるのかについてそのメカニズムは十分に明らかにされてこなかった。本章の発見事実は，農商工連携における6次産業化が，参加者が抱える個々の利害を読み解いた上で，それぞれの持つ利害に抵触せず，互いの企業家的利潤の獲得や拡大を可能とする正当な組織目標を掲げ，利害調整と役割関係を規定する模索する場を設計するという，具体的な行為類型を明らかにした点で理論的貢献があると考えられる。

　本章の第二の発見事実は，地域型住宅ブランド化事業への申請・採択を通じて TOKYO WOOD 普及協会の参加メンバーの役割が深化していく中で，小嶋工務店に原木・木材の買取価格の上昇が求められたことである。

　6次産業化が農業の再興に求められた背景には，大手企業による流通・加工・小売業の成長に伴い，顧客とのパイプを有する大企業に価格決定権を奪われ，生産者の収入が低下したことが問題意識として存在している。本事例においても，TOKYO WOOD 普及協会の設立に際してイニシアティブを握ったのは，顧客から住宅を直接受注できる小嶋工務店であった。すなわち，顧客とのパイプを有する小嶋工務店が，パワーの非対称性を利用して原木や木材を買い叩くことも可能であった（実際，多くの工務店が原木・木材価格の低下を試みてきた）。しかしながら，小嶋工務店が多摩産材を獲得するために設計した TOKYO WOOD 普及協会という利害調整の場が，多摩産材の利用拡大と山林の保全を組織目標として掲げたことで，参加者間のパワーの非対称性が解消されたことに加え，この団体を通じて地域型住宅ブランド化事業への申請・採択されたことで，小嶋工務店に多摩産材の普及と山林の保全双方に対応する応答責任が生じたため，原木価格が上昇したと考えられる。

　先行研究において，6次産業化における農商工連携の必要性は指摘されてきたものの，いかにして生産者側に価格決定権を残したまま，連携を可能にするのかについての具体的な手段が明らかにされてこなかった。この第二の発見事実は，利害調整の場の設計において補助金や許認可の獲得といった法・社会制度をレバレッジとすることでパワーの非対称性を解消し，生産者が価格決定権

図 3-3　TOKYO WOOD 普及協会における多摩産材の 6 次産業化プロセス

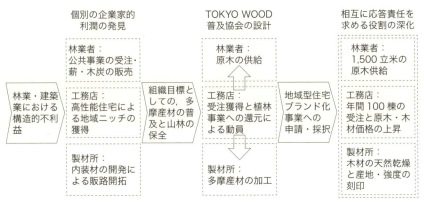

出所：筆者作成。

を握る，もしくはその価格決定に関与するパワーを獲得するという，新たな行動類型を明らかにした。これが本章の第二の発見事実であると考えられる。

4.2　農商工連携のフローモデルと実践的貢献

　本章が TOKYO WOOD 普及協会の事例分析を通じて見いだした発見事実と理論的貢献は，同時に，6 次産業化への実践的貢献を包含している。

　2 節において指摘しているように，6 次産業化研究とは単なる理論的研究に留まらず，旧弊的な価値を破壊し，新たな価値の構築を実現する農業経営者の出現に期待し，それを促す研究と教育の一致を目的とする農業経営学の知的伝統の延長線上で，ケーススタディを通じた教育実践を重視してきた。一般経営学，特に OR やマーケティング論に依拠したケーススタディを利用した 6 次産業化の教育は一定の成果が見られるものの，いかに家族経営の零細生産者が企業家精神を獲得し，発揮させるのかについて有効な手段を持ち得ないという課題を有していた。もちろん，6 次産業化を実現するための経営ツールとして，OR やマーケティング論に基づくケーススタディの有効性を，本章は否定しない。ただし，経営ツールであるが故に，最終的にはそのツールを用いる生産者に企業家精神があるか否かが，6 次産業化に向けたケーススタディ教育の有用性を左右する点で，課題を有していることを踏まえる必要がある。

図 3-4　農商工連携のフローモデル

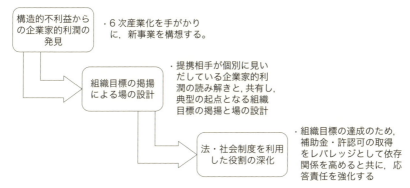

出所：筆者作成。

　それ故に本章が目的としたのが，6次産業化を実現するためには，いかにして企業家的利潤を見いだすのか，その上でどのような人々や資源を動員し，企業家的利潤を獲得していくのかについて具体的な行動類型を明らかにすることであった。本章が理論的基盤とした企業家研究における関係論的転回は，この企業家の行動類型を見いだしていくことで，一方では研究者が既存研究が見落としてきた理論的知見を現象から見いだしていくと共に，他方では当事者を新たな新結合に導く雛型として行動類型を参照するという，理論と現場との関係を取り持とうとする理論的視座を有していた。その際，単一事例か導かれるモデルであっても，現場の当事者にとっては新たな行為を導く雛型となり，研究者にとっては新たな行動類型を見いだす分析起点として作動する。

　だとすれば，本章の事例分析から見いだされる行動類型は，6次産業化に必要な具体的行為を学び，新たな行為へと導くケーススタディとして，利用していくことが可能であると考えられる。本章では最期に，この論考を通じて得られた知見から，農商工連携を通じた6次産業化の新たなモデル（図3-4）を提示し，6次産業化に求められる行動類型を示すことを実践的課題として提示すると共に，このモデルを起点としつつ新たな行動類型を求めて現場に向かうことを今度の課題としたい。

（高橋　勅徳）

注

1 Schumpeter (1926) は私的王国の建設，勝利者欲求，創造の喜びを，企業家の行動動機として仮定した。
2 http://tokyowood.net を参照のこと。
3 ローコスト住宅の展開とその問題点については，高橋・曽根 (2015) を参照のこと。
4 ローコスト住宅の利益率は，1棟あたり10%前後にまで低下している。建築業の場合，設備への再投資が可能になる利益率は15%以上とされている。
5 楢の薪が10キロ2,000円前後。木炭だと4,000円前後。年間数百万円の売上げが可能である。
6 1960～70年代の最盛期が年商3億円，1980～90年代に1億円に低下し，内装材事業が軌道に乗った現在，3億円の水準に回復した。ただし，1960～70年代の経済水準を鑑みれば，同じ年商でも実質的には大幅な減収であることに変わりは無い。
7 ソーラーサーキット®とは，株式会社カネカが開発した，外断熱・二重通気によって快適な住環境を実現する工法である。詳しくは，以下を参照のこと。https://www.kaneka.co.jp/sumai/support/support01.html
8 2009年6月4日に施行された「長期優良住宅の普及の促進に関する法律」に基づき，国土交通省が主幹となりストック社会の住宅のあり方について，広く国民に提示し，技術の進展に資する事業を国が公募し，建設工事費等の一部を補助する国家プロジェクトである。長期優良住宅先導的モデル事業として採択された場合，様々な税制上の優遇措置が受けられる。
9 小嶋工務店の手がける注文住宅は，土地を除く住宅部分だけで平均2,500万円前後，20棟受注した場合は5～6億の事業規模となる。

参考・引用文献

Aldrich, H. E. (1999) *Organizations Evolving*, Sage Publications.
Baucus, D. A. and Human, S. E. (1994) "Second-career entrepreneurs: A multiple case study analysis of entrepreneurial; process and antecedent variables", *Entrepreneurship Theory and Practice*, Vol.19, No.2, pp.41-17.
Brockhaus, R. H. and Horwitz, P. S. (1985) "The psycology of the entrepreneur", D.L. Sexton and R.W. Smilor (eds.) *The Art and Science of Entrepreneurship*, Ballinger, pp.25-48.
Durand, W. E. (1975) "Effect of achievement motivation and skill training on the entrepreneurial; behavior of black businessman", *Organizational Behavior and Human Performance*, Vol.14. No.1, pp.76-90.
Gartner, W. B. (1989) ""Who is an entrepreneur?" Is the wrong question", *Entrepreneurship Theory and Practice*, Vol.13, No.4, pp.47-68.
Garud, R. and Rappa, M. A. (1994) "A socio - cognitive model of technology evolution: The case of cochlear implants", *Organization Science*, Vol.5, No.3, pp.344-362.
Lounsbury, Michael, Marc, Ventresca and Paul, M, Hirsch (2003) "Social movements, field frames and industry emergence: a cultural-political perspective on US recycling", *Socio-Economic Review*, Vol.1, pp.71-104.
MaCleland, D. (1961) *The Achieving Society*, Van Nostrand. (林保 監訳『達成動機』産業能率短期大学出版部, 1971年。)
Maguire, S., Hardy, C. and Lawrence, T. B. (2004) "Institutional entrepreneurship in emergence fields: HIV/AIDS treatment advocacy in Canada", *Academy of Management Journal*, Vol.47, No.3, pp.657-679.
Mintzberg, H., & Waters, J. A. (1985) "Of strategies, deliberate and emergent. *Strategic*

management journal, Vol.6, No.3, pp.257-272.
Schumpeter, J. A (1926) *Theorie der Wirtschaftlichen Entwicklung: eine Untersuchung ube Unternehmergewinn, Kapital, Kredit, Zins und den Konjunkturzyklus*, 2nd revised ed., Leipzig: Duncker and Humblot.（塩野谷祐一・中山伊知郎・東畑精一訳『経済発展の理論：企業者利潤・資本・信用・利子および景気の回転に関する一研究　上巻・下巻』岩波文庫，1977年。）
Schumpeter, J. A. (1950) *Capitalism, Socialism, and Democracy*, 2nd edition, Harper.（中山伊知郎・東畑精一訳『資本主義・社会主義・民主主義』東洋経済新報社，1995年。）
Selznick, P. (1957) *Leadership in Administration*, Harper and Row.（北野利信訳『新訳組織とリーダーシップ』ダイヤモンド社，1970年。）
Shaver, K. G. and Scott, L. R. (1991) "Person, Process, Choice: The phycology of new venture creation", *Entrepreneurship Theory and Practice*, Vol.16, No.2, pp.23-45.
Steyaert, C. (2007). "'Entrepreneuring'as a conceptual attractor? A review of process theories in 20 years of entrepreneurship studies", *Entrepreneurship and regional development*, 19(6), 453-477.
飯田康道（2015）『JA解体：1000万組合員の命運』東洋経済新報社。
石黒督朗「農畜産業における既存関係構造を利用した6次産業化：株式会社みやじ豚による豚肉ブランド化から見える企業家活動への着目」『東京経済大学会誌』第287巻，2015年，43-56頁。（査読あり）
磯邊秀俊・金沢夏樹（1951）『農業経営学』財団法人日本農村協会。
今村奈良臣（1998）「新たな価値を呼ぶ，農業の6次産業化―動き始めた農業の総合産業戦略」21世紀村づくり塾編『地域に活力を生む，農業の6次産業化―パワーアップする農業・農林』1-28頁。
金井一頼（2012）「企業家活動と地域エコシステム構築プロセスのミクロ―メゾ統合論」西澤昭夫・忽那憲治・樋原信彦・左分利応貴・若林直樹・金井一頼編『ハイテク産業を創る地域エコシステム』有斐閣，231-266頁。
木村隆之（2015）「遊休不動産を利用した利害の結び直しとして読み解かれるソーシャル・イノベーション」『ベンチャー・レビュー』第25巻，47-59頁。
熊倉功夫（監修）（2015）『農の6次産業化と地域振興』春風社。
後久博（2011）『売れる商品はこうして創る：6次産業化・農商工等連携というビジネスモデル』ぎょうせい。
斎藤修（2011）『農商工連携の戦略　連携の深化によるフードシステムの革新』農山漁村文化協会。
境新一（編）（2013）『アグリ・ベンチャー』中央経済社。
坂根嘉弘（2010）「Ⅴ　近代」木村茂光（編）『日本農業史』265-336頁。
高橋正郎（1993）「地域農業経営学の方法序説―経営学における主体と実践性―」和田照雄編著『現代の農業経営と地域農業』養賢堂，23-42頁。
高橋勅徳・曽根秀一（2015）「建築業界における企業家活動：株式会社千金堂によるローコスト住宅販売事業構築の事例分析」『イノベーション・マネジメント』第12巻，67-82頁。

第4章
既存関係構造の利用を通じた6次産業化の実現：
株式会社みやじ豚のブランド構築の事例を通じて

1. はじめに

　本章の目的は，6次産業化を巡る先行研究の議論から見いだされる理論的・実践的課題に対して，近年のソーシャル・イノベーション研究の知見に基づいた新たな分析視角の下で行う経験的調査を通じて，6次産業化を実現する企業家活動の新たな類型を見いだすことにある。

　本章が注目する6次産業化の議論は，農業経営学の持つ根源的なアイデンティティの延長線上にある。日本の農業経営者は，少ない耕作地をいかに効率的に運用し，付加価値を創出していくかが大きな課題であった。しかし，政府による食糧政策，流通業者・小売業者による加工，販売，価格決定機能の独占，農協による生産体制の支援とその弊害といった，第一次産業を取りまく構造的不利の下で，農業経営者は自ら付加価値を創出することが困難な状況に陥っている。6次産業化の議論は，一方で生産者が流通・加工・販売を担うことで新たな価値を構築し得る可能性を提示しつつ，他方では生産者に従来の構造を打破する企業家へ転換を求めた議論であった（e.g., 今村，1997）。

　ところが，実際の農業経営者の多くは，流通システム，加工設備，販売店舗にかける膨大な費用をねん出することは困難であり，それが可能な農業経営者はすでに一次産業のみで十分な収益を上げているために6次産業化にメリットを持たない。また，6次産業化に必要な技術，設備といった経営資源は二次，三次産業者に独占され，彼らは既存関係によって利益を獲得しているため，その協力を得ることも容易ではない。このような現実に対して，先行研究は農業経営者に改めて企業家精神の発露を求める（e.g., 高橋，2002）。つまり，6次

産業化という方法を提供するのみで，その成否は当事者の精神性の有無に帰着させるのである。しかしながら，6次産業化に必要な費用も少なく，その実現のために必要な知識を学習するための投資も難しい農業経営者に，それを超えうる精神性を求めること自体が無理難題であるだろう。結果として，6次産業化の議論は現実性を欠いた理想論の域に止まっている。むしろ必要とされるのは，少ない投資と労力で6次産業化を実現するという視座からの方法を提供することであるだろう。

そこで本報告では，6次産業化にメリットを感じつつもその費用を負担することが困難な農業経営者が構造的不利な状況から6次産業化を実現していく実践として，既存関係構造の利用に着目する (2)。事例分析として，神奈川県藤沢市で養豚業を営む株式会社みやじ豚が，独自ブランドである「みやじ豚」の生産，販売体制を構築した6次産業化の実践を記述する (3)。以上の議論を通じて，農業経営者による既存関係構造からの脱却としての6次産業化ではなく，地域農業経営を巻きこんだ6次産業化が地域活性化を実現していく社会企業家活動を明らかにする (4)。

2. 既存関係構造を利用した6次産業化

本節では，まず日本の農業か抱える構造的課題に対して提唱された6次産業化の議論と (2.1)，既存関係構造からの脱却としての6次産業の現実的課題を明らかにする (2.2)。そのうえで，既存関係構造を利用に着目した6次産業化の新たな分析視角を提示する (2.3)。

2.1 農業における構造的問題と6次産業化

日本の農業経営者らは，諸外国に比べ少ない耕地面積で収益を上げるために，如何に農畜産物に付加価値を創出するか，が命題となっている (e.g., 清水，2013)。他方で，この農業経営者らの取り組みを阻害する関係構造が農業には存在する。それが，食糧生産の管理，統制により農家の収入を下支えしてきた農業協同組合（以下：農協）を中心とした関係構造である。

農協は，農薬，肥料などの農業生産に必要な生産資材の共同購入や，農業経

営者が生産した農畜産物の集荷,販売を行っている。農協によるこれらの事業により農業経営者は,生産資材の購入先,農畜産物の販売先を探索することなく,農畜産物の生産のみに専念することが可能であった。特に農協が共同販売によりまとまった量の農畜産物を扱うことで,均一の品質を市場に提供可能となり,農業経営者は自ら販売先を探す必要もなく市場での販売を可能としてきた (e.g., 太田原, 2007)。しかしこの共同販売には,農業経営者に不利な原則が存在する。農協の共同販売には共販三原則として,「無条件委託」,「平均販売」,「共同計算」の原則が存在する。農業経営者にとって特に不利な条件となるのは,「無条件委託」である。農畜産物の価格は,出荷先,出荷時期によって大きく変動する。市場への出荷が集中する時期に価格は低く,逆に出荷の少ない時期には高くなる。そのため農業経営者は,他の生産地からの出荷の少ない時期に出荷することができれば,より多くの利益を得ることが可能になる。しかし,農協が定める「無条件委託」により,農業経営者は農協に農畜産物を委託する際に価格条件,出荷先,出荷時期に対して条件を付けることができない。いわば,農業経営者の収入を下支えしようとする農協の事業により,農業経営者は価格決定権を喪失し,経営機会を獲得できずにいる。これに対して農畜産物を加工,流通,販売するシステムを持つ二次,三次業者らは,農協を通じて安定的に供給される高品質な農畜産物を利用し,付加価値を付けた商品を販売することで利益を得ている。農業経営者らは,既存の関係構造の中で,価格決定権を喪失するだけでなく,加工,流通,販売網を独占され,農畜産物に付加価値をつけることが困難になっている。

　この日本の農業の現状に対して農業経営は,6次産業化の必要性を議論してきた。6次産業化の議論は,今村 (1998) が「農業・農村分野に二次産業,三次産業の分野を取り入れ,農業・農村の活性化を推進すべきである」という理念を発端に展開されてきた (1頁)。6次産業化は,農業経営者らが既存の関係構造から脱却し,加工によって農作物に付加価値を付け,農業経営者自らが消費者に販売を行うことで,その所得向上を実現していくことを目指す。そこで6次産業化に関する研究には,多面的な地域活性化を促す農村地域産業の創出手法としての農村マーケット化 (e.g., 長谷川, 1998),地域で生産された作物を地域で消費する地産地消を目的とした生産者の組織化,農産物直売所の設立

による直売活動，観光農園や農家民宿等のグリーン・ツーリズムによる都市と農村の経済的交流がもたらす農村の活性化（e.g., 大江，2003）を議論してきた。特に大江（1996）は，これまで専業，兼業という農家の就業形態から，農畜産物の生産，加工，流通，販売，農家民宿・レストランといった観光業などの多角化を，6次産業化の具体的な展開として指摘している。

このような生産から加工，流通，販売までを行う垂直統合，更にはレストランや観光業への水平展開までを含む6次産業化のメリットは，単に価格決定権の獲得だけではなく，計画的な農業経営の実現につながることである。農家の収益を決定づけるのは，農協から買い付ける肥料，農薬などの生産資源価格と，供給量によって左右される市場価格の差額である。農業経営者らは，農産物を出荷するまで利益が出るかわからない。また，農産物の生産には，農協に買い取ってもらえない規格外品が発生してしまう。これらの規格外品は，天候などの影響によりその割合は大きく変動する。効率的な農業経営を困難にするのは，これらの不可避な不確定要素に大きくその収益を左右されてしまうことにある。このような課題に対して垂直統合による6次産業化は，販売に向かない規格外品を加工することで付加価値を付け，商品化し，それを直接消費者に販売することが可能になる。更に，このような規格外品を利用した外食産業や，農地を農業体験として利用する観光業へ水平展開していくことで多面的に収益を獲得し，6次産業化を継続するための余剰資源を確保することが可能になる。

例えば，垂直統合による6次産業化を先駆的に実現しているのが，千葉県で活動する農業組合法人和郷園[1]である。和郷園では，加工設備，販売設備を所有することで，生産，加工，流通，販売，果ては堆肥の生産までを自社で行っている。更に，この体制を整えることで和郷園は，農産物を生産する前に顧客と販売契約を結び，作付け前から売り上げを確定させることで計画的農業経営を可能にしている。更に，農業リゾート[2]として会員制貸農園，宿泊施設，カフェを併設していくことで，生産物販売以外の収益を確保しているのである。

このように6次産業化の議論は，一方で生産者が流通・加工・販売を担うことで新たな価値を構築し得る可能性を提示しつつ，他方では農業経営者を不利な立場に陥らせる既存の関係構造から脱却する企業家への転換を求めた議論と

いえる (e.g., 今村, 1997)。我が国における農業経営論は, 戦後の農地改革によって誕生した自作農の経営問題・発展プロセスを対象として発展しつつ, 農業経営者が旧弊的な価値を破壊し, 新たな価値の構築によって持続性を確保していく創造的局面を捉え, 実践的に支えることを目指した (e.g., 磯邊・金沢, 1951；今村, 1997；高橋, 2002)。6次産業化に関する議論もこの延長線上に有り, 農業経営論は小作農から農業経営者へ, 更に6次産業を担う企業家への発展を当事者に求めてきた。このために先行研究では, 6次産業化に成功事例を下に, ORやマーケティングの諸理論に依拠した経験的研究の蓄積が進めると共に, この研究蓄積に基づくケーススタディを通じて, 6次産業化を担う企業家を育成することが目指されてきた (e.g., 門間, 2002, 2012)。

2.2　6次産業化の理論的・実践的課題

前述の和郷園の事例は, 経営機会を見出すことのできない既存の関係構造から脱却し, 農業経営者自らが市場において価値ある農作物を提供するための農業の6次産業化の理想形とも呼べるだろう。他方で, このようなビジネスモデルには, 大きなリスクが伴う。既存構造からの脱却は, 農協からの離脱を意味する。そのため, 生産した農畜産物を一手に買い取ってくれた農協に代わる, 販売先を自ら探す, あるいは販売店舗を設立する必要がある。また, 市場での売買に不向きな農畜産物を商品化するための加工設備も不可欠となる。垂直統合の実現のために農家は新たに在庫リスク, 設備投資リスクを背負うことになる。日本の農業の現状を鑑みるに, これらのリスクを負いながら投資をすることが可能な農家は決して多くはない。逆に, 投資が可能な農家は, 既存の農協との関係構造の中で十分に利益が得られていると言える。また課題となるのは, 設備だけではない。新たに始める加工, 流通, 販売業に必要となる技術, 資格の取得も当然必要となる。結局, 多くの農業経営者は6次産業化に向けて必要となる資源を獲得することが困難であり, 垂直統合による6次産業化は, 既存の関係構造の中で苦境に立たされる農業経営者の救済策とは言い難い。

6次産業化に関する先行研究は, この課題に対していかに対峙してきたのであろうか。先述しているように, この課題に対して先行研究では, 6次産業化に必要な商品開発や販路開拓に関する知識や技術は, ORやマーケティング論

に基づくケーススタディに基づく教育という形で対応を試みてきた。しかし問題となるのは，このような知識や技術を学び，投資する余剰資源を多くの農業経営者が有していないだけでなく，その余剰資源を有している一部の農業経営者は既存の関係構造の下で十分な利潤を得ているため，6次産業化にそもそも動機づけられないという点である。この根本的問題に対して先行研究は，生産者から企業家への転換の必要性を理念的に訴え（e.g., 今村，1997），その成功事例をケースとして教育活動に利用するに留まるという理論的・実践的課題を抱えている（e.g., 門間，2002，2012）。

それでは，6次産業化の抱えるこの理論的・実践的課題に対して，ソーシャル・イノベーション研究の研究蓄積から解決可能であろうか。ソーシャル・イノベーション研究は地域活性化の手法として6次産業化に注目しているだけでなく（e.g., 露木，2015），市場，行政，コミュニティからの資源獲得の方法を議論してきた点で，6次産業化研究の抱える理論的・実践的課題に対峙する手がかりになり得るであろう。

ソーシャル・イノベーション研究では，社会の構造的不利益によって発生する社会問題に対して，事業によってその解決を図る社会企業家の実践を捉えてきた。例えば，谷本（2006）は，このような社会企業家による社会問題を解決に導いていく過程をソーシャル・イノベーション・プロセスとして① 社会的課題の認知，② ソーシャル・ビジネスの開発，③ 市場社会からの支持，④ ソーシャル・イノベーションの普及の4段階で分析している（e.g., 谷本，2013，19頁）。谷本（2006）をはじめとしたソーシャル・イノベーション研究は，社会問題の解決を目的とすることで，社会企業家が歴史，伝統を内包する既存のネットワークを基盤に正統性，社会資本を獲得し，ステイクホルダーを社会的事業に巻き込み，新たなネットワークを形成していくことが可能になると指摘してきた（e.g., Deforny and Nyssens, 2010；Mulgan, 2006）。これらの研究の知見は，農業の衰退という社会的事実に対して「農業経営者の独立」という社会的ミッションを社会の中で共有することにより，6次産業化に向けた資源を，市場，行政，コミュニティといった多様な主体とのネットワークから獲得しうる可能性を提示するといえるだろう。

他方で，農業の6次産業化においては，この社会的ミッションの共有に大き

な課題がある。なぜなら，6次産業化に必要となる資源を持ち，ステイクホルダーとして協力を得るべき二次，三次産業者の多くが，農業経営者が不利に陥る既存関係により大きな利益を得ているからである。彼らは，既存の農協を中心とした関係が維持されることで，低価格で高品質な農生産物を獲得することが可能になっており，「農業経営者の独立」という社会的ミッションを共有することは困難である。

　また，社会的ミッションを共有しないのは，二次，三次産業だけではない。農業経営者そのものが，「農業経営者の独立」という社会的ミッションに固有の利害を見いだせない状況にある。例えば，垂直統合にかかる費用を負担できない農業経営者の多くが，農協との既存関係構造以外から利益を獲得する販売先として農産物直売所を利用している。しかし，農林水産省が行っている農産物地産地消等実態調査（2009）によると，農産物直売所における農業経営者1件当たりの年間収入は52万円でしかない。農業経営者の粗利は，この金額から苗，肥料農薬，輸送費を差し引いたものになる。農業経営者が直売所でうまく利益を得られない最大の理由は，直売所での深刻な値崩れにある。現在，日本の農業経営者の内訳は，専業農家が44万戸に対して，農業所得を主とする第1種兼業農家が16.6万戸，農業所得を主としない第2種兼業農家が72.1万戸となっている。また，所得額と合わせて年間の農業従事日数で分類すると，農業所得が主で年間に60日以上農業に従事している主業農家が29.3万戸に対して，農業所得が主ではなく農業に従事している日数が60日以上の準主業農家が25.7万戸，農業に従事している日数が60日未満の副業的農家が77.7万戸となっている。これらの数値を見ると，農業経営者の大部分が農業所得を主とせず，片手間の副業として農業を行っていることがわかる。つまり，多くの農業経営者は，農業によって生計を立てていないのである。農産物直売所の利点は，比較的少ない生産量でも手数料さえ支払えば販売することである。そのため，生産規模の小さい農家が，農協に出荷することのできなかった規格外の農産物の販売をするのに適している。しかし彼らは農業所得を主としていないため，直売所での売り上げの大小は問題としない。農産物が売れ残り廃棄されるぐらいであれば，著しく価格を下げたとしても消費者に購入してもらい，多少の臨時収入を得られれば良いという考えで農産物直売所を利用する。

もちろん彼らは「農業経営者の独立」という社会的課題を理解しないわけではない。この理念を投げかけられれば，共感するであろう。しかし，彼らは6次産業化に余剰資源を投資し，農協を中心とした関係構造の解体と再創造を通じて農業から新たな収益を得ることに利害を見いだせない状況にある。だとすれば，6次産業化の理論的・実践的課題を克服するために求められるのは，農業経営者の大多数を占める家族経営の零細農業経営者が，過大な投資を行うこと無く6次産業化を実現する方法を見いだしていくことにあると考えられる。

2.3 既存の関係構造を利用した6次産業化

これまで議論してきたように，6次産業化研究が目指す農業経営者による既存の関係構造の解体と再創造も，ソーシャル・イノベーション研究が目指す社会的ミッションの共有を通じた資源獲得も，6次産業化の実現を阻む現実に対して有効な方法を提供し難いと言える。これらの議論を通じて改めて議論すべきは，農協を中心とした関係構造に対して新たな関係構造を生み出すことが，農業経営の6次産業化において有効と言えるのか，という根本的な問い直しであるだろう。そもそも，農協を中心とした我が国の第一次産業における関係構造は，一方で農業経営者から結果的に経営機会を喪失させているが，他方で彼らの経営を下支えしてきた―家族経営の兼業農家でも農業を継続する状況を作り上げた―のも事実である。それ故に，農協との関係を断ち，新たな関係構造を作り出すことは経営機会を取り戻すと同時に，既存の関係構造に担保されていた多大なリスクを背負うことになる。

ここで我々が改めて注意すべきは，6次産業化が求めてきたのは「農業・農村の活性化」(e.g, 今村, 1998) であり，生産・流通・販売の垂直統合や外食産業や観光業への多角化は，その目的のためのあくまで手段でしか無いことである。だとすれば，既存の関係構造を解体・再創造するのではなく，利用することで「農業・農村の活性化」する途を模索することも可能である。つまり農業の6次産業化の実践には，既存の関係構造を障害として見なし解体・再創造を目指すのでは無く，農業を支える資源として捉え直し，抵抗が予想される主体との利害調整やリスクの低減のために利用する，という方法が考えられる。

この途を模索するための解法は，ソーシャル・イノベーション研究において

潜在的に指摘されてきた。ソーシャル・イノベーションのプロセスモデルを指摘する谷本（2012）においても，まず既存の地域内で未利用な資源を既存の市場と組み合わせることでソーシャル・ビジネスを生み出し，次いで，市場に受け入れられたソーシャル・ビジネスが行政から許認可が得られることで普及していくと指摘する。生産者による生産・流通・販売の垂直統合や外食産業や観光業への多角化を目指す6次産業化もまた，観光産業や外食産業，小売業といった既存の関係構造へ独自の経路を切り開く諸活動として捉え直す必要がある。とはいえ，上述しているように経路を切り開く方法を「農業経営者の自立」というミッションから，農協からの離脱を最重要視する必要性は無い。社会的企業のハイブリッド構造を強調する藤井・原田・大高（2013）らは，社会問題の解決をミッションとして掲げる社会企業家が，一方で既存の関係構造に埋め込まれることで得られる資源を動員しつつ，他方で動員した資源を組み合わせる（いいとこ取りをする）ことで社会問題を解決する新たな価値を生み出すソーシャル・ビジネスを構築していくことを指摘する（81頁）。むしろ，農協を通じた関係構造を所与の環境として受け入れた上で，それを利用する（いいとこ取りする）ことで農業者が享受しうる企業家的利潤に注目し，それを獲得するための方法を，ハイブリッド構造の構築として明らかにしていくという新たな途があると考えられる[3]。

　このような理論的視座に基づいたとき我々は6次産業化を，既存の関係構造をレバレッジとして利用することで，農業経営者が独自の企業家的利潤を獲得可能なハイブリッド構造を構築していく過程として捉えるという，新たな分析枠組みを得られると考えられる。

　第一に，農業経営者は既存の構造的不利から6次産業化への動機を獲得していくとともに，関係構造を構成する各主体の抱える独自の利害を読み解いていくことで，独自の企業家的利潤を獲得する6次産業の具体的な方法と自身が利用可能な資源を見いだしていく。

　第二に，農業経営者は，既存の関係構造をレバレッジとして利用していくことで，自身が見出した企業家的利潤を獲得しうる6次産業化のビジネスモデルを構築していく。この際，関係構造の解体や再創造を試みるために主要なアクターと衝突するのではなく，彼らの固有の利害を読み解いた上で衝突を回避

し，自ずと協力関係を構築しつつ自身のリスクを回避する形で，ビジネスモデルを作動させていく。

第三に，農業経営者は自ら構築したビジネスモデルを作動させていく中で，新たな利害関係を生み出す。そのビジネスモデルに新たな利害を見いだした（あるいは見いだしうる）ステイクホルダーに働きかけていくことで，6次産業化を更に展開していく。この際，農業経営者は新たなステイクホルダーの利害を自らのビジネスモデルに組み込んでいく形で，6次産業化の新たな展開の可能性を切り拓いていく。

3. 事例：株式会社みやじ豚による6次産業化

株式会社みやじ豚（以下：みやじ豚）は，神奈川県藤沢市で畜産業を営む養豚業者である。みやじ豚は，自身が生産する豚を「みやじ豚」としてブランド化し，これを加工，販売する6次産業化を実現している。みやじ豚の代表取締役社長である宮治勇輔氏は，「1次産業を，かっこよくて・感動があって・稼げる3K産業に」を目標に，生産から顧客に届くまでの一貫したプロデュースを実践するビジネスモデルを構築し，地元である湘南で農業と地域の活性を同時に目指した事業を展開している。

3.1 養豚業における関係構造とブランド化への動機

慶応大学卒業後，パソナに就職した宮治社長は，大学時代に，同級生を自宅のBBQに誘ったところ，「こんなに豚肉が美味しいと思わなかった」という高評価を受けていた。これが，パソナを退職して家業である養豚業を継いだ動機だった。

養豚業では，農協から飼料を買うことで，豚の全量買い取りを引き受けてもらっている。豚を買い取った農協が食肉加工問屋に出荷し，食肉加工問屋が豚肉を加工し，販売先に卸していく。そのため養豚業者は，豚肉の加工問屋との値段交渉や，販売先を探す必要はなく，農協に豚を出荷するだけで利益を得る事ができる。しかし，農協による全量買い取り価格は，相場によって決定される。また，全量買い取りを条件に農協から購入する飼料の価格も相場によって

上下するため,農家の収入は安定せず,飼料価格を買い取り額が下回れば原価割れを起こす事もある。この問題を克服する方法として,食肉の直販を農家や農協単位で担う6次産業化が奨励されてきた。

しかし,宮治社長の目には,それは解決策に見えなかった。豚一頭の内,高い売価が付く部位はロース,ヒレ,バラに限られ,全体の4割ほどをしめるモモ肉やウデ肉のニーズは少ない。そのためこれらの肉は,ハムやソーセージに加工して販売するのが常道であるが,加工設備と技術（資格）に投資できる資金力を持つ養豚業や農協は非常に少ない。そのような余裕がある養豚業者,農協は,既存の関係構造の中で既に十分な収益を上げているため,回収できるかわからない多額の投資をする必要性はない。また,これまで豚肉の流通,販売ルートの確保を担っていた加工問屋との関係を解除すれば,養豚業者,農協が新たにこれらを探さなければならない。これらが確保できなければ,設備,技術への投資は当然回収できない。

そもそも原価割れのリスクを負いながらも既存の零細養豚業者が,農協との

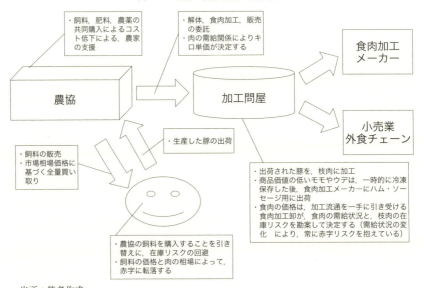

図4-1　既存の養豚業者の関係構造

出所：筆者作成。

関係を維持しているのは，全量買い取りにより価格のつかない部位（頭，腕，足などの市場価格の付きにくい部位）まで丸ごと引き取ってくれるからである。つまり，農協が飼料の購入と引き換えに，各養豚業者の在庫リスクをある程度吸収してくれる構造になっていた。

宮治社長が目をつけたのは，この農協を中心とした豚肉の流通構造である。農協，加工問屋との関係構造から離脱して生産―販売の一貫体制を独自に作るのではなく在庫リスクを農協―加工業者の関係に担保させる形で，ブランド豚を売る可能性に気付いたのである。

3.2 既存の関係構造を利用したみやじ豚ブランド確立

それでは，如何にして宮治社長は，ブランド豚として「みやじ豚」を確立し，加工，販売経路を確保していったのか。まず，宮治社長が取り組んだのは，生産体制を見直すことであった。

日本の豚肉市場には，鹿児島県内で飼育された「かごしま黒豚[4]」，沖縄の在来種である「アグー豚[5]」，東京で生まれた「東京X[6]」，スペイン南西部で飼育される「イベリコ豚[7]」，金華ハムの原料豚として有名な「金華豚[8]」など多数のブランド豚が存在する。これらのブランド豚は，豚の品種が直接ブランド銘柄になっているわけではなく，生産飼育方法によってブランド化されている。例えば日本で飼育されている豚の品種には，ランドレース，大ヨークシャー，中ヨークシャー，デュロック，ハンプシャー，バークシャーといった欧米原産の品種，金華豚，梅山豚，北京黒豚などの中国原産の品種，沖縄在来種であるアグー黒豚などが挙げられる。これらの品種を掛け合わせて生まれた品種を交雑種といい，3つの任種の豚を抱え合わせた交雑種「三元豚」の品質，能力を受け継いだ優秀な豚を雌雄に分け，その能力，資質を検定し，基準を満たした豚だけを繁殖登録，産肉登録したものが一般に流通している。みやじ豚で飼育される豚は品種改良された豚としては一般的な「三元豚」であり，「かごしま黒豚」，「アグー豚」，「東京X」などの市場価値の高いブランド豚を飼育しているわけではない。ここには，ブランド豚が品種のみによって決定されないこと，品種が豚肉の品質を左右する最大要素ではないことが大きく関係している。

豚肉の肉質を決める要素は，3つあるんですね。一つは血統，もう一つはえさ，最後に育て方なんですね。うちは，血統はLWDと言って，いわゆる普通の三元豚なんですね。交配豚の。（中略）血統は実はそんなに重要じゃなかったりするんです。

宮治社長によれば，豚の肉質を決める要素の中で血統[9]はそれほど重要な要素ではない。では，2つ目の要素である餌についてはどうだろうか。例えば「イベリコ豚」は，どんぐりを食べて飼育された豚を「ベジョータ」といい最高級イベリコ豚として扱われ，普通の資料で飼育されたイベリコ豚は「セボ」と呼ばれ区別される。しかし，宮治社長は餌に関しても豚の肉質を決める最大要素ではないと語る。

餌も結構肉質には影響を与えますけど，うちはまた今年から大きく変えて，トウモロコシを抜いたんですね。餌を麦とイモ類を主体にしたので，相当旨いんじゃないかと思ってるんですけど。普通はコーンを使うんですけどね。（コーンは）安いんですよね。うちは味を優先して。でも，味を追求して高くなってもね，しょうがないんでね。うちは，ほどほどのところでいい餌を用意して。実は，同じ血統で，同じ餌でも，農家の育て方で全く違ってくるんです。一番大事なのは，育て方なんです。

このように宮治社長は，豚の肉質を決める最大要素は血統でも，えさ[10]でもなく，豚の育て方にあると語る。実際にみやじ豚では，通常の畜産農家では行っていない「腹飼い[11]」で豚を飼育している。腹飼いとは，同じ親から生まれた兄弟の豚を同じ部屋で育てることである。これにより豚の飼育環境からストレスを大幅に低下させ，その肉質を向上させている。

一番大事なのは，実は育て方なんですね。環境とか，育て方。うちは，如何にストレスなく育てるか。腹飼いといって，兄弟だけを，生まれてきた10匹前後の子豚たちを生まれてきてから出荷まで同じ小屋で飼う。だいたいは混ぜこぜにして，30頭，100頭を一緒に買うんですけど，そうすると

みんなケンカをしてね，ストレスがかかるんです．後，ギュウギュウ詰めにして飼ったりとかね．汚い状態で飼ったりしてよりストレスもかかる．汚い環境で飼うと肉が臭くなって，味にマイナスになる．うちは，ゆったりしたスペースで 10 頭前後で飼うと．ストレスなく，きれいな環境で育てるので，臭みがなく美味しい豚になる．

「みやじ豚」のブランド化に当たって宮治社長は，豚の飼育数を減らし，一頭当たりの飼育面積を増やし，腹飼いをすることで，豚が受けるストレスを大幅に低下させ，ブランド豚として重要な味[12]を向上，維持していく生産体制を整えていく．その上で宮治社長は，自らが育てた豚を「みやじ豚」として販売していくための，加工，流通，販売経路の構築に取りかかった．

まず，宮治社長が足を運んだのは，農協と取引している加工問屋であった．彼が依頼した内容が，農協から加工問屋に卸された宮治社長が生産した豚の肉を買い取り，買い取った豚肉を「みやじ豚ブランド」として加工，流通させてもらうことであった．ここでポイントとなるのは，自らが生産した豚を一度農協に出荷し，その後で加工問屋から再度買い戻している点である．加工問屋は，農協，ハムメーカーや小売業者と相場価格で取引をしている．そのため養豚業者は，相場価格が低ければ農協からの全量買い取り額が下がり，原価割れのリスクを常に負う．そこで宮治社長は，まず生産した豚を農協に出荷し，全量買い取りにより相場価格の金額を獲得する．次に，その資金を元手に，自らが生産した豚の売価がつく部位を，加工問屋から買い戻す．そして自らが買い戻した豚肉を「みやじ豚」として，加工問屋に顧客からの注文に応じて加工，配送を請け負ってもらうのである（図4-2）．インターネットを通じた直接販売のみを行うため，販売店舗を持つ必要もない．宮治社長は，味の良い「みやじ豚」の単価を一般的な豚肉の市場価格の3～4倍程度に設定し[13]，買い戻し価格との差額を利益として獲得する．

これにより通常であれば価格のつかない部位を農協に買い取ってもらいつつ，尚かつ買い戻した豚肉は農協が卸した加工問屋が従来通り加工，保管，配送を行ってもらえる関係が構築される．農協は，飼料の販売と全量買い取りの関係が維持されるため，「みやじ豚」のブランド化に対してデメリットはない．

図 4-2 既存関係構造を利用した 6 次産業化

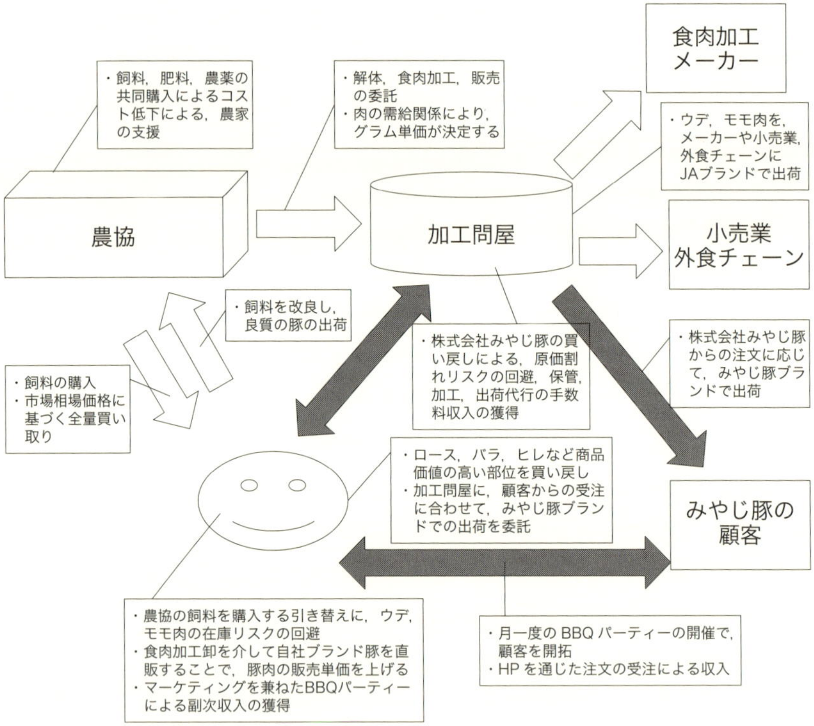

農協
・飼料, 肥料, 農薬の共同購入によるコスト低下による, 農家の支援
・飼料の購入
・市場相場価格に基づく全量買い取り

加工問屋
・解体, 食肉加工, 販売の委託
・肉の需給関係により, グラム単価が決定する

食肉加工メーカー
・ウデ, モモ肉を, メーカーや小売業, 外食チェーンにJAブランドで出荷

小売業 外食チェーン

みやじ豚の顧客
・株式会社みやじ豚からの注文に応じて, みやじ豚ブランドで出荷

・飼料を改良し, 良質の豚の出荷
・株式会社みやじ豚の買い戻しによる, 原価割れリスクの回避, 保管, 加工, 出荷代行の手数料収入の獲得
・ロース, バラ, ヒレなど商品価値の高い部位を買い戻し
・加工問屋に, 顧客からの受注に合わせて, みやじ豚ブランドでの出荷を委託
・月一度のBBQパーティーの開催で, 顧客を開拓
・HPを通じた注文の受注による収入

・農協の飼料を購入する引き替えに, ウデ, モモ肉の在庫リスクの回避
・食肉加工卸を介して自社ブランド豚を直販することで, 豚肉の販売単価を上げる
・マーケティングを兼ねたBBQパーティーによる副次収入の獲得

出所:筆者作成。

加工問屋にとっても, 小規模の出荷とはいえ, 原価割れのない買い戻しという形で在庫リスクが回避でき, 加工・保管・配送に関する手数料収入が見込めるため, 宮治社長の提案に協力したのである。

3.3 BBQ マーケティング:地域農業への利害関係の創出

ここで問題となるのが, 販売先を開拓するための販売促進活動である。販売先さえ確保できれば, 協力者となった加工問屋に農協が「みやじ豚」を卸すように手配することで, 既存関係を維持したままブランド化が成立する。しかし, 商標(マスコット)の作成やCMなど, 一般的なマーケティグに資金をかける余裕はない。そこで考案したのが, BBQマーケティングである。

宮治社長が,「みやじ豚」のブランド化に対して重要だと考えたのが味の良さである。しかし,豚の生産のみを行う一次産業では,「みやじ豚」の味に対する消費者の反応を見ることができない。それは,豚の品質に対する不安感が募るばかりではなく,豚1頭1頭に心血を注いで飼育する畜産農家のモチベーションを大きく下げ,農業を継ごうとする若者を遠ざける要因となる。宮治社長は,消費者の反応を知ることのできない農業の現状に大きな問題を感じていた。

　大学2年生のころに,たまたま家でBBQをやったことがあるんですね。（中略）友達を呼んで家でBBQをやったんです。そうしたら友達が,今までこんなにうまい豚肉は食べたことがない,と。やたら感動していて。その時に初めて,うちの豚肉は旨かったんだと。で,そのあとすぐに友達から,この豚肉,どこで買えるの?,と聞かれて,頭が真っ白になって。考えたことすらなかったんです。（中略）それが,原点でBBQをやろうと。BBQなら料理スキルがなくても,おいしく肉が焼ければできるし。

　そこで宮治社長は,月一回,4,000円で食べ放題のBBQパーティー[14]を,近隣の観光果樹園[15]をBBQ会場として安価に借りて開催することにした。まずは過去の職場の友人・知人の名刺からメーリングリストを作成し,その後は口コミで顧客を集めるという戦略を立てた。このBBQパーティーは,販売先を確保するだけでなく,消費者との対話の場所として活用されていく。BBQパーティーでは,宮治社長をはじめとした従業員（宮治家）が直接,豚肉を焼き,最高の焼き加減でお客さんに提供している。これによりみやじ豚では,豚の生産から消費者が口にする瞬間までをプロデュースすることが可能になった。消費者に実際にみやじ豚の味を体験して貰い,口コミで認知を高めると同時に,直接発注を増やしていく。現在,この口コミを通じてBBQパーティーの参加者だけでなく,BBQ参加者からの口コミで近隣地域の飲食店等[16]からの注文を獲得し,「みやじ豚」の販売先を開拓していくことに成功している。
　このBBQマーケティングには,顧客との接点を作りみやじ豚の味を知って貰うことと,それを起点とした販売先確保のほかに二つの意味がある。

第一に，マーケティング活動そのものが，収益源となる。みやじ豚バーベキューの参加者は一回100人程度，年間12回の開催で，480万円程の収入が得られる。垂直統合により6次産業化を実現している農家からすれば，その収入はさほど大きなものではない。しかし，みやじ豚のように家族経営によって農業を営む多くの小規模農家にとっては，十分な副収入となる。豚肉のブランド化に必須とされるマーケティング活動そのものを，副次的な収入源として確立しているのである。

　第二に，生産者と消費者が出会うBBQパーティーは，みやじ豚と消費者との対話の場だけではなく，近隣農家と消費者との対話の場にもなっていく。BBQパーティーで提供されるのは「みやじ豚」だけでなく，近隣農家で生産された様々な野菜，近隣で生産される酒類など[17]が提供される。野菜などを提供し，BBQマーケティングに協力するのは，宮治社長自身が代表者となって活動する「NPO法人　農家のこせがれネットワーク[18]」のメンバーである。「NPO法人　農家のこせがれネットワーク」では，家族経営を農業の理想の形とし，都会で働く農家の子息が実家に帰って農業を継ぐ，帰農支援を行っている。消費者と直接対話の場が得られるBBQマーケティングは，帰農した農家の後継者たちのモチベーションを向上，維持しつつ，生産した農作物に自ら価格を付けて販売する場としても活用されているのである。

4. おわりに

　本章では，6次産業化をめぐる既存研究の現実的・実践的課題を指摘したうえで，既存関係構造を利用することで実現される6次産業化の実践を明らかにしてきた。6次産業化は既存の関係構造の解体と再創造だけが唯一の方法ではない。本章では，構造的不利に動機づけられた農業経営者が既存関係構造の下で各主体の利害を読み解き，それを利用することで新たなビジネスモデルを構築し展開していくという新たな分析視角の下で，みやじ豚のブランド構築の事例の記述を行ってきた。この分析を通じて得られる発見事実と，その理論的・実践的意義は，以下のようにまとめられる。

　第一の発見事実は，宮治社長が既存の畜産業の関係構造から脱却するのでは

なく，そこにリスクを負担させる形で6次産業化を実現したことである。先行研究では，価格決定権を喪失し，構造的不利に立たされた農業経営者の打開策として，垂直統合による6次産業化を議論してきた。しかし，実際に6次産業化を志す多くの農業経営者にとって，垂直統合のための加工設備，流通網，販売店舗の確保に懸かる費用は膨大であり，それを負担することは不可能といってよい。逆に，これらを負担できる一部の農業経営者は，すでに既存の関係構造の中で利益を得ているため6次産業化の動機を持たない。これが先行研究の課題であり，6次産業化の普及を阻害する要因でもあった。

この課題を理解していた宮治社長は，垂直統合による6次産業化とは異なる戦略を想起していく。そもそも農業経営者を苦しめる構造的不利は，農業経営を支援する一連の施策の副産物である。これらの施策は農業経営者らが農生産物の生産だけに注力できる環境を整えることを一つの目的としているため，農協を中心として流通業者や加工業者をコントロールし，過度な価格競争による赤字リスク，在庫リスクなどから農業経営者を保護する関係構造が構築されていた。宮治社長は，このリスクを負担してくれる既存関係構造に経営機会を見いだしたのである。既存関係構造から脱却しリスクを増大させるのではなく，既存関係構造を維持することでリスクをそこに負担させたのである。これにより宮治社長は，豚肉の加工，保管に関わる技術，設備といった経営資源を獲得することなく6次産業化を実現することができた。

第二の発見事実は，BBQパーティーがみやじ豚の販売先確保を収益事業として実施する仕組みであったのと同時に，この仕組みに近隣の農業経営者等を巻き込んでいくことで，みやじ豚が単なる豚肉の6次産業化から農業を起点とした地域活性化への機会を切り拓いていった点にある。

ソーシャル・イノベーション研究では，社会的ミッションの共有を起点にステイクホルダーから資源を獲得していく必要性を指摘してきた。しかし，6次産業化が目的とする農業経営者の独立は，既存関係構造で利益を得ている各主体の利益相反を産み，社会的ミッションの重要性を認めつつも具体的な提携関係を構築できないという課題を有していた。これに対してみやじ豚の事例は，宮治社長が構築した豚肉の加工・流通方法もBBQマーケティングも，養豚業界の各主体が抱える利害の衝突を自ずと回避するものとなっている。それ故に

宮治社長は，BBQマーケティングに近隣の農家や同じ境遇にある農家のこせがれを巻き込み組織化していくNPOの設立を通じて，農業経営者の独立という社会的ミッションを掲げる新たな展開へとつながっていった。

いわば社会企業家にとって社会的ミッションとは，自らのソーシャル・ビジネスに動員される（あるいは動員可能な）ステイクホルダーとの利害関係を調整するための組織目標として逐次的に掲げられる。当然，その過程で対象とされる社会問題も変化し，ソーシャル・ビジネスを担う組織も変化していくと考えられる。

以上の点を踏まえたとき，社会的ミッションを掲げ既存の関係構造の解体と再創造を求める先行研究そのものが，農業経営者が6次産業化を目指す際の方法を限定してしまっていることが，この研究領域の抱える理論的・実践的課題の根源にあると考えられる。本章の発見事実は，先行研究が規範的に規定してきた6次産業化の方法から農業経営者を解放するだけで無く，我々自身も農業経営者の6次産業化に向けた多様な実践に注目する点でも新たな理論的・実践的貢献を有すると考えられる。

（石黒 督朗）

注
1 　和郷園は，農家の自立を目的に，農作物の生産，加工（カット，冷凍，パッケージ），流通，販売，堆肥の提供を自社で行っている。このように農作物の生産から顧客への販売までの垂直統合を行うことで和郷園は，顧客と値段の交渉をすることが可能になった。垂直統合を行うことで得られるメリットは，価格決定権の獲得だけではない。和郷園は，「計画販売・計画生産」を農業経営において実現している。通常，農家は農地に種・苗を植え，育て，成長した農作物を農協に出荷することで利益が確定する。農家の利益を左右するのは，農協から買い付ける肥料，農薬などの生産資源価格と，農作物の市場価格である。前述のように市場価格は，供給量によって左右される。そのため農家にとっては，豊作でも不作でも市場価格は低くなり，生産資源価格に対して赤字となってしまう。天候，輸入農作物の価格などの様々な影響によって左右される市場価格を予想することは非常に困難である。つまり農家は，農作物を出荷するまで「利益がでるか」わからないまま，生産を行っているのである。この現状に対して和郷園は，農作物の生産に入る前に，顧客と販売契約を行う。これにより農家は，種・苗を植える段階から売上を確定させ，計画的な農作物の生産を可能にしている。農家は販売計画に合わせて，作付け計画を立てることが可能になる。
2 　The FARM (http://www.thefarm.jp) を参照のこと。
3 　社会的企業のハイブリッド構造については，藤井・原田・大高（2012）および，第2章を参照のこと。
4 　イギリスが原産のバークシャー種を品種改良した豚。「鹿児島バークシャー」とも呼ばれる。日本国内で「黒豚」と表記されて販売されるのは，バークシャー種だけと定められている。

5　沖縄県の琉球在来種豚を原種としたブランド豚。島豚とも呼ばれる。日本在来種がほぼ絶滅している中で，外来種の影響をあまり受けなかった貴重な品種。沖縄県の観光資源として生産，販売，流通されている。

6　「鹿児島バークシャー種」，「北京黒豚」，「デュロック種」を掛け合わせた品種。遺伝子を固定し，新しい合成品種の系統として日本養豚協会に認定された初めての豚。豚肉としては全国に先駆けて，「DNA 多型解析を用いた個体識別」を行い，生産，加工に至るまでのトレーサビリティが導入されている。

7　スペイン原産のイベリア種に，どんぐりを飼料として与えて飼育された豚。自然の状態に近い環境で放牧される。

8　中国浙江省の金華市を原産地とする。金華市で作られる「金華ハム」を作るためだけに特別に飼育された豚。麦やトウモロコシといった穀物を一切与えず，白菜や茶葉などの野菜を発酵させて作った飼料のみを与えて飼育される。

9　みやじ豚では，品種としての血統ではなく，親豚になる豚の体格，肉の付き具合を見極めている。また，豚の歩き方にも着目している。宮治社長によれば，歩き方のしなやかな豚からは柔らかい豚の子が生まれると言う。

10　農協から買い付ける飼料に大麦などを独自に配合した特別なえさ。

11　日本の養豚農家の平均規模の半数以下の頭数で飼育している。大規模な農場では 30 頭前後を同じ小屋で飼育し，成長度合いによって何度も小屋を変える。そのため，豚にストレスがかかり，肉質を悪くする。みやじ豚では，10 頭前後の兄弟だけを同じ小屋で飼育し，小屋からの移動を最小限に抑え，豚へのストレスを減らすための手間をかけている。

12　臭みが全くなく，肉質がきめ細かく柔らかい豚肉。最大の特徴は「脂」の旨みにある。脂の融点が低いため，口の中でクリーミーな脂の旨みが広がる。焼き上げると香ばしい風味が引き立ち，豚肉本来の旨みを味わえる。

13　ホームページからの通信販売から購入することができる。人気商品のBBQセットは，ロース，バラ，モモが各 400g 入って，4,223 円で販売されている。また，ホームページではみやじ豚を使ったレシピを紹介しており，それに合わせた商品（豚角煮用：バラブロック 1kg 3,402 円，ヒレカツ用：ヒレ 480～500g 1,944 円，カレー用：モモ家庭用スライス 400g 1,220 円，ローストポーク用：ロースブロック 800g 3,078 円，生姜焼き用：ロース家庭用スライス 400g 1,566 円）を販売している。

14　宮治社長をはじめとした宮治一家が，顧客の目の前で「みやじ豚」の旨みを引き出す最高の焼き加減で調理し，提供する。彼らは肉を焼きながら，生産の仕方，焼き方のコツなどを顧客に語りかけ，生産者と消費者の顔が直接見える関係を作り上げている。

15　BBQ パーティーの会場は，湘南の観光果樹園を借りて行われる。ガラス張りのハウス果樹園であるため，天候の心配が必要ない。また，BBQ の準備，調理，片付けまですべてみやじ豚スタッフが行うため，参加者には何の準備も必要がない。参加申し込みは，みやじ豚ホームページのBBQ スケジュールから事前申し込みを行う。

16　「みやじ豚」は，一般流通させず，インターネットからの直接販売を中心に販売している。家庭外で「みやじ豚」を楽しむには，BBQ パーティーに参加する，あるいは「みやじ豚」を取り扱う飲食店に行く必要がある。これらの飲食店は，「みやじ豚が食べられるお店 MAP」から確認することが可能である。(https://www.google.com/maps/d/viewer?ie=UTF&msa=0&mid=zCdtjiYMvHo4.k1jo3MJJf7L0)

17　近隣農家で作られるアスパラガス，玉ねぎ，ピーマン，トウモロコシ，じゃがいも，ナスや，顧客となった飲食店等とのコラボレーション企画として短角牛，みやじ豚ベーコンなども豚肉と一緒に BBQ で提供される。BBQ の他にも，トマトなどをはじめとしたサラダ，みやじ豚が独自に調合したスパイスを使ったカレーライスなども振る舞われる。

18 NPO法人　農家のこせがれネットワークでは，都会に出て会社勤めをした農家のこせがれが，サラリーマン時代に得た経営ノウハウを農業に生かした新たな農業経営を行うことにより，日本の農業の活性化を図る活動を行っている。農業経営者自身が農作物を販売できる場所として「ヒルズマルシェ in アークヒルズ」を，六本木アークヒルズにて毎週土曜日に実施している。農家は価格決定権を獲得できることに加え，消費者自身にも顔の見える農家から農作物を買うことの価値を啓蒙している。

参考・引用文献

Deforny, J. and Nyssens, M. (2010) "Conception of social enterprise and social entrepreneurship in Europe and the United States: Convergences and divergences", *Journal of Social Entrepreneurship*, Vol.1, No.1, pp.32-53.

磯邊秀俊・金澤夏樹（1951）『農業経営學』財団法人日本農村協会。

今村奈良臣（1997）「農業の6次産業化のすすめ」『かんぽ資金』第234巻，10-15頁。

今村奈良臣（1998）「新たな価値を呼ぶ，農業の6次産業化—動き始めた，農業の総合産業戦略」『地域に活力を生む，農業の6次産業化—パワーアップする農業・農村』1-28頁。

今村奈良臣（2009）「農商工連携の歴史的意義」『農業と経済』第75巻1号，3頁。

大江靖雄（1996）「中山間地域における多面的農家活動論の意義と課題」『農業経営研究』第34巻1号，53-61頁。

大江靖雄（2003）『農業と農村多角化の経済分析』農林統計協会。

太田原高昭（2007）「戦後復興期の農業組合—農政との一体化への進行—」『北海学園大学経済論集』55巻2号，27-41頁。

株式会社みやじ豚　ホームページ（http://www.miyajibuta.com/）。

株式会社和郷園　ホームページ（http://www.wagoen.com/main.html）。

木内博一（2010）『最強の農家のつくり方』PHP研究所。

清水徹朗（2013）「農業所得・農業経済と農業経営—その動向と農業構造改革への示唆—」『農林金融』66巻，16号，13-31頁。

高橋正郎（2002）『農業の経営と地域マネジメント』農林統計協会。

谷本寛治・大室悦賀・大平修司・土肥将敦・古村公久（2013）『ソーシャル・イノベーションの創出と普及』NTT出版。

露木恵美子（2015）「漁業の六次産業化におけるネットワーキングと社会関係資本に関する研究」『2015年度組織学会研究発表大会』273-276頁。

日本政策金融公庫（2003）「農産物直売所に関する消費者意識調査」。

農林水産省（2009）『農産物地産地消実態調査』。

農林水産省（2010）『農林業コンセンサス2010』。

長谷川俊郎（1998）『農村マーケット化とは何か』農林統計協会。

藤井敦史・原田晃樹・大高研道（2013）『闘う社会的企業：コミュニティ・エンパワーメントの担い手』勁草書房。

堀田和彦（2009）「農商工連携の分析視角化産業クラスター，ナレッジマネジメントの視点から—」『農業と経済』第75巻1号，21-30頁。

門間敏幸（2002）「バイオビジネス教育における東京農大型ケース（NBC）メソッドの意義」『バイオビジネス：トップランナーへの軌跡』家の光協会，17-32頁。

門間敏幸（2012）「農業経営研究の対象と学的体系」『農業経営研究の軌跡と展望』農林統計出版，1-20頁。

Session 2
厚生が可能とするソーシャル・イノベーション

第 5 章
我が国の「厚生」とソーシャル・イノベーション

1. はじめに

　社会企業家は，既存の公的組織が提供するサービスでは解決し得ない社会問題に対して，諸制度を組み合わせたり，時には異なる形で利用していくソーシャル・イノベーションを通じて社会問題の解決を図る。それ故に，彼らの行為は一方では企業家精神に裏付けられた英雄的行為であり，他方では既存の諸制度が持つ狙いから外れ，異なる形で利益を生み出していく暴走としても捉えられる。社会企業家の持つこの二面性は，先行研究において新自由主義学派と社会政策学派による社会性を巡る論争として展開されてきた。

　しかし，この論争は決して解決し得ない。いうなれば社会性とは，人々が信奉する抽象レベルの正しさである。その具体的な意味内容は，社会性がそれぞれの国・地域の持つ歴史的背景に根付く形で構築されていく。先行研究における社会性を巡る論争とは，それぞれ異なる歴史的背景に根付いて構築してきた意味内容を根拠に抽象レベルの正しさの占有権を主張し，それぞれが見出した社会企業家の無法を罵り合っているに過ぎない。むしろ求められるのは，異なる社会性への理解が存在することを受け入れた上で，その理解のもとで可能となる社会企業家の行為や，ソーシャル・イノベーションを促す制度設計のあり方を分析し，より良き社会の実現を目指して，その違いを取り入れる可能性を議論していくことであると考えられる。

　翻って我が国における研究を振り返った時，新自由主義学派と社会政策学派の解決不能な論争をそのまま引き継いでしまっていることは否めない。しかし，両学派が米国と欧州の歴史的背景に根付いて構築された社会性理解に基づいて展開されているのであれば，我が国もまた固有の社会性理解が存在し，そ

れに基づいた社会企業家活動と論理体系が存在すると考えられる。そこで本章では，新自由主義学派と社会政策学派がそれぞれに掲げる社会性の意味内容を明らかにした上で，我が国における社会政策史を紐解くことで厚生概念が社会性の意味内容として構築されてきたことを指摘し，その厚生概念から導かれる我が国独自のソーシャル・イノベーション研究の論理体系を明らかにしていきたい。

2節では，米国の社会企業家研究を基盤として進められている新自由主義学派と欧州の社会的企業研究を基盤として進められている社会政策学派について検討する。続いて3節で，我が国においてソーシャル・イノベーション研究が受容される経緯とそこで生まれている混乱について整理し，その解決の糸口として我が国独自の社会性理解である厚生概念について検討する。その上で，4節において，我が国におけるソーシャル・イノベーション研究のリサーチアジェンダと理論的イシューを提示する。

2. ソーシャル・イノベーション論における2つの潮流

2.1 新自由主義学派（米国型社会企業家研究）

米国における社会企業家研究は主にビジネススクールを中心として，NPOの商業化という文脈において語られてきた (e.g., Dees, 1998)。レーガン政権[1]以降，米国では新自由主義に基づく市場原理を強調する政策が強化されることに伴い，NPOの活動領域において財政緊縮による補助金の削減が行われる中で，NPOの商業化・市場化が促進され社会企業家への注目が高まり，社会企業家研究が推進されていった。そこで，便宜的に本章では，米国型の社会企業家研究を新自由主義学派と呼ぶこととする。

米国は，労働運動が社会政策の形成に果たした役割が微々たる国家であるとされる (Andersen, 1999, 邦訳, 117頁)。1930年代，ニューディール政策によって全国的な社会保障プログラムが導入されるが，これは「よいリスクは市場に任せて，悪いリスクは「福祉に依存」させる」という方法であった（前述, 118-119頁）。そのため，1970年代に福祉政策が行き詰まりを迎えるなかで，経済への政府の介入を縮小し，規制緩和を行うことで社会政策を市場に任

せることが行われていく。すなわち，公的セクターの資金調達環境が行政依存では成り立たなくなったため NPO の商業化が促され，自己資金調達のため事業収入を増加させていく戦略として社会的企業が登場したのである（Dees, 1998, p.60）。米国と欧州の社会的企業比較を行う Kerlin（2006）によるなら，米国の社会的企業の成長を支えてきたのは，政府ではなくケロッグ財団，カウマン財団，ロックフェラー財団，ロバーツ企業開発基金，ゴールドマン・サックス財団などの助成財団であった（Kerlin, 2006, pp.254-256）。これら助成財団によって形成された寄付金市場を前提に，市場原理のもとで社会的企業が福祉を担うというのが，米国における社会政策の受け皿となっていった。

　そのような背景のもと米国では，社会的企業による市場適応を通じた社会的課題の解決に関するテクニカルな側面に関心が高まることとなった。1993年に，ハーバード大学の経営大学院において James E. Austin を中心とした研究者達が，営利・非営利，法人形態にかかわらず社会的ミッションを掲げた事業体すべてを研究対象とする，ソーシャル・エンタープライズに関する研究を始める。この活動には，新自由主義学派の指導的立場となる J. G. Dees も参画していた。後に彼は，デューク大学で The Center for Advancement of Social Innovation を立ち上げる。この様に，2000年代以降，ハーバード・ビジネス・スクール，スタンフォード大学，デューク大学などのビジネススクールで，先行事例の研究を通じて社会企業家教育が積極的に行われていった。新自由主義学派においては，Schumpeter（1926）の企業家概念を感受概念として応用し，それを Drucker（1990）などが大学，病院，公的機関など非営利組織で働く人を含めた幅広い企業家機能として引き継ぎ，それらを理論精緻化したビジネススクールの研究者によって企業家論やリーダーシップ論の延長線上でソーシャル・イノベーションの担い手として社会企業家の重要性が指摘されたのである（梅田，2014，18-19頁）。ギデンズに基づくならばサードセクターもしくは社会企業家が，公共的サービス供給者の責任ある担い手として，市場を通じたイノベーションのダイナミズムを担い，社会問題を解決していくと同時に経済の発展にも貢献することに期待するのが，新自由主義学派の認識前提であるといえる（Giddens, 2000，邦訳，92-94頁）。

　新自由主義学派における社会企業家概念は，社会企業家個人の新奇性と強力

図 5-1　Dees による社会企業家定義

・社会的価値を創出し維持することをミッションに取り入れる
・ミッションに役立つ新しい機会を認識し絶えず追求する
・継続的な革新，適応，学習の過程に参加する
・手持ちの資源に制約されることなく，果敢に活動する
・支持者に対して責任を持ち，創出した成果を公開する

出所：Dees et al., 1998 を基に筆者訳。

なリーダーシップがソーシャル・イノベーションを生み出すことを重視する。ここではいわゆる「ヒーロー的起業家仮説」[2]の下で社会企業家を捉え，彼らが真に社会的な存在であるかどうかは問わないという前提に立っている (e.g., Osborn, 1998)。この前提に基づいた社会企業家像がビジネススクールで強調されていった。代表的な定義として，Dees et al., (1998) があげられるであろう（図5-1）。

新自由主義学派においては，社会的企業の社会性は端的に，当該組織における社会的目的（社会的使命）の存在によって担保されるが，それも，つまるところには，社会企業家個人によって意図され，対外的に表明される社会的使命に還元されるものである（藤井・原田・大高，2013，26 頁）。その際の社会的目的の中身は，何らかの特定のイシューが想定されているわけでもなく，およそ社会的目的として想定し得るものなら何でも包含される（同上）。社会性に対するこのような認識前提の下で，ビジネススクールでは社会企業家が検討すべき，事業収入増加を中心とした経営戦略やリーダーシップ行動等，テクニカルな側面が強調されていく[3]。

これら新自由主義学派の社会企業家理解について，欧州の研究者は社会企業家の過剰な市場適応として批判する (e.g., Johnson, 1999)。過剰に市場適応していくことで（つまり，社会的企業が営利性を強めていくことで），貧困者の排除とそれに伴う社会的使命の変容や，企業からの不公正競争など，新たに生まれる社会的課題が隠蔽されていくことを理論的課題として指摘した (e.g., OECD, 1994)。

しかしながら，欧州の研究者による新自由主義学派への批判は，そもそも批判の焦点がずれていると言わざるをえない。欧州と米国では，それぞれが依拠する社会性が大きく異なるからである。前述したように，新自由主義学派にお

ける社会性は，社会企業家個人によって意図され，対外的に表明される社会的使命に還元され，その成否は市場での成否に依存することになる。いわば，社会的課題に対して人々が市場での解決を図る事業を構築していくことそのものが，社会的な行為であるという認識前提を有している。やや議論の先取りとなるが，市場適応を前提とした米国の新自由主義学派の社会企業家研究と，コミュニティにおける集合的利益の獲得を社会的な行為と考える欧州型の社会的企業研究とは認識前提そのものが異なる。それ故に，新自由主義学派と社会政策学派の間で交わされる，社会性を巡る批判と論争は解決不能の議論でしかない。むしろ，それぞれが信奉する社会性が依拠する歴史的背景を踏まえた上で，それぞれにどのようなリサーチアジェンダを構築しているのかを明らかにし，それぞれのコンテクストに基づく理論的・実践的課題を議論していく必要があるだろう。

　この米国の社会性に関する認識前提を，建国の時代にまで遡るなら，1690年，メイフラワー号に乗ってイギリス国教会の迫害から逃れたピューリタンたちの職業倫理にその源流が求められる[4]。ピューリタンの特徴を，Weber(1905) は『プロテスタンティズムの倫理と資本主義の精神』において，信仰の証として私的利潤の追求に熱心であり，それが隣人愛へと通じる行為であると信じているとしている（邦訳，309-311頁）。つまり，彼らは経済的繁栄のために尽力することが，天職として神の召命に応える行為であり，むしろ貧しいことを願うものは隣人愛に反する罪悪であると捉えていた。ウェーバーは，フェルディナンド・キュルンベルガーの孫引きとしてアメリカ建国の父の一人と称されるベンジャミン・フランクリンの説教を引用し，アメリカ文化では貨幣増殖を体現するものこそが「信用できる立派な人」という肯定的存在として捉えられていることを指摘している。

　　時間は貨幣だということを忘れてはいけない。一日の労働で10シリング儲けられるのに，外出したり，室内で怠けていて半日を過ごすとすれば，娯楽や懶惰のためにはたとえ六ペンスしか支払っていないとしても，それを勘定に入れるだけではいけない。ほんとうは，そのほかに五シリングの貨幣を支払っているか，むしろ捨てているのだ。

信用は貨幣だということも忘れてはいけない。だれかが，支払期限が過ぎていからもその貨幣を私の手もとに残しておくとすれば，私はその貨幣の利息を，あるいはその期間中にそれでできるものを彼から与えられたことになる。もし大きい信用を十分に利用したとすれば，それは少なからぬ額に達するだろう。

貨幣は繁殖し子を生むものだということを忘れてはいけない。貨幣は貨幣を生むことができ，またその生まれた貨幣は一層多くの貨幣を生むことができ，さらに次々と同じことが行われる。五シリングを運用すると六シリングとなり，さらにそれを運用すると七シリング三ペンスとなり，そのようにしてついには100ポンドにもなる。貨幣の額が多ければ多いほど，運用ごとに生まれる貨幣は多くなり，利益の増大はますますもって早くなっていく。一匹の親豚を殺せば，それでもって生みえたはずの一切の貨幣—数十ポンドの貨幣を殺し（！）つくすことになるのだ。

そればかりか，そのようなことは君が債務を忘れていないしるしとなり，また，君が注意深いだけでなく正直な男であると人に見させ，君の信用は増すことになろう。(Weber, 1905, 邦訳, 41-42頁)

この抜粋文の内容は，「時は金なり」，「信用は金なり」に象徴されるとおり，個人の生活時間と対他者関係とを一途に捧げて貨幣増殖につとめよ，との訓戒が書かれている（前述，40-44頁）。折原（2005）曰く，「通例では「反りの合わない」金儲けと倫理／道徳とが，そこでは見事に癒着し，「親和力」をもって結合している。フランクリンは，利息を生むべき貨幣取り扱いの注意義務を怠ることを，なんと「嬰児殺し」にたとえ，「倫理的パトス」をこめて非難しさえしている」（折原，2005，102-103頁）のである。この貨幣増殖を体現するものとして資本主義の担い手となったのが，まさしく企業家や実業家たちであった。したがって，プロテスタンティズムに基づくとき，企業家が市場経済の中で利潤を求めることは社会的・宗教的に倫理性の高い行為として賞賛された。金銭的成功は同時に，道徳的に優れていることの証となり，これが米国の伝統的価値観となった（e.g., 榊原，1976）。

更に，米国は封建制以前の歴史を持たない近代だけの国家である。王族・貴

族による支配者と被支配者の構造を歴史的に経験していないため,市民活動を中心として国家の成長が促進され,草の根活動が活発かつ行政からの独立心が強いという国民性を有する (e.g., Turner, 1920)。したがって,営利企業は国家の介入を嫌い,自由市場経済を活用して社会的価値を作り出すことを重視する。前述したピューリタニズムの影響からわかる通り,富裕層はその経済活動を通じて蓄えた富を,財団等を通して社会に還元することを徳と考える。このように,一見すると過剰な市場適応は米国においては宗教的な職業倫理に基づく社会的な行為であり,草の根的な独立の精神に結びついた自由市場主義という社会性として問うまでも無い認識前提として根付いているのである。

　このような社会性の理解に基づいて初めて,新自由主義学派が社会企業家の市場適応を重視し,そのために必要な行為のテクニカルな分析を行う理論的意図が理解可能となる。まず,何らかのアイデアを持つ社会企業家の存在そのものが,米国の歴史的背景,とりわけピューリタン(現代的には,キリスト教原理主義)の観点から肯定されているところから研究が始まる。すなわち,社会企業家による目標の掲揚は彼自身が自覚する天職倫理に基づく信仰告白そのものであり,市場原理に基づく社会的企業の営利性の追求はウェーバーが指摘したように,自身の信仰の証を客観的に測定する方法である。建国以来,ピューリタニズムを思想的背景としてきた米国において,このような社会企業家の目標掲揚に基づく営利性の追求は,天職倫理に基づく信仰告白として自明の社会性へと結実していくのである。

　このような思想的背景と認識前提に基づくが故に,米国に置ける新自由主義学派の研究関心は,社会企業家が社会問題を市場で解決していく際に必要となる行為について,プラグマティックに明らかにしていくこととなる。例えば,その代表的な研究成果として挙げられるのが,Mulgan (2007) のプロセスモデルで分析されるような各段階で社会企業家が取るべき行動に関する研究であろう (9章で詳細に検討する)。彼のプロセスモデルではソーシャル・イノベーションとは① 社会的ニーズの発見と解決策の作成,② アイデアの開発,試作化及びテスト,③ 成功に基づく拡大と普及,④ 学習と適応による継続的な変革という4段階で説明される。そして,ソーシャル・イノベーションの主体を社会的企業家に留まらず政治家や官僚にまで広げ,ソーシャル・イノベーショ

ンを受け入れる外部環境との多様な関わり合いについて分析する。この様に，新自由主義学派におけるソーシャル・イノベーション研究とは，一方でプロセスモデルに基づき各段階で社会企業家が実行可能な行為戦略のレパートリーに明らかにし，他方でビジネススクールでのケースメソッドを通じて社会企業家を育成していくことを目指すリサーチアジェンダの下で稼働している (e.g., 谷本・大室・大平・土肥・古村，2013)。その研究実践の先に見据えているのは，社会企業家によって導かれる，神の国としての自由市場社会の構築なのである。

2.2 社会政策学派（欧州型社会的企業研究）

次に，欧州型の社会的企業論であるが，オイルショック以降，経済成長の落ち込みに伴う失業者問題や社会的排除問題の深刻化，保育や高齢者介護など社会サービスの不足への対応として，連帯経済[5]を基盤とした社会的企業が注目されたことがひとつの基点となるであろう（藤井・原田・大高，2013, 29頁）。特に，1980年代に欧州各国において採用された新自由主義政策が産み出した貧困などの社会的課題に対して，Giddens (1998) が提唱した「第三の道」が欧州各国で政策的に採択されたことで，地域コミュニティや宗教コミュニティベースでの相互扶助活動が，NPO／NGOとして組織化され政府からの委託契約を中心に公的資金をかなり投入する形で発展していった。

藤井・原田・大高 (2013) は欧州の社会的企業の成立・発展を「福祉国家のリストラクチャリングとサード・セクターの再編成」（藤井・原田・大高，2013, 30頁）としており，欧州諸国は，グローバルな市場競争と少子高齢化というプレッシャーのもと，福祉国家のリストラクチャリングを余儀なくされ，サードセクターの再編に政府が政策的に介入することとなったことを特徴として挙げている。この動きは，福祉国家の解体に直結するのではなく，欧州各国の社会モデルを維持する形でシフトしていくこととなり，政府の経費削減や合理化のために，公共サービスに市場原理を導入する New Public Managment (NPM) や，行政とボランタリーセクターとの協働の仕組みである Public Private Partnership (PPP／官民協働)，Local Compact, Local Strategic Partnership (LSP) の普及が積極的に行われていった（前述，30-31

頁)。本節の後半で詳しく記述するが,福祉国家から市場原理を導入する政策転換を行ったといっても,欧州には社会民主主義型の福祉国家を目指すという従来の政策が強固な支持基盤として存在していた (e.g., Giddens, 1998)。結果として,各国は積極的労働市場政策を軸とした能動的福祉国家としてのシフトを行っていく(ギデンズ・渡邊, 2009, 13-14頁)。これが第三の道であり,市場原理の徹底によって生じる不平等を,国家による介入によって是正するという基本的な考え方に基づくものであった(前述,87頁)。したがって,社会的企業も法制度の枠組みのもとで統制されている。この様に,社会的企業の形成において政策レベルの介入を重視したのである。そこで,本章では,欧州型の社会的企業論を便宜的に社会政策学派と呼ぶこととする。

こうした政治的背景のなかで構築された社会的企業に関して,EU15か国の研究者ネットワークである EMES (L' Emergence des Enterprises Socials en Europe) を中心とした調査研究が蓄積されていった。ベルギーの社会的経済学者 J. Defourny, イタリアの経済学者 C. Borzaga, ドイツの政治学者 A. Evers, フランスの社会学者 J. L. Laville らがその代表的研究者である。2001年に発行された Borzaga と Defourny による編著 *The Emergence of Social Enterprise* を皮切りに,Evers と Laville による編著 *The Third Sector in Europe* (2007),Nyssens による編著 *Social Enterprise* (2009) 等の著作が発行された。

それでは,社会政策学派の社会的企業概念は如何なるものであろうか。企業という言葉を用いていることから明らかなとおり,社会的企業は財やサービスの継続的生産を行う事業体であり,経営の自立性やイノベーションを重視していた (e.g., Borzaga and Defourny, ed., 2001)。Defourny (2001) は,Young (1983) や Badelt (1997) が行ったサーベイを参照し,Schumpeter (1926) のイノベーションの担い手としての企業家概念がサードセクターを分析する上で重要視されていることを指摘しており,企業家を鍵概念として位置づける点では新自由主義学派と同様である (Borzaga and Defourny, ed., 2001, 邦訳, 18-19頁)。異なるのは,社会的企業／社会企業家をイノベーションによって市場経済に適応させるエージェントとして位置づけるのではなく,政府,市場,市民社会の媒介領域に位置する「三極モデル (tri-polar model)」と呼ば

図 5-2　三極モデル

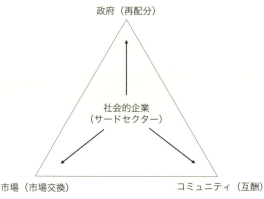

出所：Evers and Laville, 2007, 邦訳を基に筆者作成。

れる概念枠組みを発展させているところにある（図 5-2）。

　三極モデルは，単純に，社会的企業の概念設定上のモデルとして捉えられているのではなく，社会的企業と政府，市場，コミュニティの間の相互作用を組み込む形で議論されている。つまり，社会的企業（社会政策学派はサードセクターも含む）は多元的経済に位置付けられ，政府（再分配），市場（市場交換），コミュニティ（互酬）のハイブリッド（媒介・結節）であるが故に，必ずしも予定調和的・安定的に存在するものではなく，3 つの原理を組み合わせる存在として捉える（Evers and Laville, ed., 2007, 邦訳, 359-360 頁）。つまり，社会的企業とは，行政と市場とコミュニティの間をブリッジし，双方の問題点を克服する「いいとこどり」（宮本，2003）をしながら社会問題を解決していく「媒介の場」（intermediary space；Evers and Laville, ed., 邦訳，51 頁）であり，「多元的なステークホルダーと多元的な目標を持ち，多様なタイプの経済的諸関係を連結させるもの」（Evers and Laville, ed., 2007, 邦訳, 422 頁）という機能を有する事業体として定義づけられるのである。

　この定義は，欧州における社会的企業の成り立ちに根ざしている。欧州の社会的企業は，地域や宗教に根ざしたコミュニティを基盤とした，何らかのニーズや目的を共有する人々による集合的なダイナミズムを原動力に，社会的課題の解決に寄与する集団としてスタートした（e.g., Nyssens, 2009）。そのため，

社会政策学派の社会的企業とは，コミュニティに根ざすことで得られる互酬性資源，すなわち社会的関係資本（social capital）を動員し醸成するという点が特徴的である。例えば Defourny（2001）は，社会的経済という概念を用いて，その中心基準に「利潤を生みだすことよりも，メンバーやコミュニティに貢献することを目的とする」（Defourny, 2001, 邦訳, 25頁）という点を強調している。このように，彼らにとって社会的企業とは，「経済のあり方を改革する経済，あるいは市民連帯経済の担い手」として捉えられているのである（Evers and Laville, ed., 2007, 邦訳, 25頁）。

その上で社会政策学派は，社会的企業を新自由主義学派のように盲目的に社会的な存在として認めず，政治的再埋め込み（political re-embeddedness）を重視する（内山, 2007, 358-361頁）。社会的企業はあくまでも民主主義社会における公共領域の一部をなしているものであるという理解であり，米国のように政府セクターに対抗するものではない。したがって社会政策学派は，社会的企業への政策的介入を重視し，法律を整備しその枠組み内において統制し，社会的企業に対し説明責任を求める（e.g., Borzaga, 2007）。これは欧州における社会的企業の事業分野が，主に労働市場における多様な不利を抱えた人々を対象としたものと，高齢者福祉，障害者福祉，保育などの対人社会サービスを重要な領域としていることに起因する。ともに，労働政策や福祉政策抜きでは語れない領域だからである。社会政策学派は，社会的排除や対人社会サービスの不足というイシューを前提としてより包括的に，組織の所有構造や制度的環境を視野に入れた議論と言える（藤井・原田・大高, 2013, 37頁）。

この社会的企業理解は欧州における社会政策に根拠を持つと考えられる。Andersen（1999）は欧州での福祉におけるポスト工業化社会を，北欧の社会民主主義レジーム，南欧や独仏の保守主義レジームに分類する[6]。社会民主主義レジームは，社会的合意による全体保障と社会運営を目指すという特徴を持ち，保守主義レジームは，家族や地域などの共同体を基盤にした福祉を重視するという特徴を持つ（小熊, 2014, 22頁）。Andersen（1999）によれば，19世紀に貧困救済を歴史的出発点とする社会福祉政策は，英国を起点とした産業革命を契機に発生した自由主義を経て，徐々に社会扶助へと変化を遂げ，1940～1960年代にかけて現代的な福祉国家へと変化していったとされる。例

えば北欧に置ける社会民主主義レジームは，マルクス主義の影響のもとで政府による再分配機能の強化を通じて，貧困問題への対処を目指す。他方で南欧や独仏における保守主義レジームにおいては，自由主義経済による共同体の破壊を社会問題の根源と見なし，政府の役割を経済活動の規制による共同体の維持と位置づける。それぞれ思想的背景が異なるものの，社会問題を市場経済から生じるものと位置づけた上で，国家を軸とする福祉政策の遂行こそが欧州各国における支配的な考え方であった（Andersen, 1999, 邦訳, 122-124頁）。

　社会民主主義レジームの考え方によるなら，福祉国家はすべての国民が労働するための必要な資源と動機と仕事を持つことを保証するため，必然的に国家を軸とする福祉関係が支配的となる。古典的な社会民主主義者は，「民主主義において公的権力は集団的意思を代表しているため，経済をはじめとする社会的分野において，政府が強権を行使するのが当然であるばかりか望ましいこと」（Giddens, 1998, 邦訳, 28頁）であるとする。他方で保守主義レジームの国家は，「君主制的な国家主義の影響や，伝統的なコーポラティズム，あるいは，カトリックの社会的教義の影響」（Andersen, 1999, 邦訳, 125頁）を受けていた国であり，福祉国家の形成に国家主義的な歴史的遺産が色濃く残されている。そのため，市場原理により共同体が破壊される可能性に対して，国家が介入することを肯定する。よって，福祉政策も伝統的なコーポラティズムを政府が支援することを自明視し，市場福祉施策は周辺的なものに留まっている（前述, 126頁）。

　この様に，欧州各国は伝統的に，市場原理によって生じる社会的格差の是正に政府が積極的介入を行うことで市場経済の生み出す不平等が解消され，民主主義が担保される，という前提のもとで社会政策を実施してきた（Giddens, 1998, 邦訳, 28頁）。これは欧州におけるソーシャル・イノベーションの起点となった，「第三の道」と称される，市場の効率性やダイナミズムを組み込んだ新たな社会民主主義政策も例外では無い。18世紀半ばから後半にかけて，工業化社会の離陸期の産物として生み出されたのが社会主義である。そこに周到な経済理論を与えたのがマルクスであった。経済を「運動法則に委ねる限り，資本主義は経済的に非効率であり，階層分化を推し進め，長期的には崩壊を余儀なくされる」（Giddens, 1998, 邦訳, 20頁）というのが社会主義の考え

方である。この考えがソビエト連邦の出現によって、共産主義的意味合いを持つようになるのだが、当初は、社会または共同体を個人に優先させるという考え方であった。第二次世界大戦後、東側諸国が独特の意味合いを持った共産主義をとることとなり、「西側諸国は社会民主主義、すなわち福祉国家の強化を主軸に据えた、穏健な議会制社会主義が支配的になった」(前述、21頁)。

保守主義レジーム諸国も、その他の欧州各国の社会民主主義者も、平等の追求が国民の主たる関心ごとであり、格差を是正する様々な施策を講じる国家の介入が、より一層の平等の実現を可能とすると考えるというところでは共通していた。しかし、1970年代後半から、グローバリゼーションの流れの中で新自由主義の影響が強まり、英国もサッチャー政権が新自由主義政策をとる。この新自由主義についてギデンズは「不平等を是認する」ものであり、「真骨頂の一つは、福祉国家に対する敵意であった」としているが、1980年代の福祉国家の躓きとグローバル化の流れに対し、欧州各国も新自由主義のダイナミズムを取り入れる必要に迫られたということも指摘している(前述、34頁)。それ故にギデンズは、欧州における新自由主義の導入と、社会民主主義・保守主義の衝突に対して、米国の市場資本主義ともソ連の共産主義とも異なる第三の道を提唱する必要に迫られたのである(前述、51-55頁)。この第三の道は、一方では市場が産み出す様々なリスクへの対処を国家の機能と再定義し、他方で新自由主義の持つダイナミズムを保守主義・社会民主主義に政策的に取り込むことで欧州の福祉政策の課題の解決を図るという、修正型社会民主主義であった(前述、111-116頁)。

以上のような福祉政策の歴史のなかで、欧州における社会的企業は、社会の不平等を是正することを重視し、コミュニティに根ざすことで得られる社会的関係資本や、民主的意思決定を必要用件とする存在として重視されていった。つまり、社会政策学派の理論的背景には、欧州諸国の福祉国家政策の中で醸成された、共同体を基盤にした福祉を重視し、市場原理が産み出す諸問題への介入に関する国家の役割を重視するという意味内容が社会性理解に存在するのである。

この欧州における社会性理解に基づいた時、何故社会政策学派が社会的企業に政治的再埋め込みと政策的な介入を重視するのかが理解可能になる。

まず、前提として自由市場は不平等を生み出すものであり、市場の暴走に対して国家が介入する必要があるという、保守主義もしくはマルクス主義に基づく市場理解と国家観がその根底にある。その上で研究者は、社会的企業の活動領域と存在条件を明確にし、社会民主主義に基づく福祉国家にそれらを埋め込む制度環境を整備するための政策提言を行う。例えば、社会的企業が実現するソーシャル・イノベーションを客観的に評価するため、SROI（Social Return On Investment 社会的投資収益）などの評価の仕組みが開発されている（e.g., Olsen, 2003）。SROI とは、「関与するステークホルダーを明らかにし、関係者ごとのインプット、アウトプット、アウトカムを定義し、定量評価することで、社会生産性の向上に資することを目的とした評価手法」（玉村・高橋・伊藤・杉田・白川、2014, 33 頁）である。この様に、社会政策学派における社会企業家研究とは、国ごとで若干の異なりはあるものの、社会的企業の有効性を強調することで、労働統合及び対人社会サービスの分野において如何なるハイブリット化が生み出されているかを分析し、政策提言に繋げていくリサーチアジェンダとして稼働している。彼らが目指すのは、社会的企業研究の蓄積を通じた福祉国家を可能とする社会政策の検討及び制度構築と言える。

ここまでで、米国型と欧州型の2つのソーシャル・イノベーションに関わる理論的潮流について整理したが、両議論とも、社会企業家という感受概念をもとに発展したものであり、どちらも各国の歴史的背景に根ざした正統な議論を踏まえて発展しているものであった。しかしそこには、両者の歴史的要因や、法的環境、制度的環境の違いに基づいた、社会性の相違が存在していた。新自由主義学派は、社会的課題の解決にあたって政府の介入は最小限とし、自由市場を通じて社会的課題は解決されることを最も重視する。これはピューリタニズムに基づく市場原理の追求が徹底的であるため私利私欲の追求が正義であるという宗教的な影響や、建国以来の連邦政府のころから自主独立の精神、行政から独立したヒーロー的社会企業家を好む国民性が影響を及ぼしていた。それに対し、社会政策学派は福祉国家を目指す欧州で理論化が進んだため、国もしくは EU 委員会が政策として失業対策、社会的包摂などの課題に積極的に関与し、福祉国家の再編を行うべく、積極的に市民グループと行政の官民連携や労働市場政策の関与を行ってきた社会政策史の影響を強く受けて発展した。した

表 5-1 ソーシャル・イノベーション研究の 2 つの潮流

	依拠する主義	社会性の内実	ソーシャル・イノベーションの要件	理論の焦点
新自由主義学派（米国型）	市場主義 個人主義	社会課題の解決を志向 社会的使命感の強い英雄的存在 個人的な社会的課題への取り組み	社会問題を解決する新しいビジネスの開発及び普及 市場の変化・形成	市場における社会的課題解決事例の蓄積 ソーシャル・イノベーション・プロセスモデル ソーシャル・ビジネスの技術的側面
社会政策学派（欧州型）	保守主義 社会民主主義	人との繋がり（コミュニティ） 市民の参加 多元的経済を基盤とした組織	社会システムの変化 人間関係の変化 コミュニティの変化・形成	ハイブリット構造を持つ社会的企業の構築 社会的インパクトの定量評価 社会的企業の法制度化

出所：筆者作成。

がって，社会的課題の解決には国家が介入することが重要であり，共同体やコミュニティを重視することが社会的なのである。（表 5-1）。

米国には自由市場主義に基づいた新自由主義，欧州には保守主義・社会民主主義という社会性に影響を与えた社会政策の歴史的過程があるのと同様に，我が国にも独自の社会政策史が存在する。次節では，我が国におけるソーシャル・イノベーション研究の現状と，社会性の意味内容として存在する厚生概念について考察する。

3. 我が国におけるソーシャル・イノベーション研究の導入と混乱

3.1 我が国におけるソーシャル・イノベーション研究の展開

我が国における社会政策に関する研究は，1910 年頃，人口，児童・少年，保健医療等の領域を中心とした議論が展開されたことが始まりとされている（玉井・杉田，2016，11 頁）。1918 年の米騒動を契機に，食糧問題が勃発し社会政策は人口問題が重要課題となる。その後，1929 年の世界恐慌を契機に失業問題が重要な課題となり，社会政策論は，労働政策に収斂していく。そこに大きく影響を及ぼしていたのは，欧州の社会政策論であった。1970 年代，欧州を中心として福祉国家化が進む中，欧州の経済学，社会学，社会福祉学等，

多岐にわたる社会保障制度を支える思想・学説が紹介されていく（前述，67頁）。1990年代後半になると，レーガン政権とサッチャー政権と親和性の高かった中曽根政権[7]の下，地方分権の推進やニュー・パブリック・マネジメント（NPM）が我が国にも積極的に導入され，学術領域においてもまちづくりや地域活性化の文脈においてコミュニティ・ビジネスの研究が盛んに議論されることになる（e.g., 藤井, 2003）。経営学や公共経営学の領域においては，NPMの推進による行政サービスのアウトソーシングの積極的導入に伴い，公共のための組織（行政組織や第三セクター等）の研究も積極的に行われた（e.g., 田尾・吉田, 2009）。1998年には，特定非営利活動促進法（通称NPO法）の施行に伴って，NPO法人を対象とした研究が盛んに行われていく。このような政策的背景のもと，2000年以降，新自由主義学派と社会政策学派という二つの領域の影響を受け，ソーシャル・イノベーション／社会企業家概念が受容されていった経緯がある。

なかでも，ビジネスの世界や我が国の経済政策に多大の影響を与えたのが，新自由主義学派の影響を強く受けたソーシャル・イノベーション概念を提唱する谷本寛治を代表としたソーシャル・イノベーション・プロセスモデル論者であろう。ソーシャル・イノベーションについて語られるほとんどの文脈において，谷本の文献が引用されているといっても過言ではない。そのきっかけとなったのが，平成20年4月に出された，谷本自身が座長を務める経済産業省のソーシャル・ビジネス研究会の報告書（案）において，ソーシャル・ビジネスの定義を以下のように提示したことにあると考えられる。

「ソーシャルビジネスは，社会的課題を解決するために，ビジネスの手法を用いて取り組むものであり，そのためには新しいビジネス手法を考案し，適用していくことが必要である。このため，本研究会では，以下の①〜③の要件を満たす主体を，ソーシャルビジネスとして捉える。なお，組織形態としては，株式会社，NPO法人，中間法人など，多様なスタイルが想定される。① 社会性：現在解決が求められる社会的課題に取り組むことを事業活動のミッションとすること。② 事業性：①のミッションをビジネスの形に表し，継続的に事業活動を進めていくこと。③ 革新性：新しい社会的商

品・サービスや，それを提供するための仕組を開発すること。また，その活動が社会に広がることを通して，新しい社会的価値を創出すること。」（経産省HPより一部抜粋）

これ以降，社会企業家はソーシャル・イノベーションの担い手として頻繁に言及されていく（藤井・原田・大高，2013，69頁）。新自由主義学派の影響を受ける谷本が議論展開するのが，ソーシャル・イノベーション・プロセスモデル（図5-3）である（谷本，2006；2009）。彼らはソーシャル・イノベーション／社会企業家概念を感受概念として活用することで，社会的課題が解決されていく活動のメカニズムを理論化していった。ソーシャル・イノベーション・プロセスを創出と普及の二段階に分け，創出プロセスを ① 社会的課題の認知，② ソーシャル・ビジネスの開発，普及プロセスを ③ 市場社会からの支持，④ ソーシャル・イノベーションの普及とした。

このモデルでは，Rogers（1983）のイノベーションの普及に関する議論を社会企業家のみに焦点を置くことで独自性を担保しようと試みるものであり，ネットワーク，社会資本（social capital），正当性（legitimacy）といった，イノベーション論の先行研究で用いられた諸概念を，社会企業家の事業構築プロセスとして統合する形で形成された。

ソーシャル・イノベーション・プロセスモデルにおける社会企業家の必要要件は，社会的目的を掲げる事業者であり，且つ革新性を提示することである（谷本ほか，2013，94-95頁）。つまりソーシャルな課題を掲げてイノベーションを実現させる事業であればそれはソーシャル・ビジネスであるという説明に

図5-3 ソーシャル・イノベーション・プロセスモデル

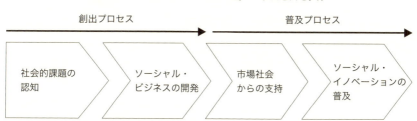

出所：谷本ほか，2013を基に筆者作成。

なるため，初めからソーシャル・イノベーションを引き起こす主体として，社会的企業（ソーシャルエンタープライヤー）を据えるという，新自由主義学派に基づいた論理構造である。このことによりソーシャル・イノベーションとソーシャル・ビジネスの関係は，同語反復のようなイメージを社会に与えてしまった。例えば，斎藤（2004）では，エコビジネスやロハスビジネスの隆盛を取り上げ，ハイブリット車やオーガニック食品，太陽電池などによって構成される市場が社会企業家の目指すべきところだとする。市場主義に依拠しすぎるがあまり，助成金に頼らず，市場での事業収入で経済的に自立することを極端に主張する議論（e.g., 木下，2015），「ソーシャル」のラベルを貼ることができれば，本質的に営利企業であっても社会的企業とみなす風潮（e.g., 渡邊, 2005）など，偏った議論を生み出すことにもつながった（藤井・原田・大高, 2015, 58頁）。

　これら新自由主義学派に基づく谷本らの研究に対して，社会政策学派の影響を受ける藤井・原田・大高（2013）は三つの理論的課題を指摘する。一つは，ソーシャル・イノベーションにおける新奇性とは，複雑な社会問題の現場で試行錯誤しながら，潜在的な当事者のニーズや地域資源を新たに発掘することを起点として生まれるものであるのにもかかわらず，社会企業家が所与のものとして据えられているという点である。それ故に，谷本らの研究では，どのように社会企業家が社会問題を発見し，解決への途を開発していくのかについて十分な説明が困難である。二つ目は，市場性を強調することで過度に社会変革のプロセスを単純化しているため，脱政治化の志向性が強いという点である。ソーシャル・イノベーションは社会問題の解決である以上，社会的インパクトが生じるものである。地域社会，一般公衆，マス・メディア，公共政策などの多様な利害関心が対立する中で，政治的な調整も必要となる場合がある。しかし，それらポリティカルな側面を意図的に排除している。三つ目は，社会性と事業性を兼ね備えたものが如何なる成立条件を持つのかについての説明がないという点である。社会性と事業性を追求することには緊張関係が伴うものであるが，それに伴う問題を如何に解決するのかについての明確な説明がないという批判である（藤井・原田・大高, 2013, 69-73頁）。

　我が国の社会政策学派は，社会的経済や連帯的経済について研究してきた社

会政策系の研究者らを中心として発展していった。1990年代後半，早くから社会的経済に注目してきた社会政策学者の富沢賢治（1999）がPestoff（1998）の提唱したサードセクターモデル[8]をもとに，社会的経済の重要性を指摘した。その後，サードセクター研究の延長上で社会的企業への注目が高まっていく。当時のサードセクター研究は，多様な形態を持つNPOの誕生に伴い研究方法に行き詰まりを感じていた。そのため，社会的企業という概念に着目したのであろう。

例えば，経済学者の粕谷信次（2006）や社会学者の佐藤慶幸（2007）が，社会的企業を，市場や政府とは異なる「言語的，自然的，自発的コミュニケーションを媒介して成り立つ相互の信頼に基づく，互酬的な協力・連帯関係」（佐藤，2007，89頁）を原理としたセクターとして注目する。また，内山哲郎らによって2004年にボルザガとドゥフルニの編著『社会的企業』が，2007年にエバーズとラヴィルの編著『欧州サードセクター』が翻訳されることによって，EMESの社会的企業論を基盤としたサードセクター／社会的企業研究は新たな展開を見せていくようになる[9]。なかでも，本章で繰り返し引用している藤井敦史・原田晃樹・大高研道（2013）の『闘う社会的企業』では，新自由主義学派を批判的に検討した上で，EMESの提唱する社会企業家概念の理念型であるハイブリット構造を重視する議論を展開する。彼らは，市場主義が進む日本において労働者協同組合やワーカーズ・コレクティブが①社会的有用性，②就労困難者の社会包摂が可能な職場づくり，③経済的自立を可能とする生活賃金を実現させるために，まさしく闘ってきた発展戦略に注目し，社会的企業が多様なエンパワーメントの展開を行うことで実現可能となるソーシャル・イノベーションに着目する。

社会政策学派は，ソーシャル・イノベーションを「社会問題の現場で当事者のニーズを深く理解していることを前提として，それに適合的な技術を自ら編み出したり，多様なネットワークを駆使して外部から動員したりすることで，問題解決の新しい形が徐々に形作られていく」状況と位置付け，その実践においては社会問題の現場での起きる組織学習プロセスを重視した（藤井・原田・大高，2013，70頁）。具体的には，まず社会的企業は，マルチ・ステークホルダーの参加した組織形態であり，かつ，多元的経済によってなりたつことを必

要要件とする。そこで行われるであろう多様なステークホルダー間の対話は，特定の価値観への同化を強制するものではなく[10]，相互の差異への理解を深めることとなり，この対話の繰り返しによって，社会問題の現場に近い公共性が生み出されるとする。継続的な対話の中から，当事者の生活をめぐる多様な文脈に根差した現場の知識が蓄積され，当事者のニーズに即した新しい事業が共同生産されていく。この組織間学習を含む，コミュニティ・エンパワーメントの実践が，社会的問題の解決を可能とし，ソーシャル・イノベーションを実現させるという議論である（藤井・原田・大高，2013，104-106頁）。つまり，新自由主義学派のいうソーシャル・イノベーションよりも，時間的にも空間的にも広範囲に及ぶ分析をしなければ彼らのソーシャル・イノベーションの成果は図ることが困難なのである。

このように，我が国の新自由主義学派と社会政策学派は，それぞれに依拠する理論的背景が異なるため，一見すると対立関係にあるかのように映る。しかしながら，実は両者が同じ論理構造で彼自身が依拠する欧米の研究から逸脱していることに注意が必要である。

一方で，我が国の新自由主義学派の場合，市場適応からスタートしつつ，プロセスモデルの最終段階では制度化を強調する。つまり，行政からの許認可や議会を通じた法制化によって生じる同型化を通じて，フランチャイズ化などにみられるような複製モデルが登場し普及することをソーシャル・イノベーションの完遂すると考えている（谷本ほか，2013，203-205頁）。具体的な事例分析をみても，市場に受容されることに加えて，行政が許認可を与えたり，法制度の整備で事業委託が進められることでソーシャル・イノベーションが普及していくと捉えていく（前述，254-256頁）。しかし，米国の新自由主義学派は，市場への適応が社会企業家の到達点であり，既存の制度は規制緩和によって社会企業家の活動領域を拡大するか，寄付や税制を変えることによって財政面でサポートすることを強調する（e.g., Mulgan, Tucker et al., 2007）。その点で，彼らは米国新自由主義学派の社会性である市場主義から逸脱し，間接的な行政の介入を重視していることとなる。

他方で，我が国の社会政策学派の場合，中心概念はEvers and Laville（2007）が社会的企業の理念型としたハイブリッド構造である。我が国の組合研究など

を引き継ぎつつ、官民連携を基盤にローカルな社会的課題の解決を図る行為として社会企業家を位置づける。その上で、ローカルに根ざしたいいとこ取りから、既存には無い解決法を生み出す社会企業家の行為を学習概念から迫る議論である。しかし、彼らが理論的根拠とする欧州社会政策学派のハイブリッド構造では、社会的企業の社会性は重視するが、社会的企業が如何に新たな社会的価値を生み出すかについては重要な問題としていない。寧ろ、社会的価値をソーシャルインパクトとして数値化し、過剰な市場適応や行政の下請け化に介入し、確固とした福祉国家へと近づくようにエンパワーメントしていくことが最終目的である（Taylor and Warburton, 2003, p.321）。しかし我が国の社会政策学派では、ハイブリット構造を維持するためにリーダーシップを必要とし、「社会的使命を掲げて、多様なステークホルダーを組織に巻き込み、ソーシャル・キャピタルを構築しながら、彼らを理念的に統合し、動機づけ、参加や組織学習を促進する」必要性を強調する（藤井・原田・大高, 2013, 122-123頁）。つまり、現場への参加や学習から生み出され、共有されていく理念とその広がりを全面的に肯定し、公共とはその広がりの先に存在するものと位置づけられる。その結果、彼らが「闘う社会的企業」として位置づける社会企業家のイメージは、彼ら自身が批判したヒーロー的起業仮説に基づく谷本らの研究に、社会企業家による学習から近似していくのである（e.g., 高橋・木村, 2017）。

以上のように、社会性の意味内容が異なる理論を基盤として発展してきた両者において、社会的課題を公共と市場を取り結ぶ行為を通じて解決していくという、米国とも欧州とも異なる、独自のソーシャル・イノベーションに対する共通したイメージがあると言える。それでは、何故、異なる「社会性」に依拠した研究を輸入したにもかかわらず、我が国ではこのような研究が展開されてきたのであろうか。それを明らかにするため社会性の意味内容として、厚生という独自の概念を生み出してきた我が国の社会政策史を紐解いていく必要がある。

3.2 厚生という社会性理解

前節でも触れた点であるが、明治維新以降、後発国であった我が国は欧州の

社会政策を導入しながら発展していった。近代化が進む中，欧米と同様，我が国においても人口問題，児童問題，保健医療問題，労働・労使問題に関する議論が社会政策上に浮上することとなる。1918年の米騒動を契機として，これら社会的問題を政策レベルで解決することが必要不可欠となっていった（玉井・杉田，2016，11頁）。社会政策の手法も，当然ながら欧米からの輸入学問に依存する形になったが，社会的という言葉のイメージや理解のされ方は欧米とは異なり，我が国独特の展開を見せていく（e.g., 市野川，2006）。

このような我が国独自の展開について，Drucker（1979）は日本に古来より存在する外国文化を受け入れ，それを日本化してしまう能力の存在を指摘している。日本は，西暦500年頃中国文化の影響を受けた際も行政や社会の構造まで変質させて移入した。そしてこれは現代も同様であり，西洋のものを日本化して利用すると，日本人の特性について考察している（Drucker, 1979, 訳書，257-258頁）。Druckerは日本人に存在する二極性に起因すると言う。日本の組織は，トップの言葉は絶対的な力を持っているにもかかわらず，トップは部下の同意なしに，もしくは長老たちの意思決定への参加なしには何もできなかった。専制主義の極みと，参加型民主主義の極みという二極性が存在し，それら原理が混合することなく二極性を保ちながら対立する利害を共通の利益のために調整するのである（前述，243-251頁）。この二極性とその調整のメカニズムについては，丸山（1992）が日本に存在している歴史的思考様式である「古層」として，より詳細に説明している。我が国の思想は儒教・仏教など大陸から渡来した諸観念であり，明治維新以降は西欧からの輸入思想が支配的な地位を占めていくが，「古層」はそれら「つぎつぎ」と輸入された諸観念に微妙な修飾をあたえ，ときには無意識に日本的に変容させてしまうのである（丸山，1992，295-351頁）。この古層という視座に基づいた時，我が国の社会政策史は如何なる展開で進められていったのであろうか。例えば，明治維新以降，日本が社会政策において範としたドイツやフランスは，憲法規定の中で王政を廃し共和制を選択する社会的な国家であることを明言していた。しかし，大日本帝国憲法および日本国憲法においては，ドイツやフランスの憲法を参照したのにもかかわらず共和制ではなく立憲君主制を採用し，「社会的な国家」と表現することは皆無である（市野川，2006，35頁）。ここに，丸山の言うと

ころの「古層」の存在が垣間見える。明治政府が近代化政策において範としたドイツとフランスは共和制国家であるが，実際にとった政治形態は天皇を中心とした立憲君主制であった。制度的にドイツ・フランスを目指しつつ，憲法では立憲君主制を採用したのである。つまり，我が国は一方でドイツ・フランス的な国民の連帯による共和制的な国家の運営を肯定しつつ，他方でそのような国家の運営を天皇からの委託（大日本帝国憲法）もしくは承認（日本国憲法）によって正当化されるという，独自の権力構造を持った社会政策が実行されてきたのである。そのもとで，我が国では，社会的な課題として表出してくることがらの解決は民間が担っていくという我が国独自の社会政策が進展していく。

　この古層が産み出す独自の権力関係を理解するにあたって，参照すべきは見田（1971）がウェーバーのプロテスタンティズム倫理に対置した「立身出世主義」であろう。社会学者の見田（1971）は，立身出世主義の構造的特質として，上からの近代化を推進する支配層の存在と，家郷という共同体への執着が矛盾し，国家・公共のために寄与するというタテマエと，個人の利己的な幸福追求というホンネの矛盾が存在していたことを指摘する。見田はそのシンボルとして二宮金次郎を据える。彼曰く，「民衆の能動的なエネルギーをたえず開発しつつ，しかもこれを体制の秩序のうちにたえずとじこめておこうとする，支配層の二重の要請に最も適合するものとして見出された民衆用の準拠像こそ，篤農二宮金次郎に他ならなかった」（見田，1971，189頁）。つまり，立身出世主義は，努力・勤勉を強調する精神主義を持ち，個人の利益追求と国家の利益との幸福な予定調和を前提とする構造的特質を有していた（前述，185-189頁）。このことについて見田は次のように述べる。

「富あるいは地位や権力の獲得は，なによりまず，国家にたいする有能さの証しであり，この有能さはいうまでもなく，絶対者たる天皇の大御心にかなうものであった。このような個人の利益追求と，倫理的な価値実現の過程との予定調和感そのものは，いうまでもなく西欧近代化の形成期の精神のうちにもおなじく，見られたものである。しかしその倫理的価値の内容が，現在ある歴史的・民族的な体制を超える普遍性をもつものであるか否かという

ところから,一歩にして千里の差異はうまれる。…金次郎主義にせよプロテスタンティズムにせよ,富,あるいは地位と権力の獲得に向かう私的な衝動が,倫理的な基準によっても正当化され,神聖にして侵すべからざる〈絶対者〉の名において価値づけられることにより,組織化され拍車をかけられるのであるが,この〈絶対者〉が,そのまま現実の体制の支配者であるとするなら,永久に体制の内部において閉ざされた価値の体系が形成される他にないだろう。」(見田,1971,196-197頁)

このように,神聖視された絶対者(明治期であれば天皇)の支配のもと個人的利益(家郷)を追求することで社会的幸福を実現させていくという支配的な考え方が,我が国には存在していたのである。いわば,神聖視された絶対者に結び付けられ正統化される自助努力による幸福追求こそが,我が国の古層として存在するのである。そのため,古くは仏教や儒教が,近代には民主主義や市場原理が社会政策として我が国に導入が図られた際も,そのまま導入されるのではなく古層のメカニズムを前提とした自助努力の正統化の論理として道具的に利用されていくことになるのである。

この古層のメカニズムは,企業サイドにとっては企業の利益追求を満たすために国家から正統化が必要とされることを意味した。つまり,本来であれば国家が担うべき福祉事業や社会的事業を,政府や行政からの許認可や委託,行政指導のもとで私企業が受け持つという我が国独自の官民連携を促すものであった。そのことは明治以降の経済界の動向に如実に表れている。多くの日本企業には「企業は社会の公器である」という意識が一般的に存在していると言われるが(野中・廣瀬・平田,2014,30頁),これは,企業側が自らの利益を追求していくために国家の意向を忖度した行動であったと言える。例えば,明治初期に現れた企業家に渋沢栄一がいるが,彼は独立独行的かつ半官的で政府から特権を得て蓄財した財閥創始者のひとりである。彼がかかわった社会・公共事業はおよそ600団体あり,経済界から社会事業家を支援していった。彼自身,井上馨,伊藤博文,大隈重信ら政治家たちとの人脈を持ち,政府の許認可や保証を取り付けて大規模会社を設立した。渋沢は,「富を増したいといふのは世間普通の人情」だが,「積んだ富を国の為めに散じ,それに依って社会の事物

或ひは秩序の進む様にして行く」（小貫，1927，455頁）と語り，自らの利益追求を正当化するため社会事業の担い手として国益を満たすことを重視し，官と民が連携するという事業形態をとった。このことからも国家の経済成長を実現させるために労働者をはじめとする国民の福祉を重視する役割を企業が担うことが，当時の日本人のエートスであったことが明らかである（永谷，1994，48-54頁）。

この古層のメカニズムは，欧州における福祉政策が我が国に導入された際にも作用し，厚生という独自の論理を生み出していくことになる。

1938年，社会政策の必要性に迫られて内務省の外局として厚生省（Ministry of Health and Welfare）が設立されるが，これが我が国における社会性理解の内実を福祉（welfare）というイメージとする政策決定であった[11]。厚生とは故事から採られたもので「衣食を十分にし，空腹や寒さに困らないようにし，民の生活を豊かにする」という君主の役割を規定したものであった。しかし，この厚生は我が国の古層のメカニズムに結びついた時，儒教の古典から引用された君主の役割とは異なる内実を帯びることになる。

厚生という言語そのものは故事からであったが，社会政策としてこの語が重視された背景は，福田徳三による厚生経済学（welfare economics）の輸入である。1920年代，日本の社会政策における議論は，社会政策と経済学の融合に傾倒していた。その中で福田（1922）は厚生経済論を展開し，welfare の代替用語として厚生概念を打ち出していった（玉井・杉田，2016，40頁）。当時，厚生経済学は労働者の賃金闘争を主たる議論の対象としてきたが，福田はピグー流の価格論的な welfare economics に基づくのではなく，厚生経済学を労働者のより高い満足，社会的必要の充足を求めるものとして再定義したと弟子の山田は述べている（山田，1980，228頁）。したがって，賃金闘争の場においては，労使交渉を行う者同士が，貧困の解消といった社会的価値観を共有しており，その闘争が社会全体の厚生をもたらす原動力となる（前述，42頁）。国家はその活動に正統性を担保するという形で社会問題の解決が図られていく。福田が意図していたかどうかにかかわらず，国家が進めていた近代化のなかで，立身出世主義というイデオロギーのもと，神聖視された絶対者（もしくはその代理人たる政府）の意向を労働者が読み解き個人的利益へと昇華してい

くかたちで追求することを肯定する社会政策が推進されていく。

　福田の死後，彼の議論を受け継ぎ社会政策を「国民的な厚生」に転換する必要性を強調したのが，大河内一男であった（大河内，1944，1-57頁）。厚生という言葉を用いることによって，社会政策は社会の持つ階層性とその協調を排除した国民の厚生生活，国民全体，国家全体という印象を与えるうえで便利な言葉として意味内容が強化されていく。当時の日本は，第二次世界大戦の傷跡を回復すべく，国家経済の立て直しこそ日本政府にとって重要な政策課題だった。したがって戦後復興というスローガンのもと，企業も国民も共に，国家繁栄のために尽力するという社会政策論がそこにはあったのである（玉井・杉田，2016，64-65頁）。例えば，労働問題を解決していくにあたっても，国家の責任として政策的介入に寄って解決を図るのではなく，労使協調といった国民の自助努力を促し，その成果を政策として吸い上げることが統治を委託された政府・行政の役割となる。逆に，労働運動を組織し社会主義国家（いうなれば福祉国家）を目指した諸運動は統治の委託が存在しないが故に，その自助努力は正統性を獲得できず，運動そのものが非合法化されていくことになった。

　ギデンズ・渡邊（2009）は，現代の日本型組織は平等を重視し，格差を最小限にする雇用システムを醸成しているため，我が国を資本主義原理から最も遠く離反した経済体制を持った国として位置付けている。例えば，系列関係，談合制度，株式の持ち合い，インサイダー型の企業統合システム等がそうである。確かに，彼らの言う通り，米国型の市場主義を否定する欧州型の福祉国家よりもさらに資本主義原理から離反しており，共同体的・社会主義的性向が強いものと映る（ギデンズ・渡邊，2009，87-90頁）。しかし，この現象は寧ろ，様々な海外の政策を輸入し，古層のメカニズムに取り込み形作られた我が国固有の厚生主義の存在が自由主義経済を異なる形に変えていったと見るほうが妥当であろう。明治維新以後の我が国の経済発展は，近代化を推進する絶対者の代理人である時の政権の指導のもとで，企業や国民は厚生に紐付けられた自助努力を重ね，個人の利益追求と国家の利益との幸福な予定調和を前提とする構造的特質のもとで実現してきた（見田，1971，185-189頁）。それ故に，企業自らの営利活動を正統化すべく，労働者の利益追求を満たすための福利厚生を自ずと導入していったのであろう。

この様に，労働政策をとってみても明らかなように，我が国の社会政策には独自のメカニズム＝古層のもとで生み出された厚生が，社会性の意味内容として存在する。この厚生のもとで，神聖視された絶対者と結びつくことで，個人的利益（家郷）に起因する他者との利害衝突を自ずと回避し，あるいは調停していくことで社会的幸福を実現させていくという社会的課題解決が実践的に生み出されていく。そのため，欧米型の社会性を含んだまま社会企業家／ソーシャル・イノベーション概念を輸入したとしても，福祉の市場化でもソーシャル・ビジネスに対する国家の介入・統制でもない形として推し進められていった。つまり，官民連携という事業展開を通じた国家の支配と企業／個人の利益追求の一致として，到達点としての制度化（e.g., 谷本，2006）や学習を経た理念の広がり（e.g., 藤井・原田・大高，2013）として求められてきたのである。この様に，ソーシャル・イノベーションの実践において，官と民が明確に分かれる欧米とは異なり，官民連携が自然として行われるという状況が生まれているのである。厚生の存在があるからこそ，欧州のように行政が介入せずとも企業は自らの利益追求という最終的な目的を果たすために社会の公器として福祉を担い，国家に貢献した。また，米国のような市場原理には全く馴染みのない国民性を有していても，金次郎主義をシンボルとする構造的特質から市場において企業が社会的課題を解決していくのである。この実践を，欧米型の社会性理解に依拠したまま分析しようとしても理論的混乱を生み出すことは明白であろう。

　我が国における社会企業家研究に関しても，この厚生の影響が見出される。我が国の社会企業家研究は，欧米からそれぞれ異なる歴史的・理論的・制度的背景を持つ諸概念をそのまま我が国は輸入した。その結果，我が国の社会企業家研究は欧米の社会性を巡る論争を引き継ぎ，表面的には混乱した状態となっている。しかし，厚生という視座から捉え直した時，我が国独自の社会性理解の下で，米国とも欧州とも異なる独自の理論的展開を遂げていることに気付かされる。

　一方で新自由主義学派の影響を受けた我が国の研究者は，社会企業家をスタートに据えることから議論を展開し，その普及のプロセスで制度化を求める理論展開を行っていた。これは厚生の概念から捉え直せば，彼らが我が国の

ソーシャル・イノベーション事例の大多数を占める官民連携という現象を分析するにあたって，国家と私的利益の予定調和的な幸福追求として，社会的事業に対する制度化を見出していった結果と言えよう。

他方で，我が国における社会政策学派の影響を受けた研究者は，我が国ではあまり醸成されていない多元的経済を基盤とした組織の理念型を強調し，市場経済への政府による統制を重視する考え方を提唱する。そのため，社会福祉法人や協同組合のような公共組織色の強い事業体や，事業性を意識しない NPO，公共事業の委託契約を中心とした企業などがソーシャル・イノベーションの担い手として注目されることとなった。しかし，欧州では，市場の暴走に国家が介入するという前提があったのに対して，厚生の考え方の下では私企業であっても自ずと労働組合や非営利組織と協調し，福利厚生を充実させていく。いわば，政策的に介入しない限りハイブリッド構造の維持が難しい欧州の社会的企業に対して，我が国では企業や行政と連携するかたちで，労働者協同組合がハイブリッド構造として成立していた。藤井・原田・大高（2013）はそこにハイブリッド構造の存在を認め，ローカルに根ざした社会企業家の学習に社会性の根幹として肯定していったのである。ここには，研究者が測定尺度を通して介入して社会性を維持する監視機関の役割を果たすのでは無く，既存の連帯（労働者協同組合）では解決されていない社会的課題を，社会的企業／社会企業家をハイブリッド構造という概念で照射していくことで，厚生に基づく社会的連帯を新たに構築していこうとする独自の立ち位置が見い出される（藤井・原田・大高，250-277 頁）。

4. ソーシャル・イノベーション研究のリサーチアジェンダ及び理論的イシュー

本章ではここまで，米国，欧州，日本におけるソーシャル・イノベーションに関する先行研究について，各国の歴史的背景に根付いた社会性の観点から検討を行ってきた。米国型の新自由主義学派は，ピューリタニズムを強く受けた歴史性のなか，市場主義に根ざすという社会性を有していた。そのため，社会問題はその市場化を通じた解決策を導き出すことを重視する。これに関わる研

究者は，社会企業家の具体的行為を分析し，ビジネススクールにおいて，ケースメソドを普及させていくことを目指していた。

　欧州型の社会政策学派に於いては，フランス革命以降，民主主義の精神のもと国家が形成されていったため，市民の意思を体現する組織として国家の存在を重視する。新自由主義の影響が強まるなかで，市場主義によって除外されていく社会的弱者の救済を重視し，市場の暴走を抑制すべく，社会民主主義に根ざした市民へのエンパワーメントと社会問題の市場化に対する国家の介入による政策的なソーシャル・イノベーションの実現を重視していた。その際に研究者は，ソーシャルインパクトの測定・政策立案を通じてソーシャル・イノベーションの実現へと介入していく。

　他方で，日本においては明治維新以後，後発国として欧米に追従していく中で独自の社会性理解を展開し，一旦は欧米の概念を輸入するものの，欧米とは異なる社会性理解として厚生概念が生み出されたため，官民連携における実践という形が自然と社会政策の推進の中で実行されていった。言い換えるなら，ソーシャル・イノベーションの実現においては，官民連携によって国民福祉の繁栄を目指し，社会企業家によるローカルな社会問題の解決においても官と民両者が連携していくことが求められたのである。このように，我が国における社会性が如何なる意味内容を込められて発展してきたのかを鑑みた上でソーシャル・イノベーション研究を再度見つめなおすとき，行政の立ち位置や社会的企業の立ち位置は既存研究と異なる様相を呈する。

　これらの議論を踏まえたとき，我が国の社会企業家研究／ソーシャル・イノベーション研究に求められる理論的イシューとは如何なるものであろうか。我が国の社会政策は，1980年代以後，一貫して規制緩和，地方への財源移譲，民間への委託契約として行政改革が進められてきた。この一連の行政改革は，依拠する理論は欧米の政策（新自由主義や第三の道）の輸入や模倣であったが，そこに厚生という独自の意味内容を持つ社会性理解が存在していたため，社会政策は国家（絶対者）の目指す方向性のもと企業や共同体（家郷に依拠する民衆）が自助努力を行い，それを国家の代理人である官が正統化していくという官民連携の形で改編され，実施されてきた。この我が国における行政改革の展開においてソーシャル・イノベーション研究を再考すると，我が国におけ

るソーシャル・イノベーション研究は，官と民という両アクターがソーシャル・イノベーションの実現に向けて，厚生に紐付けられた自助努力として，自らの利害を満たしているのかに着目していく必要がある。その際に本セクションでは，以下の3つの自助努力のパターンに注目していきたい。

第一に，ソーシャル・イノベーションの広義的理解である社会政策の変革としてみる行政主導によるソーシャル・イノベーション研究である。厚生概念に基づいて社会政策の実行プロセスを再考するとき，行政体が地域内の多様なアクターの自助努力を取り込み厚生につなげていく過程を分析することが重要だと考えられる。この過程が如実に現れたのが住民参加を通じた市町村合併をはじめとする地方分権に基づく行政改革であった。我が国では戦後に何度かの市町村合併が実施されてきたが，所謂「平成の大合併」は従来の市町村合併とは異なり，地方行政への大胆な財源と権限委譲が伴うと共に，新市町村の名称や行政サービスの内容について住民参加が求められる。この社会政策の推進について，浜松市の市町村合併事例をもとに第6章において分析していく。

第二に，第三セクターや事業委託制度等を利用していくことで，行政が企業の自助努力を吸い上げていく形で社会的課題の解決を図る，官民連携のソーシャル・イノベーションに関する研究である。このプロセスにおいて行政組織は重要なアクターであることには疑いようがない。先行研究においてこの行政組織の役割は，イノベーションを生み出す事業主体に対して法制化や許認可による正当化か，助成金等の資源や事業委託という形で事業機会を提供する役割を持つ主体として分析されてきた。しかし，我が国におけるソーシャル・イノベーションの現状を鑑みたとき，行政の役割は民間企業の自助努力を吸収しながら，自らの政策を実現していく変革主体として捉えなければならないだろう。そこで第7章では，島おこしにおいて行政組織が果たした役割に注目していくことで，地方自治体そのものをソーシャル・イノベーションにおける中心的アクターとして捉えなおしていく。

第三に，既存の社会政策で解決し得ないローカルな社会的課題に対峙する，社会企業家の自助努力としてのソーシャル・イノベーションである。このイシューは，特異な能力を有する社会企業家による理念ベースの価値共有を前提とした，資源の新結合と制度化としてのソーシャル・イノベーションとして議

論されてきた。しかし，厚生概念に基づいたとき社会企業家の行為は，社会性に紐付けられた自助努力として捉えなおされる。そこで第8章では，遊休不動産を利用した商店街活性化に注目し，地域活性化を目標として多様な主体の利害関係のマネジメントを行う社会企業家の行為に注目していく。

（木村　隆之）

注
1　1981～1989年，第40代アメリカ大統領を務めたドナルド・レーガンによる政権。イギリスのサッチャーとともに，新自由主義に基づく改革を行い，小さな政府と市場原理への回帰を唱えて大きな経済改革を成し遂げた（e.g., ギデンズ・渡辺，2009）。
2　Nicholls and Cho（2006）も，ヒーロー的起業家による何者にも拘束されない社会的ビジョンのメシア的追求としている。筆者も，木村（2016）で地域活性化研究において社会企業家のスーパーヒーロー仮説の再生産が行われていることを指摘している。
3　Dees, Emerson and Economy（2002）は，事業収入増加の手法として，受益者の状況に応じて価格を変える傾斜的な価格設定，受益者が対価を支払う余裕のない場合の第三者購入，自らの専門性や資産などを基盤とした新しいベンチャー・ビジネスの立ち上げ，企業とジョイント・ベンチャーやコーズ・リレイティッド・マーケティング，社会的企業のロゴの利用を企業に認めることで収入を得るライセンス協定などの手法をあげている（藤井・原田・大高，2013, 27頁）。
4　アメリカ政治史の研究者である高木八尺（1971）は「アメリカ人の性格を形作るのに，ピューリタニズムとフロンティアというものの影響が非常に大きな寄与をしている」（9頁）と述べている。
5　連帯経済とは，相互扶助や民主的参加を含む連帯関係が組み入れられた経済活動を意味し，政治的次元では市民のつながりを強めて民主主義を支える役割を果たし，経済的次元では，多元的経済のハイブリッドにより，既存の支配的な経済の在り方の隘路を乗り越える展望をもたらすオルタナティブな経済の在り方のことを指す。
6　Andersen（1999）は，この2つに加えて，米国の自由主義レジームの3類型が福祉におけるポスト工業社会であるとしている。
7　1982年から1987年まで，中曽根康弘が内閣総理大臣を務めた自民党政権。
8　Pestoff（1998）は，福祉社会におけるサードセクターの領域を定義し，政府，市場，コミュニティーの各アクターが重なり合った位置にサードセクターを位置付けている（邦訳，48頁）。
9　我が国には，サードセクター研究に加えて，伝統的なWISE（Work Integration Social Enterprise 労働統合型社会的企業）研究がある。それら研究も，社会的に排除された人々の社会的包摂を志向する欧州型社会的企業間と同様の概念理解をしている（湯浅，2007）。
10　奇しくも，彼らが批判するソーシャル・イノベーション・プロセスモデルにおける普及のステージでは，「特定の価値観への同化」が共感等により強制されていくことに，正当性を見ていた（木村，2015）。
11　市野川（2006）は，我が国の「社会性」概念理解に大きく影響を及ぼした出来事が，1938年の厚生省の設立だとしている。マルクス主義が輸入されることで「社会」という用語に注目があつまり，その後，1901年，「社会民主党」が結成されるが，当時の日本政府は「民主」という言葉を非常に恐れていたために結成の2日後に禁止された。つまり，「社会」という言葉そのものについてはまだ受け入れられており，その後，公的に承認され1919年に内務省に社会課が誕生したことからも明らかである。先にも述べた通り，社会政策の必要性を感じていたために社会行政が重視され

ていたからである。その後,社会課は社会局となり権限を拡大していくが,その傍ら,学生社会科学運動の高まりとともに社会主義者への弾圧が強化していくという流れがあった。「社会」という言葉は社会主義を連想させるものだったため,社会主義者の統制において責任を担った内務省の中に社会局があるという内部矛盾を抱えることとなったのである。

参考・引用文献

Andersen, G. E. (1999) *Social Foundations of Postindustrial Economies*, Oxford University Press. (渡辺雅男・渡辺景子訳 (2000)『ポスト工業経済の社会的基礎―市場・福祉国家・家族の政治経済学』桜井書店。)

Badelt, CH. (1997) "Entrepreneurship Theories of the Nonprofit Sector", *Voluntas*, Vol.8, 2; pp.162-178.

Borzaga, C. & Deforny, J. (2001) *The Emergence of Social Enterprise*, Routledge. (内山哲朗・石塚秀雄・柳沢敏勝訳 (2004)『社会的企業 (ソーシャルエンタープライズ):雇用・福祉のEUサードセクター』日本経済評論社。)

Dees, J. G., Emerson, J. & Economy, P. eds. (2002) *Strategic Tools for Social Entrepreneurs*; John Wiley and Sons Inc.

Dess, J. G., Miriam, H. & Peter, H. (1998) "The Meaning of 'Social Entrepreneurship'", Kauffman Center for Entrepreneurial Leadership.

Drucker, P. F. (1981) *Toward the Next Economics and Other Essys*, Harper & Row. (久野桂・佐々木実智男・上田惇生訳 (1981)『日本 成功の代償』ダイヤモンド社。)

Drucker, P. F. (1990) *Managing the Nonprofit Organization*, Harper Collins Publishers. (上田惇生・田代正美訳 (1991)『非営利組織の経営』ダイヤモンド社。)

Evers, A. & Laville, J. L. ed. (2004) *The Third Sector in Europe*, Edward Elgar Pub. (内山哲朗・柳沢敏勝訳 (2007)『欧州サードセクター―歴史・理論・政策』日本経済評論社。)

Giddens, A. (1998) The Third Way, Polity Press. (佐和隆光訳 (1999)『第三の道 効率と公正の新たな同盟』日本経済新聞社。)

Johnson, N. (1999) *Mixed Economies of Welfare 01 Edition*, Pearson Education Limited. (青木郁夫・山本隆監訳 (2002)『グローバリゼーションと福祉国家の変容 国際比較の視点』法律文化社。)

Karim, L. (2008) "Demystifying Micro-Credit The Grameen Bank, NGOs, and Neoliberalism in Bangladesh", *Cultural Dynamics*, Vol.20, No.1, pp.5-29.

Kerlin, J. (2006) "Social Enterprise in the United States and Europe: Understanding and Learning from the Differences", *Voluntas*, Vol.17, No.3, pp.247-264.

Mulgan, G. (2006) "The Process of Social Innovation", *Innovations: Technology, Governance, Globalization*, 1 (2), pp.145-162.

Mulgan, G., Tucker, S., Ali, R., and Sanders, R. (2007) Social Innovation: What it is, why it matters and how it can be accelerated, Working Paper, Skoll Centre for Social Entrepreneurship, Oxford SAID Business School.

Nicholls, A. & Cho A. H. (2006) "Social Entrepreneurship: The Structuration of a Field", Nicholls A. ed., *Social Entrepreneurship, New Models of Sustainable Social Change*, Oxford University Press, pp.99-118.

Nyssens, M. ed. (2009) *Social Enterprise*, Routledge.

OECD (1994) *New Orientations for Social Policy*, OECD Social Policy Studies, No.12, Paris: OECD.

Olsen, S. (2003) *Social Return on Investment: Standard Guidelines*, Center for Responsible

Business, UC Berkeley: Center for Responsible Business.
Osborne, S. (1998) *Voluntary Organizations and Innvation in Public Services, Change*, Oxford University Press, pp.99-118.
Pestoff, V. A. (1998) *Beyond the Market and State: Social Enterprises and Civil Democracy in a Welfare Society*, Aldershot: Ashgate Publishing. (藤田暁男・川田清史・石塚英雄・北島健一・的場伸樹訳（2000）『福祉社会と市民民主主義―協同組合と社会的企業の役割』岩波書店。)
Rogres, E. (1983) *Diffusion of Innovations*, 3rd ed., New York, NY: Free Press. (青池愼一・宇野善康訳（1990）『イノベーションの普及学』産能大学出版部。)
Schumpeter, J. A. (1926) *Theorie der wirtschaftlichen Entwicklung: Eine Untersuchung uber Unternehmergewinn, Kapital, Kredit, Zins und den Konjunkturzyklus, 2nd revised edition*, Duncker and Humblot. (塩野谷祐一・中山伊知郎・東畑精一訳『経済発展の理論：企業者利潤・資本・信用・利子および景気の回転に関する一研究』岩波文庫，1977 年。)
Taylor, M. & Warburton, D. (2003) "Legitimacy and the Role of UK Third Sector Organizations in the Policy Process", Voluntas, vol.14, no.3, pp.321-338.
Turner, F. J. (1920) *The Frontier in American History*, New York: Holt, Rinehart and Winston. (松本政治・嶋忠正訳（1973）『アメリカ史における辺境』北星堂書店。)
Weber, M. (1905) *Die protestantische Ethik und der ≫Geist≪ des Kapitalismus*. (大塚久雄訳『プロテスタンティズムの倫理と資本主義の精神』岩波書店，1989 年。)
Young, D. (1983) *IF Not for Profit, for What?*, Lexington Books.

アンソニーギデンズ・渡辺聰子（2009）『日本の新たな「第三の道」市場主義改革と福祉改革の同時推進』ダイヤモンド社。
市野川容孝（2006）『思考のフロンティア　社会』岩波書店。
内山哲朗（2007）「解題：欧州サードセクター論と社会・経済像」A. エバーズ，J-L. ラヴィル編，内山哲朗・柳沢敏勝訳『欧州サードセクター―歴史・理論・政策』日本経済評論社，353-364 頁。
梅田一見（2014）「ソーシャル・イノベーション生成過程の研究―徳・卓越性の実践，使用価値の協創，そしてレバレッジング―」博士学位論文，立教大学。
大河内一男（1944）「日本的厚生の問題」大河内一男・美濃口時次郎・吉益脩夫・黒田亮・平光吾一・桜井芳人『現代日本の基礎；2 厚生』小山書店，1-57 頁。
小貫修一郎・高橋重治（1927）『青淵回顧録』下巻，青淵回顧録刊行会。
折原浩（2005）『ヴェーバー学の未来「倫理」論文の読解から歴史・社会科学の方法会得へ』未來社。
粕谷信次（2006）『社会的企業が拓く市民的公共性の新次元―持続可能な経済・社会システムへの『もう一つの構造改革』』時潮社。
木下斉（2015）『稼ぐまちが地方を変える　誰も言わなかった 10 の鉄則』NHK 出版新書。
木村隆之（2015）「遊休不動産を利用した「利害の結び直し」として読み解かれるソーシャル・イノベーション」『ベンチャーレビュー』25 巻，47-59 頁。
木村隆之（2016）「まちづくり研究およびソーシャル・イノベーション研究の理論的課題に関する一考察」『九州産業大学経営学会経営学論集』26 巻 1 号，1-15 頁。
小熊英二編著（2014）『平成史』河出ブックス。
斎藤槙（2004）『社会起業家―社会責任ビジネスの新しい潮流』岩波新書。
榊原胖夫（1976）『総合研究アメリカ 5 経済生活』研究社。
佐藤慶幸（2007）『アソシエーティブ・デモクラシー―自立と連帯の統合へ』有斐閣。
田尾雅夫・吉田忠彦（2009）『非営利組織論』有斐閣アルマ。
高木八尺（1971）「米国国民性とその外交政策の貴重」『高木八尺著作集第三巻　アメリカ外交』東大

出版会.
髙橋勅徳・木村隆之 (2017)「ソーシャルビジネスにおける同型化と事業の展開:一般社団法人ラバルカグループの事例分析」『第 19 回年次大会フルペーパー』NPO 学会.
谷本寛治編著 (2006)『ソーシャル・エンタープライズ―社会的企業の台頭』中央経済社.
谷本寛治 (2009)「ソーシャル・ビジネスとソーシャル・イノベーション」『一橋ビジネスレビュー』第 57 号, 1 巻, 26-41 頁, 東洋経済新報社.
谷本寛治・大室悦賀・大平修司・土肥将敦・古村公久 (2013)『ソーシャル・イノベーションの創出と普及』NTT 出版.
玉井金五・杉田菜穂 (2016)『日本における社会改良主義の近現代像 生存への希求』法律文化社.
玉村雅敏・高橋武敏・伊藤健・杉田一真・白川展之 (2014)『社会イノベーションの科学 政策マーケティング・SROI・討論型世論調査』勁草書房.
富沢賢治 (1999)『社会的経済セクターの分析―民間非営利組織の理論と実践』岩波書店.
永谷健 (1994)「近代日本における経済エリートの心性:四人の企業家のテキストをめぐって」『京都社会学年報』2, 39-56 頁.
中根千枝 (1967)『タテ社会の人間関係』講談社現代新書.
野中郁次郎・廣瀬文乃・平田透 (2014)『実践 ソーシャル・イノベーション 知を価値に変えたコミュニティ・企業・NPO』千房書房.
福田徳三 (1922)『社会政策と階層闘争』改造社.
藤井敦史 (2003)「神戸のコミュニティ・ビジネスと社会的企業」木田融男・平澤克彦・守屋貴司編『21 世紀の企業と社会―現代日本社会の再編』八千代出版, 225-241 頁.
藤井敦史・原田晃樹・大高研道 (2013)『闘う社会的企業:コミュニティ・エンパワーメントの担い手』勁草書房.
丸山真男 (1961)『日本の思想』岩波新書.
丸山眞男 (1992)『忠誠と反逆―転形期日本の精神史的位相―』筑摩書房.
見田宗介 (1971)『現代日本の心情と論理』筑摩書房.
宮本太郎 (2003)「ヨーロッパ社会的経済の新しい動向―ポスト福祉国家の理論と経験」『社会運動』276 号, 37-48 頁.
渡邊奈々 (2005)『チェンジメーカー〜社会起業家が世の中を変える』日経 BP 社.
山田雄三 (1980)「『厚生経済』研究における福田先生の遍歴」福田徳三『厚生経済』講談社学術文庫.
湯浅誠 (2007)『貧困襲来』山吹書店.

第6章
市町村合併という自治体の再結合における利害マネジメント：
静岡県浜松市の事例を通じて

1. はじめに

　本章では，先行研究の第一の理論的イシューである，行政主導によるソーシャル・イノベーションについて，市町村合併研究の抱える理論的課題を踏まえた上で，浜松市の市町村合併を通じて新たな理論的知見を導き出したい。

　第5章において指摘しているように，厚生という社会性理解の下で我が国の公共政策は，国家の意向を汲み取りつつ市民が自助努力によって福祉向上を目指す形で推し進められてきた。そこにおける政府や行政の役割とは，権力者に統治を委託された代理人として，一方で多様なアクターの自助努力を取り込み，他方でアクター間の利害衝突を調停し厚生につなげていく役割を担ってきた。

　近年の行政主導のソーシャル・イノベーションにおいて，この行政の役割が最も表出化したのが，市町村合併である。地方自治の実現と財政の適正規模という観点から実施された平成の大合併は，一方で地域の自立を可能とする政策であるのと同時に，他方で既存の自治体が持つ地域内アクターの自助努力を吸い上げ，利害衝突を調停するシステムを破壊し，再統合していく過程であった。当然，合併を主動する自治体の首長には，これらの破壊－再統合を可能とする社会企業家としての行為が求められる。しかしながら市町村合併に関する先行研究は，政策の論理，行政の論理，市民自治の論理の下で互いの批判を繰り返し，市町村合併を可能とする社会企業家としての首長の行為を明らかにすることができない，という理論的課題を有している。

そこで本章では，市町村合併において表面化した利害衝突を調整するために首長が行った，理念を媒介とした利害マネジメントについて明らかにする。もちろん，理念を媒介とすると言っても，それは，ソーシャル・イノベーション研究において議論される，理念共有で実現する利害マネジメントとは異なる手法である。このためにまず2節において，市町村合併事例を分析するにあたって平成の大合併に関する先行研究をレビューし，市町村合併の文脈に存在した3つの論理について整理する。その上で，3節では，ソーシャル・イノベーションを可能とする理念を媒介とした利害マネジメントについてSelznick (1957) の「制度的リーダーシップ」をもとに考察する。続く4節以降で，静岡県浜松市の市町村合併事例をもとに経験的分析を行う。

2. ソーシャル・イノベーションとしてみる「平成の大合併」

平成の大合併は，全国に3,232ある自治体を1,719に減少させ[1]，地方自治に大きな影響を与えた。この平成の大合併では，公共サービスの維持と財政の健全化の両立という社会的ミッションの下で，数多くの政策が統合され，民間企業に事業委託されるなど，様々な社会制度の変革が行われた。この社会的現象ともいえる合併は，行政学，財政学，地理学，社会学その他多くの学問領域で研究組上に上がった。この市町村合併にかんする既存研究は，政策の論理 (e.g., 小西，2000)，行政の論理 (e.g., 大森，2003)，市民自治の論理 (e.g., 名和田，2009) という3つのロジックに分けて整理することができる。

平成における市町村合併研究のはじまりは，財政シミュレーションに基づいて地方自治体の財政健全化を根拠として市町村合併の推進を目指す，政策の論理であった (e.g., 小西，2000)[2]。彼らは自治体の適正規模[3]を根拠として合併政策を推し進めた (e.g., 新川，1988)。この適正規模は，説明する立場によって規模の規定が異なっており[4]，すべての論者が市町村合併を支持していたわけではなかったが[5]，財政力の弱い小規模自治体は適正規模論を根拠とする国の財政再建政策により危機感を煽られ合併へとなだれ込んでいく (e.g., 青木，2006)。小西 (2000) はこの小規模自治体にターゲットを絞り，合併を積極的に推奨する。彼は，小規模自治体は経済的に自立することが難しいので合併し

なければ生き残ることができず，合併によって実現する行政規模の拡大，財源・行政能力の拡大の重要性を指摘した。その上で合併への抵抗勢力については，「小規模町村に対する判官贔屓，反中央意識に乗って，市町村合併を批判的に見る傾向」（小西，2007，25頁）と表現し，「すべての局面で，主体（自治体）が合理的に行動していることも，自律して行動していることも前提にしないほうがよい」（前述，27頁）という理由から，国政や府省によるパターナリズムを支持している[6]。この様に，政策の論理は，適正規模論を根拠とした政府主導の政策の実現を重視し，自治体をはじめとする当該地域の主体は政策を忠実に遂行する器であればよいとする。彼らにとって，市町村合併の技術的側面に即して行動しない主体の存在は不確定変数であり，非合理的な存在として批判対象となる[7]。

それに対し，地方自治体の執行政策レベルを分析対象とする行政の論理は，政策の論理と真っ向から対立する。行政の論理は，政治学者，行政学者，法社会学者らを中心に議論されており，その論点は，市町村合併政策が地方自治そのものに及ぼす影響であった。例えば，大森（2008）は「コスト論・効率論では，とても自治の問題は解決しない」（大森，2008，122頁）とし，「人口規模で基礎自治体を一律に整備しようとすることは，認めがたい政治的野望」（前述，145頁）と痛烈に批判する。そして，市町村合併をミスリードしたのは国政政治家による選挙戦略の一環であるとし，その戦略にはなんら確かな根拠もないと批判する（大森，2003，3-6頁）[8]。同様に，今井（2008）は，適正規模論に基づいた財政行動を，規模が拡大すれば経営が効率化されるという通念にあるとし，新都市計画そのものが裏付けのない夢を描いて見せる財政シミュレーションを基にして作られており，明らかなミスリーディングを盛り込んだまま地方自治体は合併を受容したと指摘する（今井，2008，76-87頁）。そして，市町村合併とは「国政と府省による自治体に対するパターナリズムの再建」（前述，102頁）であり，「国政や府省，市町村が…（市町村合併を）自覚的，戦略的に進められたとは思わない。むしろ直感的，場当たり的な選択であった…市町村合併がどのような角度からも失政であったと確信する」（前述，207頁）と評価している。

つまり，行政の論理に基づくとき，政策の論理は，現実味のない数値に基づ

く財政シミュレーションを根拠とした国政による政策の押しつけであり，それを鵜呑みにした執行レベルによる，場当たり的な意思決定の集積や，自らの労働条件などの利害を維持・確保すべく間違った財政シミュレーションに基づく都市計画を策定した自治体職員の行動が，不可解な合併を生み出したと読み解く。

　これら両論理に対してカウンターパワーとして台頭したのが市民自治の論理である。市民自治の論理は，行政の論理において議論されている，住民自治の重要性をより強烈に主張する論理であり，行政執行組織と対等の存在として地域住民の存在を重視し，「草の根」による発想と共助に基づく「新しい公共」を強調する（e.g., 大森・卯月・北沢・小田切・辻，2004）。例えば，辻山（2008）は，合併により地域自治が強奪されることを批判し，合併することで消滅する自治体のことを「住民の意思形成する地域機関の消滅」（辻山，2008，34頁），住民たちの存在を「薄められた意思表明者」（前述，34頁）と表現し，地方住民の意思が行政サービスに反映されなくなる危険性を指摘する。つまり市町村合併とは，自治体の自主性を押し潰す集権的な上からの戦略であり，地域社会の発展と住民自治の向上という下からの発想がないものとなる（e.g., 山田，2003）。この市町村合併によって市民から自治が奪われていく様相を，名和田（2009）は，人々の生活の拠りどころとなる「もっとも身近な地域的まとまりが制度外に放り出される」（名和田，2009，4頁）出来事と表現している。そして，市町村合併政策は町内会や自治会などを代表とする地域コミュニティを法制度の枠組みから追放する，政策による草の根への浸食と捉えている[9]。このように，市民自治の論理は公共の概念を市民レベルに広げて議論することで，「公共＝行政」という図式に「公共＝自治が可能な領域」という発想を盛り込んだのである。彼らにとって，政策の論理及び行政の論理は住民自治への侵略であり，当該地域の主体性を無視する対話不能な相手であった。

　このように，従来の市町村合併研究には，政策の論理，行政の論理，市民自治の論理による対話不能な関係が見受けられる（図6-1）。政策の論理は，市町村合併の財政的側面を根拠とするため，行政の論理や市民自治の論理が分析対象とする各主体を非合理な意思決定を行う失敗要因とみなす。行政の論理は，政策の論理の財政的側面を根拠とする方法論そのものを否定し，政策の押

第6章 市町村合併という自治体の再結合における利害マネジメント　137

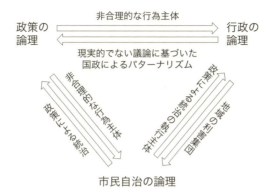

図6-1 「平成の大合併」の構造

出所：筆者作成。

しつけは地方行政に対するパターナリズムであり，それに基づき行動した自治体関係者がこの市町村合併を失敗へと導いたとする。この両者に対して市民自治の論理は，市町村合併政策の実現は，地域の主体性を無視したものであり，政策による市民自治への浸食と捉える。この対話不能な構造を持つ既存研究は，平成の大合併の負の側面を浮き彫りにするのみで，そこで何が実現されたのか説明することができない。

そこで，次節では，既存研究における対話不能な構造を，本章の提唱する厚生という社会性の観点から迫ることで，対話不能な関係を統合することを試みる。

3. 厚生のもと市町村合併政策を実現させる制度的リーダーシップ

平成の大合併を，既存研究における対話不能な構造を通じて概観するとき，各理論が目指すそれぞれの到達点は異なっており，市町村合併政策について何を以て成功とするか，合併政策の是非そのもの等，依拠する理論によって異なるため，実際に多くの自治体が合併を受け入れた事実が不可解な現象として解消されないまま歴史の中に葬られようとしている。しかし，厚生概念に基づいて再考するとき，市町村合併政策とは，国家の代理人である地方自治体が地域

内の各アクターの自助努力を取り込む形で調整されていった過程として考えることができる。

　適正な財政規模の実現によって地方自治体の福祉サービスの持続性を確保しようとした政策の論理は，行政組織の維持を目的とする政策の論理と地域の歴史性や住民自治の伝統を強調する市民自治の論理両者を非合理と見なすが故に連携できず，シミュレーション通りの合併以外を失敗と捉える。それに対して地域住民への福祉サービスの充実のため各地域のコンテクストに併せて構築された行政組織の維持を重視する行政の論理は，国の財政健全化のため行政組織の整理統合を目指す政策の論理と対立し，地域内の既得権益者が国と地元に分かれ纏まらないが故に連携できず，平成の大合併は狙い通りの効果が出なかったと捉える。更に地域住民の参加による福祉サービスの充実を求める市民自治の論理は，平成の大合併を巡る政策の論理や行政の論理そのものが，市民の自治への参加を閉ざす仕組みとして連携を拒否する。

　つまり，それぞれの論理に紐づくアクターがこの政策下に存在しており，市町村合併研究における対立構造は，各アクターの自助努力を代表する形で構成されているのである。いわば，平成の大合併を巡る対話不能な対立の構造とは，政策の論理，行政の論理，市民自治の論理それぞれに紐付いた利害集団を背景とした，当該地域における合併によって生じた利害闘争の縮図なのである。したがって，平成の大合併が厚生のもとに推し進められていったと考えるとき，地域内の利害集団が政策の論理，行政の論理，市民自治の論理を掲げつつ，政府の意向をくみ取りながらも自らの利害を追求していく利害闘争の場 (battle field；e.g., Schneiberg and Lounsbury, 2008；Wooten & Hoffman, 2008) として捉え直される。だとすれば,「平成の大合併」研究に求められるのは，多元的ロジックに紐付けられる形で利害闘争を試みる各アクターの関係を取り結ぶ，地方自治体における政策の担い手の具体的実践の位相から捉え直すことであると考えられる。

　この多元的ロジックに基づく利害闘争は制度派組織論において先験的に議論されており (e.g., Thornton and Ocasio, 1999)，とりわけ政策立案と実施を巡る利害闘争のプロセスをダイレクトに議論した古典が Selznick (1949；1957) である。彼の理論的背景には Morrison (1945) の指摘した学問区分における

政治学と行政学の間にある断絶がある（Selznick, 1949, p.11）。この断絶は，行政は政策の忠実な下僕であるという既成観念に起因しているが，現実は「行政が政策を形づけ，政策の意味を決定するのが真相」（北野，1986，100頁）である。この基本命題に刺激されて Selznick（1949）は TVA（テネシー川流域開発公社）の事例研究を行った。

Selznick（1957）は組織を「ある特定の仕事をするために特別に考案された合理的器械」（Selznick, 1957, 邦訳，10頁）と定義し，制度を「社会の必要や圧力から生まれた自然発生的所産—反応性・順応性をもった有機体—」であり，「計画された行動と，反応的な行動との，複雑な混合物」（前述，10頁）と定義した。その上で目的合理的器械として設計された組織は，「組織独特の歴史とか，かつてその内部にいたことのある人々とか，その中に包含されている集団が築き上げた既得利権とか，環境に対するその順応様式とかを反映」（前述，24頁）する制度化を経ることで価値が注入（infused value）され，組織が「社会共同体の志望やその独自性を象徴する」（前述，28頁）ものとなる。この内外の圧力に対する識別可能な反復的反応が一定の型に結晶するとき，新たな社会構造が生み出される（前述，24頁）。後述するが，Selznick は，TVA の存続と安定を決定づける要因としてステークホルダーが政策形成へ「適応的吸収（co-optation）」する過程について分析した（Selznick, 1949, pp.13-16；今里，1997，881-882頁）。

この組織における制度化のプロセスを市町村合併の現象に当てはめるならば，市町村合併の政策とそれを担う行政機構（国家の代理人），すなわち目的合理的器械たる組織が，歴史的背景のもとで独自の利害を有する自治体首長，地方議員，政党，行政職員，経済団体，地域住民ら「地域」という共同体（家郷）とかかりあうプロセスを経て，社会に対する実効性を有した制度として機能していくことであろう。

この価値注入の役割を担うのが制度的リーダーシップである。制度的リーダーシップとは，「政治的手腕」を有し事業遂行に必要となる内外の様々な利害関係者を巻き込み，調整するリーダーシップである（Selznick, 1957, 邦訳，30頁）。ただし，この政治的手腕とは，リーダーの理念を他者に「注入」することで協力者に変えるという意味でも，それを可能とする属人的かつ特異な能

力を意味する概念ではないことに注意せねばならない。Selznickは政治的手腕を，「当面の諸問題をそれら自体としてではなく，それらが当の集団の役割や意味に対してもっている長期的意味関連に照らしてさばく（邦訳，53頁）」こととして定義する。いわば，政策の立案と実行を阻むアクターに対して，彼らの持つ役割関係から政策に対して見い出す意味を忖度し，利害関係を調整していく形でさばく（協力者として巻き込む，あるいは無害な部外者へと役割を変える，など）のが，Selznickの言う政治的手腕であり，制度的リーダーシップに求められるのである。

したがって，制度的リーダーは，組織の存在目標を設定し，その使命を果たせるような社会的有機体として組織を方向付けなければならない。しかし，制度的リーダーによる価値注入は，政策を掲げることであらゆるものを巻き込むことが可能かのように読み解かれてきた。リーダーシップにおける価値・規範の内部注入という技術的手法が重視され，表象物の掲揚による利害発生のメカニズムや，外部環境（資源）の巻き込み，そして，組織が制度化された後に発生する新たなる内外の利害に対する配慮の必要性などを含む動態分析であるという点が正しく評価されてこなかった（松嶋・浦野，2007，5頁）。この誤解の延長線上として，Amis, Slack & Hinings（2002）は組織変革の鍵として「価値の共有」を強調することで，価値注入をコントロール可能な技術的要件としている。また，佐藤・山田（2004）はSelznickの「価値注入」を組織が共通の価値観や規範で結束していくための企業文化論で言われる「強い文化」と同義語と位置付けている（佐藤・山田，2004，200頁）[10]。その理由は，Selznick自身，制度的リーダーシップが行う利害関係者の吸収過程を具体的に記述しながらも，その根拠となる政策とイデオロギーの違いについて明確に説明しなかったことにあると考えられる（北野，1986，103頁）。

そのため，Perrow（1972）の批判に代表されるように，Selznickの議論をパーソンズの構造機能主義に依拠したものであり，その分析手法は環境に対して組織が機能的に適応する側面を強調しすぎるがあまり「組織が環境を規定し，創造し，形成するとは考えていない（Perrow, 1972，邦訳，268頁）」とする理解がなされた。つまり，制度的リーダーシップとはメタレベルの合理性に根拠づけた理論であると解釈された。しかし，Selznickは個人が利害関係を

持ち込むことによって発生する内部社会という世界を見なければならないという分析視座においてパーソンズの機能分析を継承しているにすぎず，個人が環境によって機能的に構築されるという概念を支持しているのではない (Selznick, 1957，邦訳，13頁)。むしろ，「妥協，抑制，そして説得を通じて緊張を解消し，ジレンマから脱出することを見つけ出す (1949, p.69)」というリーダーシップ観を強調しており，政策が掲げられた先に働く勢力や趨勢との均衡を図り，価値の創造，防衛，あるいは再統合によって，目的合理性を再確立していくことについて議論していた (北野，1986，103頁)。

　Selznick (1949) は，TVA の事例をもとに制度的リーダーシップによる制度化について具体的に記述していく。TVA は大恐慌に対処するためニューディール政策の一環としてルーズベルト大統領によって設置された開発公社であり，テネシー川をダムで堰き止めることにより，電力の供給，農地の改良，インフラの整備など，河川流域の総合開発を行い，雇用を促進する，政府の積極的介入による社会福祉の向上という政治思想のシンボルとして発足した。しかし，自由経済の転覆をはかる社会主義的陰謀だとする避難が浴びせられ，TVA は組織としての独自性を失い単なる論争の道具となる (北野，1986，101頁)。

　発足当初，米国政府が念頭に置いていたのは公営電力事業に対する電力業界の攻撃と，政府の開発事業に対する保守派の反発だけで，地元の反応は度外視されていた。しかし，TVA の存続を可能としたのは，この地元との利害調整であった。政府主導の地域総合開発という中央集権化事業政策に対して，行政執行レベルにおいては地域社会とのパートナーシップを重視する「生きた草の根民主主義」的イデオロギーの影響を受けた組織構築がなされていった (Selznick, 1949, p.37)。理事のひとりであるデービッド・E・リリエンソールが草の根政策を対外的に発信することにより地元との利害調整が行われる。その裏で，行政裁量に辣腕をふるったのはもうひとりの理事であるハーコート・A・モーガンであった。H・A・モーガンこそ唯一の地元代表者であったにも関わらず，表の顔をリリエンソールが担ったのは，電力計画が政争の焦点となることが想定されたため，世論を味方につける実力をもったH・A・モーガンに公社の農業計画に関する裁量を全面的に譲渡することで，地元に合わせた草

の根であるという理解を全国的に普及する役割を買って出たのではないかと考えられる（前述，p.33）。

　この人事は，州立大学の農業指導所の協力を獲得し，その農業団体の組織性格から，農業指導員の郡庁政治，全米農民連合，地元の富裕層，大学教育機関などの利害を取り込むことになる。結果として，TVAは農業連合側の陣営に引きずり込まれることにより当初の意図していた政策を修正しなければならないという憂き目を見ることになるのだが，この利害の取り込みの過程が地元の有力団体や中央政府の議員以外で構成される政治団体である院外団の支持を得ることに繋がり，TVA解体の脅威を免れた。この過程を経て，「組織構造が価値を体現する」組織性格の形成が行われた（Selznick, 1957, 邦訳, 56-62頁）。

　Selznickによれば，イデオロギーの不明瞭さによって利害関係者を巻き込むことで，TVAの成功は導かれたとされる。イデオロギーによって正統化される政策には「未分析の抽象概念（unanalyzed abstractions）」があり，その言説は未分析のまま用いられるために，多様な意味解釈を可能とすることで住民の行政への介入を許すこととなった（Selznick, 1949, pp.59-64）。この行政への介入に際して，制度的リーダーは，イデオロギーを形作る制度の使命と役割の設定を行わなければならない。これによって政治的闘争を仕掛けてくる様々なアクターを，時に巻き込み，時に交換し，時に変化させていくことによって組織内外のコミットメントを生み出し，その関係性から組織の社会構造の中に政策を組み込む制度的リーダーシップが可能になるのである（Selznick, 1957, 邦訳, 84-85頁）。これは単なる外部環境への適応ではなく，内外の環境を調査し，如何なる利害が現実の脅威となりうるかを発見し，盟友となりうる存在や外部勢力に力を借りて環境を変化させ，攻撃をふさぎとめるための手段や意志力を創造して組織を固めることを意味する（e.g., 松嶋・高橋, 2007）。その結果，魂が込められた組織は社会共同体の志望やその独自性を象徴するようになり，技術的あるいは経済的な根拠からする解体や改造を回避する（Selznick, 1957, 邦訳, 29-30頁）[11]。前述した通り，「価値注入」とは，構造機能主義でいうところの所属する社会（環境）によって組織が機能的に構築される側面だけを強調するものでも，価値共有による社会化を促す管理手法でもなく，利害

闘争を仕掛けてくる主体に対する政治的行動そのものを強調する議論なのである。

さて，以上の制度的リーダーシップという理論的視座のもと「平成の大合併」を巡る対立の構造を振り返るとき，この現象を解き明かす分析枠組みの解法が見い出される。市町村合併においては，政策の論理によって提唱された市町村合併に対するカウンターパワーとして行政の論理が登場し，更に両者を上からの政策の押し付けとして抵抗する市民自治の論理が台頭した。それぞれが，自らの依拠する論理のもと当該地域の福祉向上を目指して自助努力を行っているため，市町村合併においてリーダーシップを発揮する存在とされる首長は，国家の代理人である行政組織の代表者として政策を推し進めるという職務があるとともに，選挙によって市民から選ばれた家郷の代表でもある。したがって市長は，それぞれの論理を振りかざす利害関係者を巻き込む必要があり，そのために制度的リーダーシップの発揮が求められるのである。

そこで重要となるのが，市町村合併が当該地域において受け入れられるために，イデオロギーの範囲における行為の遂行が求められ，それを起点として議論されなければならないという視点である。我が国における地方行政のイデオロギーには「公共の利益」という考え方がある[12]。もちろん，それは公共的福祉を実現するために各論理を掲げるアクターが収束していくという予定調和的な分析ではない。我が国において公共という言葉を用いられるときそこには曖昧さが伴うからである。なぜなら，公共的という言葉は，一方で官というイメージを強く持つイデオロギーであり，他方で近年は市民性を含む意味内容へと変容してきたという曖昧性を有している（齋藤，2000，1-3頁）[13]。それ故，地域内の各アクターはそれぞれの論理が個々のイメージする「公共の利益」追求のもと，不可避に他者と衝突してしまう。翻って首長は，そのイデオロギーの下で，各アクターを利害関係者として巻き込み，市町村合併を実行に移していく制度的リーダーシップを発揮していかねばならない。その際，首長の制度的リーダーシップとは，以下の過程で分析されると考えられる。

第一に，市町村合併の政策的目標が掲げられた際に，政策の論理，行政の論理，市民自治の論理それぞれに紐付けられる利害関係者による闘争が生じる。第二に，首長は各利害関係者が個別に抱える利害を読み解いた上で，互いに連

携しうる市町村合併の新たな合併ビジョンを掲揚する。そして，第三に，市町村合併の新たな合併ビジョンに対して反応する各利害関係者を，説得し，懐柔し，時に追放する等，政策への巻き込みを可能とする政策のディテールを構築していく。次節以降において，静岡県浜松市の合併事例をもとに，当該地域の公共の利益を求める自助努力を巻き込むために行われた制度的リーダーシップの実践を分析する。

4. 事例分析：静岡県浜松市の市町村合併

4.1 調査概要

本研究調査は，2007年4月～10月にわたり実施した，浜松市役所に勤務する職員へのインタビュー調査の際に浜松市から入手した，全18回に及ぶ合併協議会議事録が収められた合併に関する資料『新「浜松市」誕生天竜川・浜名湖地域合併の記録』に記載されている，市町村合併にいたる協議会の会議内容においての委員の発言内容に基づくものである。

4.2 環浜名湖政令指定都市構想の挫折

現在の浜松市は平成17年7月1日[14]に天竜川中流域の中山間から遠州灘沿岸部までの南北約73km，東西52kmに及ぶ広範囲の地域内にある浜松市，浜北市，天竜市，舞阪町，雄踏町，細江町，引佐町，三ヶ日町，春野町，佐久間町，水窪町，龍山村の計12市町村が合併して誕生した地方自治体である（図6-2）。新浜松市の面積は全国第2位であり，山間部の自然環境と都市部の融合という地域性がまったく異なる地方自治体が合併した特殊なケースである。それぞれの自治体は，地域性や歴史の影響を色濃く受けており，12市町村が一つの組織体になることによって，多様な利害の衝突が予想されるケースであった。それ故，浜松市の市町村合併は，平成の大合併の成功事例として，モデルケース化されている（e.g., 市町村の合併に関する研究，2007, 25-26頁）。

もともと浜松市の合併は，静岡と名古屋の間という地域性から，ものづくり中心の企業が集まる浜名湖エリアの空洞化に対する危機感を感じた地元経済界

図6-2 新浜松市の位置

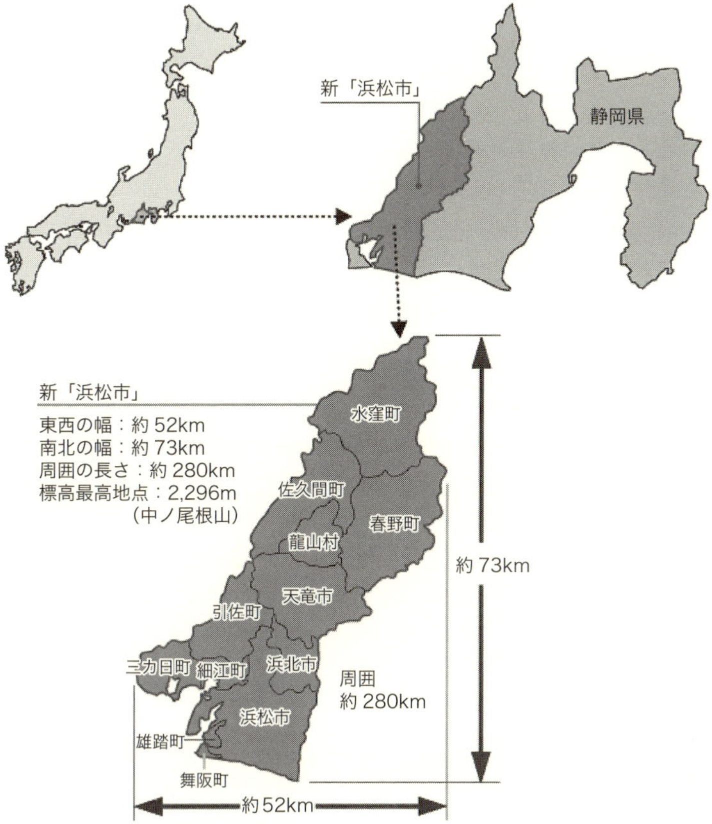

新「浜松市」
東西の幅：約52km
南北の幅：約73km
周囲の長さ：約280km
標高最高地点：2,296m
　　　　　　（中ノ尾根山）

水窪町
佐久間町
春野町
龍山村
天竜市
引佐町
三ヶ日町　細江町
浜北市
雄踏町　浜松市
舞阪町

約73km
周囲 約280km
約52km

出所：浜松市公式HP。

が，静岡東部地区における政令市構想を提言し，それに行政が答えるという形で始まった。その当時のことを北脇保之氏（合併時，浜松市長）は次のように振り返る。

　　浜松の合併が具体的に動き出したのは平成14年からで，その前に民間での動きがあったということです。昭和63年の頃から商工会議所が合併とか政令指定都市ということを言い出していました。…商工会議所だけでなく他にも商工会議所の青年部やJC（青年会議所），経済同友会も合併の話をして

いて，合併には政令指定都市への移行が不可欠だということを発信し，経済界を中心に合併ということへの世論づくりというか，気運を醸し出していったということが重要だと思います。(北脇氏)[15]

合併特例法の期限切れが近づいていたことも影響していたと思われるが，浜松市の地元経済人の支援を受けていた北脇氏の招待により，平成14年10月7日，「環浜名湖政令指定都市構想研究会」(以後，研究会) が14市[16]で開催される。当該地域の自治体は「環浜名湖政令指定都市構想」を目の当たりにすることによって，自分たちの市町村合併における利害を意識することとなった。しかし，そのレベルは市町村によって温度差があった。全国的に合併自治体が多かったことや，近隣地域との合併話がなされていた自治体は，「環浜名湖政令指定都市構想」に対して自らの自治体が，何処と合併することがよいのかを検討する必要性を認識するが，政令指定都市という政策的目標が掲揚されたことによって，その意識を鮮明にすることになる。

「環浜名湖政令指定都市構想」という政策的目標の内実を埋めるべく，研究会はいくつかの方針を採用していく。例えば，「都市内分権」，「一市多制度」，「地域審議会の設置」等があげられる。これらは，新浜松市において，行政組織体は一つになるが地域の独特な事業はそのまま補助的制度として取り込むことが可能となることを想像できる表現であった。そして，実際に各自治体の地域色の強い事業を単純に廃止するのではなく継続することは，後の合併協議会で確認され，183個の固有事業とサービス差異を認めることになる[17]。一市多制度の対象となった事業は，「① 地域の伝統・文化・芸能の育成・支援，地場産業の振興等に関するもの，② 道路，地形，高齢化等の地域固有の事情・特性によりサービスに差異が生じているもの，③ 受益と負担の関係が明白で，バランスが取れているもの，④ 地域住民との関係で気づき上げられた事務執行の手法 (ローカルルール)，⑤ 上記以外であるが，地域の個性を尊重するもの」とされており，これらは事務レベルにおけるすりあわせ作業の中で調整され，後に合併協議会において当該地域の代表者である市長たちの合意形成のもと合併協定や新市建設計画に明文化されていく。

4.3「クラスター型政令指定都市構想」の掲揚

　同年6月2日，湖西市が，「環浜名湖政令指定都市構想」の合併準備会への不参加を正式表明する。離脱理由を湖西市長は「市は財政的に自立している」，「アイデンティティの異なる市町村が一緒になるのは難しい」と述べる。北脇市長も「湖西市の離脱については立地企業への配慮といった事情の中での判断で，尊重したい」と述べており，湖西市内に工場を置く企業（株式会社デンソー，アスモ株式会社などトヨタ系部品工場）[18]の利害に配慮したことが伺える。このことで「環浜名湖」の輪がつながらなくなったため，法定協の名称は「天竜川・浜名湖地域合併協議会」となった。そこでは浜松モデルの政策的目標として新たに「環境と共生するクラスター型政令指定都市」が掲揚される。このクラスター型という表現は，各市町村が葡萄の房のように独自の特色や制度を残したまま合併するということを表現したメタファーであり，各市町村にとってはそれぞれの究極目標である自らの地域における公共の利益の向上をイメージさせるものであった。

　この政策的目標は，浜松市と周辺自治体をはじめとする多様なアクターの利害を取り込むことを可能とした。浜松市は地元経済界が政令指定都市の実現を強く求めており，70万人を超える合併を実現させることでそれが可能となる。天竜市，春野町，佐久間町，水窪町，龍山村の5市町村は，都市部への人口の流出と高齢化という問題を抱えており，合併に北遠地域が足並みをそろえてコミットすることで，北遠地域の存在価値を高め生き残りをかけていた[19]。細江町，引佐町，三ヶ日町は，住民側から独自性を求める声があがっていたが，産業のほとんどが農業であるため財政的には不安を抱えており，やや消極的な姿勢で合併にコミットする。浜北市は浜松市のベットタウンであり住民の過半数は浜松市とのつながりが深く，政令指定都市構想は浜北市の地元財界の望みでもあった。ただ，湖西市離脱により，13市町村の中で2番目の人口となった浜北市は，自らが離脱することによって政令指定都市構想そのものが崩壊することを意識することになり，当然，合併を有利に進めるべく条件闘争を仕掛けてくる。これには，現職議員の中に定数削減への抵抗感を持つ者が多かったことも影響したと考えられる。舞阪町，雄踏町は，2町での合併か，競艇（ボートレース浜名湖）でつながりのある新居町を含めた3町での合併を検討中であ

り，すでに合併の必要性を感じていた。しかし，大きな浜松市に飲まれるという住民の不安があったのは事実である。そして，湖西市離脱の影響もあって，新居町は準備委員会を離脱する。

　合併の取り組みが顕在化する中で，市民グループや経済界も大きな動きを見せる。例えば「クラスター型政令指定都市構想」が掲揚されると，浜松商工会議所は浜名湖を中心とした地域活性化を切望していたため，積極的に合併を推進するという立場を示す。なぜならスズキ株式会社や株式会社河合楽器製作所を代表とする，地域財界はものづくりを中心とするため，中部圏と関東圏の間に位置する浜松地域が空洞化することを危惧していた。特に，浜松青年会議所と浜北青年会議所は政令指定都市実現に向けた署名活動を実施する。一方，東名高速や東海道本線から離れた山間地域に位置するため，経済的発展に不安を抱える天竜青年会議所は，「北遠地域は一つである」という地域性を強調することで北遠5市町村（天竜市，春野町，龍山村，佐久間町，水窪町）の結束を強化し，合併こそが北遠地域の将来展望につながることを強調する[20]。他方，市民グループ「浜松都市環境フォーラム」は，「クラスター型政令指定都市構想」の掲揚にLRT（Light Rail Transit）[21]の導入の可能性を見い出し，浜名湖を中心とした国際都市を目指す旨の提案書を発表している。これら市民グループや財界の動きは，彼らを支持母体とする北脇市長や市議会議員を動かし，政令指定都市構想の当初の原動力となった。

　これらの経緯を経て，平成15年9月29日に「天竜川・浜名湖地域合併協議会」が設置される。「クラスター型政令指定都市構想」は対等の精神で合併協議を進めていくことを目的としており，12市町村の長，議長，学識経験者，大学教授，県職員，市町村にとらわれない学識経験者など計42人のメンバーによって構成されていた。この構成メンバーの役割について興味深い点として，合併を有利に進めるべく条件闘争を仕掛けてくる浜北市と，財政困難や高齢化，過疎などの地域課題を抱える故に合併を強く望みつつも，北遠地域の価値を高く持ちたいとする天竜市が副議長の立場を与えられていることである。人口比率や合併時に市であったという理由もあるだろうが，この両市長を副議長の位置に据えることは重要な意味があったと筆者は考える。なぜなら，次節でも検討するが，合併協議会の議事録を分析していくときにしばしば目にする

のが，最後まで抵抗勢力として合併先延ばしの発言をする浜北市長に対して，真っ向から批判の声を上げる天竜市長の発言である。合併における利害闘争を収束させるため，また合併をクラスター型にするためには，政令指定都市になるためにどうしても必要だった浜北市を重要な地位に据え，その発言権に対する抑制力として北遠地域の代表者を重要な地位に据えることが必要であったと考えられるのである。次節では，合併協議会の中でも特に各市町村の利害が明らかに読み取ることができる合併方式の決め方について考察する。

4.4　合併方式の決定：自治体間闘争の発生と北脇氏が発揮した政治的手腕

「天竜川・浜名湖地域合併協議会」（以後，合併協議会）は，第Ⅰ期に協議項目の説明，第Ⅱ期にその内容に関する具体的な方向付けを行い，第Ⅲ期で新市の建設計画など最終的な決定を行うというタイムスケジュールで開催された。合併協議会において特に自治体間闘争が顕在化するのは，合併方式，地域自治区の設立，3,300に及ぶ事務事業のすり合わせ及び新浜松市における議員定数の議論であった。なかでも合併の方式についての議論は，合併協議会の初期段階である第2回合併協議会（2003年11月6日開催）から第5回（2004年2月10日）の中心的議題であり，「クラスター型政令指定都市構想」を参照した各自治体の利害がはっきりと表れるフェーズである。第2回の時点においては新設合併派が天竜市・舞阪町・引佐町・佐久間町の4自治体，編入合併派は浜松市・細江町の2自治体，その他は保留であった（表6-1）。

ただし，保留といっても，浜北市は合併の方式そのものを先延ばしにするかのような発言がみられ，浜松市に対するカウンターパワーとして重要な役割を果たすことになる[22]。

この，新設合併の場合すべてが新たになるため，編入合併に比べると時間的コストと金銭的コストが多い。浜松市を含めすべての首長は職を失う。他方で，編入合併とすることで，住民サイドは対等合併ではないという印象をうけることを危惧する自治体が多かった。しかし編入合併の場合，浜松市は首長を変更する必要を免れ，様々な行政システムを継承できるというコスト的メリットを持つ。これは，行財政諮問委員会として迎え入れることになる鈴木修氏（株式会社スズキ会長）を代表とする浜松市の地元経済界を納得させることに

表6-1 各市町村の利害関係

	利害	合併方式	地域自治区
浜松市	・財界からの要請 ・政令指定都市のため人口確保が必要	編入	地方自治法
浜北市	・財界からの要請 ・中心地に次ぐ第二の存在としての地位獲得	保留 （新設）	合併特例法
天竜市	・過疎化，高齢化を解消したい ・北遠地区の価値向上，活性化	新設	地方自治法
舞阪市	・競艇が財源で困っていない ・浜松に飲み込まれたくない	新設	地方自治法
雄踏町	・競艇が財源で困っていない ・浜松に飲み込まれたくない	保留	地方自治法
細江町	・財政的不安を解消したい ・住民は合併したくない	編入	地方自治法
引佐町	・財政的不安を解消したい ・住民は合併したくない	新設	地方自治法
三ヶ日町	・財政的不安を解消したい ・住民は合併したくない（三ヶ日という名を残したい）	保留	地方自治法
春野町	・過疎化，高齢化を解消したい ・北遠地区の価値向上	保留	地方自治法
佐久間町	・過疎化，高齢化を解消したい ・北遠地区の価値向上	新設	地方自治法
水窪町	・過疎化，高齢化を解消したい ・北遠地区の価値向上	保留	地方自治法
龍山村	・過疎化，高齢化を解消したい ・北遠地区の価値向上	保留	地方自治法

出所：筆者作成。

もつながった。

　各市町村の首長は，彼らが背後に持つ地域住民や議会の利害代表者として合併方式についての発言をする。その発言からは，掲げられた「クラスター型政令指定都市」という政策的目標は，市町村の大きさや人口に関わらず対等の立場での合併を意味するものだという期待が込められていたことが如実に示されている。

　　舞阪町では町民や議会議員の多数が新設合併を求めている。…12市町村が対等の立場で協議していくことが必要であるため，新設にするべき…。こ

のようなことから合併の方式が編入合併になれば，住民感情からも受け入れられないことがあるのではないかという懸念がある。編入合併ではどうしても浜松市に吸収されてしまうというようなイメージが非常に強い。(舞阪市長) [23]

やはり新設合併でいこうと言うことになった。これは天竜市長が説明会において対等合併，対等合併と言ったものだから，その影響も多分あると思う。(天竜市議会議長) [24]

新設合併か編入合併かというのは字句の問題であり，これは制度を全部詰めた後に，新たにスタートさせるというやり方をすれば，新設合併になるだけという解釈も成り立つ。…最後まで1つも脱落することなく政令指定都市になっていくようにしていかなくてはいけない。これが我々の最大目標であり，そうした中でそれぞれが自分たちの主張を譲る必要がある。(浜北市長) [25]

各アクターは「地域住民の幸福，福祉の増進」，「対等の精神」という表現で浜松に飲み込まれることに対する抵抗感を強く主張する。しかし，この合併は財界発であり，浜松商工会や経済同友会など財界は「行政改革の一環として議会のスリム化」をするという提言を出していた。当然，浜松市としては対する配慮も必要となる。このように，市民自治の論理と政策の論理の両者の利害に配慮しながらリーダーシップを発揮することで，当初は新設合併派だった市町村を徐々に編入合併へと巧みに収束させていく。例えば，本来であれば編入されることに抵抗を感じる立場にある細江町に，行政改革をすることが合併の目的の一つであるとする発言を任せることで各市町村の協力を求めている。

時間とコストという点で明らかに編入合併のほうがメリットがあると思う。…この合併の目的は行政改革をしようということも大きな柱になっていると思う。しかしその一番先の入り口で，いかにもコストをかけるということは，明らかに市民あるいは住民に対して信頼を欠くような行為にならない

かと，私は非常に心配している。(細江町　堀越委員)[26]

　一方，浜松市は「行政改革」「コスト」という技術的メリットを全面に押し出すのではなく，「対等の精神」，「存続する自治体」，「都市内分権」，「クラスター型の地域内分権」という言葉を強調し，「各市町村のよいところを残すことは新設合併でも編入合併でもどちらでもできる」「クラスター型の地域内分権を大事にした市を目指していく」と説得することで，この合併が旧自治体の自治を奪うものではなく，むしろ，合併によって財政的に生き残り困難な自治体の救済という地域福祉の向上をイメージさせる言語への書き換えにより，利害調整を図っていく。

　合併の方式を議論するにあたり，前提とすべきことがいくつかあると思う。その1つは対等の精神で合併を勧めるということである。…3番目に新設合併であれ，編入合併であれ，各市町村の持っている良いところを残すことが大事だと思う。新設合併なら各市町村の良いところがそのまま残るかというと，そういうことではない。新設合併の場合はすべての市町村が廃止になる。…新設合併が対等合併と言われるのは事実だが，いわゆる対等合併だからといって，旧市町村の制度，事業それぞれそのまま存続するわけではないということは押さえておく必要がある。…各市町村のよいところを残すということに関しては，新設合併でも編入合併でもどちらでもできることであり，すり合わせの実質的な内容は大きく違わない。ただし，事務の作業量，そしてそのために必要な時間，コストに関しては，新設合併のほうが相当に大きくなると考えている。(浜松市長)[27]

　自分たちが築き上げてきた町がどうなるのか，自分たちの町のまとまりや，よさが失われるのではないかという心配もあるということも肌で感じている。したがって，そのような不安を乗り越えていくために，この地域の合併については，クラスター型の地域内分権を大事にした市を目指していく。(浜松市長)[28]

第6章 市町村合併という自治体の再結合における利害マネジメント　153

　この様に北脇市長は，政策的目標の内実を埋める様々な言語を駆使することで，巧みに政治的手腕を発揮していった。結果として，新設合併派にとっての「クラスター型政令指定都市」という政策的目標に対する期待は，「一市多制度を尊重する」，「編入合併により浜松市に吸収されるというイメージを払拭する」，「新しいまちづくりとは白紙の上へ改めて書く」，「実をとるにはどうしたらいいか」という言葉に書き換えられることによって満たされ，利害闘争の収束が図られたと言えよう。

　　ぜひクラスター型の都市づくりと一市多制度を尊重してほしい。それらを基本にして，これからの都市づくりをしていくならば，合併の方式についても，それなりの考えが出てくるだろう。クラスター型の都市づくりと一市多制度を尊重することで，編入合併の浜松市に吸収されるというイメージを払拭してほしい。(引佐町　青島委員)[29]

　　クラスター型をはじめ，とにかく全国に例のないまちづくりをやらまいかということから，新しいまちづくりとは，白い紙の上へ改めて書くのだろうという受け止め方をした。(春野町長)[30]

　　私はまだ，合併の方式について明言していないが，方式はともかく，細江町として言葉は悪いが，実をとるにはどうしたらいいかということを考えないといけないと思っている。(細江町長)[31]

　さらに，具体的な内容として事業すり合わせにおいて各市町村が残したいと願う事業をできる限り継続すること，現在の市町村が合併後も発展するような事業を新市計画に盛り込むこと，第27次地制調で議論された地域自治組織を浜松市に導入することで都市内分権の法制度化を実現することを提案し，それぞれ12市町村が合併後も独自性の維持が実現可能となるであろう条件が加えられることになった。以下の発言を機に新設合併と編入合併の利害闘争の遡上にあがることによって，各市町村は編入合併方式をとることになだれ込んでいく。

この地域の合併については，クラスター型の地域内分権を大事にした市を目指していくということで話をしてきた。そのことを合併協議会で具体化したいと思っている。…その具体化には 3 点あると思う。1 点目は事務事業のすり合わせを各市町村がこれまでやってきた特色ある優れた事業については，残していくという方針ですること。2 点目としては…現在の各市町村の地域が発展していくような事業を…盛り込むように新市建設計画に盛り込むように作業を進めていきたいと思う。それから 3 点目としては，将来にわたっても，都市内分権が活きて各地域のまとまりや良さが維持できるような市の組織制度をつくっていかなければならないと思っている。そのために，地域自治組織，地域審議会を新市の制度としてどう取り組むか…（を）検討し，定めることで，将来にわたって地域内分権が担保されるような，組織制度をつくっていくことが大事だと思っている。（浜松市長）[32]

　現在の各市町村の事業を継承することを新市建設計画に盛り込み，都市内分権が担保される組織制度を検討することを確約することで，この市町村合併が見かけは編入合併ではあるが，内実は合併によって消滅する旧自治体の自治を守ることを可能にするという性質を強めることとなる。その結果として，利害闘争は収束に向かい，新設合併派だった各市の代表者は，都市内分権が可能となるのであれば編入合併でも止む無しという発言へ変化する。

　天竜市としてはメンツを捨て，編入合併のほうが将来も天竜市がうまくやっていけるのではないか，ということで，議会として編入合併でもやむなしという結論になった。…その編入合併やむなしの結論の後に，浜松市長が言っていた対等の精神，よい制度は浜松市以外からも取り上げる，それから電算機の整備の負担も全額浜松でもつ，クラスター型の理念といったものを堅持する，ということに強い要望があった。（天竜市議会議長）[33]

　現状では，編入合併に賛成である。…三ヶ日町民の 1 人としては，この合併にあたって，湖西市が脱会したという情報のもと，三ヶ日町は西の片隅に追いやられてしまうのではないかと大変心配していたが，前回の言葉と，

さらに，ただ今の新市建設計画においては，旧市町村の十分な発展を目指していくというようなこととか，都市内分権についても，十分に活きる組織であるようにという話を聞き，大変安心した。(三ヶ日町　大野委員)[34]

もし編入合併となったならば，…「各市町村のまちづくりを尊重し，その文化伝統を守り，地域の個性を担保する，新設に近い合併となるよう配慮するものとする」。という文言を付け加えるように切望する。(舞阪町長)[35]

　第4回合併協議会においては，浜北市と舞阪町を除く10市町村が編入合併を承認した。そして，新設合併を求めた舞阪町も，全体の意見に従うという立場をとる。これは，合併の方式についての原案の中に，対等の立場での合併がより鮮明になる文言を入れること，先の浜松市長の発言を約束事として遵守すること，「一市多制度」における各市町村の主張の尊重などを反映させるということを明文化するという条件づきであった。
　しかし，浜北市は引き続き条件闘争を仕掛けてきた。具体的な内容としては，浜松市の46議席に対して周辺市町村の19は対等の精神に反するという内容の，市議会議員の定数に関する協議に加えて，「浜北市民の賛同を得ることができていない」，「浜北市の行財政改革推進会議の意向を聞かなければならない」，「中央政府に詳しい法律家や総務省の意見を参照したい」など，市民自治の論理，政策の論理，行政の論理をその都度繰り返し理由として最後まで新設合併を主張する。しかし浜北市の主張は，政令指定都市構想が徐々に，財界主導の都市部中心の合併という性質ではなく，合併によって消滅する旧自治体の自治を守ることが中心的性質となったことから，他市町村からの賛同を得られず退けられていくことになる。

　議員が保身のために新設合併を主張しているのではないかと，市民にとらえられかねず非常に危惧している(雄踏町長)[36]

　合併方式が新設合併であろうと編入合併であろうと，対等の立場での合併ということである。編入合併は吸収合併だと言われるが，それは関係のない

ことで，中身の問題であるという認識である。(天竜市長)[37]

最終的に，第5回合併協議会において，浜北市はこれまで掲げられた政策的目標の内実を具体的に確認する内容の決議案を提案し，市民自治の論理を重視した合併となることを明文化することを条件として提示した。これをもって，浜北市と舞阪町も編入合併を了承し合併の方式は編入合併に決定されることになる。

4.5 「クラスター型政令指定都市構想」に基づく地方自治組織の設計

本節ではこれまで，浜松市の市町村合併における政策的目標の掲揚と，そこから生じる各市町村の利害と市長による政治的手腕の発揮という視点から，クラスター型政令指定都市構想という政策の内実が決定され，編入合併という合併方式が決定するまでのプロセスを分析してきた。このプロセスを通じて，財界を中心とした適正規模論＝政策の論理に紐付けられスタートした市町村合併は，各地域の独自性と住民サービスの維持を求める行政の論理に紐付けられた自治体組織，地域活性化や地方自治の維持を求める市民自治の論理に紐付けられた市民グループの利害を取り込むかたちで，当初とは異なる形で実現されていった。

クラスター型政令指定都市構想のもとで各市町村の利害を調整する形で編入合併が決められた後に議論になったのは，合併後の各自治体組織の役割の変更であった。浜松市の市町村合併を発議した地元財界は，市町村合併による財政健全化を期待し，行政組織のスリム化を求めていた。しかし，先述しているように，合併方式の決定に至る過程で各市町村を巻き込むため，「都市内分権」，「一市多制度」，「地域審議会の設置」がクラスター型政令指定都市構想という政策目標の内実と化していったことから，財界の求める行政組織のスリム化は不可能になり，各地域の求める福祉サービスが可能となる地方自治組織を設計していくことが求められた。

これは，クラスター型政令指定都市構想に基づいた，各地自体の自治権をめぐる"縄張り争い"であった。例えば，北遠地域からしてみれば，政令指定都市になる際，人口比率から考えると旧来の自治体規模での自治が不可能になる

可能性が考えられる。他の市町村においてもこれは同様であった。この区割りについては，すでに研究会である程度の合意が得られていたが，問題はその区に与えられる権限委譲のレベルであった。クラスター型政令指定都市構想を参照する各自治体は，当然，従来の行政サービスを合併後も継続することを期待した。議員数の調整は法制度である程度定められているため，地域住民の代表者たる議員による民意の反映は人口の多い中心部に偏る可能性が高くなることは想定された。その中で，どのように旧来の自治体の枠組みを維持するのかという問題に対し，以下の通り，地域自治組織の設置が議論されることになる。

　合併前の市町村単位で作ることができる地域組織としては，地域審議会と今回の改正によって導入されようとしている地域自治組織の2つがある。その旧市町村につながる地域審議会と地域自治組織があり，そして政令指定都市になると区がある。その相互の関係をどう整理して，地域内分権の仕組みをつくるかということが，大変重要なポイントとなってくると思う。（浜松市長）[38]

　政令指定都市移行後には，一般制度としての地域自治区を置くということ…これは，これまでクラスター型政令指定都市ということを言ってきて，旧市町村単位の地域自治組織を恒久組織として置いていくというのが，当協議会の方向性であるということを踏まえて…提案している。（浜松市長）[39]

　（議員定数の協議について）地域の声を拾い上げることが不足するところは，地域自治組織を十分に発展させていけば十分足りると考える。（細江町議会議長）[40]

地域自治区の設置が決定されたことによって，浜松モデルはより草の根的な組織性格を獲得することとなる。この地方自治組織の設計をめぐる争いは，地域自治組織を地方自治法に基づくものか，それとも「市町村合併の特例における法律（以後，合併特例法）」第3章に基づく合併特例区とするかという議論に発展していく。地域自治区を設置した場合，そこには地域協議会が設置さ

れ，そこで協議される内容は，住民の声をもっとも反映するものとして認められる。これが，合併特例区として設置した場合は，法人格を持つ組織として認められある程度の決定権が付与される。つまり，どちらの方式をとるにせよ，合併によって消滅する各市町村が新たなる下位組織としての地域自治区という形で存続することで，自らの領域を保障されることになる。

　浜北市のみが合併特例区を主張する。法人格を持った地域自治組織を設置することで，合併特例区がクラスター型政令指定都市の実現を具体的に担保し，合併特例区における協議会での議論が，新浜松市政に反映されやすくなると主張した。この浜北市の発言によって，各市町村がこの合併に求める旧市町村規模の自治権維持という利害も表面化し，従来の地域自治区ではなく，クラスター型を実現させる地域自治区を設置することへの議論が活発となる。具体的には，法的には諮問機関という位置づけにしかすぎない地域自治区の権限を強めることや，合併によって消滅する自治体規模での自治を可能とする組織の構築を求めていく。これは半永久的に存続するものであり，消滅する市町村の市民に歓迎される組織を目指していた。さらには，市民がまちづくりに積極的にコミットすることを可能にするものとなることが期待された。

　　一般の地域自治区は，法的には諮問機関という位置づけになっているが，これをもう少し皆さんで協議してもらい，地域住民の意見，要望を反映できるような，もっとより良い仕組みをつくりあげてほしい。新市の建設計画の進行具合をチェックするといったことは，そのような諮問機関でも建議できるということなので，むしろ半永久的に存続できる一般の地域自治区を内容的にもっと肉づけをして，地域住民の皆さんに歓迎されるような組織にしていくべきだと思う。（天竜市長）[41]

　地方自治法の地域自治区は，もちろん一つの自治体の中にある内部組織なので限度はあるが，いかにそれを充実させ，地域住民の声を行政に反映していくかが重要である。…今まで提唱しているように，環境と共生するクラスター型の政令指定都市を目指し，都市内分権という，この地域の特性，町の特性を活かした，行政と住民が連携した新たな地域づくりに貢献できるもの

と期待(する)。(引佐町長)[42]

　地域自治組織については，合併後も恒久的に続く行政の仕組みであるので，十分な議論と理解が必要ではないかと思っている。…浜北市長が「とにかく市民と相談して」ということであり，良い方向へもっていけるような形をとってほしい。(舞阪町長)[43]
　今提案されている地域協議会は，提案型地域協議会であり，諮問や提案をすることに限られている。これは「新市に対して何かやってくれ」という協議会になるが，そうではなく，市民が各地域でまちづくりに参加し，自分たちが今までずっとやってきたまちづくりを継続していくという，積極的，能動的な地域協議会であることが大変大事だと思う。(佐久間町長)[44]

この地域自治区に対する期待は，各市町村が合併後も自治を引き続き恒久的に確保するべくしかけた利害闘争の現れであった。他方で，地元財界から支援を受ける北脇氏にとって，この提案をそのまま丸呑みすることはできない。そこで北脇氏は，地域自治組織を地方自治法の規定に基づく地域自治区を旧市町村単位に設けるという折衷案を提案する。この提案は，合併特例区のような各市町村の自治権こそ法律上担保されないものの，地方自治区を各市町村に置くことで実質的な地方自治を各市町村の既存組織が担う形にすることで，一方では各市町村がクラスター型政令指定都市構想にコミットし続ける状況を作るとともに，他方では地元財界が求める財政健全化を将来的には地方自治法に基づき市長主導で可能にする道を担保するものであった。更に北脇氏は，地方自治区の設計に際して市民グループを巻き込む仕掛けを盛り込んでいく。地域自治区には，住民(第三者機関)が推薦したもので構成員される地域協議会が組織されることになる。これは，市長や地域自治センターの諮問，当該地域の市政全般に関する建議・要望を行う役目を担う組織であった。地域自治区の行政サービス実施機関である地域自治センターにも，その機能を高め，「市民に最も身近な行政機関での地域完結型の事務事業の展開を目指さなくてはならない」という文言が新市建設計画に盛り込まれる。そして，政令都市移行後も，浜松地域自治区及び浜北地域自治区を除く10自治区は存続するものとされた。

クラスター型政令指定都市構想という政策的目標のもとで，北脇氏が各市町村の利害を取り込む政治的手腕を発揮していくことで，合併方式と地方自治組織の設計が行われ，後に浜松モデルとして理想化される浜松市の市町村合併は実施された。しかし，この市町村合併が，新浜松市を構成するすべての関係者の利害を満たしているわけではなかった。特に，各市町村を巻き込むため都市内分権の性質を色濃く反映した地方自治組織を設置することに際して，財政健全化を求める財界の利害は大幅に譲歩が求められていた。このことが，北脇氏が率いる新浜松市の新たな利害闘争のステージの戦端となった。

実際，地元財界によって構成される行財政諮問委員会は，新浜松市の経済的合理性から見て無駄の多い合併であると問題視していた。もともと北脇氏は行政のスリム化と財政健全化を期待され，地元財界からの支援を受けて当選した市長である。しかし，北脇氏が実現した新浜松市は，自らの支持母体の利害を満たすものとはならなかったのである。当然，地元財界は地方自治法に基づく市長の権限で，行政組織のスリム化を求める。他方で，市町村合併のための協議会を組織した北脇氏にとって，支持母体の意向に基づき地域自治区を再編することは，合併に応じた各市町村に対する裏切りとなる。

地元財界と地方自治区との間に生じた新たな利害闘争は，平成19年4月の任期満了に伴う市長選で3選を目指して出馬した北脇氏に対して，地元財界が鈴木康友氏を擁立するという形で正面衝突する。この市長選では，北脇氏のかつての支援者であった鈴木修氏を代表とする財界が鈴木康友氏を支援するという形で政策の論理に基づいた「一市一制度」を公約とする選挙戦を展開した。他方で市町村合併によって旧市町村と市民グループからの支持基盤を構築した北脇氏は，クラスター型政令指定都市構想のもとでの地域自治区の維持，すなわち行政の論理と市民自治の論理を全面に押し出す形で対抗していった。

この市長選は，1万1千票という僅差で鈴木氏が勝利する。当然，鈴木新市長は「一市多制度」から「一市一制度」への変更を目指し，平成22年3月をもって地域自治区の廃止を決定した。しかし，すべての地域審議会から「地域協議会の存続を求める要望書」が提出されるという反撃に見舞われる。また，議会においても小沢明美市議会議員（社民党）等を代表とする市民自治の論理からの猛反対に直面し，廃止は平成24年3月に延期されることとなった。

鈴木康友氏は確かに地元財界からのバックアップで選挙戦を戦った。しかし，浜松市長に就任するということは，地元財界の代表者ではなく，浜松市すべての利害関係者の代表者としての役割が求められる。それ故に，各地域の地方自治組織の利害を代表する地域審議会の要望書と，市民の利害を反映した議会からの反対を無視することはできなかったのである。いわば，北脇氏の政治的手腕によって価値を注入されたクラスター型政令指定都市構想に基づく新浜松市は，北脇氏が市長の座を降りたあとも魂が込められた組織として，地域社会の志望を象徴するようになり生き残り続けている。各市町村と議会の抵抗も虚しく地域自治区と地域協議会の廃止は覆ることがなかったものの，旧地域自治区単位でまちづくり協議会が受け皿的存在として発足し，クラスター型政令指定都市構想は依然として作動し続けているのである。

5. おわりに：理念を媒介とした利害マネジメント

　本章では，浜松市における市町村合併を事例として，厚生に基づく行動として，政策の論理，行政の論理，市民自治の論理それぞれに紐付けられた利害関係者の自助努力を取り込み，再統合していくときに求められる理念をベースにした利害調整を可能とする制度的リーダーシップという分析視角から，公共政策領域におけるソーシャル・イノベーションの実現プロセスを明らかにしてきた。
　従来の市町村合併研究は，政策形成における技術的側面を重視する政策の論理と，政策遂行における管理行動を重視する行政の論理と，政策内容が地域にどう影響を及ぼすのかを重視する市民自治の論理という3つの論理がお互いを批判しあう形で議論展開が進められていた。この対話不能な構造のもとで個別の論理に紐づく合併が推し進められる場合，理念化した特定の論理を当該地域において共有することによって合併が進めていくという分析が市町村合併研究には見受けられた。当然，そのような分析では，排除された他の論理とそれに紐付けられた利害関係者や研究者による反発と批判を招き，遠からず（例えば市長選のたびに）市町村合併が反故になる，もしくは以前の合併や地域自治組織の設計が失敗したと位置づけ新たな改革を試みることになる。言うなれば，

政策の論理，行政の論理，市民自治の論理を対話不能な対立の構図として放置することは，必ずソーシャル・イノベーションが失敗し続けるという帰結を招くという，理論的・実践的課題を有するのである。

しかし，Selznick（1949；1957）の知見に基づくとき，市町村合併とは公共の利益の追求という理念の下で，当該地域の各主体が自らの目的を遂行するために動員しようとする多様な利害を持った他者との権力関係の場として読み解くことが可能となる。言い換えるなら，公共政策を通じて行われるソーシャル・イノベーションとは，当該地域のアクターがそれぞれに紐付けられた政策・行政・市民自治の論理のもとで行う自助努力として政治的闘争を仕掛けていく闘争の場と捉え直される。この闘争の場を通じて，新たな秩序として形成される組織体と，そこから生まれる新たなる利害闘争への動態的適応としてのソーシャル・イノベーションの実現が見い出される。

この知見に基づき，本章では，我が国独自の社会性である厚生の存在をもとに，市町村合併を，政策の論理，行政の論理，市民自治の論理の各ロジックに根付いたアクターの自助努力を取り込み，社会変革を実現していくマネジメントプロセスとして捉え直すという新たな分析視角を提示し，浜松市の市町村合併の事例分析を行った。

この分析視角から明らかとなった発見事実は以下の通りである（図6-3）。

第一に，当該地域におけるそれぞれの論理に基づくアクターの利害を見い出すことが可能となる目標掲揚が重要となる。浜松市の事例では，クラスター型政令指定都市構想という政策目標の掲揚によって地域内の各アクターが持つ独自の利害を表出化され，利害闘争が生じることとなった。この目標掲揚によって，各市町村の合併への思惑が明確化され，北脇市長はそれぞれの論理に紐付けられた各アクターの利害調整を行うことが可能となったのである。その目標掲揚は動態的なものであり，ステージごとで更なる変更が加えられていった。当初は"環浜名湖"とすることで，浜名湖周辺全域が対等合併をするというイメージを持たせる。このことは，経済圏が愛知県に向いていた湖西市と新居町の離脱を促すこととなった。2市町が離脱したことから，天竜・浜名湖周辺という縦軸の表現へと変更していくが，これは，北部の天竜市と人口第二位の浜北市が自らの立ち位置を意識し，主張を明確にしていくことにつながってい

図6-3 理念ベースの利害マネジメント

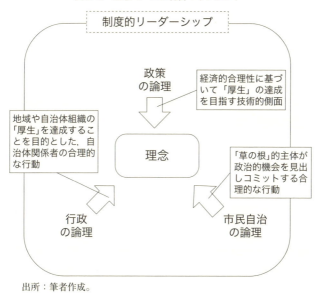

出所：筆者作成。

く。

　第二に，掲げられた目標の下で，抵抗勢力になるステークホルダーに対して，重要な役職に任ずることで封じ込めたり，反対意見を条件闘争のレベルに落とすという手段が取られた。政令指定都市の人口を満たすには自分たちの存在が重要であることに気づいた浜北市は，浜松市に飲まれることを恐れて全面的に闘争を仕掛けてくるが，北脇市長は浜北市長を副委員長に据え，そのカウンターパワーとして北遠地区の代表者である天竜市長をもう一人の副委員長に据えることで，浜北市は離脱という選択肢をとるのではなく，自らの求める公共の利益を実現させるために条件闘争を仕掛けていくようになる。また，天竜市は北遠地域の利害を代表する立場として，合併に飲み込まれることを恐れる小規模自治体の取り込みをする側に立たざるを得なかったのだ。

　第三に，個別の利害に基づく公共の利益という理念が実現していることを明確にするために，物的証拠を残すことの重要性である。これは，結果的に財界の利害を代表していた浜松市の狙いとは異なる新浜松市を，新たな性質を持つ

た市町村として作動させることになっていくのだが,議席数の割り振りや地域自治センターの設置などを行うことで,各市町村の利害は満たされていった。この際も,個別の制度を検討していくうえで新たな「都市内分権」,「一市多制度」,「地域審議会を設置」という個別目標を再掲示し,12市町村の利害調整が行われていったのである。これは,Selznick(1957)が強調した,組織に魂を込めることに繋がり,合併後に北脇市長が敗退した後も,地域自治区や議会からの強い要請を受け都市内分権が実質的に継続されていったことに,象徴的に現れている。

この様に,市町村合併に求められる首長の役割とは,理念を掲げることでステークホルダーを取りまとめていくという単純な分析にはなりえない。ソーシャル・イノベーションを実現させるリーダーシップとは,理念を媒介し,発生する利害を調整しつつステークホルダーの自助努力を取り込むために理念を道具として活用していく利害マネジメントの実相として,本章で事例をもとに明らかにした発見事実のように具体的な行為のレベルで明らかにされるものなのである。

(木村 隆之)

注
1 総務省合併資料集平成23年度末。http://www.soumu.go.jp/gapei/gapei.html.
2 合併政策は,元々は地方分権論の文脈で議論されていたものであったが,2001年,小泉政権下で組織された経済財政諮問委員会において,市町村合併が中心的議論に据えられ,市町村合併は財政健全化の政策としての性質を持つようになった(今井,2008;2009;2011)。
3 適正規模論の源流は,自治体の最小効率規模であり,標準的な経済分析において,平均費用が最小になる規模を指す。
4 新川(1988)は,歳出決算額を人口一人当たりで割り返し,町村では人口8,000人以上,都市では5万5,000人以上43万人以下が適正とする。横道・沖田(1996)は,面積ごとに一人当たりの歳出額の最低値をとる人口規模から導き出す。吉村(1999)は歳出決算額と行政サービス水準の比較から人口24万人が適正規模とする。
5 吉村(1999)は「市町村合併はただやみくもに推進されるべきではなく,本書におけるような地方財政の観点からだけでなく,産業経済や,さらに地方自治,コミュニティなど,広範な観点から検討されなくてはならない。…本書で明らかにされる最適都市規模に従って一律に市町村合併が進められるべきであると,筆者が主張しているわけではない」(吉村,1999,16頁)と,適正規模論に従って市町村合併をすることに対して否定的な立場をとる。
6 今井(2008)は,この背景に,合併によって生じる市町村議会議員数の現象によって政党政治の中央集権化が進み,自治体政治に対する中央政党の政策影響力強化という自民党の狙いがあったと分析している(今井,2008,188頁)。

7　2001年10月，福島県矢祭町が「市町村合併をしない矢祭町宣言」を出して全国的に注目された。
8　大森 (2003) は，第27次地方制度調査会で提出された西尾勝 (2002) の「今後の基礎的自治体のあり方について（私案）」（「西尾私案」）に対して，町村会の意見を取りまとめ西尾私案を真っ向から批判している。市町村合併推進策として，従来の地方自治法より合併が財政的に有利になるような法整備を実施し，合併策を選ばず一定の人口規模を満たさない自治体に対しては事務能力を制限するという内容だったからである。この「西尾私案」は新しい合併推進策を提示しているものではなく，あくまでも一委員による整理資料であり，地制調や公的組織の決定を伴うものではなかったが，全国の自治体関係者に衝撃を与えた。
9　名和田 (2003) は，この法制度の枠組みから追放されたコミュニティが制度化されていく可能性を指摘する。例えば，第27次地方制度調査会で法制度化される「自治組織」に自治の機会を見い出す主体に着目し，「地域自治組織」「地域自治区」「地域審議会」等の運用を積極的に行い，第二次世界大戦後，GHQ によって法制度の枠組みから追放された「小学校レベル」のコミュニティが再び自治の担い手となることこそが地方分権の鍵であるとする。彼の理論的背景にはウェーバーの理論的枠組みが存在しており，市町村合併の大規模化した市町村の内部に小さな自治のシステムを作る方向性に関心の的を置く。
10　金井 (1991) では，制度的リーダーシップを社会化の同義として解釈している。
11　例えば，兵庫県篠山市の合併は，当初「合併の模範生」と評価されていたが，現在は合併の弊害に苦しんでいる事例として取り上げられている（葉上，2008）。この事例は，政策の論理に基づいて組織形成がなされたものの，技術的側面にのみ着目しすぎたことで，そこに集まってくるアクターによって組織が壊される可能性への配慮が欠けていたことを示している。
12　地方公務員法第30条で，服務の根本基準を，「すべての職員は，全体の奉仕者として公共の利益のために勤務し，且つ，職務の遂行に当つては，全力を挙げてこれに専念しなければならない」としている。
13　齋藤 (2000) は我が国の「公共性」の意味内容を以下の三つに分類する。第一に，国家に関する公的なもの。第二に，特定の誰かにではなく，すべての人に関係する共通のもの。第三に，だれに対しても開かれているという意味（佐藤，2000，iv-ⅴ頁）。彼の議論では，我が国においては，1990年以前は，「公共性」とは官製用語であり，国家の行政活動を正当化する用語であった。それが，近年では，市民社会の独自の意義が強調されるようになり，「市民的公共性」の生成がなされていると指摘している。
14　以降，合併関連の年号は和歴とする。
15　財団法人豊橋青年会HP参照。http://www.t-jc.jp/2010/index.php?option=com_content&task=view&id=230&Itemid=60
16　浜松市，浜北市，天竜市，湖西市，新居町，舞阪町，雄踏町，細江町，引佐町，三ヶ日町，春野町，佐久間町，水窪町，龍山村の14市町村。
17　『新「浜松市」誕生天竜川・浜名湖地域合併の記録』(2006) 44-47頁；262-264頁。
18　湖西市内のトヨタ系工場には，毎日五千人近くの従業員が愛知県豊橋市から働きに来ており，市内の自動車関係の工業生産高（八千六百億円，2000年度）の7割も豊橋港から輸出されている。
19　天竜市，春野町，龍山村，佐久間町，水窪町の北遠5市町村は，平成15年5月13日，「北遠は同一行動で準備会に参加する」と宣言している。
20　『新「浜松市」誕生天竜川・浜名湖地域合併の記録』(2006) 54-55頁。
21　国土交通省道路局の説明によると，「LRTとは，低床式車両（LRV）の活用や軌道・電停の改良による乗降の容易性，定時性，速達性，快適性などの面で優れた特徴を有する次世代の軌道系交通システムのこと」である。(http://www.mlit.go.jp/road/sisaku/lrt/lrt_index.html)
22　「…浜北市長が一生懸命引き延ばしをして，1日でも遅く合併しようとしているのではないかと，

非常に不信の念を持ってしまう」(雄踏町長)「第2回天竜・浜名湖地域合併協議会 議事録」30頁。
23 「第2回天竜・浜名湖地域合併協議会 議事録」25-26頁。
24 同上, 26頁。
25 同上, 28頁。
26 同上, 27頁。
27 同上, 31-32頁。
28 「第3回天竜・浜名湖地域合併協議会 議事録」25頁。
29 同上, 24-25。
30 同上, pp.35頁。
31 同上, 35頁。
32 同上, 25頁。
33 同上, 26頁。
34 同上, 29頁。
35 同上, 37頁。
36 「第4回天竜・浜名湖地域合併協議会 議事録」36頁。
37 同上, 37頁。
38 「第4回天竜・浜名湖合併協議会 議事録」19頁。
39 「第7回天竜・浜名湖地域合併協議会 議事録」26頁。
40 「第9回天竜・浜名湖地域合併協議会 議事録」9頁。
41 同上, 35頁。
42 同上, 35-36頁。
43 同上, 39-40頁。
44 同上, 40頁。

参考・引用文献

Aims, J., Slack, T. and Hinings, C. R. (2002) "Values and Organizational Change", *The Journal of Applied Behavioral Science*, Vol.38, No.4.

Hall, P. A. and Taylor, R. C. R. (1996) "Political Science and the Three New Institutionalism", *Political Studies*, Vol.44, No.5.

Morrison, P. (1945) "Public Administration and the Art of Governance", *Public Administration Review*, vol.5, No.1, (winter, 1945), pp.83-85.

Perrow, C. (1972) *Complex Organizations: A Critical Essay*, Scott, Foresman & Co. (佐藤慶幸監訳『現代組織論批判』早稲田大学出版部, 1978。)

Schneiberg, M. and Lounsbury, M. (2008) "Social Movements and Institutional Analysis", Greenwood, R., Oliver, C., Suddaby, R. and Sahlin, K. (eds.), *The Sage Handbook of Organizational Institutionalism*, Sage Publications, pp.650-672.

Selznick, P. (1949) *TVA and the Grass Roots; A Study in the Sociology of Formal Organization*, University of California Press.

Selznick, P. (1957) Leadership in Administration, Harper & Row. (北野利信訳『新訳 組織とリーダーシップ』ダイヤモンド社, 1970。)

Thornton, P. H. and Ocasio, W. (1999) "Institutional Logics and the Historical Contingency of Power in Organizations: Executive Succession in the Higher Education Publishing Industry, 1958-1990", *American Journal of Sociology*, 105 (3), pp.801-843.

Wooten, M. and Hoffman, A. D. (2008) "Organizational Fields: Past, Present and Future",

Greenwood, R., Oliver, C., Suddaby, R. and Sahlin, K. (eds.), *The Sage Handbook of Organizational Institutionalism*, Sage Publications, pp.130-147.

青木宗明（2006）「「平成の大合併」から学ぶべきこと―求められる「地方の意向」の反映―」町田俊彦編『「平成の大合併」の財政学』1-21 頁，公人社。
今井照（2008）『「平成大合併」の政治学』公人社。
今井照（2009）「市町村合併検証研究の論点」『自治総研通巻』373 号，1-59 頁，地方自治総合研究所。
今井照（2011）「市町村合併に伴う自治体政治動向について（2010・完）―平成の大合併の終焉―」『自治総研通巻』387 号，1-31 頁，地方自治総合研究所。
今里滋（1997）「アメリカ行政学の回顧的展望：事例研究と組織研究」『法政研究』63 巻，877-949 頁。
大森彌（2003）「これからの自治のかたち」『年報自治体学』16 号，3-6 頁。
大森彌（2008）『変化に挑戦する自治体―希望の自治体行政学』第一法規。
大森彌・卯月盛夫・北沢猛・小田切德美・辻琢也（2004）『自立と協働によるまちづくり読本　自治「再」発見』ぎょうせい。
金井壽宏（1991）『変革型ミドルの探求―戦略・革新指向の管理者行動』白桃書房。
北野利信（1986）「セルズニックの啓示」『大阪大学経済学』Vol.36, No1・2, 99-116 頁，大阪大学。
経済財政諮問会議（2001）「今後の経済財政運営及び経済社会の構造改革に関する基本方針」（6月26日）内閣府。
小西砂千夫（2000）『市町村合併ノススメ』ぎょうせい。
小西砂千夫（2007）「フィールドに学ぶ経済学が求められている時代」『書斎の窓』第 569 号，24-27 頁。
齋藤純一（2000）『思考のフロンティア　公共性』岩波書店。
佐藤郁哉・山田真茂留（2004）『制度と文化―組織を動かす見えない力―』日本経済新聞社。
市町村の合併に関する研究会（2007）「新しいまちづくりを目指して～合併市町村の取組みの実態～」総務省。
第 27 次地方制度調査会（2007）「今後の地方自治制度のあり方に関する答申」（11月13日）内閣府。
辻山幸宣（2008）「合併自治体の議会のこれから」『地方自治　職員研修　合併自治体の生きる道』第 41 巻通巻 575 号，34-50 頁，公職研。
名和田是彦（2003）「地域社会の法社会学的研究の理論枠組の試み」『地域の法社会学』5-21 頁。
名和田是彦編（2009）『コミュニティの自治』日本評論社。
新川達郎（1988）「自治体の規模と行政コスト」『自治体の施策と費用』229-250 頁，学陽書房。
西尾勝（2002）「資料今後の基礎的自治体のあり方について（私案）」『地方行政』No.9496, 16-19 頁，時事通信社。
野田俊彦（2006）『平成大合併の財政学』公人社。
葉上太郎（2008）「カネに始まり，カネに終わるのか―「まちづくり」なき合併の実相」『地方自治職員研修』臨時増刊 88 号，66-80 頁，公職研。
松嶋登・浦野充洋（2007）「制度変化の理論化：制度派組織論における理論的混乱に関する一考察」『神戸大学大学院経営学研究ディスカッション・ペーパー』2007-32。
松嶋登・高橋勅徳（2009）「制度的企業化を巡るディスコース：制度派組織論への理論的合意」『神戸大学大学院経営学研究ディスカッション・ペーパー』2009-21。
山田公平（2003）「自治史のなかの平成合併―市町村合併の歴史的考察」日本地方自治学会編『自治制度の再編戦略―市町村合併の先に見えてくるもの―』敬文堂。

横道清孝・沖野浩之 (1996)「財政的効率性からみた市町村合併」『自治研究』第72巻, 69-87頁。
吉村弘 (1999)『最適都市規模と市町村合併』東洋経済新報社。

第 7 章
ソーシャル・イノベーションにおける地方自治体の役割：
島根県隠岐郡海士町の島おこし事例

1. はじめに

　「まち・ひと・しごと創生法案」と「地域再生法の一部を改正する法律案」の成立に伴い，我が国において自治体主導で行われる地域活性化への注目が高まっている。この地域活性化については，近年，ソーシャル・イノベーション論に基づく研究が蓄積されてきた。特に，経営学領域においては，ソーシャル・イノベーション・プロセスのモデル化という議論が注目されている（e.g., 谷本，2006）。このソーシャル・イノベーションのとらえ方は研究者により多様であるが，共通しているところは通常のイノベーションとは異なり社会そのものに影響を与える変革というところであろう（e.g., Dees et al., 1998）。したがって，そのプロセスにおいて行政組織は重要なアクターと捉えられている（e.g., Mulgan et al., 2007）。しかし，その役割においては固定化された分析がなされている。具体的にはイノベーションを生み出す事業主体に対して法制化や許認可による正当化か，助成金等の資源や事業委託という形で事業機会を提供する役割を持つ主体として分析されてきた（e.g., Goldsmith, 2010）。確かに，ソーシャル・イノベーションの実現において，既存研究がいうところの行政の役割は重要である。しかし，我が国におけるソーシャル・イノベーションの現状を鑑みたとき，行政の役割は民間企業の自助努力を吸収しながら，自らの政策を実現していく変革主体として捉えなければならない。本章は，先行研究が与えた固定化された行政の役割に対して，地方自治体そのものをソーシャル・イノベーションにおける中心的アクターとして捉えなおすものである。

まず,次章において先行研究における地方自治体の役割についてレビューし,そこにみられる理論的な限界について検討する。ソーシャル・イノベーション・プロセスモデルにおいて地方自治体はソーシャル・イノベーションのアクターとなりうることが指摘されつつも,その分析においてはイノベーションの創出のための事業機会の提供や,普及のための正当化を担う存在として固定化されている。プロセスモデルにおけるソーシャル・イノベーションは「社会的企業におけるイノベーティブな取り組み」,つまり変革の主体によって行われる資源の新結合(再結合)として定義づけされている(谷本,2009,32頁)。ソーシャル・イノベーションとはなんらかのアクターによってなされる資源の新結合によって生み出される社会構造変革だとすれば,地方自治体そのものを,地域活性化というイノベーションを起こすために民間が行う自助努力の新結合を行う変革主体としてみることが可能となる。そこで本章では,3節において,島根県隠岐郡海士町で行われた島おこしの詳細な事例記述を通じて,地方自治体が果たした社会企業家としての役割を明らかにする。最後に4節で,事例から導き出された発見事実から導かれる理論的・実践的含意を考察する。

2. 先行研究

地域活性化を事例とするソーシャル・イノベーション研究は,「地域に属する人々の間に新しい秩序や関係性をつくり出し,社会変革を推進すること」に注目する研究領域である(野中・廣瀬・平田,2014,49頁)。近年,この研究領域の分析枠組みとして,ソーシャル・イノベーション・プロセスモデルが用いられている(e.g., 谷本,2009;Mulgan, 2006)。ソーシャル・イノベーション・プロセスモデルは,社会的課題の解決を目指して,既存の地域社会に存在する資源を基盤に事業を立ち上げる過程を,多様なステイクホルダーの関係性に焦点を当て分析する(谷本,2009,34頁)。例えば,谷本・大室・大平・土肥・古村(2013)は,我が国における地域活性化事例を,ソーシャル・イノベーション・プロセスの創出と普及の二段階に分けて分析している。そこでは,創出プロセスを ① 社会的課題の認知, ② ソーシャル・ビジネスの開発,

普及プロセスを，③市場社会からの支持，④ソーシャル・イノベーションの普及として説明する。

　このソーシャル・イノベーション・プロセスモデルにおいて，地方自治体は重要なアクターであるとされている反面，事例分析における記述において，その役割は行政全般として，固定化された議論となっている。第一に正当化の源泉としての役割である。普及のプロセスにおいて行政は，お墨付きを与え，制度化・法制化することで社会的事業が価値あるものであることを証明する役割を担う（e.g., 谷本ほか，2013）。第二に，資源提供者としての役割である。行政は，社会企業家がビジネスを始めるにあたって，補助金や助成金を提供することで社会的課題の解決の一翼を担う（e.g., 関谷・大石，2014）。そして，第三に，事業機会の提供という役割である。これには二つの側面があるが，一つは，そもそも行政の提供するサービスには限界や課題があるため，社会企業家がビジネスを通じた課題解決の機会を見い出すという議論と（e.g., 土肥，2009），行政が補助金制度や社会企業家が生まれることを積極的に支援する政策を掲げているために，そこから利益を得ようとして企業家が生まれるという議論である（e.g., Jaffe, Adam and Palmer, 1997；高橋，2012）。この様に，ソーシャル・イノベーション・プロセスモデルにおける地方自治体の役割は，社会企業家が変革の主体や市場性の表象として固定化されているのと同様に（e.g., 渡辺・露木，2009），正当化の源泉，資源の提供者，事業機会の提供者として固定化されてきた。

　この前提をもとに事例分析が行われた結果，地方自治体は地域活性化の背景として描かれてきた。これは，正当化の源泉であり，資源と事業機会を提供する行政という役割概念を，地方自治体と同一視する錯誤から生まれた理論的課題であると考えられる。むしろ，地方自治体は，法制度の整備や制度設計により，地域内外の資源を新結合し地域活性化を強力に推進し得る，強力な変革主体として分析可能なのではないだろうか。

　それでは，行政という役割概念の制約を超え，地方自治体を変革の遂行主体として地域活性化を捉えるためには，どのような分析視角が必要なのであろうか。本章では，ソーシャル・イノベーション・プロセスモデルを地方自治体中心に捉え直すことで，新たな分析視角を導出していきたい。まず，創出プロセ

スで注目すべきは，社会企業家によって行われるソーシャル・ビジネスの契機となる社会的課題の認知であるというところである。しかし，プロセスモデルの既存研究は社会企業家という感受概念に惹きつけられる形で，社会企業家を行政や市場に紐付けられない主体であることを暗黙の前提としてきた。しかし，社会企業家が社会問題の解決を目指し，動員可能な資源を利用した事業を開発することで社会問題の解決を図るという行為そのものが重要であるという点に改めて注意する必要がある。地方自治体もまた，地方自治を取り巻く制度的環境の下で構造的不公平に晒されている存在であり，地域活性化のために自らの裁量で動員可能な資源を用いた事業を構想し実行する変革主体となりうる。だとすれば，プロセスモデルにおいて社会企業家が社会的事業を構築する変革の遂行主体という役割概念であるのと同じく，地方自治体もまた社会企業家としての分析対象となる。

　地方自治体を社会企業家として捉え直していくとき，普及プロセスにおいては正当化の源泉という単純化された役割に固定化されていた行政はその他の役割を担う存在であることが明らかとなる。特に，地方自治体は国政と異なり，首長が行使し得る権限が大きい。また，地方議会は地域内のステークホルダーの代表者によって構成されている。そのため首長によるイニシアティブの発揮と地方議会での法制化に関わる議論の場を，地域内外のステークホルダーとの利害調整のアリーナとして利用することが可能になる。更に，地方自治体は第三セクターや外郭団体の設置などの権限を持つことに加え，国政レベルで計画され各省庁が実施する各種事業や助成金を獲得する，条例を策定する等，自身の裁量の下で多様な事業の推進を可能とする強力な主体である。つまり，地域内で生じたソーシャル・イノベーションの創出を，国政レベルに紐つけていくことで資源動員を行うという独自の役割を果たしていくことが可能なのである。したがって，ソーシャル・イノベーション・プロセスモデルに，地方自治体に社会企業家的役割を見い出すことで，地域活性化におけるその行為は以下の通り分析されると考えられる（図7-1）。

　第一に，地方自治体（特に首長）が，社会的課題解決のための新規事業の必要性を提示する。具体的には，地方自治体を取り巻く構造的不公平の下で生み出される社会的課題と，その解決のために必要となる権限と資源の新たな利用

図7-1 地方自治体を変革主体と捉えたモデル

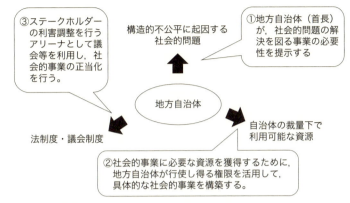

出所：筆者作成。

方法を開拓していくことで地域活性化を遂行する必要性を地方自治体が提示する。第二に，地方自治体が，社会的事業に必要な資源を獲得するために自身の裁量の下で行使し得る権限を通じて，具体的な社会的事業を構築していく。第三に，地域内で資源を有する既得権益者や，社会的事業に参加する地域内外の利害関係者といったステークホルダー間の利害関係を調整するアリーナとして議会等を利用していくことで，社会的事業の正当化を行っていく（木村，2015）。

3. 事例分析：島根県隠岐郡海士町の島づくり[1]

3.1 海士町における支出抑制策

島根県隠岐郡海士町は，面積33.54km^2，人口2,500人の小さな島である。周囲は対馬海流に囲まれた好漁場であり，離島でありながら水源を持つため農業も可能な豊かな島であった。1950年には人口6,986人にまで達している。しかし，高度経済成長に伴い，わが国の産業構造が第一次産業から第二次産業にシフトして行くにしたがって，若者は職を求めて島外に流出し，少子化，過疎化，高齢化が進んでいった。

これに追い打ちをかけたのが，小泉政権における「三位一体の改革」であ

る。2004年に地方交付税が1億3千万円（当時の町税収入に匹敵する金額）も削減された。この財政危機に対して，海士町は基金を取り崩すことで対応したが，1994年度に15億円あった基金は，2004年度には4億円近くにまで減少した。海士町は2001年段階で，年間予算の2.5倍にあたる102億円借金を抱えるようになり，地方交付税の減額と基金の減少から，財政再建団体に転落するのは時間の問題であった。この財政危機に際して，海士町は山内町長による指揮の下で，島おこしを実施していく。

　この改革は，海士町の財政再建と人口流出の抑制を目指す「守り」の改革と，行財政改革，人口施策と外貨を獲得して島内に新たな産業基盤の構築を目指す「攻め」の改革から構成される。これまで町の主たる財源であった，国庫補助金や地方交付税の増額が見込めず，これ以上の起債が困難な状況において，地方自治体が最初に迫られる財政再建策は，人件費を中心としたコストカットである。海士町においても同様であった。山内町長は着任直後，自身の給与の大幅カットを表明する。この表明に呼応する形で，管理職，一般職員，町議会議員，教育委員が，相次いで自主的に給与カットを申し出た。実際，2004年度と2005年度に，町長は50％，助役・議員・教育委員は40％，職員は16～30％という大幅カットが実施された。行政によるこれらの給与カットに応えるように，島の住人も自主的に各種公共料金の値上げや補助金の減額ないし撤廃を申し入れた。これらのコストカットによる財政再建策によって，2004年度に4億円にまで減少していた基金は，2009年度には8億3千万円にまで増加した[2]。

　一般に，町長主導による行政職員の給与削減は，困難を極める。地方自治体職員の労働組合の連合体である，全日本自治団体労働組合（自治労）からの根強い反対に加え，同団体は日本でも屈指の集票能力を持っている。町長が財政再建を目指して給与カットを志向しても，労働組合と自治労をサポーターとする議員の反対に挟まれ，頓挫する場合が多い。

　その困難に対して海士町が給与カットを始めとした財政再建に成功したのには，二つの背景が存在する。

　第一に，海士町が財政再建団体に転落するという危機感の下で，改革をスローガンとする山内氏を町長に選出したことである。海士町に限らず，地方自

治体の首長選挙は，地元に根付いた地縁・血縁に基づく無風選挙に陥りやすい。実際，2002年の首長選挙に際して，山内氏の支持を表明した町議会議員は1名だけであった。政治的には圧倒的に劣勢であった山内氏が当選を果たしたということは，行政職員を含めた島民の大多数が山内氏の掲げる改革に賛同したことを意味する。海士町の一連のコストカットは，選挙を通じて島民の民意が確認されたことに基づいている。

　第二に，約2,500人という，互いに顔の見える密接な社会関係が形成されていたことが，行政のあらゆるコストカットにプラスに働いた。先に述べたように，海士町の給与カットは，町長が自らの給与の50％カットを表明した後に，職員側から自主的に提案されたものであった。同様に，各種公共料金の値上げと補助金のカットも，町長と議員，職員の給与カットを受けて，住民側から申し入れられたものである。2002年の選挙において，島内で財政再建への危機感が共有された上で，互いに顔が見える密接な関係が島内で形成されていたため，自治労を始めとした政治的な外圧に対して，島民の一致した決断としてコストカットを断行することが可能になったと考えられる。山内町長の就任後に，官民一体となって行われた一連の財政再建策を通じて，海士町は財政再建団体への転落を回避することに成功した。しかし，行政職員の給与カットや，補助金の停止，公共料金の値上げは，一時的な財政再建に効果があるものの，長期的には島民の暮らしに影響が出る。そのためにも給与カットで捻出した財源を，改めて島おこしに利用していく必要があった。

3.2　島前高校魅力化プロジェクト

　この際に焦点化されたのが，隠岐諸島・島前地域唯一の高校である，島根県立隠岐島前高等学校であった。折からの人口減少と，中学卒業後に本土の高校に進学させる家庭の増加に伴って，この時期の入学者が毎年30人を切っていた。これは，「島では学力が伸びずに進学に不利」という保護者の認識に加え，島内で就職先が無い状態で将来的に島外に職を求めるのであれば，より就職に有利な本土の高校に進学させた方が良い，という判断に基づくものであった。

　しかし，このまま入学者が30人を切り続けると，県立高校の設置条件である21人を満たせなくなり，隠岐島前高等学校は統廃合の対象となってしまう。

島から学校が無くなってしまうと，中学卒業後に島の若者は本土に流出し，遠からず海士町は老人だけの島になる。また，島での子育ては，中学校卒業以降からは子ども一人につき仕送りが3年間で450万円程度必要となることにもなる。つまり高校生の子どもを持つ家庭にとって子育てのしにくい町となることは人口流出やUIターン者の減少に繋がる恐れがあった。それを避ける為に，隠岐島前高校と島前三町村（西ノ島町，海士町，知夫村）の行政・議会・中学校・保護者・同窓会から構成される「隠岐島前高等学校の魅力化と永遠の発展の会」が発足し，島外からも生徒が集まる学校づくりを目指す「島前高校魅力化プロジェクト」が始まった。

まず，「島では学力が伸びずに進学に不利」という父母の認識を変えるために，小規模校であることを強みとして活かし，一人一人の生徒に手厚い指導を行う「特別進学コース」を設置した。更に，大手予備校で指導暦のある講師を招聘し，高校と連携した公営学習塾である「隠岐学習センター」を設置することで，本土と変わらない学習環境を整えていった

次に，高校卒業後は島を離れて本土の大学に進学する，あるいは職を求めるという慣習を変えるために，「地域創造コース」を設置した。これまで，隠岐島前高校の卒業生の9割は島外に進学・就職していた。これは，海士町に就職先が無い，という現実から生まれた選択でもある。そこで「地域創造コース」では，海士町で就職するのではなく，海士町に仕事を作る力を持つ若者を育てるために，島の資源を活用したまちづくりや商品開発を学ぶカリキュラムを用意した。2009年度には全国観光プランコンテストである「観光甲子園」でグランプリ（文部科学大臣賞）を受賞するなど，着実に成果をあげつつある。

他方で，これらのコース新設と同時に，安定的に学生を確保していかねば，島内に高校を残すことは出来ない。そこで，島外から広く学生を募集する，「島留学制度」を設置した。同校に設置されている鏡浦寮[3]を島外者に解放するだけでなく，寮費全額，食費毎月8,000円，里帰り交通費を補助する奨学制度を用意した。この「島留学制度」は，他地域からの学生を受け入れることで高校を維持するだけでなく，島外の若者と交流する機会を作ることで，より広い視野で地域の将来を担う次世代のリーダーを育成することを目的としている[4]。この取り組みにより，平成22年度の卒業生は約3割が国公立大学に合

格し，平成23年度には早稲田大学への進学者が出た。入学志願者数も，平成20年度は27人だったが，平成24年度には県外からの志願者が増え59人と倍増し，島外からの生徒獲得に成功する。このことは，教員の就職者数を増やすことにも繋がり，平成25年度に，9人増員することとなる。平成27年の時点における島前高校の生徒総数は159人であり，平成20年の89人から比べると倍近く増加している（図7-2）。

島前高校魅力化プロジェクトは，中学卒業後の若者の流出を避ける為の，防波堤として必要不可欠な政策であった。ひとまず，高校の防波堤としての役割を強化した後に求められるのは，防波堤の内側を人で満たしていかねばならない。つまり，島内の人口を増やしていかねばならない。他の離島地域と同じく，海士町も高齢化が進んでいる。高校魅力化によって直近の人口流出を抑えたとしても，出生率が上がらなければ将来的には島の生活は先細りしていく。

そこで，2004年度に職員給与カットの5％，約800万円を充当し，「海士町すこやか子育て支援に関する条例」を定めた[5]。同条例に基づき海士町では，島内での結婚祝い金として20万円，出産祝い金（一人目10万円，二人目20万，三人目50万円，四人目以上は100万円）を支給するだけでなく，保育奨

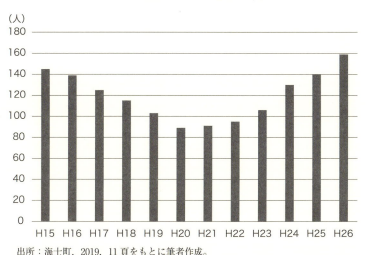

図7-2　島前高校の第一志望者数の推移

出所：海士町，2019，11頁をもとに筆者作成。

励金や妊娠出産に関わる交通費の助成を行っている[6]。これらの育児支援施策は，2006年段階で年間出生数50％増加（10名から15名へ増加）という成果につながることになった[7]。以上のように，まずは島の未来を「守る」体制を整えていったのである。

しかし，このような緊縮財政は，直近の財政破綻の危機を回避する際には効果的ではあるが，中長期的には公共事業に依存してきた島の経済基盤を破壊することを意味し，島の衰退を早めてしまう可能性を有する。もちろん，この財政再建から得られた資金を，「島前高校魅力化プロジェクト」や育児支援といった「守り」の政策に再投資しているが，これは，中長期的な島の人口増加を目指した施策である。育児支援から生まれた子供達が，隠岐島前高等学校に進学し，卒業する際に島に就職先が無ければ，島おこしを成し遂げることは出来ない。

3.3 島の資源を活用するための事業構想と制度整備

2005年段階の海士町の就業人口は約1,200人であり，そのうち第一次産業が17.6％，第二次産業が20.1％，第三次産業が62.3％であった[8]。つまり，海士町の経済は，公共事業と行政職に大きく依存したのである。地方交付税や国庫支出金の増額が見込めない以上，公共事業を経済基盤とすることはできない。海士町は，「守り」の政策で引きとどめ，新たに生み出された若者を受け入れる，島の新たな経済基盤を構築していく「攻め」の政策を展開していく必要に迫られていた。

しかし，島嶼地域の産業振興は，本土の僻地とは異なる困難が付きまとう。まず，多くの島嶼地域の経済は，公共事業に依存している。公共事業で作られる生活インフラは島民の住環境の向上に寄与するものの，それ自体が価値を生み出すことはない。工事中は雇用を生み出し潤うが，工期が終われば返す当てのない地方債だけが残る。価値を生み出す公共事業の一つとして，工業団地やインキュベーション施設の設立といった，企業誘致施策が多くの地方自治体で試みられている。しかし，この施策を島嶼地域が行う事はほぼ不可能である。当然であるが，島嶼地域は四方を海で囲まれている。海士町の場合，最も近い本土である松江市の七類港まで，フェリーで3時間を要する上に，冬期は波浪

により頻繁に欠航する。海士町はこの立地の不利から，地方の産業振興の定石である企業誘致を行う事が出来ない。

それ故，島嶼地域の産業開発として期待されるのは，豊かな自然環境を活かした観光と農水産業の振興である（e.g., 高橋, 2007；伊藤, 2011）。これは，島が持つ自然環境を利用して，島外から外貨を稼ぐという試みである。しかし，島の資源を利用した産業振興も，なかなか難しい。貴重な公金を投入して，島の特産物を加工した新商品の多くは，販路を拡大し得ずに埋もれてしまう。結果として，新商品を生産するために建設された新工場と，借金だけが残ってしまうことも多い。

海士町は，歴史的遺物が多く，国定公園にも指定される自然環境の豊かさもあり，一定数の観光客を見込める。他方で農水産業という視点で見たとき，水源はあるものの平地が少なく，大規模農業を展開することは難しいうえに，付加価値の高い特産品を有していない。また，水産資源は豊富であるが，大消費地までの距離がある上，天候によっては流通経路そのものがストップしてしまう。それ故，鮮魚を東京・大阪といった大消費地に届けることが困難である。更には，農協・漁協に流通を依存し，農作物の生産や漁獲に集中してきた島民は，商品開発と販路開拓のノウハウや経験を持っていない。

一口に「農水産物で外貨を稼ぐ」といっても，島嶼地域が次世代の経済基盤を確立するためには，立地上の不利益から生まれる様々な困難を克服する必要がある。海士町は，この困難に対して，島外者を受け入れていくことでクリアしていくという，独特の仕組みを作り上げた。本節では，主として農水産物の産業化を中心とした，海士町における「攻め」の経済振興を明らかにする。

海士町が位置する隠岐諸島は，対馬海流に囲まれた好漁場であり，近海でとれる白イカ[9]や岩ガキの産地として知られている。白イカや岩ガキはともに，商品価値とキロあたり単価の高い水産物である。しかしながら，白イカと岩ガキは，日本の多くの沿岸地域で水揚げされる商品であり，特産品として村の収入源とするには，一工夫が必要となる。例えば白イカの場合，活けの状態で消費地に輸送することができれば，商品価値が上がりブランド化への道を切り開くことも可能である。海士町と同じ対馬海流が育む白イカを名産とする，佐賀県呼子町は，その典型例である。かつてイカの干物や一夜干しを収入源として

きた呼子町は，高速道路網の整備に伴い，呼子港から福岡，広島，神戸，大阪といった大消費地に活けで白イカを届けることが出来た。この結果，呼子町の白イカは一つのブランドと化したのである。

それに対して，海士町は輸送のハンデを有している。海士町で獲れる白イカや岩ガキは，対岸の境港で競りにかけられてきた。しかし，海士町から境港まで輸送するためには三時間を要するため，朝の競りに間に合わない。仮に，前日に獲れた白イカや岩ガキを競りに間に合うように出荷した場合は，今度は鮮度が低下してしまう。その結果，海士町の水産物は市場の仲買人に安く買いたたかれる傾向にあった。

このような離島のハンデは，市場を通さずに漁港から消費地に直販する体制を整えることである程度克服することが可能になる。海士町から対岸の境港までの輸送で3時間，そこから高速道路を利用して，関西圏には約300km，4時間で輸送することが可能になる。つまり，理論上は早朝に出荷した水産物を，夜には関西圏に届けることができる。さらに，仲買人を通さない直販体制を取ることで，顧客と直接値段の交渉が可能になり，買いたたかれるリスクが減る。ただし，直販体制を整えるだけでは，離島のハンデを克服するには不十分である。日本最大の消費地である関東圏には，関西圏から更に6～8時間の輸送が必要となる。これは，活けで白イカや岩ガキを輸送するのが困難な距離である。そのため，海士町が水産業で外貨を稼ぐためには，直販体制の確立とともに，冷蔵技術を獲得する必要があった。

ここで海士町が注目したのが，CAS（Cell Alive System）冷凍という新技術であった。電磁波によって水分子を振動させることで，細胞壁を壊さずに，細胞を丸ごと凍結するCAS冷凍技術は，アビー社[10]によって開発された。この冷凍技術を用いれば，解凍に際してドリップがほとんど流れ出ず，取れたての鮮度を保ったまま出荷することが可能になる。そこで海士町は90％を出資する第三セクターとして，2003年5月に株式会社ふるさと海士[11]を設立し，CAS凍結センターを設置した。CAS凍結センターの設置には合計5億円の投資が必要であった。これは農林水産省が管轄する新山村振興等農林特別対策事業から約4億円の助成を受けることで実現させた。

白イカは比較的鮮度が落ちるのが早い。活けで出荷するルートの持たない海

士町では，これまで，白イカはほとんど出荷せず，島内で消費されてきた。しかし，CAS凍結センターを設置することで，出荷することが可能になった。最新の冷凍技術を導入することで，輸送上のハンデを大幅に克服することが可能になった。あとは，直販体制の拡大が必要となる。ふるさと海士では，大都市圏での地道な営業活動と，ウェブページで飲食店や個人消費者から直接受注を行い，CAS冷凍の魚介類や水産加工品を発送する「島風便[12]」を構築することで，販路を拡大した。

このCAS凍結センターの設置と「島風便」の構築が，海士町の新たな特産品である岩ガキのブランド化につながることになる。そのきっかけは，脱サラで海士町にIターンした大脇安則氏が，これまで境港で買いたたかれてきた岩ガキを，より単価の高い築地市場に出荷するアイディアを提案したことであった。

大脇氏を中心に，海士いわがき生産株式会社[13]が設立され，新たなブランド「春香」として養殖岩ガキの出荷が開始された。岩ガキ大消費地への出荷にあたって，より利益率の高い飲食店からの直接受注を強化するとともに，食の安全性を担保するトレーサビリティーの徹底と，2010年には生産工程管理基準・安全強化基準の取得を行うことで顧客からの信頼を確立していき，「春香」は首都圏のオイスターバーにおいて7割のシェアを持つまでに成長した。現在，15名の漁業者が岩ガキ養殖に取り組み，年間約50万個の出荷体制を整えるまでに成長している。

海士町における「攻め」の島おこしは，水産業にとどまらない。2004年に地元の建設会社であった飯古建設が，有限会社隠岐潮風ファームを設立し畜産業に進出し，隠岐牛の生産・販売を開始した。やはり，このきっかけになったのは，「三位一体の改革」による公共事業の削減であった。2002年に14億円あった飯古建設の売り上げが，数年後には8億円に減少し，同社は経営危機に陥っていた。しかし，島民を雇用している以上，売り上げ減少によって，簡単に事業を縮小することはできない。そこで，同社が持つ土地を利用して，幻の牛と賞される隠岐牛の生産に乗り出したのである。これまで隠岐諸島では，年間1200頭の隠岐牛が出荷されていた。海士町も酪農が盛んであった。しかし，輸送コストの問題から子牛の育成・販売に限定されていた。海士町から出荷さ

れた子牛は,各地で肥育され松阪牛や神戸牛などのブランド和牛として販売されてきた。隠岐牛そのものはすでに「幻の牛」として市場での評価が確立されているため,当然,成牛を出荷したほうが利益は多い。そこで,有限会社隠岐潮風ファームは,海士町から隠岐牛を出荷することを目指したのである。ここで問題となったのが,農地法において法人による農地利用が認められないことであった。そこで海士町は,構造改革特区[14]に「潮風農業特区」を申請し,認定されることで,隠岐潮風ファームによる隠岐牛生産を可能とした[15]。

以上のように,海士町は株式会社ふるさと海士,海士いわがき生産株式会社,潮風ファームと,直接投資,省庁からの助成金獲得,各種制度への申請などを通じて,第一次産業を通じた外貨獲得を一貫して支援してきた。この海士町の産業支援体制を象徴する行政組織機構改革が,山内町長が就任した際に設置された新設三課－地産地商課・産業創出課・交流促進課である。

まず,地産地商課は,第一次産業の振興を目的とする。前述のCAS冷凍センターの設置・運営と「春香」のブランド化,隠岐牛の販売を支援しただけでなく,同島のヒット商品であるさざえカレーや海士乃塩,ふくぎ茶の開発・販売を支援している。更に,海士町の玄関である菱浦港ターミナル内のキンニャモニャセンターに設置される,特産品販売所「島じゃ常識商店[16]」で販売される農産物を,週二回,各農家から回収する業務を行っている。次に,産業創出課は,新産業と雇用創出を目的とする部署である。観光業を始め,第一次産業にとどまらない,島の資源を利用した新産業の創出の支援を行っている。最後に交流促進課は,観光や移住者受け入れなどを担当する部署であり,同課の課長は海士町観光協会の課長と兼任である[17]。後述するが,産業創出課と交流促進課は,海士町の資源を利用した新産業創出を行う際の,外部人材を獲得する機能を有している。

以上の新設三課は,海士町の玄関である菱浦港ターミナル(キンニャモニャセンター)に設置され,土日祝日も窓口を開ける体制を敷いている。単に,村内の産業支援を行うのであれば,土日に窓口を開く必要は無いかもしれない。しかし,長年,国や県からの支援や補助金に頼ってきた島民が,簡単に「島おこし」に立ち上がれる訳ではない。高齢化が進む海士町において,「島おこし」のために決定的に足りないのは,島の資源に新たな利用価値を見いだし,新産

業を興す若い人材であった。それ故に，新設三課は島の玄関であるキンニャモニャセンターに設置され，更に観光客が来島する土日にも窓口を開けている。

　島嶼地域に限らず，わが国の農村・漁村地域の振興に際して，特産品作りが目指される。多くの場合，商品のブランド化を目指した特異な農業技術・加工法の開発や，積極的かつ戦略的な広報，直売所や営業部隊の創設，インターネットによる直販体制による大都市への販路の拡大が目指される。実際，海士町も「春香」や「隠岐牛」のブランド化し，大都市圏への販路の確立に成功した。多くの場合，このような成功事例は，地域資源の戦略的利用や，マーケティング戦略の成功事例として分析される。

　しかしながら，このような地域振興の現場において問題となるのは，地域の中に多数存在する資源の新たな利用価値を見いだし，新事業へと結合させる人材の不足である。そもそも，地方の農村・漁村地域は，高齢化が進んでいる。海士町をはじめとした島嶼地域は，本土の農村・漁村より更に高齢化が進んでいる。村おこしや島おこしでは，住民の意識改革と参加が成功要因として指摘されがちであるが，島嶼地域の現実は，それそのものを許さないのである。

3.4　新規事業を可能とする「攻め」の人材獲得

　海士町の場合，もはや自治体として島を維持することが困難になるほど，高齢化が進んでいる。もちろん，島おこしのために，住民の理解と協力が必要なことは言うまでも無い。しかし，高校を維持するために「島留学制度」で若者を受け入れたように，海士町は新規事業を立ち上げるための人材を，島外から受け入れる必要があった。

　この外部人材の受け入れを可能とする施策の一つが，海士町商品開発研修制度である。研修生は海士町役場の臨時職員という位置づけで雇用され，月15万円の給与と，町営住宅（家賃2万円／月）が提供される。期間は1年間で，毎年2～3名を受け入れ，島の資源を利用した商品開発や観光サービスの開発に従事する。同島のヒット商品である「さざえカレー」や「ふくぎ茶」は，この研修制度を利用して開発されたものである。2007年までに9名が研修期間終了後にも海士町に定住するなど，大きな成果をあげている（横山・中塚，2007）。

キンニャモニャセンターに立地する新設三課は，この研修制度の参加者の受け入れと支援を行うだけで無く，島内に出入りする観光客との交流を積極的に行っている。その成果が，株式会社巡りの環[18]と，株式会社たじまやである。

株式会社巡りの環は，2006年1月に設立された。同社では，① 都市農村交流を促進する地域作り事業（「AMAワゴン[19]」，「名水サミットin海士[20]」，「海士音（しまの音楽祭り）」，「島暮らしツアー」などのイベント運営・補助)，② 島の自然環境を利用した教育事業（「島流地域インターンプログラム」，「ラーニングジャーニーin海士」，「五感塾」)，③ メディア事業（「AMAカフェ」，「海士Webデパート」の運営，Web製作など）を業務としている。巡りの環は，海士町において第一次産業以外の事業が成立するモデルケースでもある。

巡りの環の創業者の一人である阿部裕志氏は，京都大学工学部を卒業後，トヨタ自動車に勤務していた。しかし，大量生産・大量販売を前提とする現代社会への疑問から，将来は農村で人間らしい生き方を取り戻すことを考えていた。たまたま，友人の紹介で2006年に海士町に遊びに行った際，行政職員の誘いで，島おこしを議論する場に参加する。阿部氏が海士町への移住を考え始めた頃に，同じように海士町へ移住を決意していた信岡良亮氏（ITベンチャー勤務）ほか，複数の若者を行政から紹介され，同年に巡りの環を立ち上げた[21]。

2010年に設立された株式会社たじまやは，なまこの乾物への加工と販売を事業としている。創業者である宮崎雅也氏は，一橋大学在学中に海士町を訪れ，卒業後にIターンする形で，たじまやを立ち上げた。きっかけは，海士町の中学生が修学旅行で一橋大学に訪れ，「ふるさと学習」の報告を行った際，江戸時代に海士町で干しなまこや干しアワビが作られ，日清貿易で主たる交易品として輸出されていたことを知ったことであった。宮崎氏は2年間中国でインターンシップを経験した際に，日本産の干しなまこが，中国では高値で取引されていることを知っており，ビジネスチャンスが海士町にあると考えた。海士町では，民宿但馬屋[22]が，なまこの加工の外部委託を受けており，宮崎氏は大学卒業後に半ば押し掛けの形で但馬屋の見習いを申し込んだ。

申し出に反対する但馬屋の経営者に対して，新設三課の課長が出向いて説得

表 7-1　近年の起業の動き

法人経営	集落・グループ・個人
(有)隠岐潮風ファーム［H16.1］（畜産） 隠岐事務センター［H16.4］（情報システム管理） (株)ふるさと海士［H17.3］（地場産の商品化・販売） 海士いわがき生産(株)［H18.10］（岩がき養殖・販売） (株)たじまや［H19.6］（干しナマコ加工・販売） (株)カズラ［H19.6］（散骨葬送） (株)巡の環［H20.1］（メディア・WEB制作・研修ツアー） (株)隠岐牛企画［H20.4］（島生まれ島育ち隠岐牛店） (株)島ファクトリー［H25.4］（旅行業，リネンサプライ） (一財)島前ふるさと財団［H26.3］（学習塾） (株)海士伝報堂［H26.11］（翻訳，メディア） (同)隠岐アイランズメディア［H27.3］（放送メディア）	崎（梅干）［H16.11］ 知々井（塩辛）［H17.12］ 豊田（干物）［H20.1］ さくらの家（ふくぎ茶）［H18.11］ 大漁（漁協干物）［H23.3］ 島のねーさん（菓子）［H27.3］

出所：海士町，2017，8頁をもとに筆者作成。

し，宮崎氏は商品開発研修生と但馬屋の見習いとなった。宮崎氏が但馬屋で操船技術，なまこ漁と加工技術を学ぶのと平行して，海士町は宮崎氏が代表を務める株式会社たじまやのなまこ加工施設に3,500万円の補助（1/2補助）を着ける形で支援した[23]。この補助事業については，村議会での反対もあったが，たじまやの事業が成功すれば，島内の漁師が，海の荒れる冬期に湾内のなまこという新たな収入源が得られるこという説得の下で，認められた。前述しているように，海士町の高齢化は進んでおり，漁師もまた例外では無い。冬の日本海は波が高く，外洋での漁は危険が伴う。干しなまこ事業が成立すれば，安全な内海でのなまこ漁が海士町漁師の新たな収入源となるのである。現在，年間500kgの干しなまこが出荷されており，島では資源確保のためなまこの種苗放流と魚礁の整備の研究を進めている（富沢，2013）。

以上のように，海士町では新設三課が中心となり，島おこしのための島外人材獲得を実施してきた。島外者に商品開発や観光サービスの開発を委託しつつ，移住者の獲得を研修制度の創設，移住者を受け入れるための町営住宅の整備に加え，新設三課の職員が島の来訪者や移住希望者に常に目を光らせ，積極的に巻き込む形で支援体制を整えている。

4. おわりに

　海士町で行われた島嶼活性化事例からの発見事実は，以下の二点に集約される。第一に，地方自治を担う地方自治体は単なる資源や事業機会の提供者でも正当性の付与者でもなく，外部から必要な資源を獲得する能力と権限を有する強力な変革主体となりうるということである。海士町は，新山村振興等農林特別対策事業や辺地債・過疎債を利用し，町の実質的な負担を限りなく削減しつつ，島おこしに必要な事業を構築していった。行政組織は，市町村－県－国，各省庁の管轄などそれぞれに職域と予算，権限を有する多様な制度当局の集合体である。したがって，地方自治体は多様な制度当局の持つ職域と予算，権限を鑑み，自らの地域活性化に結びつける計画を作成することで，資源を獲得し新結合の中心的アクターとなることが可能なのである。

　第二に，地方自治体による地域活性化事業への動機と新結合の手法は，地理的・財政的制約によって方向付けられる点である。海士町の場合，財政破綻が予想される離島地域であるが故に，インフラ投資や企業誘致といった地域開発の一般的な手法を用いることが出来なかった。また，過疎化と高齢化が進む地域であるが故に内需が少なく，住民主導の商店街活性化という近年の手法を用いることも困難であった。それ故に，島の資源を利用し，外需を獲得するという方針が生まれ，海士町でビジネスを試みようとする島外起業家たちの自助努力を取り込む形で，株式会社ふるさと海士および海士いわがき生産株式会社が設立された。更に，この外部人材の自助努力を獲得する事業として町営住宅事業が進められ，多数のヒット商品や新会社設立に繋がったのである。

　これらの発見事実に基づいた時，地方自治体は民間には無い資源にアクセスすることができ，且つ，民間の自助努力を取り込むことが可能な，ソーシャル・イノベーションを実現させる強力な中心的アクターとして捉え直す必要性があると考えられる。ソーシャル・イノベーション・プロセスモデルにおいて与えられていた役割を越え，変革の主体としての役割を果たすことが，島嶼などの過疎化が進む自治体には必要不可欠なのである。

　島や山間部といった辺境地域であることが，行政職員にとって優位に働く局

面があることを，海士町の事例は示している。人口が少ない故に，都市圏においては零細企業に位置づけられるような新規事業がもたらす雇用や売り上げであっても，町の財政にとって良好なインパクトになる。住民の数が少ないが故に，住民と議員，行政職員の合意形成が取りやすく，官民一体の体制が作りやすい。海士町の行政職員が自治労の圧力をはねのけ給与カットを断行したり，土日の窓口開設ができたのも，地元の建設会社が陳情ではなく新規事業を選択したのも，あまりに小さな地域であるが故に，中央の政治関係に無縁であったからである。

確かに，都市圏と比較して地方は利用可能な資源が限られている。しかし，財政的に地方交付税や国庫補助負担期に過度に依存しないと決断したとき，辺境地域の自治体には多様な地域活性化の方策を取る地平が切り開かれる。折しも，国は地域創生の名の下で，そのような自治体を支援するための，財政的，法律的な準備を様々な形で準備しつつある。山内町長が「最後尾から最先端へ」と強調するように，地方，それも辺境地域は地域活性化の先端に変わりうることを，海士町の島おこしの事例は示していると考えられる。

最後に，今後の課題として，本章はソーシャル・イノベーションの実現における地方自治体の役割を再定位するものであったが，島嶼地域という閉鎖的空間についての議論を中心としてすすめた。今後は，その他の地域活性化事例における自治体の役割について，引き続き調査する必要があるであろう。加えて，国や県の役割についても再考すべき存在である。

（木村　隆之）

注
1　2014年8月～2015年8月にわたり，海士町役場に勤務する職員2名への聞き取り調査及び海士町での起業家への聞き取り調査を実施した。加えて，首都大学東京公共アクションリサーチの報告講演における海士町長の講演の際に，山内町長に事実確認の聞き取り調査を実施した。
2　2007年度には財政再建が軌道に乗ったとの判断から，職員の年末賞与を満額支給し，カット率を5％復元して▲23％～10％にまで削減している。
3　56名（男子24名，女子32名）が入寮可能。
4　もちろん，隠岐島前高等学校に島外者が入学する事で，次世代リーダーの将来的なネットワーク拡大が期待される。
5　海士町（2006），14頁。
6　島内に産婦人科が存在しないため，出産に際しては松江市に渡航する必要がある。

7　海士町（2006），14頁。
8　総務省統計局（2005年）『平成17年国勢調査』。
9　ヤリイカ科ケンサキイカの地方名である。
10　http://www.abi-net.co.jp
11　http://www.ama-cas.com
12　http://www.ama-cas.com/shimakaze/
13　http://www2.crosstalk.or.jp/iwagaki/
14　教育や農業，社会福祉等の分野では規制が厳しく民間企業の参入が難しいが，地域限定で規制を緩和することにより，民間企業のビジネス参入を容易にしたり，特色あるまちづくりを進めやすくしたりする制度。
15　2006年3月に東京食肉市場に初出荷され，肉質検査で最高ランクの「A5」という評価を受けた。それ以降も，品質の安定化と頭数の確保に取り組み，高品質な黒毛和牛（8割がA4〜A5ランク）を毎月12頭出荷できる体制を整えている。
16　同直売所では，野菜の生産者の氏名が記載されている。同島に渡航する観光客がお土産として購入するだけでなく，島民が気軽に利用できる売店としても機能しており，年間5,000万円の売り上げをあげている。
17　過去10年で437名の移住者を受け入れ（そのうち，294名がIターン），定着率は大体5割である。
18　http://www.megurinowa.jp
19　若手の起業家を講師に招くとともに，20人程の若者が東京からバスに乗って海士町に訪れ，出前授業を行う企画。参加者の海士町へのリピート率は約6割で，海士ファンを増やすことに貢献している。
20　日本名水百選をもつ自治体の集まりである，全国水環境保全市町村連絡協議会全国大会のこと。2009年10月14日・15日，海士町で開催された。
21　このような，行政職員が行う島外人材の獲得について，Iターン経験者は「海士町の蟻地獄」と表現していた。
22　http://www.town.ama.shimane.jp/kankoh/shukuhaku/0303/post-6.html
23　この補助は，辺地債によってまかなわれ，実質的には700万円が町の負担であり，株式会社たじまやは，施設の賃料という形で，10年で返済する予定となっている。

参考・引用文献

Dees, J. G., Haas, M. and Haas, P. (1998) "The Meaning of 'Social Entrepreneurship'", Kauffman Center for Entrepreneurial Leadership.

Goldsmith, S. (2010) *The Power of Social Innovation: How Civic Entrepreneurs Ignite Community Networks for Good*, Jossey-Bass.

Jaffe, A. B and Palmer, K. (1997) "Environmental regulation and innovation: a panel data study", *Review of economics and statistics*, Vol.79, 4, pp.610-619.

Mulgan, G. (2006) "The Process of Social Innovation", *Innovations: Technology, Governance, Globalization*, 1 (2), pp.145-162.

Mulgan, G., Simon T., Rushanara A., and Ben S. (2007) "Social Innovation: What It Is, Why It Matters and How It can be Accelerated", Oxford: Skoll Centre Oxford Said Business School.

伊藤実（2011）『成功する地域資源活用ビジネス：農山漁村の仕事おこし』学芸出版社。
海士町（2006）『小さな島の挑戦：最後尾から最先端へ』海士町。

海士町（2014）『ないものはない〜離島からの挑戦〜最後尾から最先端へ〜（2017.5.1改）』海士町．
木村隆之（2015a）「遊休不動産を利用した「利害の結び直し」として読み解かれる地域イノベーション」『Venter Review』No.25, 47-59頁．
関谷龍子・大石尚子（2014）「農村地域におけるソーシャル・イノベーターとしてのIターン者」『社会学部論集』59, 25-47頁．
高橋勅徳（2007）「座間味村におけるダイビング事業の成立とサンゴ礁保全：ダイビング事業者による資源管理」『環境社会学研究』第13号, 204-213頁．
高橋勅徳（2012）「秩序構築の主体としての社会企業家：倫理・社会資本・正統性概念の再検討を通じて」『経営と制度』第10巻, 1-11頁．
谷本寛治（2009）「ソーシャル・ビジネスとソーシャル・イノベーション」『一橋ビジネスレビュー』No.57. 1, 26-41頁, 東洋経済新報社．
谷本寛治編（2006）『ソーシャル・エンタープライズ—社会的企業の台頭』中央経済社．
谷本寛治・大室悦賀・大平修司・土肥将敦・古村公久（2013）『ソーシャル・イノベーションの創出と普及』NTT出版．
土肥将敦（2009）「ソーシャル・ビジネスとは何か」佐々木茂・味水佑毅編著『地域政策を考える』勁草書房, 189-201頁．
富沢木実（2013）「海士町にみる「地域づくり」の本質」『法政大学　地域イノベーション』第5巻, 65-78頁．
野中郁次郎・廣瀬文乃・平田透（2014）『実践SI知を価値に変えたコミュニティ・企業・NPO』千倉書房．
横山珠洙・中塚雅也（2007）「地域インターンシップ制度の設計と運用に関する一考察：島根県隠岐郡海士町の商品開発研修生制度を事例として」『農村計画学会誌』第26巻, 281-286頁．
渡辺孝・露木真也子（2009）「社会企業家と社会イノベーション—議論の国際的系譜と日本の課題—」ESRI Discussion Paper Series, No.215．

第8章
物的資源を媒介した利害の結び直し：
吉原住宅有限会社と株式会社黒壁の事例分析を通じて

1. はじめに

　本章では，第三セクターや事業委託制度などの社会政策の構築を通じて，行政組織が企業の自助努力を吸い上げ官民連携による社会的課題の解決を目指していくという，我が国におけるソーシャル・イノベーションの解決パターンとして，官民連携におけるまちづくりに注目していく。

　我が国におけるまちづくり研究では，ソーシャル・イノベーション・プロセスモデル（e.g., 谷本, 2006）をもとに，社会企業家による理念ベースの価値共有を前提とした，資源の新結合と制度化を通じた地域の活性化が議論されてきた。地域活性化のためには，地域内の未利用資源の新たな組み合わせを通じて企業家的利潤を生み出していく必要がある（e.g., 清成, 1981）。しかしながら，既存の地域構造のもとで資源を専有しているが故に，利害衝突が生じて資源の新結合を行っていくことは困難を極める。それ故にまちづくり研究は，地域内の多様な主体の利害を調整し，まちづくりを可能にしていく社会企業家に注目し，利害調整の手段として社会企業家による価値共有を基盤においてきたのである。

　しかしながら，谷本・大室・大平・土肥・古村（2013）が提唱する価値共有とは，社会的課題を解決したいという熱い"想い"を持ち，共感させる特異な能力を有する「ヒーロー的起業家」の有無に理念の統合と利害の調整を全て還元して説明することで，社会企業家による利害調整が実質的にブラックボックス化されるという理論的課題を有している（e.g., Osborne, 1998）。そこで本

章では，改めて新自由主義学派がブラックボックス化してきた社会企業家の行動を，物的資源を媒介とした利害マネジメントという理論的視座から再考していくことで，社会政策を作動させる社会企業家の具体的な行為を明らかにしていきたい。

このために本章では2節において，我が国における官民連携によるまちづくりという現象について先行研究をレビューする。3節では，この議論をもとに我が国の新自由主義学派によって理論化されたソーシャル・イノベーション・プロセスモデルの持つ理論的課題を明らかにする。4節では，ソーシャル・イノベーション・プロセスモデルの理論的課題を明らかにしたうえで，物的資源に紐づく利害の結び直しという新たな理論的視座を提示する。この視座に基づき，5節以降で，滋賀県長浜市と福岡県福岡市の地域活性化事例を分析する。

2. 我が国におけるまちづくり研究の動向

我が国のまちづくり研究は，1970年代の地方分権の流れのもと，地方における地場産業の活性化や地域振興を説く議論（e.g., 清成，1981）と，地域自立を唱える議論（e.g., 中村，1993）としてスタートした。後者の潮流は，「一村一品運動」[1]や「ふるさと創生事業」[2]等の行政施策と相まって，地域おこしやまちづくり運動として全国に広がっていった。その後，1990年代後半，「まちづくり三法」が制定されたことを契機に，中小企業政策や中心市街地活性化政策，Town Management Organization（TMO）の設立に係る議論と結びつくことになり，地域活性化を研究する学際的領域として急激な成長を遂げた。

この，新たなまちづくり研究の特徴は，工業団地や大企業誘致等のような従来の行政主導の都市計画とは異なり，地域住民が，地域内の既存の資源に新たな価値を見い出し，観光業を始めとした新たな産業の創出という，地域住民主導型の地域再生に注目することであった（e.g., 本間，1994）。住民主導型の地域再生事例の蓄積は，まちづくり研究への関心を高めるという効果があった。しかし，事例の蓄積が進む中で，特異な能力を持つアクターの精力的な活動と，そのミッションに共感するステークホルダーとの協調関係によるまちづく

りという論理構造に基づく記述の再生産が行われる。

　例えば，諸富（2010）は財政学の視点から長浜黒壁のまちづくり事例を取り上げる。そこには企業家精神に富むリーダーや住民たちが，地域を再生したいという思いのもと，優秀なスタッフに支えられ地域を再生していく姿が描き出されている。同様に，公共政策学では，角谷（2009）が，中心市街地活性化におけるTMOの役割を議論する事例として，長浜黒壁の詳細にわたる事例分析を行う。彼は黒壁によるまちづくりは，笹原司郎氏という類い稀なる社会企業家を中心としたメンバーが，価値観の共有により当該地域の多様なアクターを巻き込むことによって成功したと説明する。この住民参加型のまちづくりは，都市計画学や建築学においても主要な論点であり，まちづくりにおいて住民の協力を取り付け，住民の意欲を喚起することを重視する（e.g., 星野，2002）。

　経営学者もまちづくりにおける事例研究の蓄積に貢献している。例えば，杉万（2007）は，鳥取県智頭町のゼロイチ運動に注目し，リーダーシップ論の観点から，2人の行動力あるリーダーを中心に，地域住民の共感が広がる過程としてまちづくりを捉えている。同様に，石原（2000）は，マーケティング論の観点から，まちづくりにおける商店街や小売業の役割を分析している。特に，深刻化する地域小売業の現状と商店街の空き店舗問題を解決するために，商店街を超えた都市全体の問題解決として，まちづくりの重要性を指摘する。その上で，まちづくりの主役として，カリスマ的リーダーもしくはグループリーダーが必要とされ，参加型住民を共通の価値観で巻き込むことを強調する[3]。

　この様に，まちづくり研究は学問領域を超えて事例蓄積がなされているものの，その大半は，地域再生を住民主導のまちづくりとしてのイシューで捉え，カリスマリーダーによる価値共有をまちづくりの成功要因として説明するという論理構造が形成されている。しかし，この価値共有モデルでは多様なステークホルダー（既得権益者）が如何に協力するのかについて，具体的な説明がなされておらず，予定調和な記述という理論的課題が見られる。この理論構造は，企業家研究者のGartner（2007）の告白によって明らかにされた企業家研究における「ビッグ・ストーリー問題」として，企業家研究では問題視される理論構造（Steyaert, 2007；高橋・松嶋，2009）に限りなく近い。Gartnerは，自らの企業家へのインタビューを通じて記述してきたケーススタディが，企業

家をヒロイックに捉え，企業家に係る人々を敵対者や支援者といった役割を与えることで，予定調和的なビッグ・ストーリーから逃れ得ないものであると告白した。この告白に対し Steyaert（2007）は，既存の企業家研究でなされるインタビューの記述を「神話的な物語の反復」と強烈に批判し，その予定調和的な記述では企業家行動やネットワーク構造の複雑性が把握できないと指摘する（p.744-766）。同様に，Fletcher（2007）も企業家のヒロイックな行動に焦点を当てすぎることで取りこぼしてしまうアクターとの関係性について指摘する（p.657）。まちづくり研究も，本来的に多様な実践に満ちた現象が，英雄として社会企業家を位置づけるビッグ・ストーリーが繰り返し語られるなかで，定型化の果てに取りこぼされているのである。

3. ソーシャル・イノベーション・プロセスモデル

それでは，まちづくりにおける社会企業家の行為は，如何に分析されてきたのだろうか。先行研究のケーススタディ群から導きだされた発見事実を，社会企業家概念から分析し理論化したものがソーシャル・イノベーション・プロセスモデル（谷本，2006；Mulgan, 2006）である。谷本ら（2013）はソーシャル・イノベーション・プロセスを創出と普及の2段階に分け，創出プロセスを「①社会的課題の認知，②ソーシャル・ビジネスの開発」とし，普及プロセスを「③市場社会からの支持，④ソーシャル・イノベーションの普及」として想定する。

創出プロセスにおいては，イノベーションの主体として事業を支えるステークホルダー群の存在に注目し，その多様なステークホルダーは，社会企業家が社会的ミッションを掲げ積極的に説得することで，その事業に共感し支持していったと説明される（谷本ほか，2013, 118頁）。谷本（2006）はこのステークホルダーとの協働関係を「ソーシャル・イノベーション・クラスター」[4]と呼ぶ。ソーシャル・イノベーション・クラスターの形成期においては特定の社会的ミッションに関心を持つアクターの集まりであるが，その成熟過程においては，社会的課題に反発するステークホルダーの参加が重要となり，その動機付けとして「社会的課題を解決したいという熱い想い」が強調される。つま

り，ソーシャル・イノベーションを，社会企業家による事業体（社会的企業）と組織外部のステークホルダーとの相互関係における「価値の共創環境」（谷本，2006，52頁）によって地域資源が獲得され，創発されていくと読み解いていく。この際，価値の共有（価値の共創環境）は如何にして行われるのか。彼らは，社会企業家によってなされる「相手を説き伏せる戦略」（e.g., Suchman, 1995）に着目する。これは，説得相手となるアクターの暗黙にある認識や価値前提にまで影響を与える戦略であり，ステークホルダーが新しい価値を受け止め，共有し変化していくことを重視する（谷本ほか，2013，74-75頁）。この様に，創出プロセスにおいては，情熱や価値の共有，または信頼という形で社会企業家が認知的正統性を獲得することが重視される。

　次に，普及プロセスであるが，ここでは認知的正統性に加えて社会制度的な正統性の獲得という視座が付け加えられる。つまり，社会的課題解決の事業化について，法制化や市場の支持，当該地域外からの評価などを根拠として，人々の認知を強制的に変化させ，事業に正統性が付与されるプロセスである（e.g., Hamalaine, 2007）。例えば，谷本ほか（2013）が調査した北海道グリーンファンドの事例においては，行政や生協，企業と戦略的に連携を持つこと，信託や証券などの制度を活用すること，他分野で応用されること，補助金や公的な制度を生み出すこと等が普及プロセスでなされているが，それを可能としたのは，新たに事業に共感することで積極的に関与する協力者の存在であった（谷本ほか，2013，265-268頁）。つまり，法制化を行うにしても，法整備によって可能となる社会的課題の解決に共感し，共に法制化に向けたロビー活動に協力する集団が必要となる。これら一連の活動は，新たな敵対関係の発生に繋がり，その際に発生するステークホルダーを説得・強制するために，屋上に屋根を重ねるかの如く価値の共有を可能とする英雄としての社会企業家を求めていくのである。

　この様に，ソーシャル・イノベーション研究は，何者かが社会的課題を解決したいという想いによってステークホルダーを協働させることが重視され，社会企業家の持つ"想い"に向かってアクターがまとめ上げられていくことをまちづくりの成功要因として分析する。つまり価値の共有・共感という抽象レベルの利害の結び直しによってまちづくりは可能となるという論理構造が形成さ

れている。

4. 利害の結び直しとしてのまちづくり

　本章ではここまで，まちづくり研究における事例蓄積と，その理論化を試みるソーシャル・イノベーション研究の議論について検討したが，その論理構造には以下の理論的前提が存在すると考えられる。① まちづくりとは，地域内資源やステークホルダーを結合させることである。② それら資源やステークホルダーを結合させるために，社会企業家（カリスマリーダー）の存在が必要となる。③ 社会企業家は，社会的ミッションを掲げ，ステークホルダーとの協働を通じて事業を普及させる。その具体的方法としては，共感・共有という認知的正統性と，共感したアクターによって裏付けられる社会的正統性を通じた説得という抽象レベルによる統合である。

　本章においても，まちづくりとは地域資源の新結合であり，社会企業家がステークホルダーから資源を獲得しなければならないという理論的前提を共有する。しかし，既存研究の提唱する抽象レベルの統合を通じたまちづくりは，ステークホルダー間の利害衝突を避けるために価値を統合させることが可能な社会企業家を所与のものとして据えることを前提とするため，政策的な再現性が低い記述モデルに留まるという理論的課題を抱えている。なぜなら，社会企業家が如何にして地域内のアクターから共感を得て，彼が抱える社会的ミッションの共有を実現できるのかについては，相手を説き伏せる戦略が必要になると指摘しつつ，最終的には社会企業家には"想い"でアクターをまとめ上げる特異な能力を求めてしまうからである。Osborne (1998) が指摘するように，彼らの研究は「ヒーロー的起業家」の有無に理念の統合と利害の調整を全て還元して説明するという，理論的課題を有しているのである。

　もちろん，この問題点について，谷本（2009）は自覚的である。彼は，ソーシャル・イノベーション・プロセスモデルの持つ理論的課題として，利害衝突の解決策として制度派組織論の分析視座を参照することの可能性を指摘しており，利害が衝突しないルールづくりについての分析が必要であることを指摘している（谷本，2009，34頁）[5]。

この利害が衝突しないルールに注目するためには，まちづくりにおいて，利害衝突が生まれるメカニズムに注目する必要があるだろう。まちづくりを資源の新結合とするなら，当該地域の各アクターが持つ利害は既存の物質的資源が如何に活用されているのかという観点から把握することが可能になる。つまり，利害衝突を避けるようなルールの設定に注目したとき，我々は社会企業家の活動を，物質的資源の新たな利用を巡った，関係的なルールの設定を通じた利害の結び直しという，より具体的なレベルで捉えることが可能になると考えられる。

　その分析視角は，以下のようなものになると考えられる。まず，① 社会企業家は，資源の利用を巡る既存の関係的ルール，すなわち地域の産業構造や利害関係から生まれる社会的課題を見い出し，その解決のための事業を想起する。ここで注目すべきは，まちづくりにおける未利用資源の多くは，ステークホルダーが所持している物質的資源であることである。つまり，社会企業家は物的資源を介して当該地域のルールを再結合するという可能性に気付くのである。例えば，既得権益者の利害を中心として構築された関係的ルールが当該地域の再生を妨げているという考え方の下，未利用の農業資源や山林資源が発見され，それらの新たな活用方法から地域再生を実現させた事例などはその典型である（e.g., 池上，2007）。

　しかし，社会的課題が掲げられたとしても，既存の関係的ルールを変更し，資源の新結合を行うことには困難が付きまとう。なぜなら，資源の新結合を行おうとすることで，その資源に紐づく利害が顕在化し，利害衝突が発生するからである。そこで，② 社会企業家は既得権益者に新たな価値を示すことが求められる。この新たな価値の掲揚は，地域内の個々のアクターが所属する組織的基盤がもたらす利害に抵触しない，普遍的な基盤を地域にもたらす作用がある（e.g., 矢部，2012）。これは社会的ミッションへの共感を取り付けるための説得活動を意味するのではない。むしろ，未利用資源の利用や既存資源の新結合について新たな価値を示すことで，地域内で資源を保有するアクターと衝突しないように，利害の一致点を見い出したり，あるいは利害の位相をずらすという作用を持つ。特に，商店街や中心市街地の活性化において課題を生み出す物質的資源は遊休化した不動産である。この遊休不動産に着目し，物質物を介

して新たな価値を示すことで，利害衝突を解決するルールづくりが可能となる。

そのために，③ 社会企業家にはステークホルダーの利害が衝突しないアリーナ[6]の構築が求められる。例えば，まちづくり条例の制定は，「まちづくり」という普遍的な基盤を理念として掲げることで政治的・法的アリーナを形成し，個々人の利害に関係なく協力を強制する体制を構築しており，社会企業家が説得・強制するために構築するアリーナの典型例である（e.g., 秋田, 2008）。このアリーナのもとで，個別の利害に抵触しない価値を新規事業に持たせつつ，他方で新規事業に必要な資源を獲得するために，個々の利害に合わせた説得や強制を行う形で，新たな関係的なルールを取り結ぶという利害の結び直しが行われる。故に，まちづくりの実現に必要な経路は，価値観の共有や情熱による抽象レベルの統合を必ずしも辿る必要は無いといえよう。次節以降で，まちづくりという現象について2つの事例を考察し，社会企業家によって行われるまちづくりを物質的な条件を利用した利害の結び直しの場として捉えた分析的記述を行っていく。

5. 事例分析：吉原住宅有限会社（福岡県福岡市）[7]

5.1 老朽化したビルの継承と不動産業界の"当たり前"

吉原住宅有限会社（以下，吉原住宅）は，ポテンシャルのある経年賃貸ビルに，古い建物ならではの付加価値を加えることで「ビンテージビル」として再商品化し，ビンテージビルを活用したまちづくりに取り組む不動産会社である。代表取締役の吉原勝己氏は，もともとは不動産業界には全く無縁のキャリアを築いてきた人物であった。九州大学で生物学を学び，その後，旭化成で臨床研究を行い，そこでの研究成果をもとにして製薬会社で営業政策を考える仕事を17年間行ってきた。

この吉原氏が不動産業に身を投じたのは，彼が40歳の時に，父親の病気をきっかけとして吉原住宅を継ぐことになったからである。吉原住宅は，冷泉荘や山王マンションに代表される4棟の雑居ビルやマンションを所有し，そこからの家賃を収益源としていた。しかし，会社を引き継いだ吉原氏は，昭和40

年代以降に建設されたビルとマンションの老朽化に加え，バブル崩壊以降，不動産収益が下落し続けている現状に愕然とした。当時，老朽化した不動産は建て替えるのが一般的であり，彼が父から引き継いだ物件も本来であればとっくに建て替えていてもおかしくなかった。しかし彼の父親は，自社物件の手入れをほとんどしておらず，吉原氏はボロボロのまま自社物件を引き継ぐこととなった。当然，そのような荒れた物件に，まともなテナントや住人は集まらない。吉原住宅の保有物件の入居者には家賃の滞納者も多く，不動産価値の無い荒れきった建物となっていた。

　本来であれば，老朽化した物件を取り壊し，新築物件を建設することで「仕切り直し」するのが不動産業の定石である。しかし，吉原氏はこの定石そのものに，疑問を感じた。果たして，老朽化した物件は取り壊し，新しく建て直すしか無いのであろうか。吉原氏は旭化成にいたとき，単純な物理学と骨の構造学に，骨折の疫学調査が結び付くことで骨粗鬆症の研究と治療方法が飛躍的に進歩していくことに関わった経験から，分野外のロジックを組み合わせていくことで，産業にイノベーションが生じていくことを経験していた。そこで吉原氏は，不動産業界も，新たなロジックを組み合わせていくことで，築年数の古い物件を再生していく方法があるのではないかと考え始めていた。

　ちょうどその頃，建築業界で注目されていたのが，北欧デザイン建築であった。海外のリフォーム物件の情報が国内の住宅関連雑誌やファッション誌で紹介され始め，密かなブームになりつつあった。鉄筋コンクリートによる集合住宅の歴史が長い欧州では，築100年に迫る物件が多数存在する。欧州ではこのような古い物件を定期的に取り壊し，新築に建て替えるというサイクルを取るのではなく，建物の持つデザインを活かす形で外装・内装をリフォームし，再生していくことで長期的に建物を利用していくというビジネスモデルが主流であった。吉原氏は海外にできて日本にできないわけがないと思い，自社物件の山王マンションのリフォームに取り組み始めた。

　その第一歩は，空室ばかりの薄暗い物件とはいえ，そこに住んでいる家賃滞納者を立ち退きさせていくことであった。滞納者とはいえ，そこに一定年数居住した入居者には民法上の居住権が成立する。それ故，粘り強い交渉と法制度に則った手続きに従って入居者を立ち退かせないと，部屋をリフォームするこ

とも，そのリフォーム物件を不動産賃貸市場に乗せることができない。古いビジネスモデルに固執する父親とも衝突しながら，それでも何とか立ち退きに成功し，欧州型のリフォームに取り組み始めることが可能となった。

次に，空室のリフォームに取り組むことになったのだが，古いマンションや雑居ビルのリフォームを手がける会社が福岡には存在しなかった。山王マンションは築30年を超えかなり老朽化も進んでおり，賃貸物件として価値が低下した物件であった。こういった空室ばかりマンションを取り扱う建築会社はその解体した跡地に新築物件を建てるというのが業界の当たり前であった。何とか探し出した店舗改装を得意とする施工会社に依頼し，リフォームに取り掛かることができたのである。

5.2　リノベーションという新たな価値の提示を通じたオーナーの利害調整

なんとかリフォームにこぎつけた山王マンションであったが，吉原氏が想定したような借り手はなかなか現れなかった。まず，当時はリノベーションという言葉自体が存在せず，苦肉の策として「再生デザイナーズ賃貸マンション」と銘打った。しかし，地元の不動産会社も，「再生デザイナーズ賃貸マンション」を取り扱ったことがない。そもそも，リフォームしたのはマンションの一室に過ぎず，建物自体は荒れ果てた「いわく付き」の物件である。入居者も多重債務者などの訳ありの住人が多かった物件である。つまり，1室をリフォームしたところで，不動産業者にとって建物そのもの価値が低く，不動産業界は借りて探しにおいて役に立たなかった。

だとすれば，築年数の経過した古い物件そのものに新たな利用可能性を提示し，その建物を必要とする人々を巻き込んでいくことで，新たな価値を生み出していくしか無い。ここで吉原氏が注目したのが，東京青山にある同潤会青山アパートであった。1926年に建設された同潤会青山アパートは，建設当時，最先端の夢の集合住宅であった。しかし，管理会社が解散し老朽化に伴うメンテナンスも十分でない上，マンション設備に内風呂がないなど徐々に発展していく住宅事情から取り残され，廃墟同然の状態に陥っていった。他方で，1960年代から青山という立地の良さと家賃の安さに注目した若手芸術家やデザイナーが入居し，アトリエやギャラリーとして自主的にリフォームしていくこと

で，アートやファッションの中心地として再生していくことになった[8]。

　この青山アパートの再生は，半ば自然発生的なものであった。まず，青山アパートの各部屋にはそれぞれ所有者が存在しているが，この物件をそのまま賃貸市場に載せても入居者が付く可能性は低い。それ故に青山アパートの家賃は地域内でも最安値に設定されていた。さらに，所有者は青山アパートに賃貸物件としての価値が低く，近いうちに解体されることを想定していたため，入居者が自主的にリフォームを申し出たとしても推奨することはあれ，拒むことも少なかった（いうなれば，所有物件に無関心であった）。そこに目をつけた芸術家やデザイナーが，創作の場として青山アパートに入居し，芸術の集積地として再生していったのである。

　吉原氏の保有する物件も，築年数が古く賃貸物件として既存の不動産市場で価値が低いという点で，ほぼ青山アパートと同じ条件を有している。だとすれば，あとは自然発生を待つのではなく，利用価値を提示していくことで物件に新たな価値を生み出す仕掛けを作れば良い。そこで吉原氏が2006年に仕掛けたのが，1958年築の冷泉荘の再生であった。同潤会青山アパートメントを参考に，若手のクリエイター向け集合アトリエとして冷泉荘再生を試みる。とはいえ，このために室内をリフォームした訳ではない。若手クリエイターに，敷金なし・賃料3万5千円という部屋をそのままの状態で貸し出し，内装はDIYで自由に作っていくことを認めたのである。冷泉荘は，福岡市の中心である。更に，九州産業大学芸術学部や九州大学芸術工学部など，芸術・クリエイターの養成を担う教育機関が多数存在し，アトリエや事務所を求める若手クリエイターは多数存在していた。安価で借りられ，しかも内装を自由に作ることができる物件として冷泉荘が登場したことで，今までは事務所やアトリエを持つことができなかった人がこぞって利用することとなった。

　吉原氏による冷泉荘の再生は，近隣の不動産オーナーからも注目を集め，ビル再生依頼が増えるようになった。そこで2008年4月，吉原住宅から派生した経年不動産コンサルティング会社として，新たに株式会社スペースRデザインを設立し，経営コンサルティング，マーケティング企画，設計デザイン，工事監理，プロモーション，ブランディング・仲介，コミュニティ管理，ビンテージビル文化の啓発の展開を始めていく。これらの活動を経て吉原氏は，リ

写真1 冷泉荘

出所：冷泉荘公式facebook。

ノベーション事業の先駆者であり，第一人者としてみなされるようになった。

5.3 リノベーションで不動産業界の新陳代謝を促進する仕掛けづくり

　吉原氏のリノベーション事業は，リノベーション黎明期の建築業界から注目されることとなった。東京の会社など，今でこそ地域活性や遊休不動産活用の全国の中心的建築家たちも，吉原氏の取り組みを見て「自分でビル1棟動かさないといけないんだ」と言葉を残し帰っていった。その後，全国各地でリノベーション協議会や，リノベーション・スクールが動き出した。しかし，吉原氏はリノベーション事業を請け負っていくうちに，リノベーションが不可避にまちづくりに影響を与えていく可能性に気づいていくことになる。

　冷泉荘のリノベーション事業は地域住民の生活にとって無縁な存在として映る。若手クリエイターや芸術家が冷泉荘に定着することで不動産としての価値は上がるが，これだけではこれまでの不動産業界と大きな差異が生み出された訳ではない。また，クリエイターや芸術家といった"変わり者"が定着してしまうと，地域住民との軋轢が生じる可能性もあった。

　そこで吉原氏は，冷泉荘を単なる賃貸ビジネスとして再生するだけではなく，地域活性化のためのインキュベーション事業と再定義して利害の位相を変化させる戦略をとる。例えば，冷泉荘の入居基準を，地域の人たちと積極的に交わることや，福岡での活動を重視するクリエイターであることを重視した。

こうすることで，冷泉荘に入居するクリエイターたちや管理人によって醸成されたコミュニティが，地域にも開かれたものになる。冷泉荘の入居者は立地する上川端地区の人となり，彼らが冷泉荘で開く個展やイベントは，地域に人を呼ぶ手段にもなる。冷泉荘を地域活性化のインキュベーション施設と位置づけ，入居者のコミュニティを地域住民に開いていくことで，冷泉荘の不動産価値を高めることに成功した。

　他方で，吉原氏による仕掛けは冷泉荘のインキュベーション施設化によって，不動産価値を向上させることだけを狙ったものではなかった。彼は，入居者が自主的に行うDIYが近隣の不動産オーナーや地域の中の多様なアクターを，より積極的に地域活性化のためのリノベーション事業に巻き込んでいく可能性を見出していった。冷泉荘は，老朽化したビルを入居したクリエイターが思うがままDIYし，次の入居者がまた新たにDIYをして手を加えていく。その結果，職人でも作ることができないような部屋が生まれ，あたかもショールームのような存在に変化していった。冷泉荘は耐震補強をすることで寿命を延ばしたが，外観は以前のまま古い"ボロビル"である。しかし，現在このビルは，新築に近い坪単価になっている。そこに入居してくる利用者たちは，コミュニティ価値に魅力を感じて集まってくる。吉原氏は自らのビルを「レトロビル」とは呼ばずに，「ビンテージビル」と呼んでいる。彼曰く，ビンテージビルとは「経営が成り立つうえで人のつながりが生まれるビル（吉原, 2009, p.120）」である。言い換えるならコミュニティ賃貸である。住む人にとっては豊かな生活を与え，不動産オーナーは収益があがるようになる。

　吉原氏は，この冷泉荘でのリノベーション事業から，不動産業界を地域活性化という観点から変革し得るという手応えを掴んでいった。そこで，不動産オーナーの持つ築古物件の収益化という利害を，地域活性化という位相へと変えていくために，九州全域の地域活性化を目指すアリーナの構築を手がけていく。

　例えば，老朽化したビルをDIYによるビンテージビル化を通じ，大牟田市の商店街活性化で展開している。Facebookでボロボロになった部屋を見せ，DIYで自分の部屋を作りましょうと告知すると，今では15分くらいで申込者が来ると言う。次に，市民向けに部屋づくりワークショップを開催することを

告知すると，20人くらいの老若男女が集まってくる。そういった人々がオピニオンリーダーとなり，移住者まで生まれた。この大牟田市での経験から吉原氏は，DIYを通じてオーナーを動かすことで町そのものの変革も可能になることに，確信を得ていく。そこで彼が行ったのが，福岡DIYリノベWEEKであった。老朽物件を自らカスタマイズする楽しさを体験できるツーリズムイベントとして，各地を見学できるというイベントを開催して不動産オーナー地域住民を結びつけるDIYの拠点づくりを手がけていった。

　以上のように吉原氏はリノベーション事業を，一方で築年数の古い物件を地域活性化のためのインキュベーション施設と位置づけ，DIYに関する広域的ネットワーク形成を推進することで，不動産会社オーナーの利害を地域活性化へと変化させ，リノベーション事業を可能とするアリーナを形成していった[9]。

　このように，まちづくりとは物的資源（例えば，遊休不動産）の新たな利用可能性を開拓していく際に不可避に生じる，利害関係のマネジメントの過程であるといえるだろう。そこで，次節においては，物的資源を用いていかに既存の商店街が再生していくのかというメカニズムを解明すべく，滋賀県長浜市の事例をもとに，物的資源を媒介として商店街が如何に再生されていくかを考察していく。

6. 事例分析：株式会社黒壁（滋賀県長浜市）[10]

6.1　黒壁保存から長浜市活性化へ

　株式会社黒壁（以後，黒壁）は，滋賀県長浜市にあるガラス事業をメインとしたまちづくり会社である。1988年，第百三十銀行長浜支店（以後，黒壁銀行）の保存と活用を目的として，長浜市役所と民間8社が1億3000万円出資して設立された第3セクターである。同年7月，黒壁ガラス館開館以降，順調に来訪者を増やし続け，平成23年度の報告では，年商7億9700万円，来街者年間244万人に上る。これは，中部・近畿地域の集客施設と比較しても，海遊館（大阪市）の230万人や東山動植物園（名古屋市）の218万人と同レベルの集客数である[11]。しかし，長浜の商店街店主の多くは，黒壁ができる以前の様子を振り返るときに，「人が4人と犬が1匹」と語る。黒壁設立以前の商店街

写真2　黒壁ガラス館

出所：黒壁公式 HP。

の交通量を調べたところ，休日の1時間あたりに人が4人と犬が1匹しか通らなかったというのだ（日経ビジネス，2007）。

　この，長浜の商店街を大きく変化させることとなる黒壁設立のきっかけは，歴史的建造物保存運動であった。黒壁銀行を利用していたカトリック教会は建物の老朽化に伴い維持修繕・移転用地の斡旋を長浜市に要求する。しかし，長浜市は黒壁銀行の保存に関する方針を示すことが出来ず，カトリック教会は民間業者に黒壁銀行を売却し移転した。市側としては，長浜城を中心とした地域づくりや，博物館都市構想などを政策として掲げており，文化資源を中心としたまちづくりを尊重しなければならない立場であった。歴史的価値のある黒壁銀行は保存すべき対象として教育委員会から期待されている物件である。そこで，長浜市は4千万円出資することを決め，民間からの協力者として笹原らに法人の設立を依頼することとなる。

　笹原は青年会議所の中心的人物であり，「ながはま21市民会議」を設立して，1980年代から長浜市の経済活性化を目指し北陸線直流化・長浜ドーム建設・大学誘致の運動を行っていた人物であった。彼らは1987年に「長浜芸術版楽市楽座（アートインナガハマ）」というイベントを開催することで，文化的事業への市民関心を高めることにも成功している。また，「光友クラブ」[12]という地域の文化教育を中心とした地域振興グループに所属していた。長浜市の経済的活性化と地域振興に強い動機付けを持つ彼らにとって，黒壁銀行保存

は文化的に重要な問題であり，経済的にも可能性のある存在であった。そこで，市側の要請に積極的に呼応する。

金融機関の参加誘致については，長浜信用金庫，滋賀銀行，びわこ銀行，大垣共立銀行の4銀行が250万円ずつ出資するという話が持ち上がったが，「地元の金融機関ならば，地元を浮揚させるプロジェクトには一生懸命になる」（矢作，1997，197頁）という理由から長浜信用金庫に出資を要請した。長浜信用金庫は本店を長浜市に置いており，担保としている土地，建物の大半が長浜市内の物件である。黒壁の活動が成功し長浜市が活性化されれば，長浜信用金庫にとっても経営の安定化，さらには資産価値の向上に繋がる。こうした目論見のもと，長浜信用金庫は1,000万円の出資を決定した。民間企業からの出資の目処も付き，黒壁銀行の維持，保存を目的に黒壁が設立されることになった[13]。この様に，当初は「長浜市の文化資源を保存する」という目標掲揚のもと，そこに利害を見い出したメンバーによって第三セクター黒壁が創設される。

他方で，第三セクターとして黒壁が発足したこということは，同組織が収益をあげる会社であることも意味していた。そのため，創設メンバーは全て個人出資ではなく法人として出資した。個人ではなく法人として出資することで，会社への説明責任が発生し，黒壁銀行保存事業は長浜市の文化資源の保存に関するボランティアではなく利益追求を前提としなければならないものとなる[14]。

そこで，彼らは黒壁銀行をどのように活用すれば，長浜市への人の流れが起きるのかを検討した。試行錯誤の末，初代社長の長谷定雄氏の提案でガラスを中心とした観光地型テーマパークを形成することに決まる[15]。この背景には，観光地などでよく見られるガラス工房の吹きガラス体験が観光客に与えるインパクトと，再訪率の高さへの期待があったと考えられる。観光型テーマパーク事業の作りこみが決まることで中心市街地の活用方法がおのずと定まっていく。例えば，黒壁銀行の近くにあった神社の敷地を活用し，観光バス専用駐車場を設置する。そうすることで，関西から北陸方面へ向かう観光バスの立ち寄り地点という位置づけを長浜に与えた。また，黒壁設立メンバーはJRの直流化運動に積極的に係わっていたことから，琵琶湖線の終着駅が長浜駅になる可能性を予測していた。直流化が可能となれば，大阪・神戸・京都方面からの日

帰り客を呼び込むことが可能となる。これらの背景に基づき，黒壁は単なる店舗経営ではなく，ガラスという文化事業を通じた体験観光型テーマパークとしてのエリア展開が検討された。

6.2 遊休不動産を利用した商店街の新陳代謝

しかし，観光型テーマパークという事業の作りこみにおいて問題となったのが，シャッター通りとなっていた大手門商店街の存在であった。黒壁銀行は商店街の入り口に位置するため，エリア展開には商店街を巻き込まなければならない。しかし，商店街は彼らの掲げる黒壁銀行による地域活性には非協力的な姿勢を見せる[16]。彼らにとって，黒壁銀行再生はなんの利得にもならず，商店街活性化や長浜経済の再興への想いをぶつけたところで，よそ者が自分たちの領域に介入してくることへの抵抗感を示すだけだった。そもそも，店舗の売り上げを目指す商店主は，郊外の大型ショッピングモールの中に店舗を構えていたり，外商で収益を得ていた。人通りの少ない商店街は収入源になる可能性が低く，わざわざ人手や資金を割いて黒壁に協力するメリットはなかった。更に商店主の中には，好景気の際に商店街店舗を担保として購入した都市部の不動産収益を中心とする者もいた。彼らはもはや収益源として商店街に期待をしておらず，商店街活性化の取り組みによって店舗の担保価値が下落することを危惧していた。このように商店街店主たちは，笹原らの持つ郷土愛や情熱に基づく説得では動かすことが不可能なアクターであった。

そこで彼らが注目したのが，商店街の遊休不動産利用であった。既に地域資源として意味をなさないと考えられていた不動産は，黒壁が付加価値を与えることでまちづくりの資源となる。これは，創設メンバーの一人である伊藤が不動産業を営んでいたということから，資源として活用可能であることに気付いたと考えられる。伊藤氏をはじめとする初代メンバーは，個別に遊休不動産オーナーとの関係性を持って店舗を買収もしくは賃貸契約を結び，将来的に黒壁スクエアとしてエリア展開が可能となる不動産を抑えていく。また，年金や郊外の不動産収入により生計を立てているものには，長浜市を大株主とする公共的組織が間に入って店子を探すということを強調し，空き店舗が収益物件としての価値があることを示す。このように，遊休不動産の再利用による収益化

を梃とすることで，地域を活性化したいという笹原らの想いに利害を見い出さなかった商店街も，空き店舗に資産価値があることに気づき使用権を黒壁に委譲することになった。

　黒壁のこの取り組みによって，商店街のメインストリートに面した店舗が賃貸物件市場に流通するようになった。この不動産の流動化によって，近隣でカフェやレストラン，セレクトショップ等の経営を希望する，若手起業家を呼び寄せることになる。その際，黒壁を通じて再利用される不動産は，必ず「黒壁〇號館」とし黒壁ブランドという付加価値を与え，その中心に「黒壁グループ協議会」を据えることで大手門商店街の構成メンバーが組織化されていった。2008年12月時点で，黒壁グループは30店舗に上ることとなった（直営店は11店舗である）。

　この結果，高齢化の進む商店街店主は商店主ではなく，不動産オーナーとして商店街経営の表舞台から徐々に身を引くことになった。いわば，遊休不動産の使用権を黒壁が管理していくことで，まちづくりに関心を持たないアクターを商店街そのものから切り離し，黒壁スクエアで起業したい店主を呼び込んで

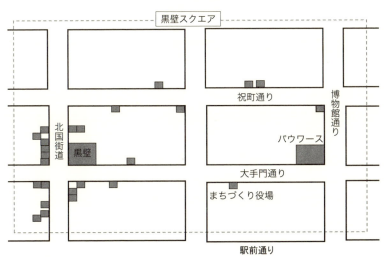

図8-1　長浜市中心市街地の黒壁関連店舗（2008年時点）

出所：筆者作成。

いったのである。これは，商店街店主を変化させることで地域活性化に動員したのではなく，黒壁が，商店街店主の持つ不動産オーナーとしての側面に注目し，その利害を満たす形で地域活性化に貢献しうるアクター（若手起業家）と遊休不動産を結びつける（賃貸契約を結ぶ）という利害の結び直しを通じて，商店街の構造変革を実行していたと考えられる（図8-1）。

6.3　株式会社新長浜計画による再生エリア拡大

　黒壁は長浜市と官民連携を前面に出すことで正当性を獲得している第三セクターである。そのため，不動産仲介業を中心としたビジネスには工夫が求められた。これが如実に現れたのが，経営破綻に陥ったビル「パウワース」の購入に際してであった。この物件は商店街の端に位置していた建物であり，空きビルのままにしておくことは，商店街活性化から考えると好ましくない。しかし，ビルはテナントに店子が全く入らず破産状態にあり，オーナーは任意売却を望んでいた。この建物には，長浜市と深い付き合いのある小樽オルゴール堂も入っていたが，それも撤退を決めていた。黒壁は，第三セクターであり住民への説明責任を持つ会社であったため，当然，競売にかける前の任意売却で購入することに対して多くの株主が反対した。そこで1996年，伊藤が中心となり地域活性化には興味が薄いアクターを新たな出資者として「株式会社新長浜計画（以後，長浜計画）」を設立し黒壁の不動産部門を担うこととなり，黒壁本体は不動産事業から手を引くこととなる（図2）。

　この頃，長浜の教育レベルを上げたいと考えていたグループが学習塾を作りたいと考えており，建物を探していた。人を集めることを重視していた黒壁にとって，彼らの学習塾は中心市街地に人を集めるという点でメリットのある存在であった。ちょうどパウワースの扱いに悩んでいた笹原氏と伊藤氏は，彼らを新たなアクターとして巻き込み，ビルを再建し，不動産仲介社と新たな黒壁の別働体である新長浜計画の出資者を募った。黒壁スクエアは日帰り観光を中心としていたため，商店街は夜になると人通りが少なくなる。そこに，商店街の一角にある学習塾を継続させることで，子どもや送迎の保護者が夜遅くまで賑わいをもたらし商店街に動きが生まれるということを考えるならこの物件は黒壁にとって重要であった。この様に，ディベロッパー事業を中心として中

図 8-2 株式会社黒壁の関連組織一覧

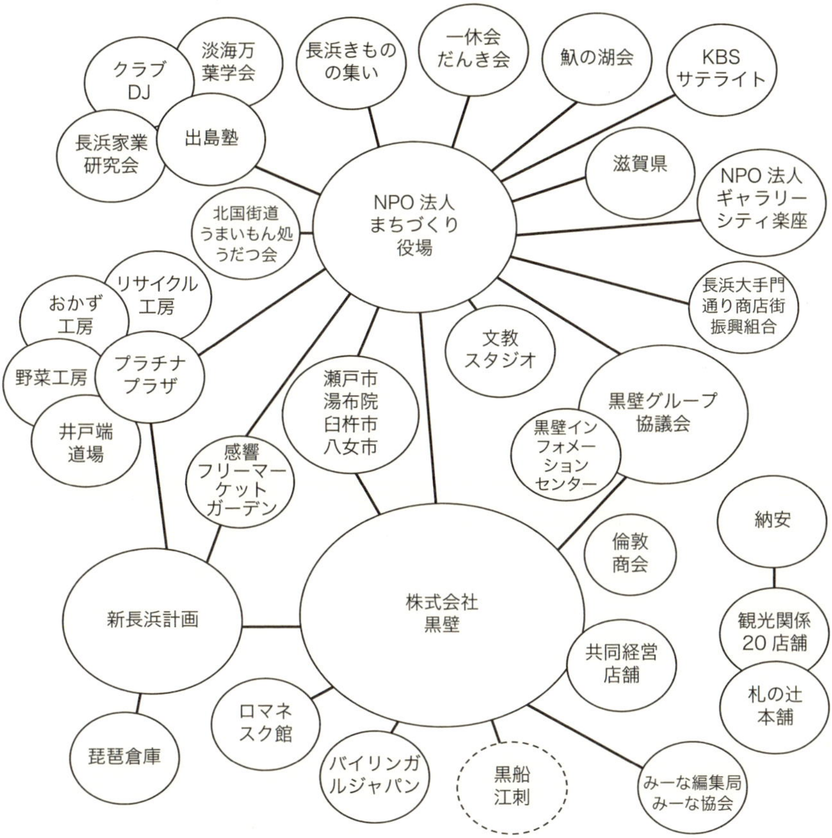

出所:「特定非営利活動法人まちづくり役場」(2009) を基に筆者作成。

心市街地を活性化させるという新たな目標を掲げた長浜計画は,商店街の流動化を促進する伏線的な目的を持ちつつも,遊休不動産を介することによって地域内の親子や教育関係者との利害を結び直し,新たなネットワークを構築していくことで,地域活性化に貢献していくことになる。

この遊休不動産オーナーの個別利害に対応した空き店舗の活用によるステークホルダーの利害の結び直しは,商店街活性化のモデルとして高い評価を得ることになり,黒壁スクエアは市街地活性化のモデルケースとして全国的に位置

付けられる。設立から4年後,増資の必要性が生じた際には,滋賀銀行や大垣共立銀行も出資を申し出るようになる。全国的にまちづくりの金字塔として黒壁スクエアの存在が有名になっており,大蔵省の役人や日本銀行の支店長が地域の視察を兼ねて見学に来る場所となっていたため,銀行側としては出資しなければ示しがつかなかったのだ。加えて,黒壁がまちづくり会社として象徴化されることで,新たに,全国の行政関係者,商店街,研究者,学生たち,加えて,長浜にある各種市民団体との連携が可能となっていったのである(図8-2)。

7. 事例から導きだされる発見事実と理論的貢献

　本章では,まちづくりというソーシャル・イノベーションについて,先行研究で指摘されてきた社会企業家による理念の共有ではなく,物質的資源の新たな活用を通じて行われる関係的なルールの再構築を通じた,ステークホルダーの利害を結び直す社会企業家の実践に着目し,長浜市黒壁および吉原住宅の事例の記述を行ってきた。最後に,分析枠組みに基づいた事例の整理を通じて,この理論的視座がもたらす発見事実の理論的含意を明らかにしていく。

　まず,吉原住宅においては,吉原氏が保有する老朽化したビルを再生するために,父親の代から行ってきた不動産賃貸業からリノベーション事業への転換を行うことによって,吉原氏の自社ビルは新たな価値を獲得した。吉原氏は,DIYという手法を通じたリノベーションによる地域活性化を掲げることで若手クリエイターたちを街の賑わいを生み出す資源と位置づけ,不動産オーナーの収益にとどまらずより広範囲のアリーナへと利害の位相を変化させ,不動産価値の再生とともにコミュニティの価値の上昇を目指した。更に,吉原氏と同じく築古物件を抱える不動産オーナーに対しては,オーナー井戸端ミーティングやDIYリノベWEEKを実施していくことで不動産価値が再生することを示しつつ,地域活性化に興味を持つアクターとの関係を取り持っていくことで彼らの変化を促し,リノベーションによるまちづくりというアリーナの形成に成功していったのである。

　それに対して,長浜市における黒壁の事例の前提にあるのは,商店街を代表

とする中心市街地の衰退構造であった。シャッター化しているにも関わらず，商店街はまちづくりに非協力的な態度をとっていた。その理由は，商店街オーナー達の収入源が人通りのない商店街の店舗収入ではなく，好景気のときに購入した不動産からの収入や，外商だからである。また，高齢化のため自分たちの生活を賄えるわずかな収入でよく，後継者たちも会社員として生計を立てているため商店街に戻ってこようとはしない。そのため，商店街の店主たちは集客力が低下していようと，空き物件が増えていようと，そこまで強い問題意識を持たない。また，衰退している地域に人を集めようという活動への強い熱意も既になく，部外者が商店街に入ってきて商いをすることを非常に嫌う。結果として，商店街そのものの代謝が滞ってしまう。そこで，黒壁は商店街にある遊休不動産に注目し，商店街店主が保有する空き店舗が観光ビジネスにおいて貸店舗として価値を持つことを提示し，使用権を譲り受け管理していくことで近隣から若手起業家を呼び込んでいくことで，シャッター通り商店街の再生を図ったのである。

　この事例記述から，まちづくり研究に対して三つの理論的貢献が導き出せる。

　第一に，地域内の未利用資源の新結合（再結合）であるまちづくりは，当該地域にある資源を起点として捉えることで，先行研究で指摘されてきた社会企業家による理念レベルの統合とは異なったステークホルダーの利害の結び直しとして分析することが可能になる。資源を起点に地域内のアクターの利害を読み解き，その結び直しに注目することは，同様の資源を有する地域（商店街）にも転用可能な分析視角である点で，理論的・政策的貢献を有すると考えられる。もちろん，吉原住宅と黒壁の事例に見られるように，地域ごとで遊休不動産の利用を巡る利害関係が異なり，利害の結び直しの方法はその地域固有のものになる。地域社会を構成する個々のアクターが抱える利害が異なるが故に，まちづくり会社の設置や運営が上手くいかないという課題が生じ，先行研究はその解決に"想い"と社会的ミッションを共感・共有させられる特異な主体として社会企業家を求めるという理論的課題を有していたと考えられる。

　しかし，多様な利害関係が地域内で錯綜しているのであれば，無理に"想い"や社会的ミッションで統合するのではなく，物的資源を媒介として個々の

アクターの利害を表出化させることで利害関係を解きほぐし，再（新）結合させるという手段もありうる。それが，本章が遊休不動産という物的資源に注目した理由である。遊休不動産という物的資源を媒介とすることで，地域住民が個々に抱える利害が表出化し，利害関係を解きほぐし結び直していく可能性が切り拓かれる。

　第二に，利害の結び直しの際に特定のアクターの利害に利する形になると，新たな利害対立を招くということである。実際，長浜市の場合は，「黒壁銀行（文化資源）再生」を組織目標として最初に掲げていくことで，外部からの介入を嫌う商店街店主を不動産オーナーとして退席させ店舗を流動化することが可能になり，若手起業家の流入を通じた商店街活性化が可能になった。

　このような組織目標なしには，彼らの活動は特定のアクターの利害に集約されてしまい，行政や商店街組合，地域住民との利害対立を招き，最終的にはまちづくりへの支持や協力を失うことになる。いわば，まちづくりを遂行するためには，物的資源を媒介として地域独自の各共同体の利害を巻き込むことが重要となる。この意味で，先行研究が指摘してきた社会的ミッションの共有とはソーシャル・イノベーションの中心的アクターがアプリオリに保有するものではなく，何らかの形で利害関係を表出させ，対立関係を解きほぐすことや，位相を変化させつつ結び直すために，ステークホルダーの自発的参加引き出す組織目標として用いられるのである。

　第三に，まちづくりという社会政策が有効に作動するためには，空き家問題や商店街の衰退という地方都市の社会問題の解決を目指した利害調整，すなわち当事者による自助努力が必要となる。ソーシャル・イノベーション・プロセスモデルにおいて，行政組織は社会的事業の市場での成功を受けて，法制化や議会を通じて社会的価値の広がりを促す制度化の役割を担うものとして捉えられてきた。しかし，行政組織が成功例を事後的に制度化することは，特定のアクターが独占的に利益を得ることを正統化し，新たな利害衝突が生じる可能性を生み出す。それを避けるためには，行政側にも特定のアクターの利害に帰着しない利害マネジメントが必要とされると考えられるのである。

（木村　隆之）

注

1 1979年，平松守彦大分県知事が提唱した地域活性化運動で，県内全市町村がそれぞれ1つの特産品を開発し，全国に販路を拡大するという方策である。カボス・関アジ・関サバなどの名産品を生産し，農水産業者の収益改善に貢献した。
2 「自ら考え自ら行う地域づくり事業」の通称。竹下内閣が地域振興を目的に1988年から1989年にかけて実施した事業で，全国の約3,000の自治体に対し，地域づくりに自由に使える資金として1億円（総額約3,000億円）を交付した。
3 後に，石原（2006）は商店街に存在する通路や街路のもつ本質的機能に着目し，物理的存在が持つ外部性（意味空間）が街づくりに与える影響について指摘している（石原，2006，52-61頁）。このように，マーケティング領域においても理念共有型の地域活性化分析では，まちづくりを考察するうえで不十分であるという考察がなされている。
4 ソーシャル・イノベーション・クラスターとは，「社会的企業，中間支援組織，資金提供機関，大学・研究機関，一般企業（経済団体），NPO／NGO，政府・行政などが地理的に集中し，これらが協力的かつ競争的な関係を構築することで，社会的課題への新しい解決方法や新しい社会的価値が生み出され，新しい社会的事業が形成されるような組織の集積状態（谷本，2006，37頁）」と定義付けされる。
5 社会企業家研究において，企業家とステークホルダーの関係構造の変化を分析することの重要性については 高橋（2011）が詳しく議論している。
6 アリーナとは，新しい価値が提示されることによって構築される，ステークホルダーの利害に抵触しない普遍的な基盤を指す。企業家研究において，金井（2012）が企業家プラットフォームを提唱しているが，それが組織を意味するのに対し，アリーナはより広範囲に及ぶ概念である。しかし，多様な人々の活動を地域発展に向けて相互作用させる仕組みの作りこみという点では共通する。
7 本章のもとになった調査研究は，2016年1～3月の期間にわたって行われた，吉原不動産有限会社代表取締役吉原勝己氏へのインタビューに基づくものである。インタビューは3時間程度で行われ，インタビュイーの了解のもと，録音しテキスト化した。テキスト化したインタビューデータの総字数は約20,000字となった。
8 各界から保存の声が上がるものの，2003年に解体される。現在の「表参道ヒルズ」である。
9 吉原氏の取り組みは行政からも高く評価され，2014年，国土交通省の「地方都市における遊休不動産の利活用促進先進事例」に選出され，2015年には，経済産業省「がんばる中小企業」を表彰されている。また，2016年には，経済産業省「先進的なリフォーム事業者表彰」に表彰された。
10 本章のもとになった調査研究は，2012年10月～2013年11月の期間，3回にわたって行われた，株式会社黒壁取締役伊藤光男氏へのインタビューに基づくものである。インタビューは1回2時間程度で行われ，インタビュイーの了解のもと，録音しテキスト化した。テキスト化したインタビューデータの総字数は約30,000字となった。また，首都大学東京で開講されている，ビジネスイノベーション特別演習の際に行われた，伊藤氏の講演を補足情報として活用している。
11 綜合ユニコム株式会社（2011）『レジャーランド＆レクパーク総覧2012』調査結果。同年度の黒壁スクエア集客数は197万5千人。
12 1979年に「文化と教育を語る会」として発足した，近江商人西田天香の思想を学ぶ勉強会。
13 具体的には，琵琶倉庫株式会社（笹原司朗），株式会社材光工務店（伊藤光男），株式会社長谷ビル（長谷定雄），株式会社住文（上羽文雄），髙橋金属株式会社（髙橋政之），有限会社さざなみ酒店（漣藤吉），株式会社原田（原田良策）によって出資された（角谷，2009）。
14 笹原氏も黒壁設立について，「会社が経営する以上採算の取れるものでなければならない。そして長浜の旧市街地の活性化に役立つものでなければならない」と述べる（福川，2005）。

15 この背景には1990年代のテーマパークブームの影響があったのではないかと推測される。実際,1987年に総合保養地域整備法(「リゾート法」)が制定され,全国各地で観光資源としてテーマパークが作られている。

16 伊藤氏は,商店街全体の横のつながりという制約をうけながら商売をしている性質,高齢の経営者が多く新規性を嫌う商店街側の非協力的な態度,小売りではなく外商や資産運用を中心として収益を上げる構造ゆえに商店街に人がいない状況をさほど問題視していない等を問題点として挙げる。

参考・引用文献

Fletcher, D. (2007) "'Toy story': The narrative world of entrepreneurship and the creation of interpretive communities", *Journal of Business Venturing*, Vol.22, No.5, pp.649-672.

Gartner, W. B. (2007) "Entrepreneurial narrative and a science of the imagination", *Journal of Business Venturing*, Vol.22, No.5, pp. 613-627.

Hamalaine, T. J. (2007) "Policy Implications: How to Facilitate the Structural Adjustment and Renewal of Advanced Societies?" in Hamalainen, T. J. & Heiskala, R. ed., Social Innovations, Institutional Change, and Economic Performance, Edward Elgar Publishing Limited, pp.95-119.

Mulgan, G. (2006) "The Process of Social Innovation", *Innovations: Technology, Governance, Globalization*, 1 (2), pp.145-162.

Osborne, S. (1993) *Voluntary Organizations and Innovation in Public Services, Change*, Oxford University Press, pp.99-118.

Steyaert, C. (2007) "Of course that is not whole (toy) story: Entrepreneurship and the cat's cradle", *Journal of Business Venturing*, Vol.22, No.5, pp.733-751.

Suchman, M. C. (1995) "Managing Legitimacy: Strategic and Institutional Approaches", *Academy of Management Review*, Vol.20, No.3, pp.571-610.

秋田典子(2008)「まちづくり条例の発展プロセスに関する研究」『都市計画報告集』第7号, 37-40頁, 都市計画学会。

池上甲一(2007)「むらの資源を研究する―フィールドからの発想」農山漁村文化協会。

石原武政(2000)『まちづくりの中の小売業』有斐閣。

石原武政(2006)『小売業の外部性とまちづくり』有斐閣。

石原武政・石井淳蔵(1992)『街づくりのマーケティング』日本経済新聞社。

金井一頼(2012)「企業家活動と地域イノベーション」『ベンチャービジネスレビュー』第20号, 3-13頁。

清成忠男(1981)『80年代の地域振興』日本評論社。

杉万俊夫(2007)「鳥取県智頭町「日本ゼロ分のイチ村おこし運動」―住民自治システムの内発的創造―」NIRA Case Study Series, No.2007-06-AA-3。

角谷嘉則(2009)『株式会社黒壁の起源とまちづくりの精神』創成社。

綜合ユニコム株式会社(2011)『レジャーランド&レクパーク総覧2012』綜合ユニコム株式会社。

高橋勅徳(2011)「社会的企業―社会企業家の理論的・経験的検討:座間味村におけるダイビング産業の成立とサンゴ礁保全組織の形成を通じて」『首都大学東京 Research Paper Series』, No.8。

高橋勅徳・松嶋登(2009)「企業家語りに潜むビッグ・ストーリー:方法としてのナラティブ・アプローチ」『國民經濟雜誌』第200号3巻, 47-69頁。

谷本寛治編(2006)『ソーシャル・エンタープライズ―社会的企業の台頭』中央経済社。

谷本寛治 (2009)「ソーシャル・ビジネスとソーシャル・イノベーション」『一橋ビジネスレビュー』第57号, 1巻, 26-41頁, 東洋経済新報社.
谷本寛治・大室悦賀・大平修司・土肥将敦・古村公久 (2013)『ソーシャル・イノベーションの創出と普及』NTT出版.
特定非営利活動法人まちづくり役場 (2009)『イエ・ミセ・マチ まちづくり役場という運動』第2版, 特定非営利活動法人まちづくり役場.
中村尚司 (1993)『地域自立の経済学』日本評論社.
日経ビジネス (2007)「滋賀県長浜市 蘇った商店街を永続させる」6月11日号, 108-111頁.
福川裕一 (2005)「長浜・黒壁から町づくり会社を考える」『まちづくり教科書 第9巻 中心市街地活性化とまちづくり会社』66-83頁, 丸善株式会社.
星野敏 (2002)「集落計画づくりに対する意欲とその規定要因：神戸市北区K地区里づくりアンケート調査を踏まえて」『農村計画学会誌』第21号, 133-138頁.
本間義人 (1994)『まちづくりの思想 土木社会から市民社会へ』有斐閣.
諸富徹 (2010)『地域再生の新戦略』中央公論新社.
矢作弘 (1997)『都市はよみがえるか』岩波書店.
矢部拓也 (2012)「ソーシャルイノベーションとしての地方のまちづくりとコモンズ」『社会科学研究』第26号, 67-90頁.
吉原勝己 (2009)『エンジョイ, レトロビル！ 未来のビンテージビルを創る』書肆侃侃房.

Session 3
社会企業家の責任＝応答可能性

第9章
善悪の臨界に立つ社会企業家

1. はじめに

　2006年にグラミン銀行の創設者であるムハマド・ユヌスがノーベル平和賞を受賞したことを皮切りに，社会企業家は社会から多くの期待を集めている。我が国でも米国，欧州の動きを追いかけながら，自治体による支援制度，ソーシャルビジネスを融資先とする投信会社，社会企業家を育成するための教育機関などが登場してきている。社会企業家が社会の中で認知され活躍する一方で，社会企業家研究は根本的な課題を抱え続けている。それは，社会企業家とは如何なる行為主体なのか，とぃう課題である。

　社会企業家という存在は，Leadbeater (1997) が定義するように「市場の失敗」，「政府の失敗」によって生じてきた多様な社会問題に対して，ソーシャル・イノベーションを通じてその解決を図る存在として登場した (pp.55-56)。他方で，社会企業家が冠する「社会」の意味内容は，それぞれの研究潮流の中で幅広く捉えられてきた。それゆえ，社会企業家と企業家を区別する統一見解として社会性を捉えられず，社会企業家の把握をより困難にしてきたと言える。結局，先行研究では，社会企業家の社会性をアプリオリに位置付け，議論してきたに過ぎない。その結果，社会性とは何かを規定しないまま研究を展開してきた社会企業家研究は，社会問題の解決を掲げる裏で新たな社会問題を生み出す社会企業家の非倫理性を暴く形で社会性を問い直すという，批判的研究が蓄積されつつある。この批判的研究では，社会問題を利用して私的利益を追求する主体として社会企業家を痛烈に批判することで，改めて社会企業家が担うソーシャル・イノベーションの社会性を規定していくことを目指しているのである (e.g., Khan, Munir and Willmott, 2007；Karim, 2008)。

このような批判研究の登場によって社会企業家研究は，改めて社会企業家の実践が，倫理的であるか否かを把握する必要に迫られていると言える。この問題に対して，社会企業家の社会性をアプリオリに扱う研究，社会企業家の非倫理性を暴きだそうとする批判研究のどちらも，社会企業家の倫理的実践を把握することができていない。ここで求められるのは，社会企業家の行為を（それが営利であれ非営利であれ）倫理的実践として把握し，分析していくための理論的視座であると考えられる。

そこで本章では，ソーシャル・イノベーション論および社会企業家研究において，倫理をいかに捉え，分析していくのかという理論的課題に対して，実践としての経営倫理という理論的視座から解決の途を目指したい。具体的には，米国，欧州，日本における社会企業家研究の潮流からそれぞれが前提とする社会性を明らかにしつつ，その倫理性を把握する上での理論的課題を明らかにする（2節）。その解決の糸口として，経営倫理研究の実践論的転回から倫理的実践を捉える分析に着目する（3節）。その上で，不可知な倫理を前提に善悪の臨界で捉えられる社会企業家の倫理的実践に迫る（4節）。

2 社会企業家の倫理はどこに求められるのか？

社会企業家は，資本主義社会が引き起こしてきた多様な問題を打開する存在として，社会問題を解決に導くという社会性を改めて企業家に付与し，強調することで誕生した概念である。他方で社会性と企業家という異なる2つの属性が，社会企業家の把握を困難なものにしている。前述のように社会問題を引き起こした要因のひとつは，市場の失敗を引き起こした企業や企業家による過度な利益の追及である。そのため企業家としての属性を合わせ持つ社会企業家によるソーシャルビジネスには，企業家という概念に既に含まれている私的利潤の追求とは異なる倫理性を付与していくことが重要になる。しかし，社会企業家の先行研究は，米国と欧州ではそれぞれ社会問題の解決の仕方に違いがあり，異なる社会企業家の社会性を捉えている。

まず米国における社会企業家は，市場原理の下での企業とNPOの接近として捉えることができるだろう。企業は，市場の独占による公的利益の阻害や，

公害，環境問題の発生といった市場の失敗により，市場だけで完遂できない経営倫理との対峙を余儀なくされてきた。例えば Carroll（1999）は，企業の果たすべき社会的責任に対して，「企業の社会的責任とは，ある時点における企業組織に対する経済的，法的，倫理的，そして自由裁量的（フィランソロピー的）な社会の期待を包括するものである」と主張する（p.42）。Carroll は，これらの4つの社会的責任の要素を「CSR のピラミッド」としてモデル化している。特にここで着目したいのは，ピラミッドの最上段に置かれているフィランソロピー的責任である。これは，メセナ，チャリティやボランティア活動などに企業が取り組むことで，企業が獲得した資源をコミュニティに還元することを指している。このような企業の社会的責任は，Drucker（1974）が指摘するように，企業経営者が経済的成功を収めたことで様々な金銭的，人的，物的資源を行使する社会的リーダーしての地位を獲得したことによる代償として捉えられている。経営者が社会的リーダーとして社会的責任を果たすことで，企業は社会にとって価値ある存在として存続が可能になる。その上で企業自身が公器としての責任を表明したが故に，環境保全，消費者保護，公正な労働環境，人権，地域社会貢献など，企業に社会的責任を求める外部のアクターへの幅広い対応が求められている。このような社会的責任の拡大を背景に，社会から求められるこれら様々なミッションを，事業活動に取り込む社会的事業として展開する企業が増えてきている。米国の新自由主義学派では，営利目的と社会的目的を同時に追求する二重目標企業としてこれらの企業を社会企業家／社会的企業として捉えていくことで（Dees, 1998, p.60），市場原理を通じた社会問題の解決を求めてきた。

　この市場原理を通じた社会問題の解決は，NPO を対象とした研究においても共通している。1981年に誕生したレーガン政権以降，NPO の活動に対する政府の補助金は大幅に減少してきた。資金繰りに悩まされるようになった NPO は，自らの活動を事業化することで，収益の安定化を図っていく。Dees（1998）は，このような NPO の商業化を政府資金や寄付に依存していた既存の組織体制と比較して，使途に規制がなく自律性を維持やすいことから，彼らの活動を維持するための重要な資金調達源となったとしている。NPO の商業化は，自己資金調達（self-funding）を規範に，事業収入を増加させていく新

たな組織体制として社会的企業に注目が集まっていった (Dees, 1998, p.56)。このような社会的企業の活動を支援してきたのが，ケロッグ財団，ロックフェラー財団，ゴールドマン・サックス財団をはじめとする多くの助成財団である (e.g., Kerlin, 2006)。これらの助成財団は，社会的企業の立ち上げ支援，社会企業家の人材育成，助成金提供などを行うことで社会的企業の活動を支援してきた。このような支援を背景に社会的企業／社会企業家は，政府からの補助金というコントロールから離脱し，市場という新たな活動の場を獲得していく。

このように米国における社会的企業／社会企業家の登場は，営利企業の倫理性の獲得，NPOの経済的自立という異なる方向からのアプローチによる，社会的事業という新たな市場の形成として捉えることができる。この米国における新自由主義学派では，社会性を事業主としての社会企業家に還元させるかたちで説明していく。米国の新自由主義学派では，イノベーションの担い手として社会企業家を捉え，① 社会的ミッションを掲げ，その使命を実現するための機会を絶え間なく探求し，② イノベーション・適応・学習のプロセスに継続的に関わり，③ 他者から資源を引き出すことに長け，あらゆる資源オプションを探求し，④ 多くのステイクホルダーに対してアカウンタビリティを発揮するリーダーであることをその条件としている (Dees, Emerson, and Economy eds. 2002)。つまり，社会問題の解決を目指すミッションや組織目標を掲揚する社会企業家こそが，社会性を体現する存在であると位置づけている。そのため，社会企業家が掲げる社会的ミッションがなぜ倫理的であるのか，という点に関して疑念を挟まない。そもそも，社会的ミッションが社会企業家の私的利益の達成ではなく，社会全体の利益を達成するものでなければ，その倫理性は担保できないはずである。しかし，新自由主義学派は，社会企業家が社会問題の解決をミッションや組織目標として掲げる限りにおいて，その事業が市場に受け入れられれば市場原理のもとで社会的利益がアウトプットされていくという前提に立つ。それ故に，分析するに際して，我々が注目する対象が無条件に社会性を体現した社会企業家であるという前提に立たねばならないのである。

これに対して欧州の社会政策学派では，市場原理に基づく社会性ではなく，国家として社会的ミッションに取り組む社会民主主義が重視される。米国の社

会政策学派が企業とNPOといったコミュニティの接近から登場してきているのに対して，欧州の研究の基盤にあるのは連帯経済であると言える（藤井，原田，大高，2013，29頁）。連帯経済とは，相互扶助や民主的参加を含む連帯関係が組み込まれた経済である（e.g., 北島，2004）。オイルショック以降，経済成長の低下に伴って発生した長期失業者の増加，社会的排除問題の深刻化，緊縮財政による社会福祉サービスの縮小を背景に，地域に密着した協同組合に注目が集まったことが，連帯経済の重視につながってきた。彼らの活動は，政府，市場といった既存の関係構造の中で社会的に排除されてきた主体の社会的包摂を目指し，組合員のみならず地域コミュニティの公的利益の拡大を目的とするマルチステイクホルダー型組織を形成してきた。

連帯経済を目指した社会的企業の活動領域は，福祉国家のリストラクチャリングとサード・セクターの再編成の影響を大きく受けている（e.g., Lewis, 2004）。政府は，前述のようなオイルショック，少子高齢化の予測による財政上の危機から，経費削減，資源，組織運用の合理化を目的に，公共サービスに市場原理の導入を試みてきた。これによりサード・セクターは，政府からの委託契約の下で，政府がこれまでになってきた福祉サービスを事業化するとともに，そこに雇用を生み出すことで社会的包摂が達成されるとされた（e.g., Lewis, 2004）。これは同時に，欧州における社会的企業が，政府支配からの離脱，自立を目指した米国とは異なり，政府との委託契約による公的資金によって運営されるのが前提であることを意味する。そのため欧州では，社会的企業に関する法的枠組みの整備が積極的に行われ，社会的企業を法的に認知した法制度が形成されている（e.g., Defourny, 2004）。欧州における社会的企業は，コミュニティ，政府，市場にアクセスすることで多様なステイクホルダーを巻き込みつつ，社会的包摂に向けて国家を変革させていく新たな駆動力として期待されているのである。

このように欧州における社会政策学派では，社会問題の解決は国家の取り組みとして捉えていく。そのため社会企業家は，あくまでもコミュニティ，政府，市場をつなぐ媒介として位置づけられる。例えば，欧州委員会からの補助を受けて始まったEMESネットワーク（L' Emergence Des Entreprises Sociales）の研究では，社会的企業の目的は多様なステイクホルダーが参加した

所有形態を基盤に生み出される集合的利益の達成として見なされる。これは，米国における新自由主義学派が，倫理性を社会企業家個人の社会的ミッションに還元されている点との大きな違いと言える。社会的包摂を目標として多様なステイクホルダーの参加を前提とする欧州の研究では，社会的排除を生み出してきた既存の関係構造としてコミュニティ，政府，市場への過度な同型化を危険視しつつ，これらのポジティブな特徴を「いいとこどり」しながら社会問題の解決していく「肯定的媒介（positive synergetic mix）」として社会的企業を捉えている（藤井・原田・大髙，2013, 81頁）。

　この社会問題を解決する「肯定的媒介」である社会的企業の運営は，多様なステイクホルダーによる民主主義を重要視する。多様なステイクホルダーを包摂しているがゆえに社会企業家は，彼らからの期待，要請に応答していく必要に迫られる。そして，この応答によって社会企業家は，市場からの事業収入，政府からの補助金，コミュニティからのソーシャルキャピタルという多様な資源を獲得していくことが可能になる。更にこれら多様な資源の利用に際して社会企業家は，民主主義的な意思決定の手続きを踏むことが求められる。

　欧州の社会企業家は，この民主主義に基づく組織の構築と運営によって，その社会性が担保されている。Nyssens（2006）が社会的企業の理念型を，多元的なステイクホルダーと多元的な目標を持ち，多様なタイプの経済的諸関係を連結させるものと述べ，EMESネットワークによる研究でも組織目標，所有構造，資源構成という3つのレベルでハイブリッドな性質を有していることが社会的企業の条件としてきた（藤井・原田・大髙，2013, 82頁）。ここからも，社会的企業が企業家の個人目的の達成ではなく多様なステイクホルダーの目的を達成していく媒介ゆえに，民主主義的組織の形態を取ることそのものを重視していることが解る。社会問題の解決は国家の変革によって遂行されるため，その変革を担う社会的企業と社会企業家には民主主義的プロセスを踏むことが前提とされるのである。

　他方で，社会企業家個人が掲げる社会的ミッションが市場原理のもとで社会的利益へと結びつけられる新自由主義学派に対して，社会政策学派はあくまで社会的企業は社会問題を解決するための手段であり，民主主義的プロセスを通じた社会制度が社会問題を解決に導くと考えている。一見すると欧州の社会政

策学派は，新自由主義学派が抱える課題を克服しているように見える。しかし，そもそも社会政策学派が社会問題として捉える社会的排除は，既存の社会制度が生み出してきたものであり，社会企業家は国家変革の媒介として期待された概念である。だとしたら，既存の欧州社会が前提とする社会民主主義に基づく国家（社会制度）に問題の根源があり，社会企業家・社会的企業を媒介者として置いたからと言って，無条件にその倫理性を担保するのは困難であるといえる。

　これら米国，欧州の研究が抱える問題に対して，「闘う社会的企業」という概念を提唱しているのが我が国の研究である。彼らは，欧州の社会政策学派を基盤にしつつ，社会企業家が市場，政府，コミュニティといった1つの要素に偏らず，その長所のいいとこ取りを可能とする主体として社会企業家を位置づける。市場に偏れば，収益性を重視し事業規模を拡大する中で格差が拡大していく。政府に偏れば，政府からの事業委託のみに依存し，行政の下請け組織と同型化していくことで社会的排除が生じる。地域コミュニティに偏れば，必要となる資源の獲得先とサービスの提供先が限定され，組織目的の縮小化と共に社会問題の解決は極めて限定的になる。社会企業家の活動基盤が偏重してしまうと，そのソーシャルビジネスは市場の失敗，政府の失敗，コミュニティの失敗へと巻き込まれてしまう。「闘う社会的企業」という概念は，市場，政府，コミュニティからの同型化圧力に対して，社会的に排除された当事者と共に「闘う」ための仕組みに社会性を見いだしている（藤井・大高・原田，2012，15-18頁）。人々は，ソーシャルビジネスへの参加を通じて，社会問題の解決に向けた意思決定を持ち，自分たちを中心としたコミュニティを形成していく。このコミュニティへの参加を通じた学習を通じて，不利益を甘受する存在でしかなかった人々に，社会問題を産み出す諸力に抵抗する意思と実践を生み出していく。ソーシャルビジネスとは，当事者の参加を促し学習の場を設けることで，社会問題を解決し集合的利益を構築していく場として機能しているのである（藤井・大高・原田，2012，104-16頁）。

　確かに社会企業家の社会性を議論する上で，社会問題に直面する当事者の参加は重要視されている。市場でも，制度でも解決できないが故に，当事者と共にそれらと闘う行為が社会問題の解決と糸口たり得る。しかし，社会企業家研

究に対する批判研究では，この闘うという行為さえも新たな社会的排除を産み出すことが指摘されている。例えば著名な社会企業家として，バングラディッシュの農村部における深刻な貧困状態を解決するためにグラミン銀行を設立したムハマド・ユヌスがいる。ユヌスは，洪水や天候不順により困窮し，銀行からの融資を受けられない農村部の貧困層に対して年率100〜200％の高金利での融資を行う高利貸しからの脱却を図ることで貧困の解決を目指した。高金利により返済ができず，担保にしていた農地を失い，生活基盤を失っていく貧困層に対してユヌスは，少額・低金利の融資するグラミン銀行を設立することで，貧困層を高利貸しが生み出す貧困のサイクルを断ち切ることに成功した。しかし，市民をエンパワーメントする仕組みとしてグラミン銀行は賞賛された一方で，その仕組みが新たな社会的排除を生み出したとして批判されている (e.g., Karim, 2008)。グラミン銀行では，融資の条件として5人の互助グループを作る必要がある。そのため，より深刻な貧困家庭はこの互助グループに参加することができず，それまで村の中で自然成立していた互助システムからも排除されてしまう。このように当事者にすらなれない存在は，ソーシャルビジネスによりさらなる社会的排除にさらされる事となる (Karim, 2008, pp.8-9, 18-19)。

また，ユヌスのような社会企業家個人への批判だけでなく，サード・セクターによるソーシャルビジネスにも同様の批判がなされている。その代表的研究の一つが，Khan, Munir and Willmott (2007) によるシアルコットのサッカーボール縫製業の研究である。Khanらは，シアルコットのサッカーボール縫製産業における児童労働撤廃の事例に注目している。シアルコットは児童労働問題を掲げることで児童労働問題に取り組むNGO，政府を巻き込み，NGOの監督の下で縫い子を集め，シアルコットが監督する縫製センターに従事させることで児童労働の撤廃に成功した。しかし，Khanらは，その成功の裏で多くの縫い子たちが縫製の仕事を手放し，児童の就学すらままならない貧困という新たな問題を引き起こしたことを指摘する。家長である父が絶大な権力を持つイスラム社会において縫い子たちは，卑賤な仕事として認識されている縫製業を続けることは許されなかったのである。結局，貧困家庭は，自ら当事者であることを放棄せざるを得ない状況に陥ったのである。その上でKhanら

は，シアルコットが児童労働の汚点を払拭し，これまでと同様，あるいは自ら縫製センターを監督することでより支配的にサッカーボールを生産し，利益を獲得していることを暴露する。いわば，サッカーボール縫製工場という闘いのための場所を用意したことで，社会的排除を産み出す構造が再生産されたのである。

これらの批判研究から見えてくるのは，市場原理，社会民主主義，当事者の参加を実現するために構築されるソーシャルビジネスが，権力関係の作用として社会的排除を生み出し続けることである。このような社会企業家の権力関係に着目した研究から，市場原理であれ社会民主主義であれ，あるいは闘うという態度であれ，社会企業家の倫理性を何かで担保しようとする論理構造そのものが，社会企業家が達成しようとする社会性そのものを危ういものにしていることを伺うことができる。

Khan らが指摘するように，社会企業家が新たな社会的排除を生み出すのであれば，社会企業家研究は何を持って社会企業家の倫理性を捉えたといえるのであろうか。社会企業家の社会性として提示されてきた社会企業家個人の社会的目的も，社会民主主義による制度も，当事者の参加も，社会企業家の倫理性を担保させることはできない。それにもかかわらず盲目的に社会企業家の倫理性を前提とするが故に，Khan のような批判に晒され続けている。このように，先行研究はソーシャル・イノベーションと社会企業家の倫理の在処を求めては，論理的破綻を繰り返しつつ発展してきたのである。

3. 不可知な倫理とシンパシー：実践としての経営倫理

先行研究の抱える理論的課題に対して，本章ではビジネスにおける倫理を議論してきた経営倫理論の展開を解決の糸口にしていきたい。経営倫理研究は，まさに企業が有する権力の正統化から始まった議論と言える。

企業による権力の正統化が始まったきっかけは，20世紀への転換期における企業統合の波により合併，トラストが繰り返されたことで産業権力の集中化，市場の独占による完全競争市場の崩壊がある（Mitchell, 1989, 邦訳, 27頁）。企業の私的利益の追求は完全競争の前提を崩壊させ，公的利益を脅かす

ことになった。私的利益の追求が非倫理的行動とみなされたために，企業は市場メカニズムではなく自ら見える形で倫理性を獲得していく必要に迫られたのである[1]。ここに，企業の社会的責任という議論がスタートするのである（e.g., Mitchell, 1989）。具体的に企業は，企業年金制度，従業員持株制度，生命保険制度，失業基金，就業時間の制限，高賃金を実現していく。これらの活動は，市場メカニズムにより公益を拡大させる主体としての企業の倫理性とは一線を画している。これらの活動は主に労働者の生活を安定させるためのものであり，労働者が企業に参加することで自身の利害を達成するためのものである。彼らが自身の利害を達成し，富を獲得していくことで，企業は倫理性を獲得することが可能になる。つまり，市場メカニズムにより公益を拡大させる主体としての企業から，労働者をはじめとした企業への参加者（ステイクホルダー）が自身の利害を達成する手段へと変化していく。

　他方で，主体としての企業の倫理性が問われなくなったわけではない。前述のとおり，トラストや独占による私的利益の追求は，完全競争市場を崩壊させ，国益を脅かしてしまう。完全競争を崩壊させた自由な企業活動は，一転して公益を損なわせる非倫理的行為として問題視されていく（Mitchell, 1989, 邦訳，27頁）。これらの企業活動に対する認識の変化に伴い，経営倫理研究は公的利益を脅かす企業活動を制限することを目的に，企業が行うべき企業活動を社会規範によって見いだしていく。例えば，Carroll（1991）は，社会に対して適切な利益還元を実現するための社会規範として公平性といった概念を企業の社会的責任に入れ込み，独占禁止法といった法規制の遵守を企業の規範的行為として議論する。この公平性の観点は，黒人差別をはじめ，男女差別，障害者差別といった雇用の場で発生する問題，企業が社会に対して公平に事業を行わせるための法規制の順守，公害問題などを通じて顕在化してきた環境問題への対処といった社会規範を見いだしていく（e.g., Merrill, 1949；加賀田, 2006）。こうして経営倫理研究は，公平性という社会規範の下で見いだされる様々な問題を取り上げつつ，これらの問題を防ぐための法規制をはじめとする制度設計を提示し，そこへの適合することを倫理的な企業活動として明示していく。経営倫理研究は，非倫理的企業活動がもたらす企業存続の危機，公益を損なう危険性を訴えつつ，企業が適応すべき社会制度を示すことで，そこに直

結する形で倫理的企業活動を明確化してきた。他方で，ここで研究者が明示する社会規範や社会制度の倫理性はアプリオリに扱われ，その真偽が問われることはなかった。しかしながら，その真偽の危うさを超えて，経営倫理研究は研究領域として発展し，現実社会に影響を与え続けてきた。だとすれば，ここで改めて注意すべきは，経営倫理研究が如何に倫理性を根拠付けてきたのか，ということであるだろう。倫理をアプリオリにおいた上で，あるべき社会規範と社会制度の設計を研究者が語ることを認めうる，理論的基盤が経営倫理研究に存在するのではないだろうか。そこで，経営倫理の根幹を築いたアダム・スミスの議論に立ち返ることで，経営倫理研究の理論的基盤を明らかにしていきたい。

　アダム・スミス（1795）は『道徳感情論』において，人間の本質的欲求（我欲的欲求，社会的欲求，非社会的欲求）が秩序を保証するものではないと指摘した上で，「公平な観察者」と「シンパシー」という概念を下に多様な欲求を持つ人間によって構築される秩序を考察した。具体的には，人間は他者に「シンパシー」を感じ，他者から「シンパシー」を得られる行動をしようとする。しかし，あくまで人間は，自身の主観の介入なしに「シンパシー」を感じ取ることはできず，独善的な行為から脱却することができない。そのため人間は，「公平な観察者」から他者の「シンパシー」を予測することで，「倫理とは何か」を考えずとも，他者に期待される倫理的な行為を自ら見いだす。「公平な観察者」が独善を超えた倫理的行為の導き手たり得るのは，それが中立の客体化された他者であり，特定できない不可知な人間像だからである。この不可知な存在を参照することで人間は，「シンパシー」の予測が可能になり，本質的欲求によって自らを律することで社会の秩序を実現させている。

　このアダム・スミスの理論的視座に基づいた時，経営倫理研究は以下のように整理されることになる。各企業は公平な観察者の下で予期されるシンパシーを目指すことで，私的利益の追求と公益の拡大を矛盾なく行う秩序に導かれる。その際，経営倫理研究において提示されてきた社会規範や社会制度は，企業，経営者側にとって「公平な観察者」の下で他者の「シンパシー」を得るために利用可能な道具として捉えることができる。だとすれば，経営倫理研究は道具として提供した規範や社会制度を利用し，倫理的な経営を実現しようとする

実践としてでしか，経営倫理を把握することはできない。

すなわち経営倫理研究とは，一方で規範主義のもとで企業経営における社会問題を指摘し，守るべき社会規範や社会制度を明示しつつ，他方で明示された社会規範や社会制度を道具として利用することで可能となる企業の倫理的実践を把握していく研究領域である。つまり，不可知な倫理を前提とした上で，研究者が社会との係り合いの中で社会規範や社会制度を逐次明示し，それ故に多元的に明示さる社会規範や社会制度を道具として利用し事業体を維持する経営活動を分析対象とするのが，経営倫理論の本来的な理論的視座であると言える。これが，近年の経営倫理研究において求められている，実践としての経営倫理である (e.g., 間嶋, 2012)。

4. 善悪の臨界と社会企業家の闘い

この実践としての経営倫理という理論的視座を踏まえた上で，我々は如何にして社会企業家が倫理的である瞬間を捉えることが出来るのだろうか。

アダム・スミスの「シンパシー」と「公平な観察者」の概念は，人間の本質的欲求を基盤においてきた。確かに，我々は，「シンパシー」の予測を通じて倫理的行為を見いだし，秩序を成立させている。同時に，この秩序が我々にシンパシーの予測を可能にさせていることに注意が必要だろう。つまり，アダム・スミスの指摘する人間の本質的欲求としてのシンパシーと「公平な観察者」とは，否応なく我々を取り巻く既存の秩序から生じていることを意味する。だとすれば，社会企業家の倫理性とは，既存の秩序＝すなわち関係構造を前提とした実践として把握されることになる。それは，人々が既存の関係構造から倫理の可能性を予測し，社会企業家としての倫理的実践へと導く権力作用への注目を意味する。そこで本章では最後に，Foucault の議論に基づいて不可知な倫理を前提に倫理的実践を把握する糸口を探って行きたい。

Foucault (1971) は，シンパシーのような我々の認識に，権力関係が深く影響していることを指摘する。Foucault (1971) は，我々が生活する社会関係の中で，語らせまいとする「禁止」の原理，狂人の書いたものを隔離してきた「分離」と「拒絶」という排除の原理，真実なる言葉と虚偽の言葉を分ける権

力が機能していると主張する（桜井，1996，210頁）。この権力作用を，Foucault（1980）は真理の体制（regime of truth）と指摘した。この真理の体制は，我々が語り，書き，記録する手続きを拘束し現実（realty）を構築すると共に，その現実の下で我々は自身を理解し，振る舞うことを可能にする（Foucault, 1980, p.131）。それ故に Foucault（1971）は，真理の体制が主体に及ぼす影響に注目し[2]，我々の社会に偏在する権力関係の下での圧力，拘束への批判，抵抗の重要性を主張した（桜井，1996，210-211頁）。

Khan et al.（2007）による社会企業家の批判研究はまさに，社会企業家の成功事例に覆い隠される形で黙殺された別の社会問題を明らかにすることを目的としていた（Khan et al., pp.1060-1061）。しかしフーコーの研究は，単純な権力行使への批判ではなく，真理の体制により覆い隠される別の倫理的行為の可能性の排除に対する批判である。フーコーが示したのは，不可知な倫理を前提に，如何に真理の体制に覆い隠された可能性としての倫理的行為を模索つづけることができるのか，という研究態度であった（e.g., Foucaul, 1971）。すなわちフーコーの目指すのは抵抗であって批判ではない。抵抗という態度は，永続的に倫理的実践を模索し続けることを求める。その点からすれば，Khan らの研究は，真理の体制への抵抗に終始するが故に，社会企業家の行為を批判的にしか分析できず，最終的にはその倫理性を把握することはできなかった。

このフーコーによる真理の体制という視座から，既存の社会企業家研究は以下のように整理できるだろう。

米国における市場原理を通じた社会問題の解決，欧州における国家変革の媒介としての社会的企業，日本における闘う社会企業家は，各国が信奉する倫理のもとで形成される関係構造が不可避に産み出す構造的不利益や社会的排除を，既存の関係構造に覆い隠された別の倫理的実践の可能性を社会企業家が見いだし，遂行していく過程を分析した研究である。それに対して，近年拡大を見せている批判研究は，社会企業家が新たに構築する関係構造の産み出す権力作用が覆い隠す構造的不利益や社会的排除に注目することで，倫理的実践の絶えざる更新を迫る抵抗の態度に基づく研究である。

このことを踏まえた時，社会企業家の倫理性とは，真理の体制に覆い隠される異なる倫理的実践の可能性を社会企業家自身が体現しているか否か，そして

その可能性を研究者が分析的に明示し得るか否かによって明らかにされる。いわば，当事者の実践の次元においても，研究者の分析の次元においても，善悪の臨界との対峙していくことが，社会企業家の倫理性を担保していくことになる。

今一度，社会問題に視点を戻してみよう。社会問題は，市場の失敗，政府の失敗，コミュニティの失敗といった既存の権力関係の構造的不利益によって生み出されてきた。この時，既存の権力関係を構成してきた社会規範，社会制度は，善悪の臨界に直面することとなる。つまり社会問題とは，既存の権力関係に対して「倫理的であるか否か」が問われる瞬間である。それは，既存の真理の体制に影響されてきたシンパシーが揺らぐ瞬間でもある。社会企業家は，社会問題の解決にあたり，この善悪の定まらない臨界点と対峙する。善悪の臨界点では，既存権力関係の社会規範，社会制度，利害が衝突する。故に，特定の権力関係に依存すれば，権力の偏差が新たな社会的弱者を生み出すことになる。藤井・大高・原田（2012）が提唱する「闘う社会的企業」とは，市場，政府，コミュニティとの対立を超えた善悪の臨界に望む闘いとして倫理の担い手たる社会企業家の実践を把握していく理論的視座として，再定位していくべきであろう。

5. おわりに：社会企業家の倫理性を求めて

この善悪の臨界点に対峙する主体としての社会企業家という視座は，Clegg et al.（2006）によって試みられている臨界分析（critical analysis）として先駆的に試みられている。臨界分析が目指すのは，規範的アプローチのもとで社会規範，社会制度への適合・不適合から企業の倫理性の有無を議論することでも，あるいは批判分析のような社会規範に基づく企業活動の裏に存在する不善を暴き出すことでもない。真理の体制として形成される社会において不可避に生じる「倫理的か否か」が問われる臨界点において，シンパシーを獲得し倫理的であろうと足掻く人々に注目していくことで，はじめて経営倫理が実践される瞬間が見いだされる。社会企業家の倫理性もまた，不可知の倫理を前提として構築される関係構造の中で生じる臨界点で，多様な社会規範，社会制度を組

み合わせ「シンパシー」を獲得する実践として把握されていくと考えられる (e.g., Foucault, 1972：邦訳8頁)。

　社会企業家とは，善悪の臨界点からソーシャル・イノベーションの可能性を予測し，遂行していく主体である。分析的にも，善悪の臨界を起点とし，倫理的実践を捉えていくことで，社会企業家の倫理性はひとまずは担保されていくことになる。しかしながら，社会企業家が構築するソーシャルビジネスは不可避に権力作用をもたらす真理の体制となるが故に，彼自身を再び善悪の臨界に置くことになる。だとすれば我々の分析もまた，社会企業家が倫理的であると結論づけた瞬間，皮肉なことに倫理性が失われることになる。だとすれば，再び善悪の臨界に置かれる社会企業家の葛藤と同様に，研究者も社会企業家の終わりなき実践を分析していくことで，その倫理性を求めていく態度が求められるのである。

（石黒　督朗）

注
1　Mitchell（1989）の主張によれば，国家の策定する政策の源泉は，どんな場合でも諸個人の連合，多くは私企業によって行使される圧力として存在している。巨大化した企業は，国家の政治的秩序の中で最も重要な存在となり，大きな権力を有するようになる。企業は自身が持つこの権力を正当化していく必要が生まれ，企業の社会的責任が問われるようになった。
2　Foucault の議論は，「真理の体制」により意味づけられる規範倫理に対する問題提起を行っており，「真理の体制」が覆い隠してしまう別の「真理の体制」に着目することで，より倫理的な態度を模索することにその目的があると言えよう。

参考・引用文献
Adam, S. (1759) "The Theory of Moral Sentiments". (水田洋訳『道徳感情論　上・下巻』岩波文庫。)
Carroll, A. B. (1991) "The Pyramid of Corporate Social Responsibility: Toward the Moral Management of Organizational Stakeholders", *Business Horizon*, Vol.34, No.4, pp.39-48.
Dees, G. J. (1998) "Enterprising Nonprofits", *Harvard Business Review*, Vol.76, No.1. pp.55-68.
Dees, G. J., Emerson, J. and Economy, P. eds. (2002) *Strategic Tools for Social Entrepreneurs*, John Wiley and Sons Inc.
Deforny, J. and Nyssens, M. (2010) "Conception of social enterprise and social entrepreneurship in Europe and the United States: Convergences and divergences", *Journal of Social Entrepreneurship*, Vol.1, No.1, pp.32-53.
Drucker (1974) *Management: Tasks, Responsibilities, Practices*, Heinemann.
Foucault, M. (1969) *L'archeologie du savoir*, Paris:Gallimard. (中村雄二郎訳 (1981)『知の考古学』河出書房新社。)

Foucault, M. (1971) *L'ordre du discourse/*, leco inaugurale au College de France Pronncee. (中村雄次郎訳 (1972)『言語表現の秩序』河出書房新社。)
Foucault, M. (1980) *"Power / Knowledge"*, New York: Pantheon Books.
Karim, L. (2008) "Demystifying Micro-Credit The Grameen Bank, NGOs, and Neoliberalism in Bangladesh", *Cultural Dynamics*, Vol.20, No.1, pp.5-29.
Kerlin, J. A. (2006) "Social Enterprise in the United States and Europe: Understanding and Learning from the Differences", *Voluntas*, Vol.17, No.3, pp.247-264.
Khan, F. R., Munir, K. A. and Willmott, H. (2007) "A Dark Side of Institutional Entrepreneurship: Soccer Balls, Child Labour and Postcolonial Impoverishment", *Organization Studies*, Vol.28, No.7, pp.1055-1077.
Leadbeater, C. (1997) *The Rise of the Social Entrepreneur*, Demos.
Lewis, J. (2004) "The state and the the third sector in modern welfare states: independence, instrumentality, partnership", Evers, A. and Laville, J. L. (eds.) *The Third Sector in Europe, Globalization and Welfare*, Edward Elgar, pp.169-187.
Merrill, H. F., ed. (1949) *The Responsibility of Business Leadership*, Harvard University Press.
Mitchell, N. J. (1989) *The Generous Corporation: A political Analysis of Economic Power*, Yale University Press. (松野弘・小阪隆秀監訳『社会にやさしい企業』同文館。)
Nyssens, M. (2006) *"Social Enterprise"*, Routledge.

加賀田和弘 (2007)「環境問題と企業経営：その歴史的展開と経営戦略の観点から」『KGPS review: Kansei Gakuin policy studies review』第7巻, 43-65頁。
北島健一 (2004)「フランスにおける『社会的経済』と『連帯経済』」『社会運動』Vol.292, pp.2-11。
藤井敦史・原田晃樹・大高研道 (2013)『闘う社会的企業：コミュニティ・エンパワーメントの担い手』勁草書房。
間嶋崇 (2012)「経営倫理の実践論的転回とその課題」『専修マネジメント・ジャーナル』第2巻, 第1号, 1-10頁。

第10章
社会企業家による撹乱する反復と倫理的実践：
株式会社アバンティによるオーガニックコットン事業の事例分析を通じて

1. はじめに

　本章の目的は，社会企業家の倫理性を見失った社会企業家研究の理論的課題に対して，不可知論の立場から社会企業家の倫理的実践を把握する分析視角を提示すると共に，事例分析から見いだされる発見事実を通じて理論的貢献を提示することにある。

　社会企業家は，Leadbeater（1997）が定義するように市場の失敗，政府の失敗によって生じてきた多様な社会問題に対して，ソーシャル・イノベーションを通じてその解決を図る存在として提起された（pp.55-56）。つまり社会企業家は，資本主義社会が引き起こしてきた多様な社会問題を解決に導くという倫理を改めて企業家に付与し，強調することで誕生した概念である。

　社会企業家研究が，社会問題を悪とし，社会企業家を善とする理論的前提を置くのに対して，社会企業家の批判研究では新たな社会問題を生み出す社会企業家の非倫理性を暴き出している（e.g., Khan, Munir and Willmott, 2007 ; Karim, 2008）。これらの批判研究は，社会企業家の非倫理性を暴露していくことで，逆説的に先行研究が社会問題の解決を目的とする社会企業家を無自覚に倫理的存在として位置づけてきたことを指摘してきた（e.g., Nicholls and Cho, 2006 ; Dey and Steyaert, 2012 ; 高橋，2012）。この指摘は，社会企業家の倫理を見失うと同時に，新たな分析視角の必要性を示していると考えられる。

　そこで本章では，社会企業家研究の抱える理論的課題を批判研究の検討を通

じて指摘したうえで，批判研究が依拠するフーコー，バトラーの抵抗の議論から社会企業家の実践を把握する分析視角を提示する（2節）。この分析視角をもとに，株式会社アバンティがオーガニックコットンを事業化していく中で児童労働問題と出会い，オーガニックコットン事業をソーシャルビジネスへと再創造していく実践を記述し（3節），これらの分析から得られる社会企業家研究における新たな発見事実と理論的貢献を明らかにする（4節）。

2. 先行研究の検討

本節では，Khan et al（2007），Karim（2008）の批判研究を Foucault（1971）の真理の体制への抵抗として再考することで社会企業家研究の問題点を指摘し（2.1），これを克服するために Butler（2005）の攪乱する反復から社会企業家の実践に迫る（2.2）。そのうえで，社会企業家の倫理的実践を把握する分析視角を提示する（2.3）。

2.1 問い直される社会企業家の倫理性

社会企業家は，既存の公共サービスでは解決し得ない社会問題に対して，市場の持つダイナミズムを利用することで解決を試みる主体として定義されてきた（e.g., Giddens, 1998）。それ故に，社会企業家は社会問題の解決を収益事業として構築することそのものが，彼らの倫理性を担保するものとして捉えられてきた。例えば Mulgan（2007）は，社会問題の認知を契機にソーシャルビジネスを想起した社会企業家が，ステイクホルダーらの協力関係により社会問題を解決に導くプロセスを分析している。彼の研究では，このような社会企業家による社会問題を解決に導いていく過程をソーシャル・イノベーション・プロセスとして①社会的ニーズの発見とアイデアの醸成，②アイデアの具現化とテスト，③組織の成長と他組織への普及，④他組織によるソーシャル・イノベーションの進化と変容の4段階で分析している。彼の議論では，社会企業家によって構想されたソーシャルビジネスが市場に提供され，市場の中で受け入れられることでソーシャル・イノベーションが実現する。いわば，社会企業家による社会問題解決の事業化（利益の追求）が，市場メカニズムを通じること

で公益の追求とみなされるという論理構造を有している。

　他方で，このような社会企業家による利益追求に対する批判研究が存在する（e.g., Dey and Steyaert, 2012）。本節では，Khan et al. (2007), Karim (2008) による社会企業家の非倫理性を暴き出す批判研究を振り返っていくことで，この研究領域が抱える理論的課題を明らかにしていきたい。

　Khan et al. が注目したのは，ソーシャルビジネスの成功事例として称賛されていたシアルコットのサッカーボール縫製産業における児童労働撤廃事例である。ことの発端は，1994年にパキスタンのシアルコット市でのサッカーボール縫製事業に関わる児童労働問題がマスコミにより大きく取り上げられたことだった。この問題が大きく取り上げられたことでサッカーボール縫製業者は，児童労働問題を掲げることで児童労働問題に取り組むNGO，政府を巻き込み，NGOの監督の下で縫い子を集め，シアルコット市が監督する縫製センターに従事させた。このサッカーボール縫製業者，サッカーボールメーカー，国連，FIFA (Federation International de Football Association)，マスコミ，NGO により構成された社会企業家の連合体は，サッカーボール縫製における児童労働の撤廃に成功した。しかし，Khan et al. (2007) は，児童が労働から解放されたことで各家庭の収入が減少し，児童の就学すらままならない貧困という新たな問題が引き起こされたことを指摘する（Khan et al., 2007, pp.1060-1061）。そもそも家庭内で縫製業が営まれていた理由は，パキスタンに女性差別，職業差別の問題があったからである。表立って働くことのできない母親たちは，債権者でもある仲介業者を通じたサッカーボール縫製業を家庭で細々と行うことにより，借金を返済し家計を支えていた。これを手伝っていたのが児童たちであった。しかし，縫製業は卑しい仕事として認識されていたために，設立された工場で働くことは許されず，重要な収入源を失い，さらなる貧困に陥ってしまった。それにも関わらず，縫製センターで製造されたサッカーボールは，アメリカW杯で公式試合球として使用され，後にFIFAによってサッカーの公式試合には児童労働が撤廃されていることを示すSave the Children の刻印が押されたボールが使用されることが決定された（Khan et al., 2007, pp.1056-1057）。Khan et al. (2007) は，児童労働問題を解決したことでサッカーボールを製造，販売し利益を追求することへの正当性を獲得していった影で，シア

ルコットの女性への労働差別と貧困問題がより拡大したことをを批判する。

　Karim（2008）が注目したのは，バングラディッシュの農村部における深刻な貧困状態を解決するためにグラミン銀行を設立したムハンマド・ユヌスである。ユヌスは，洪水や天候不順により困窮し，銀行からの融資を受けられない農村部の貧困層に対して年率100〜200％の高金利での融資を行う高利貸しからの脱却を図ることで貧困の解決を目指した。高金利により返済ができず，担保にしていた農地を失い，生活基盤を失っていく貧困層に対してユヌスは，少額・低金利で融資するグラミン銀行を設立することで，高利貸しが生み出す貧困のサイクルを断ち切ることに成功した。のちにノーベル平和賞を受賞することとなったユヌスのグラミン銀行をひな型に，社会問題を解決に導く主体として社会企業家への注目は高まり，数多くのソーシャルビジネスが展開されてきた。しかし，Karim（2008）は，ソーシャルビジネスによる農村部の女性のエンパワーメントが，却って農村部における女性の生活をより困難なものにしたと指摘する。グラミン銀行による融資は，女性による5〜6人のグループを対象にしており，その債務責任はグループの連帯責任となる。そのため債権者の女性たちは，互いの経済状況を監視し，返済ができない債務者に対しての取立て（家財の差し押さえなど）を行う（Karim, 2008, pp.17-18）。この制度化された融資－取り立ての仕組みにより，一方でグラミン銀行自身は債務者の経済状況の把握や取立てにかかるコストを削減と利益の拡大に成功し，他方で相互監視の仕組みはバングラデシュにおいて伝統的に村の中に存在していた相互互助の慣習を破壊し，より深刻な貧困に悩む人々[1]が救われる機会が失われてしまったのである（Karim, 2008, pp.8-9, 18-19）。それにもかかわらず，この制度化された融資－取り立ての仕組みは，自助努力による貧困からの脱出のモデルとされ，グラミン銀行はクリーンな金融（マイクロファイナンス）のイメージを獲得し，海外からの寄付を呼び込み続けているのである（Karim, 2008, p.8）。一見するとこれらの批判研究は，社会企業家の非倫理性の暴露という理論的視座に立つが故に，我々が社会企業家という概念をなぜ必要としているのかについて，その理論的意義そのものを不明瞭にしているように見える。しかし，その研究目的は社会企業家の非倫理性を暴露していくことで，逆説的に先行研究が社会問題の解決を目的とする社会企業家を無自覚に倫理的存在として

位置づけてきたことを指摘することにある (e.g., 高橋, 2012, 7-8 頁)。このような彼らの試みの前提にあるのが，フーコーによる不可知論である。

　Foucault (1980) は，倫理の意味内容を確定していくことで，逆説的に我々は倫理的行為を捉えることが困難になると指摘する (邦訳, 283-285 頁)。例えば倫理の意味内容を確定していくことは，非倫理的行為が何かであることを浮き上がらせ，それに対する禁止や抑制として作用していく。フーコーは，このような禁止や規制を権力関係の作用として注目し，禁止や規制が作用する対象 (例えば性や身体) が変化する瞬間に注目する (Foucault, 1980, 邦訳, 210 頁)。この際，倫理の意味内容は人々を禁止や抑制に導く権力作用から，逐次的に措定されていくことが明らかにされていく。ここでフーコーは，倫理の意味内容はアプリオリに確定することも，その意味内容を問うこともできないにも関わらず，自明の存在として確かに在るとする不可知論的態度に立つことで，不可知な倫理を参照した権力関係の作用として繰り広げられる倫理的実践から分析を試みるという，新たな理論的視座を切り開いた。これが，フーコーが提唱する言説分析である。

　Foucault (1980) は人々の倫理的実践を可能とする権力関係を，真理の体制 (regime of truth) と指摘した。この真理の体制は，我々が語り，書き，記録する手続きを拘束し現実 (realty) を構築すると共に，その現実の下で我々は自身を理解し，振る舞うことを可能にする (Foucault, 1980, p.131)。この真理の体制が，上述の禁止や抑制といった作用を産み出す。それ故に Foucault (1971) は真理の体制が主体に及ぼす影響に注目し[2]，我々の社会に偏在する権力関係の下での圧力，拘束への批判，抵抗さえも倫理的態度として見いだしたのである (桜井, 1996, 210-211 頁)。つまり，Khan et al. (2008) や Karim (2009) らの研究は，社会問題の解決を倫理として確定的に議論する社会企業家研究への抵抗を通じて，社会企業家の倫理性を改めて問い直す必要性を訴えたのである。

2.2 社会企業家による撹乱する反復

　Foucault (1971) の真理の体制に関する議論を踏まえ，倫理的実践を反復という次元から把握を試みるのが Butler (1990) である。彼女は『ジェンダー・

トラブル』(*GENDER TROUBLE*) において，男性中心主義を批判するにあたり女性という主体を男性中心主義の思考の外部に位置付けるフェミニズムの問題を指摘する (邦訳，24-26 頁)。Butler (1990) は，準拠すべきなんらかの規範 (男性中心主義とは異なる理想の女性像) をすでに持ったカテゴリーを前提とした批判は，むしろフェミニズムが批判する近代の二項対立構造にとらわれていることを指摘する。Butler (1990) によれば，そもそもジェンダーは，身体的差異に対する文化的差異でもなく，あくまで政治システムによって構築された言説の結果に過ぎない (邦訳，22-23 頁)。それを踏まえた上で彼女が目指すのは，二項対立構造にとらわれてきた種々の立場から排除されたものを問い直すことであり，ジェンダー・アイデンティティのどちらかへの帰属しか認めない，ある立場に対しての肯定か，否定かの選択を迫る二項対立の思考への抵抗であった (大貫，2000，164 頁)。ジェンダーの問題からもわかるように固定的なカテゴリーに支えられたアイデンティティが，自らが変えようとする文脈を破壊することを困難にし，むしろそれを再生産する。いわば真理の体制は，それを参照する実践の反復により支えられており，フーコーが対象としてきた善悪の所在を巡る議論もこれに他ならない (e.g., Foucault, 1971)。

　Butler (2005) も，自身を無批判に規範側に位置付けることで他者に対して行使される権力作用を，倫理的暴力[3]として痛烈に批判する。その上で Butler (1990) は，男性か女性かの選択を迫る真理の体制への抵抗を，撹乱する反復により達成することでジェンダー問題の解決を図る (pp.68-69)。この撹乱する反復とは，権力関係の反復により絶えず生じる責任＝応答可能性 (responsibility) を，パフォーマティブな応酬を通じてズレを生み出す行為である。我々は，権力関係に準拠することで，名付けられ，また名乗ることでアイデンティティを獲得し，権力関係を基盤とする権力作用を引き出すことが可能になる。しかし，この権力作用は真理の体制の反復であり，自身と他者を真理の体制に拘束する。そこで彼女が目指したのが，権力関係に準拠しつつも，意図的にその反復をずらしていくパフォーマティブな実践を通じて，真理の体制の再生産に亀裂を生じさせ，変化を導いていくことであった (Butler, 1990, 邦訳，68-69 頁)。例えばジェンダー問題の場合 Butler (1990) は，ゲイたちの様々なカテゴリーでの女装を競い合うパーティーを例に挙げている。審査基準は本

物らしさであり，ゲイであると判別できないほどに異性愛の男女を演じる。Butler (1990) は，彼らの実践そのものが異性愛社会の反復であると同時に，異性愛者自身も異性愛社会の理想像を反復しているに過ぎないことを暴き出していると指摘する。ゲイたちによる女装パーティーという撹乱する反復は，異性愛主義を正常と規定する学問・科学を信奉する異性愛者に対して，規範への否応ない反復によってそれが支えられているに過ぎないことを自覚させ，異性愛社会への疑義を生み出すのである。

この撹乱する反復という理論的視座に立った時，カーンらやカリムの社会企業家の批判研究は，社会問題を悪，社会企業家を善とする二項対立に仕掛けられた真理の体制の再生産構造を，社会企業家の非倫理性の暴露という形で捉えていったと考えられる。しかしながら，権力関係の暴露による批判に留まったがゆえに，社会企業家研究における倫理の喪失という理論的課題を指摘しつつも，そのオルタナティブを提示し得なかった。これが，社会企業家研究における批判的研究が残した，理論的課題であると考えられる。

2.3 本章の理論的視座と分析視角

批判的研究を経て抱える社会企業家研究の理論的課題に対して，Butler (1990) 提唱する撹乱する反復は，二項対立の選択に仕掛けられた社会問題の再生産の罠を乗り越えようとする，社会企業家の倫理的実践を捉える新たな理論的視座を提供しうる。具体的には，人々はソーシャルビジネスを構築することで，真理の体制の再生産活動をパフォーマティブに撹乱していくことで，ズレを産み出す。このズレは，真理の体制のもとで反復される倫理的実践の応酬を通じて拡大され，遂には真理の体制を内破していくかたちで変革を実践していく。いうなれば，社会企業家とは真理の体制に準拠しつつズレを生み出す撹乱する反復を通じて，倫理的暴力を持った真理の体制を新たにする＝ソーシャル・イノベーションを可能にすると考えられる。

この理論的視座に基づいた，社会企業家の倫理的実践を捉える新たな分析視角は，以下のようになると考えられる。

第一に，社会問題は，既存の真理の体制すなわち支配的な権力関係が不可避に生み出す倫理的暴力として生じる。だとすれば人々は，支配的な権力関係に

依拠していくことで，その権力関係が生み出す倫理的暴力として社会問題を見いだし，救済すべき対象として社会的弱者を位置づけていく。

第二に，支配的な権力関係が不可避に産み出す倫理的暴力＝社会問題に対して，人々はその権力関係を撹乱するソーシャルビジネスを想起する。この際ソーシャルビジネスは支配的な権力関係に抵抗したり敵対したりするのではなく，その権力作用を利用しつつ置換するバイパスを作り，倫理的暴力の源泉を喪失させていくかたちで設計される。

第三に，社会企業家は対話を通じて自ら構築したソーシャルビジネスによって生じる新たな反復への責任＝応答可能性に迫られる。社会企業家が構築した新たな権力関係は，そこに参加する主体にとって，翻って自らの利害を実現する支配的な権力関係と化す。だとすれば，社会企業家が構築したソーシャルビジネスは各主体が利害を満たし続けるために再生産されていくことも，かつて社会企業家自身が実践したように，そこに倫理的暴力を見いだし撹乱する反復の糸口にもなりうる。それ故，社会企業家は自らが構築した新たな権力関係としてのソーシャルビジネスに対して，他者への責任＝応答可能性を果たし続けることを求められているのである。

3．事例分析：アバンティによるオーガニックコットンの事業化

本節では，株式会社アバンティ（以下，アバンティ）が如何にソーシャルビジネスを実践してきたのかを，同社のオーガニックコットン事業の展開から分析していく。アバンティは，オーガニックコットン（無農薬有機栽培綿）を専門に原綿の輸入販売，糸，生地，オーガニックコットン製品の企画製造販売を事業としている企業であり，独自ブランドとしてプリスティンを展開している[4]。アバンティは，オーガニックコットンを普及させていく活動を通じた環境保全，社会貢献を目標としたソーシャルビジネスを行っている。その活動は国内外を問わず東北地方，インド等で展開されており，震災復興，児童労働，貧困，女性差別問題など様々な社会問題の解決に取り組んでいる。本章がアバンティのソーシャルビジネスに着目した理由は，これらのソーシャルビジネスがオーガニックコットン事業との相互作用の中で創出されていること，また

ソーシャルビジネス，オーガニックコットン事業の双方が，社会問題との対峙を通じて再創造され続けていることが挙げられる。なお調査にあたって，アバンティ代表取締役の渡邊智恵子氏への複数回（2012年12月，2013年9月，同年11月，2014年8月，2016年11月の計5回。総時間11時間程度。文字数換算：約11万字）に及ぶ面談形式のインタビューを行っている。

3.1 オーガニックコットン事業を通じた服飾産業と児童労働問題の接続

　アバンティという会社が誕生したきっかけは，米国に本社をおくタスコジャパン[5]の従業員の受け皿を確保するためであった。タスコジャパンは，本社であるタスコの商品を専門に扱い，これに依存した経営を行っていた。そのためタスコジャパンの存続は，アメリカの本社の意向によっては，契約の打ち切り等のリスクを抱えていた。この現状に対して，日本法人に勤める従業員の生活を守るために，親会社とは別のビジネスをする会社が必要となった。そこで発起人となったのが，渡邊智恵子氏である。1985年にアバンティ代表取締役社長に抜擢された渡邊氏は，従業員を安定的に雇用するためのビジネスを模索していた。そこで偶然に知人から日本での輸入代理店探しの相談を受けて出会ったのがオーガニックコットン製品であった。

　繊維業の業界規模の大きさ，オーガニックコットンという新たな素材にビジネスの可能性を感じた渡邊氏は，従業員の雇用を維持していく事業としてオーガニックコットンの事業化に向けて動き出していく。この時，渡邊氏が取り組まなければならなかったのは，オーガニックコットンという当時としては新しい素材を扱ってくれる縫製業者を探すことであった。当初，渡邊氏はアメリカからオーガニックコットンの生地を輸入し，その生地を使ってタオルや肌着等を製造，販売していく事業を想起していた。しかし，輸入した生地はごわごわとした粗い手触りで，日本の消費者のニーズに合わなかった。そこで渡邊氏は生地ではなく，生糸を輸入し日本で生地に仕立て販売することを試みたが，ここでもアメリカと日本の規格の問題が発生した。アメリカから輸入した生糸は，長さ，太さの規格が統一されておらず，日本の織物業者に受け入れてもらえなかった。そこで渡邊氏はオーガニックコットン生地の輸入代行ではなく，アバンティが仲介役となりオーガニックコットンの原材料である原綿，綿花を

アメリカの栽培農家から買い付け，紡績，織物，縫製業者と生産＝製造工程を委託し，自社ブランドとしてオーガニックコットン製品を販売する事業構想を描いた。更にオーガニックコットンの事業化を目指す際に，それまでブラックボックスであった綿の栽培農家から，糸，生地になるまでの加工，製造工程のすべてがオーガニックの基準を満たしているかを把握するトレーサビリティを確立していくことを目指した。このトレーサビリティを徹底することで渡邊氏は，自分たちが製造，販売するオーガニックコットン製品の環境保全，安全性という魅力を付加価値とし，子供を育てる母親を顧客ターゲットにオーガニックコットン製品を販売していくことが可能になると考えたのである。いわば，我が国の縫製産業の規格や消費者の好みに対応する生産体制を整えつつ，その体制を利用してオーガニックを新たな付加価値として確立していくという差別化戦略を志向したのである。

　このオーガニックを付加価値とした差別化戦略は，オーガニックコットン事業を展開していく中で社会問題に接続され，その意味内容が拡張されていくことになる。その契機となったのが，トレーサビリティに裏付けられたオーガニックコットン事業を実現していく中で渡邊氏が，綿花栽培における児童労働問題に直面したことであった。

　例えば世界最大の綿耕作地面積を持つインドでは，世界第二位の綿生産量を誇っており，その輸出により大きな貿易収益を得ている。他方で，両親の失業や低い賃金水準により貧困に苦しむ家庭では，本来であれば教育を受けるべき児童が綿花農場に従事している。その数はおよそ400万人と言われ，特にその犠牲になるのは社会的慣習により立場の低い女児である。結婚持参金制度があるインドでは，結婚する女性の生家側が花婿側に持参金や家財道具を贈る習慣がある。そのため女児は，幼いうちから働くことで家計の負担を減らす必要に迫られる。しかし，安く綿を手に入れようとする企業，農場経営者によって，立場の弱い彼らには安い給料しか支払われず，安い労働力として児童が利用されている。子育てをする母親に向けてオーガニックコットン製品を販売するアバンティにとって，綿の生産現場で起こる児童労働問題は，オーガニックコットン製品に期待を寄せるステイクホルダー（特に消費者）を裏切るものであり，決して見過ごすことはできない。オーガニックコットンを事業化する上で

欠かせなかったトレーサビリティを徹底した結果，オーガニックコットン製品に付加価値を見いだすステイクホルダーと，綿農場で発生する児童労働問題を接続されてしまった。

　この児童労働問題は，オーガニックコットン事業を行うアバンティだけの問題ではない。渡邊氏は，綿農家から安く綿を買い叩く服飾産業の支配的権力関係から，服飾産業が解決しなければならい社会問題として児童労働を見出していく。

3.2　日本オーガニックコットン協会設立による撹乱する反復

　アバンティにとって，児童労働の撤廃はオーガニックコットンの付加価値を維持するために必要不可欠である。しかし，オーガニックコットンが服飾業界において有用な商材として付加価値を持ってしまえば，より仕入れ価格の安い児童を労働力として利用した綿花の生産が拡大してしまう。そうなれば服飾産業が児童労働に与える悪影響はさらに拡大していく。渡邊氏は自社の取り組みとしてオーガニックコットンにおける児童労働の撤廃を行うだけでなく，服飾産業全体で児童労働の解決を図っていく。

　そこで渡邊氏が取り組んだのが，アバンティが紡績業者，織物業者，縫製業者との提携関係によって構築したトレーサビリティ体制を基盤とした，日本オーガニックコットン協会の設立である。日本オーガニックコットン協会は，1993年に渡邊氏を理事として設立された日本テキサスオーガニックコットン協会を前身とし，2000年に設立された。アバンティがオーガニックコットンを次世代の素材として事業化したことに業界内の各社が注目しており，更に渡邊氏がオーガニックコットンの検査体制と実績を有していたことで，各社が賛同し日本オーガニックコットン協会に参画することになったのである。

　この協会が目的として掲げたのは，オーガニックコットンを通じた社会貢献を目的に，綿花の栽培と，その製造工程において環境負荷を最小限に抑える方法を普及させることで環境保全に寄与することである。この協会の活動を展開するにあたって，オーガニックコットンとオーガニックコットン製品を定義していく必要があった。具体的に同協会では，オーガニックコットン，オーガニックコットン製品に対して次のような基準を設けている[6]。

・オーガニックコットン

　オーガニック農産物等の生産方法についての基準に従って2～3年以上のオーガニック農産物等の生産の実践を経て，認証機関に認められた農地で，栽培に使われる農薬・肥料の厳格な基準を守って育てられた綿花

・オーガニックコットン製品

　紡績，織布，ニット，染色加工，縫製などの全製造工程を通じて，オーガニック原料のトレーサビリティと含有率がしっかりと確保され，化学薬品の使用による健康や環境的負荷を最小限に抑え，労働の安全や児童労働などの社会的規範を守って製造した製品

　ここで重要なことが，オーガニックコットン製品を従来の無農薬・有機栽培から，労働の安全や児童労働などの社会規範を守った製品へと定義していくことで，その基準を作成していったことであった。この基準をもとに日本オーガニックコットン協会は，オーガニックコットン認証機関として農地を検査し，農地管理や栽培方法を調べ，基準に準拠しているかどうかを確認し，オーガニックコットン認証を与えている。いわば，参加企業が自発的に認証を得ていく状況を整えることで，オーガニックコットンから児童労働が撤廃されていく仕組みを構築していったのである。

　しかし，オーガニックコットンの新たな定義は，日本のオーガニックコットン市場から児童労働問題を排除しているに過ぎず，綿農場で発生している児童労働問題の解決には至らない。むしろ，日本市場から排除された綿農場ではさらなる貧困が発生する可能性がある。渡邊氏が目指さねばならいのは，児童労働によって生産される原綿を市場から排除することだけではなく，綿農場において児童労働を発生させる現場への直接的な介入であった。

　そこでアバンティは，世界の子供を児童労働から守るNGO ACE[7]と連携したソーシャルビジネスを展開していく。ACEは，「1. 児童労働のことを，知って，参加してほしい。2. 児童労働が使われていない製品を作り，消費行動によって児童労働を予防できることを実践してみせる。3. 働いている子どもたちを学校に行かせたい」の3つを目的としたNGOである。オーガニック

第10章　社会企業家による攪乱する反復と倫理的実践　247

コットン事業を展開する渡邊氏にとってインドは，使用する綿の輸入先ではない。しかし，インドは原綿の世界有数の生産地であると同時に，児童労働が深刻な問題となっている。その原因は，宗教，文化に起因する側面もあるが，服飾産業による搾取が大きな要因となっている。メーカー，あるいは仲介業者が安く綿を買い叩くことにより，貧困に苦しむ家庭の児童は就学もままならず労働を強いられる。故に，インドで活動しているACEは，渡邊氏にとって重要な提携相手として見いだされた。

　2010年に開始されたACEとの提携を通じてアバンティは，ACEの監督の下で栽培された綿を適正価格で買い取り，製品化，販売することで，綿花農家の収益を向上させる事業を立ち上げた。いわばアバンティは，協会活動を通じて新たに定義したオーガニックコットン・オーガニックコットン製品の基準に基づき，これまで不当な価格で綿を買い叩いていたメーカー，仲介業者に置換する形でソーシャルビジネスを構築していった。アバンティは自ら構築した営利事業としてのオーガニックコットン事業を，ACEと提携することで貧困に苦しむ綿花農家の支援へと結びつけ，児童労働を撤廃したオーガニックコットンフェアトレードを可能にするソーシャルビジネスとして再創造していったのである。これによって，綿農家で働く労働者が正当な対価を受け取れる新たな関係を構築したのである。アバンティでは，毎年40フィートコンテナで700万円分を輸入しており，その量は今後3倍ほどに増やす計画である。この活動を通じてACEは，551人を児童労働から解放し，教育を受ける環境を整えることに成功していった。

3.3　新たな社会問題への接続とソーシャルビジネスの展開

　オーガニックコットン事業を日本でいち早く展開するだけでなく，綿農家と服飾産業のトレーサビリティ制度を整え児童労働の撤廃に尽力し，自らもACEと提携したフェアトレードを実践してきた渡邊氏は，日本のオーガニックコットン事業の第一人者になるとともに，社会企業家の第一人者として社会的立場を確立していくことになった。渡邊氏が築き上げたトレーサビリティ制度と社会企業家としての立場は，アバンティの製品を「オーガニックコットンにロールスロイス」（本人談）として質と価格を担保し，高付加価値商品とし

て販売していくことを正統化していくことにも繋がっていくことにもなった。

　他方で，渡邊氏が築き上げたソーシャルビジネスと社会企業家としての立場は，その仕組を通じて新たな社会問題の解決を期待するアクターを呼び寄せることにもなる。

　実際，渡邊氏は社会企業家としての活動を通じて，児童労働とは異なる社会問題の解決を図るソーシャルビジネスに巻き込まれていくことになる。その契機となったのが，東日本大震災の復興ボランティアで偶然に出会った，吉田恵美子氏であった。吉田氏は福島県の震災復興に従事するNPO法人ザ・ピープル[8]の代表である。東日本大震災は，地震，津波，原発，風評被害といった複合的な災害を引き起こし，福島県の農業に甚大な影響をもたらした。原発による風評被害，また津波による塩害を被った農業従事者が，農業を断念するケースも多い。それまで地域経済を支えていた農業の著しい衰退が，被災者の復興を妨げる大きな要因となっていた。

　吉田氏から福島県の窮状を打開する要請を受けた渡邊氏は，食用ではなく，塩害にも強い綿をオーガニック栽培し，製品化する一連の取り組みで雇用の場を作り出すソーシャルビジネス，ふくしまオーガニックコットンプロジェクトを立ち上げた。NPO法人ザ・ピープルとの連携で福島県の農家，市民，学校，NPO，地元企業などの多様な地域住民を巻き込み綿花の栽培を開始し，2012年には約300キロ，2013年には栽培面積も倍近くに増え約900キロの綿の収穫が可能になった。アバンティはオーガニックコットンの栽培指導を行うと共に，ここで収穫された綿からコットンベイブ[9]，福島オーガニックコットンTシャツを製造，販売し，その利益を現地で働く人たちに還元している。

　更に渡邊氏は，ふくしまオーガニックコットンプロジェクトへの参加を通じて，その目標を現在起こっている福島県の震災問題（社会問題）の解決に留まらず，我が国における服飾産業全体の構造変換を見据えるようになった。福島県の新たな産業としてオーガニックコットン栽培を成立させることで，福島県の人びとが新たな仕事を手にすることが可能になるだけでなく，海外からの輸入に頼っている原綿栽培を国産のものにシフトさせ，日本の紡績，織物産業の復活を可能にさせる。これは，アバンティの自社ブランドであるプリスティンでのコンセプトの一つであるメイドインジャパンを綿の栽培段階から達成させ

ることに繋がると同時に，日本の紡績，織物，アパレル産業界を変革していく第一歩となる。これらの活動を通じてより鮮明に可視化される製品の製造過程は，低価格を求める消費者に高品質の裏に存在する労働者の努力と，それに対して正当な価格設定の必要性を自覚させるきっかけとなる。福島県での事業によって消費者の意識が変化していけば，低コスト実現のために低賃金で労働者を利用しようとする企業を減らすことに繋がっていく。アバンティのように適正価格で綿農場と取引する企業が増えれば，綿農場は貧困から抜け出し，より多くの子供たちは児童労働から解放されると考え，その活動を拡大しているのである。

4. おわりに

　本章では，社会問題を悪，社会企業家を善とする二項対立構造を前提にその実践を捉えてきた社会企業家研究に対して，社会問題を引き起こす支配的な権力関係に，攪乱する反復によって介入していくことで解決を図る社会企業家の事例記述を行ってきた。

　社会企業家研究は，無自覚に社会問題を悪，社会企業家を善とすることで，社会企業家が如何にして倫理的に社会問題を解決するのかについて議論することを困難にするという理論的課題を抱えてきた。本章が取り上げた批判研究は，無自覚に自らを倫理的存在と位置付ける社会企業家の非倫理的実践を暴き出すことで，この研究領域の抱える理論的課題を浮き彫りにすることに成功した。もちろん批判研究も本章も，社会問題を悪とし，解決すべき問題として位置付けることに異論はない。問題となるのは，社会問題を解決する倫理的存在として社会企業家を無批判に位置付けてしまうことである。これは，批判的態度のもとで社会企業家が社会問題を再生産していくことを暴露したとしても，解決しない。むしろこのような姿勢は，社会企業家の実践に対してソーシャルビジネスへの協力か，離反かの二択を迫り，倫理的暴力を産み出す権力関係の再生産構造を見失わせるだけでなく，社会企業家の肯定／否定の陰で秘密裏に倫理的暴力が継続されていくことになる。

　そこで本章では，この理論的課題に対してバトラーのジェンダー論からその

解決を試みた。Butler (1990) は，権力関係の内部に留まることで意図的にズレを生み出す撹乱する反復に，倫理的暴力として社会問題を反復的に生み出す権力関係を内破していく倫理的実践の可能性を見いだしていく。実際，本章でとりあげたアバンティのソーシャルビジネスは，児童労働を引き起こす要因になっている服飾産業の権力関係を，パフォーマティブな実践によりソーシャルビジネスへとズラしていく作用として構築されていった。この事例記述から見出された発見事実と理論的貢献は，以下のようにまとめられる。

　第一の発見事実は，アバンティが当初，オーガニックコットンを差別化のツールとして売り込むために構築したトレーサビリティ体制が，この産業が抱える児童労働問題を解決していく倫理的実践を生み出したことにある。オーガニックコットンのトレーサビリティ体制の確立はオーガニックコットンと児童労働を接続すると同時に，渡邊氏が児童労働を引き起こす服飾産業と綿農場の支配的権力関係を見いだすきっかけとなった。彼女は服飾産業に関わる企業と日本オーガニックコットン協会を設立し，オーガニックコットンの定義に児童労働問題の排除を含めることで一般的な定義から意図的にズレを生み出すことで，市場から児童労働を撤廃しうる状況を構築していく。同時に，この定義によって生み出されたズレを，ACEと提携していくことで自社のオーガニックコットン事業をソーシャルビジネスへ置換していくことで反復しつつ拡大して行くのである。

　アバンティならびに渡邊氏が展開するソーシャルビジネスは，彼女自身が服飾産業を構成する主体としてその権力関係に関与し，オーガニックコットンの定義にズレを生み出したことが起点となっている。社会企業家とは，既存の権力関係の内部から撹乱によって生じるズレを起点とし，既存の権力関係をソーシャルビジネスに置換することで新たな反復を生み出す主体である。本章の第一の理論的貢献は，この社会企業家の実践を，撹乱する反復という倫理的実践として捉えたことであると考えられる。

　とはいえ，社会企業家による撹乱を倫理的実践として位置づけるだけでは，批判研究の抱える理論的課題を十分に克服することはできない。そもそも，その倫理的実践として我々が捉えている人々の行為を，非倫理的であると暴いていったのが批判研究であった。

この理論的課題を解決するにあたり手がかりになるのが，オーガニックコットンを社会問題の解決に繋げた社会企業家＝渡邊氏に引き寄せられる形で，震災復興といった新たな事業展開が生じたという，本章の第二の発見事実である。前述のように社会企業家研究は，社会企業家が社会問題に対して善とすることで，彼らが実践するソーシャルビジネスが社会を変革する＝悪としての社会問題が排除されることを終着点として議論してきた。しかし，ソーシャルビジネスもまた，新たな権力関係であり必然的に各主体に反復を求める。当然，この権力関係に準拠していくことで，各々が抱える課題の解決を目指す主体は意図的にソーシャルビジネスに対する新たな反復を試みる。渡邊氏にとっては，東日本大震災を契機とするふくしまオーガニックコットンプロジェクトがそれにあたる。ザ・ピープル代表の吉田氏が渡邊氏に福島県での震災復興事業への協力を依頼したのは，社会企業家としてソーシャルビジネスにより児童労働の解決を図る渡邊氏に，震災復興を社会問題として見出させる新たな反復であった。渡邊氏は自身が築き上げたソーシャルビジネスと社会企業家としての立場に対する責任＝応答可能性から，この問題に対処していく必要が生じた。社会企業家＝渡邊氏として依頼され取り組んだ事業を断ったり中止したりすることは，彼女自身が構築してきたソーシャルビジネスそのものの倫理性が問われることになる。いわば，渡邊氏は社会企業家であるが故に，社会企業家としての実践を反復する必要があったと考えられる。

　Foucault（1980）が指摘するように倫理が不可知であるならば，そもそも社会企業家を善として分析することは困難である。フーコーは権力関係から導かれる人々の発話行為から，善であろうとする人々の実践を捉えてきた。だとすれば，社会企業家の倫理性とは，彼ら自身が構築した新たな関係構造を前提とした，各主体の（時には撹乱する）反復に対する責任＝応答可能性を果たすパフォーマティブな実践からでしか，社会企業家は自らの倫理性を明らかにすることはできない。それ故に渡邊氏は，NPO法人ザ・ピープルの問いかけに，ふくしまオーガニックコットンプロジェクトで応答していったのである。

　以上のように，社会企業家の倫理性とはアプリオリに規定されるものではない。自ら築き上げた真理の体制に対する責任＝応答可能性を果たす反復から把握されることを指摘したことが，本章の第二の理論的貢献であると考えられ

る。

　本章では，アバンティのソーシャルビジネスの構築から，他者からの要請に答える形で反復的に行われる事業の広がりを捉えてきた。他方で，他者による意図的な撹乱する反復に対応し，事業を再構築していく様相を十分に捉えることが出来なかった。この点については，今後アバンティが如何なる呼びかけと対峙し，事業を維持・発展していくかを注目していくことで，克服していきたい。

（石黒　督朗）

注
1　Karim（2008）は，それまで村の中に存在していた互助関係が崩壊し，より深刻な貧困に悩む女性はグラミン銀行を利用しようとする女性グループから排除され，さらなる貧困に陥っていることを指摘している。
2　フーコーの議論は，真理の体制により意味づけられる規範倫理に対する問題提起を行っており，真理の体制が覆い隠してしまう別の真理の体制に着目することで，より倫理的な態度を模索することにその目的があると言えよう。
3　他者性，感受性，可傷性を拒絶し，倫理適応等の可能の姓を生み出す他者への原始的関係性が排除されてしまっている。そのため，他者との対話においても自己の保存が目的となり，事故の解体，再創造が行われることがない（Butler, 2005，邦訳，185頁）。
4　主な販売先として（株）伊勢丹，（株）三越，（株）松屋といった一流百貨店があり，アバンティの独自ブランドであるプリスティンのフラッグシップ・ショップを出店している。プリスティンは，アバンティの理念であるオーガニックコットンで体と心，地球にやさしいライフスタイルを提案していくブランドである。
5　1975年創業。空調工具，計測機器の販売を主力事業としている。
6　NPO法人日本オーガニックコットン協会 URL（http://www.joca.gr.jp/）
7　NGO法人ACE。URL（http://acejapan.org/）
8　岩手県いわき市内で古着のリサイクル活動を行ってきたNPO法人。東日本大震災以後，オーガニックコットンの栽培を通じて，震災により大きな被害を受けた農業の再生を目指している。
9　福島県いわき市のコットン畑から収穫された茶綿をまとった人形。人形の中には，綿花の種が入っており，購入者がその種からコットンを栽培できるようになっている。こうして栽培されたコットンを全国からいわき市に集め，コットン製品の製造を目指している。

参考・引用文献
Butler, J. (1997) *Bodies That Matter,* New York: Routledge.
Butler, J. (1990) *GENDER TROUBLE Feminism and the Subversion of Identity,* New York: Routledge.（竹村和子訳『ジェンダー・トラブル　フェミニズムとアイデンティの撹乱』青木社，1990年。）
Butler, J. (2005) *Giving An Account of Oneself,* Fordham University Press.（佐藤嘉幸・清水知子訳『自分自身を説明すること　倫理的暴力の批判』月曜社，2008年。）
Deforny, J. and Nyssens, M. (2010) "Conception of social enterprise and social entrepreneurship in

Europe and the United States : Convergences and divergences", *Journal of Social Entrepreneurship*, Vol.1, No.1, pp.32-53.
Dey, P., and Steyaert, C. (2012) "Social entrepreneurship: Critique and the radical enactment of the social", *Social Enterprise Journal*, Vol. 8.no.2, pp. 90-107.
Foucault, M. (1971) *L'ordre du discourse*, leco inaugurale au College de France Pronncee. (中村雄次郎訳『言語表現の秩序』河出書房新社, 1972年。)
Foucault, M. (1980) *Power / Knowledge*, New York: Pantheon Books.
Giddens, A. (1998) *The Third Way*, Polity Press (佐和隆光訳『第三の道 効率と公正の新たな同盟』日本経済新聞社, 1999年。)
Karim, L. (2008) "Demystifying Micro-Credit The Grameen Bank, NGOs, and Neoliberalism in Bangladesh", *Cultural Dynamics*, Vol.20, No.1, pp.5-29.
Khan, F. R., Munir, K. A. and Willmott H. (2007) "A Dark Side of Institutional Entrepreneurship: Soccer Balls, Child Labour and Postcolonial Impoverishment", *Organization Studies*, Vol.28, No.7, pp.1055-1077.
Leadbeater, C. (1997) *The Rise of the Social Entrepreneur*, Demos.
Mulgan, G. (2007) "The Process of Social Innovation", *Innovations: Technology, Governance, Globalization*, Vol.1, No.2, pp.145-162.
Nicholls, A. and Cho, H. A. (2006) "Social Entrepreneurship: The Structuration of a Field", *Social Entrepreneurship, New Models of Sustainable Social Change*, Oxford University Press, pp.99-118.

大貫敦子 (2000)「名づけ/パフォーマティビティ/パフォーマンス 批判の特権生と独断性を切り崩すストラテジー」『現代思想』, 第28巻, 第14号, 162-171頁。
桜井哲夫 (1996)『フーコー 知と権力』講談社。
高橋勅徳 (2012)「秩序構築の主体としての社会企業家：倫理・社会資本・正統性概念の再検討を通じて」『経営と制度』第10巻, 1-11頁。

第11章
エコツーリズムを可能とする資源管理組織：
座間味村における「害獣」オニヒトデの発見と対応を中心として

1. はじめに

　「しまおこし」や「まちづくり」の実践に際して，自然環境の豊かな地方都市では，エコツーリズム（ecotourism）を掲げるケースは今や珍しい物では無くなった。自然環境をその利用者や生活者が観光資源として開発し，観光客を呼び込むことで新たな収益源とするのと同時に，その収益源を自然環境の保全へと還元する仕組みを構築することで持続可能性を確保していくエコツーリズムは，一方で大量の観光客誘致によって自然環境を消費し，他方で大手旅行会社を通じて収益を地方から大都市圏へと環流させていくマス・ツーリズムに対するアンチテーゼとなるだけでなく，地域活性化の具体的な手法を提示していたことからも，日本各地で普及が進んだ（e.g., 吉田，2004）。近年の世界自然遺産ブームも，エコツーリズムを前提とした地方都市の持続的な観光業の戦略の一環であると言えるだろう。

　しかしながら，エコツーリズムの実践には，固有の難しさが存在する。
　エコツーリズムは，自然環境の利用者あるいは現地の生活者が，自然環境の一部を観光資源として開発し，観光収益の一部を自然環境の保護へと環流していく仕組みを構築していくことで，環境保全と観光業を持続可能な形で両立していくことを目的とする（e.g., 古川・松田，2003）。このエコツーリズムは，地域活性化のために取り得る手段として，非の打ち所の無い試みに見える。ところが自然環境が誰の物であるのかという視座に立ったとき，エコツーリズムというベールに覆われ見逃されがちな，負の側面が存在する。エコツーリズム

の実践においては，事業の観点から保護される自然と，放置され，時には資源保護のために消費される自然が生じるといった，自然の差別化が生じることが，問題として指摘される。例えば成功例としてよく知られる，ヒマラヤでのエコトレッキングの場合，登山客は現地人が経営する宿に投宿する。当然，エコトレッキングを地場産業として展開する村落には，大量の登山客が集まる。その結果その村落で彼らが消費する燃料（薪）の需要が増え，現金収入を求めて周辺村落の森林が過剰に伐採されることになる。エコツーリズムの成功と引き替えに，周辺の村落の自然環境の破壊が加速したのである（e.g., 古川・松田，2003，19-20頁）。エコツーリズムの実践がその自然環境で生きる生活者あるいは利用者だから許されるのであれば，周辺村落の住民が登山客を目当てに森林を伐採していくことも認めざるを得ない。周辺の村落には持続可能性が担保されていない，と言う批判は確かにその通りであるだろう。それを根拠に当該村落の住民が，周辺村落に森林資源の管理とエコツーリズムへの理解と協力（あるいは展開）を求めることも可能であるだろう。しかし，そのような森林資源の消費の引き金になったのは，エコトレッキングを実践した村落なのである。彼らは，周辺村落の森林資源を消費しながら，登山客に暖かな宿泊環境を提供し，大量のエコトレッキング客を呼び込んでいる。だとすれば，当該の村落の住民は，周辺村落の森林伐採を批判し，エコツーリズムの実践を求める根拠は何処にあるのだろうか。

　一方でエコツーリズムの当事者は，持続的な環境保全の仕組みを作り上げ運営している点で英雄的に語られる対象である。他方でコモンズとしての自然環境という視点から見たとき，エコツーリズムの当事者は特定の自然環境を観光資源として独占的に利用することで利益を獲得し，同時に他者がコモンズであるはずの自然環境を利用することを規制する独善的な存在でもある。エコツーリズムを目指す人々は，英雄と独善の臨界から出発し，多様なステイクホルダーから英雄として認められる必要に迫られる。極言すればエコツーリズムとは，コモンズである自然環境から特定の人々が観光資源として切り出し，環境保全と持続可能性の名の下で他者の利用を抑制（同時に，利用者を含めて観光業から得られたあらゆる収益を環境保全へと還元する）することの正統性（legitimacy）を確保し，身の証を立て続けることで可能になると考えられる

(e.g., Lawrence, Wickins and Phillips, 1997；宮内，2001)。

　本章で取り上げる座間味村は，主としてダイビングを趣味とする観光客に，サンゴ礁とその近辺で生息する生物（主に魚類）まで案内することで日々の糧を得る，ダイビング産業によって支えられている。座間味村のダイビング産業において特徴的なことは，村内で生活するダイビング事業者達が，エコツーリズムを掲げ，サンゴ礁の天敵であるオニヒトデを継続的に駆除し，サンゴ礁の過剰利用を防ぐための組織を作り上げている点である。

　単にダイビング産業からの利益獲得を目的とするのであれば，公海上で新たなダイビングポイントを探索するという選択肢があり得る。ダイビングポイントの移転は，オニヒトデを一つ一つ駆除するために継続的に人員を動員し，サンゴ礁の過剰利用を防ぐためにダイビング事業者の活動を抑制する組織を作るよりも労力が少なく，より多くの利益を上げうる魅力的な選択肢である。しかし，座間味村のダイビング事業者達はダイビングポイントの移転ではなく，オニヒトデの駆除とサンゴ礁の保全を選択した。ダイビング産業の存続を脅かすオニヒトデを駆除し，観光資源として利用可能なサンゴ礁を守る組織を作り上げることは，経営上のリスク回避であるのと同時に，座間味村のダイビング事業者達が日々の生活を守る上で必要不可欠な活動であった。そこで本章では座間味村におけるダイビング産業の形成とエコツーリズムの実現を事例として，資源管理のための特定住民による組織の形成，その特定組織において特権的に行使される権利・義務の発生とその公認過程を明らかにしていきたい。

　座間味村におけるエコツーリズの下での組織化を理解する際に鍵となるのが，資源を脅かす存在として発見される害獣である。実際，座間味村のダイビング事業者達は，事業を営む際に，サンゴ礁を資源として見出すのと同時に，サンゴ礁を脅かすオニヒトデを害獣として発見していく。座間味村のダイビング事業者達の多くが目の前の海で事業を営む家族経営であるが故に，害獣の存在は，資源を守る管理という感覚を人々に芽生えさせる。この感覚が，害獣と対峙するために必要な組織を作り出す起点となった。

　しかし，ダイビング事業者達が害獣を排除する必要性が生まれたからといって，村内外に存在する海域の利用者を自由に動員したり，その利用を抑制出来るわけでは無い。更には，それぞれに異なる思惑で行動する村内外の（ダイビ

ング事業者を含む全ての）事業者を，サンゴ礁保全に向けて束ねていかねばならない。このために座間味村のダイビング事業者は，正統性を確保していく必要性に迫られることになる。

この際，正統性の獲得において核となったのが，座間味漁協やダイビング協会といった既存する組織の利用であった。本章ではこのようなエコツーリズムの組織化の過程を，ダイビング産業の成立と資源／害獣の発見（2節），オニヒトデの駆除を目指した組織の形成（3節）という視点から記述していく。

2 資源としてのサンゴ礁と害獣としてのオニヒトデの発見

座間味村は，那覇市西方へ高速船で50分程の慶良間諸島に位置する村である。座間味島，阿嘉島，慶留間島，久場島，屋嘉比島の小島で構成されており，人口は894人（2017年時点），現在の主な産業はダイビングおよびそれに関連する旅館などのサービス業が主となっている。座間味村が位置する慶良間海域は，グレートバリアリーフを超える生物多様性を有しており，国内屈指のダイビングスポットとして全国的にも名を知られている[1]。また，座間味村のダイビングビジネスは座間味定住者によって担われており，定期的なオニヒトデの駆除およびダイビングルールの取り決めが住民主導で行われたエコツーリズムの成功事例としても知られている（e.g., 家中，2009；鹿熊，2009）。

しかし，座間味村で生活する人々が，昔からサンゴ礁を資源と見なしてきた訳ではない。座間味村の人々は，自身が営む事業との関係において，自然の中から利用可能な資源を見出し，その資源管理の必要性から村内組織を構築してきた。それゆえ，座間味村におけるエコツーリズムの実践を理解するためには，この村にダイビング事業者が登場しサンゴ礁を資源として発見していく経緯を探るとともに，資源管理組織の構築過程を考察する必要がある。もちろん，ダイビング産業が成立し，ダイビング事業者がサンゴ礁を資源として見出し，管理の必要性を抱くことが，直ぐにエコツーリズムを可能とする組織の構築に繋がった訳ではない。ダイビング産業以前に座間味村を支えてきた，鰹産業時代に構築された全村的組織を前提条件として，その活用を図りながら，サンゴ礁保全に向けた組織の構築していったのである。

そこで本章では、鰹産業からダイビング産業に至る座間味村の産業史を紐解きながら、後のサンゴ礁保全組織構築に重要な役割を果たす鰹産業時代に形成された村内組織 (2.1) と、鰹産業からダイビング産業への転換に伴うサンゴ礁とオニヒトデの位置づけの変化 (2.2) について明らかにする。

2.1 座間味村における鰹産業と漁協を中心とした村内組織

座間味村は、終戦直後まで全国有数の鰹の漁業基地であり、慶良間節として知られる鰹節の生産地であった。沖縄県外の人間には殆ど知られていないことであるが、戦前の座間味村における鰹の漁獲高と鰹節の生産高は、高知県・土佐、鹿児島県・枕崎に匹敵していたとされている[2] (e.g., 上田, 1995)。

しかし、この鰹は、当初、座間味の人々にとって日々の生活を支える資源とは言い難かった。そもそも、慶良間海域を鰹の漁場として最初に注目したのは、沖縄県民ではなく県外の漁師であった。明治初期、鮮魚の保存・加工技術が未発達であった沖縄において、腐敗の早い鰹や鮪といった青魚は漁の主な対象ではなく、漁自体も村で消費可能な量の魚を採取する程度であり、座間味村でも専業として漁業が営める漁師は極めて少なかったとされている[3]。

他方で、殖産興業に湧いていた本土における漁業は、当時の沖縄の現状とは全く異なる様相を呈していた。まだ輸出に耐えうる工業製品を製造できない明治初期の日本において、海産物は数少ない外貨の獲得手段であり、乾物・缶詰・瓶詰に加工された魚介類は立派な輸出品だった。そのため、鮪、鰯、鰹、鰊、鮭など日本近海で豊富に回遊し、乾物や缶詰・瓶詰として加工し大量生産が可能な魚介類の商品価値が急速に増大していた[4]。これは、明治初期の日本において漁業が、日々の生活を営むための生業から、一攫千金が可能な事業、すなわち漁業へと転換していったことを意味する。乾物や缶詰にも加工することも可能な鰹もその例に漏れない。高知県、宮崎県、鹿児島県の漁業者が中心となって日本近海の鰹の大量捕獲を始め、明治中頃には既に近海の鰹資源は枯渇状態にあった。

このような経緯もあり、本土の漁業関係者は、南洋の漁業資源に注目していた。南洋の漁業資源の開拓は、漁船の動力として内燃機関の国内製造に成功したこと、製氷技術の確立によって遠洋で捕獲した魚の長期保存と輸送が可能に

なったという技術革新と，餌取り漁船，保存用の氷を提供する運搬船，数ヶ月間遠洋で魚影を追い続ける鰹漁船が連携した組織的な漁法の確立によって可能になったようである。この漁業技術の革新が，慶良間海域を含む南洋を，資源獲得の場へと変えていった。

座間味村が位置する慶良間海域が鰹の好漁場であることは，1885年に宮崎県の鰹漁師が難破の末に座間味村に辿り着くという偶然から発見された。難破した漁師達は，村民の助けを得て船を修理した後，座間味村近海を回遊する大量の鰹を得て本土に帰還した。この難破を経て得た鰹の売り上げは，難破した船舶の修繕費と現地での生活費を引いてなお，彼らの一年分の売り上げを超える程の金額だったとされている。これ以降，未開拓の鰹漁場を目指して宮崎，鹿児島の鰹船が慶良間海域を目指すようになった。

しかしながらこの時期，座間味村のみならず沖縄県全域において鰹は漁業の対象とはなりえなかった。先述しているように，鰹漁に限らず，沖縄において漁業全般はその日に村内で消費する海産物を近海で採取する生業の域を出ず，本土のように一攫千金を狙いうる事業（すなわち漁業）ではなかった。実際，明治初期の座間味村の村民達は，自ら鰹漁業を営むことに積極的ではなかった。なぜなら，座間味村民が鰹産業に参入するためには，漁業として必要な技術を獲得し，村内資本を生業としての漁から，近代的な事業としての漁業へと全てを一から作り替える必要があったのである。しかし，県外の漁業者が鰹漁で豊かになっていくのを目の当たりにし，程なく座間味の人々も自らの手で鰹産業に参入することを決意し，漁業に対応しうる組織を構築していく。

まず，座間味村の人々が鰹産業に参入するために必要とされたのは，漁法の確立であった。身が柔らかく崩れやすい鰹は，一本釣りもしくは延縄で捕獲せねば市場での商品価値を持ち得ない。当時の沖縄で実践されていた漁法は，近海での各種の網，もしくは素潜りによる採取であり，質的にも量的にも近代的な鰹漁に対応できるものではなかった。そこで彼らは，若者数名を本土の水産高校に派遣し，鰹産業に対応しうる漁法と鰹の加工技術を学ばせた[5]。

次いで，漁法という技術的な問題をクリアするのと平行して克服せねばならなかったのが，本土レベルの漁業を営むためのインフラの整備であった。生業としての漁ではなく，鰹産業に参入するためには長期間の操業に耐えうる内燃

機関付きの漁船，鰹を鰹節に加工するための工場，製氷機および氷の貯蓄所など多額の設備投資が必要になる。当然，銀行など金融機関からの融資が必要となるが，半農半漁の生活を送ってきた座間味村民にそのような信用力はない。このため，1900年に座間味村の松田和三郎が村内で出資を募り漁業協同組合（以下，組合）を立ち上げ，4隻の鰹船を購入し操業を開始した。この座間味の鰹船は，当初本土の漁船と比べ6割程度の能力しか持ち得なかったとされているが，寒村でしかなかった座間味における経済的インパクトは計り知れない物であった。大正時代に入ると，村内には10の組合が活動し，村民の殆どが組合加入者となるという状況に至った。当時の組合は現在の漁協とは異なり，鰹産業で得た利益を組合員に平等に分配し，衣類や食料の共同購入や給付を請け負うなど，生活協同体の色が濃いものであった。最盛期には座間味村民の殆どが組合に関わっており，水産高校卒業後にどの組合に入るのかというのが職業選択に際しての最大の問題であったようである。

しかしながら，これらの組合は戦後直ぐに解散することになる。長年の乱獲が祟り，第二次世界大戦前には座間味村近海の鰹資源は減少しており，戦前に10存在していた組合は2つに減少していた。終戦後，座間味の組合は従来の日帰り漁業から，本土と同じく外洋への遠洋漁業に転換を試みた。明治期に鰹産業を立ち上げた当時と同じく，若者を本土に派遣し遠洋での鰹漁業を学ばせるのと並行し，遠洋漁業向けの大型漁船を建造した。ところが，初めての操業でフィリピン領海に無断進入してしまい，漁船はフィリピン海軍に拿捕されてしまう。既に沿岸部の鰹が消失し，鰹節自体も外貨獲得手段として衰退していたこともあり，この事件を契機に漁業組合は一旦解散し，座間味の鰹産業は事実上途絶えてしまった。これ以後，ダイビング産業が成立する1980年代中頃までの間，座間味村は衰退の一途をたどることになる。

この後，現在の座間味村漁業協同組合（以下，座間味村漁協）が改めて組織されるものの，座間味村の漁業は，鰹産業時代以前の生業の域に留まった。これは，戦前の漁協が利益の内部留保を怠っていたこと，その僅かな内部留保をつぎ込んで建造した漁船をフィリピン海軍に拿捕されたことによって，組織的に漁業を営むことが不可能になったためである[6]。この，座間味村漁協は，座間味村のダイビング事業者がサンゴ礁保全に取り組み，新たな利用価値が見出

される1990年代後半まで，かつてのような村全体を支える組織としての機能を失うことになる。

2.2　ダイビング産業の成立とサンゴ礁の資源化と害獣オニヒトデの発見

　それでは，鰹産業が座間味村の主要産業であった時代において，座間味村の鰹産業従事者にとってサンゴ礁とオニヒトデはどのように位置を占めていたのであろうか。オニヒトデは，サンゴ礁に生息する生物の一種である。確かにオニヒトデはサンゴの天敵であり，鰹産業の従事者もオニヒトデの存在は認識していたが，「珊瑚を喰う」，「毒があり触ると危険」という程度の存在であり，自らの生活を脅かす害獣として認識することはなかった。それは，鰹産業を運営していくにあたって，サンゴ礁が重要な資源として対象化されていなかったことに，密接に関わっている。

　鰹産業において，サンゴ礁とは鰹を一本釣りでつり上げるための生き餌（ミジュン[7]）の小魚を採取する漁場であった。同時に，この時代の座間味村の鰹産業従事者にとって，サンゴ礁とは日々の食卓に上るおかず（魚貝・海藻など）を採取する場であった。このような意味で，鰹産業および日々の生活を営む上で，サンゴ礁は資源ではあった。しかし，サンゴ礁そのものが換金対象となるダイビング産業とは異なり，漁場としてサンゴ礁を利用する鰹産業時代には，座間味村の鰹産業従事者はサンゴ礁を守るべき資源と見なしていなかった。実際，鰹産業に従事した経験のある座間味村の古老は，サンゴ礁が重要な漁場と認めながらも，白化し折り重なったサンゴ礁の残骸にミーバイ[8]やタマン[9]が付くことや，鰹漁に必要な生き餌を採る際にアンカーをサンゴ礁に打っていたことを証言している。つまり，鰹産業時代において，サンゴ礁とは魚が付く岩礁の一種と見なされていた。このサンゴ礁が，守るべき資源として管理の対象となるのは，座間味村でダイビング産業が成立する1980年代中頃まで待たねばならない。

　現在，座間味村の基幹産業となっているダイビング産業を開拓したのは，戦後に生まれた人々である。彼らが幼少期の頃，既に座間味村の鰹産業は衰退していた。幼少期の彼らの多くは座間味村を離れ那覇近郊で生活しており，夏休みや冬休みといった長期休暇に併せて座間味村に戻り，村に残る祖父母と一緒

に過ごしていた。その頃の座間味村の人々は，日帰り可能な近海での細々とした漁業と農業に加え，海水浴や釣り船客の渡船，その客を目当てにした食堂や民宿で細々と生計を立てていたようである。この状況は，一度は都会で生活を営んでいた彼らが，本家（墓）を継ぐために座間味村にUターンしてきた1970年代も同じだった。

1970年代頃，ダイビングのために座間味を訪れる人々は極少数であった。ダイビング客といえば，米軍人や石原慎太郎・裕次郎兄弟，加山雄三といった芸能人といった特殊な客層に限られており，ダイビングのガイド業を専業で営めるほどの客が座間味を訪れている訳ではなかった。そのため，座間味にUターンした現在のダイビング事業者達は当初，鰹産業に従事していた古老に漁業を学びつつ，農業や民宿，食堂の経営を営む兼業漁業者として生活を営んでいた。

このような状況が劇的に変化したのは，1985年頃から始まったバブル景気の最中，スキー，サーフィンに並びダイビングがレジャースポーツとして流行したことであった。とりわけ，1989年に公開された映画『彼女が水着に着替えたら[10]』がヒットしたことが，スキューバダイビングの流行とダイビング客増加の決定打となった。本土で急激に増えたダイビング事業者とダイバー達は，手軽にアクセスできる国内のダイビングスポットの開拓を行っていた。実際，慶良間海域のサンゴ礁に観光資源的な価値を最初に見出したのは，大学のダイビング同好会といった本土のダイバー達であった。彼らが開拓していったダイビングスポットはダイビング専門誌にも紹介されるようになり，程なく座間味村には多くのダイバーが訪れるようになった[11]。更に，この時期にダイビングに訪れていたダイバーの中には，沖縄や座間味村に移住しダイビング事業を営む者も現れるようになった[12]。

漁業と農業，民宿，釣り船などで細々と生活してきたUターン組の子息達は，このダイビング業のうま味にすぐに気づいた。戦後の座間味村における漁業は，早朝に船を出し，たとえ魚が捕れたとしても燃料代程度の値段にしかならない場合が多かった。魚は相場商品であり，市場のニーズと漁獲高によってキロ当たりの単価が大きく変動する上，沖縄県内の市場はそれほど大きくない[13]。実際，筆者が初めて座間味村を訪れた2003年時点で，座間味村におい

て漁業で定期的な収入を得ているのは2名しかおらず，その2名も民宿・居酒屋との兼業である。また座間味村の場合，戦前に蓄積してきた鰹産業に関するインフラが散逸しているため，それらの魚介類を集団的に採取・養殖する方法や流通経路を持ち得ていなかった。座間味村では目の前に豊富な漁業資源があるにもかかわらず，漁業が事業として成立し難い状態にあったのである。

　他方でダイビング業の場合，1日で客1人につき1〜3万円の収入が見込める。更に，ダイビングショップが旅館を併設している場合は，宿泊料も収入として期待できる。天候や海の状況にも左右されるが，自前の船を持つダイビングショップの場合，ゴールデンウィーク頃から8月一杯までの約4ヶ月間で，1,000万円以上の売り上げを得ることが可能である。個人事業主が漁業のみでこれだけの利益を得ることは，沖縄県下では簡単ではない。自前の船を持ち，ダイビングスポット＝魚が良く付くサンゴ礁の位置と，慶良間諸島近海の複雑な潮の流れを熟知する座間味の漁業者[14]にとって，ダイビング業は非常に収入の多い儲かる事業に見えたのである。

　更に幸運なことに，座間味村は，ダイビング産業を営むための地理的条件が非常に恵まれていた。座間味村を取り巻く慶良間海域の生物多様性は世界有数のものであり，グレートバリアリーフに匹敵するダイビングスポットになる可能性を秘めていた。しかも，それほどの自然環境に恵まれているにもかかわらず，座間味村は那覇から高速船で50分足らずの海域に位置するという好立地にある。また座間味村を構成する座間味島・阿嘉島・慶留間島に囲まれた内海は，多少の風雨でも波が穏やかであるため，悪天候でもダイビングが可能である。台風の多い夏場の旅行者や旅行業者にとって，天候に左右されない座間味村でのダイビングはツアーに組み込み易かった。このように，世界有数のサンゴ礁の存在，漁業を通じて蓄積してきた潜水とサンゴ礁の位置に関する知識，恵まれた地理的条件が幸運にも重複していく中で，座間味村におけるダイビング業は基幹産業へと急激な成長を遂げていくことになった。

　座間味村には現在，合計で40のダイビングショップが存在し，年間10万人前後の観光客が豊かなサンゴ礁を目当てに来訪している。バブル景気の崩壊以降，レジャースポーツを取り巻く状況は良いとは言えないが，ダイビングは比較的収入に恵まれた人々の趣味性の高いスポーツであるため，経済の好不況に

大きな影響を受けることが少ないようである。また，地元ダイビング事業者によってダイビングスポットが開拓され，渡航手段も村営のフェリー・高速船であり，宿泊場所も村民が経営する民宿が中心であるため，地元経済に与える経済効果は大きい。

　ここで，座間味村のダイビング事業者にとって新たな問題として浮上したのが，サンゴ礁の白化現象とオニヒトデの大量発生という問題であった。沖縄では1980年代中頃にオニヒトデの大量発生が生じ，沖縄本島近海のサンゴ礁が壊滅的打撃を受けた。これは奇しくも，沖縄でダビング事業が成立し，サンゴ礁が観光資源として成立しつつある最中での出来事であった。更に1989年と2002年には，オニヒトデの食害を免れ再生しつつあったサンゴ礁に高水温によるサンゴ礁の白化現象が生じ壊滅的な打撃を受けた。座間味村のダイビング事業者達は，オニヒトデの食害と相次ぐサンゴ礁の白化現象に直面することで，ダイビング産業の存続のためにサンゴ礁を保全する必要性に迫られた。

　この座間味村民がサンゴ礁の管理を実現して行くに当たって見逃せないのが，サンゴ礁の資源化と共に，害獣としてオニヒトデが発見されていったことである。まず，座間味村の主要産業がダイビングへと転換していく中で，サンゴ礁は直接の換金対象へと変わった。その結果，鰹産業時代には漁場となる岩礁帯の一種として扱われていたサンゴ礁が，再生可能な生物として認知されるようになった。例えば高水温や水質悪化によって生じる白化現象も，サンゴ礁に産卵可能な個体が生き残っていれば，孵化したサンゴ虫が白化したサンゴ礁の残骸に根付き，数年間で再生する。また，オニヒトデはサンゴの天敵であるが，幼生段階のオニヒトデの最大の天敵はサンゴでもある。つまり，サンゴ礁が健康で産卵可能な状態であれば，白化現象やオニヒトデの食害による被害を最小限に押さえ，持続的に利用することが可能なのである。このように，ダイビング産業の成立に伴い，座間味のダイビング事業者達は，生物としてのサンゴ礁に理解を深めていく中で，サンゴ礁を守るべき資源として見出し，管理の対象へと変えていった。

　サンゴ礁が資源と化していく中で，オニヒトデも害獣としての位置を獲得していく。既に指摘しているように，そもそもオニヒトデは，サンゴ礁に生息する生物の一つでしかなかった。1985年以降から急に，オニヒトデが外部から

流入したわけでも，オニヒトデの食性が変わりサンゴの天敵となったわけでもない。座間味村でダイビング産業が成立するに従い，ダイビング事業者がサンゴ礁を資源と見なしたことで，オニヒトデが駆除すべき害獣として以前とは全く異なる存在として迫ってきたのである。

　害獣と化したオニヒトデの駆除は，一筋縄ではいかないものであった。まず，農業における害虫の駆除のように，オニヒトデを薬物で駆除することは難しい。海外ではホルマリンを用いたオニヒトデ駆除事例が存在するが，そのような薬物の使用は，同時にサンゴ礁そのものを痛める危険性があり，サンゴ礁の保全には繋がらない。他方でオニヒトデ幼生の天敵はサンゴ虫であるため，健康なサンゴが群生するサンゴ礁では，オニヒトデの大量発生は生じにくい。逆に，「弱ったサンゴにオニヒトデが襲いかかる」と座間味村のダイビング事業者が経験的に語るように，オニヒトデは生活しやすい環境を求めて神出鬼没に移動する。だとすれば健康なサンゴ礁を優先的に保護していくことが，資源管理の観点から最重要課題となる。

　オニヒトデの食害からサンゴ礁を守るためには，単に大量発生したポイントで集中的にオニヒトデを駆除するのではなく，サンゴ礁のある海域を定期的に巡回し，サンゴの状態とオニヒトデの発生をモニタリングしなければならない。オニヒトデの大量発生に対して取り得る対応策は，大量の人員を動員して一つ一つオニヒトデを駆除していく以外にないのである。しかし，予算の有無で活動が制限される，漁協を中心としたオニヒトデ駆除事業では，ダイビング産業の継続に耐えうるサンゴ礁の保全は難しい[15]。実際，1980年代の沖縄県におけるオニヒトデの大量発生に対し，環境庁，沖縄県行政などが，オニヒトデ駆除の予算を計上し，沖縄県内の各漁協にオニヒトデ駆除事業を委託していた。その結果，予算が付く間しかオニヒトデの駆除をしないだけでなく，オニヒトデそのものが換金対象となったため，大量発生したポイントだけでオニヒトデを（効率的に）駆除するという事態を招いた。つまり，オニヒトデ駆除が国／県の補助金の対象となる事業として展開された結果，漁業を生業とする漁業者にとって，オニヒトデが日銭を稼ぐ対象（すなわち資源）として認識されてしまう。それでは，サンゴ礁の管理はままならないのである。

　オニヒトデの食害からサンゴ礁を守るためには，予算の有無に関係なく，一

年を通して継続的に人員を動員し,サンゴ礁のモニタリングとオニヒトデの駆除を実現する組織を構築せねばならない。大量の人員を継続的に動員せねば駆除を実現し得ない害獣オニヒトデの出現が,座間味村の人々に資源(サンゴ礁)を守るための組織を構築する動機と機会を与えたと考えられる。

3 オニヒトデの駆除とサンゴ礁の保全を目指した組織の形成

本章ではここまで,座間味村の産業史を紐解きながら,鰹産業からダイビング産業へと座間味村の基幹産業が変化していくに伴い,座間味のダイビング事業者達が,サンゴ礁が換金対象になりうる資源と見なし,その資源=サンゴ礁を脅かす存在としてオニヒトデが害獣として発見されたことを指摘した。オニヒトデの駆除によって,健康で産卵可能なサンゴ礁を保全すれば,例え白化してもサンゴ礁は再生する。しかし,オニヒトデはサンゴ礁を神出鬼没に移動するため,座間味のダイビング事業者達は継続的かつ大量の人員を動員し,1匹ずつ駆除していく必要性に迫られることになった。この,ダイビング産業の成立に伴って立ち現れた,資源=サンゴ礁と害獣=オニヒトデの性質が,座間味のダイビング事業者にサンゴ礁保全を実現する組織の形成を促すことになる。その際,座間味村のダイビング事業者達は,コモンズ=みんなの海である慶良間海域において,それぞれの思惑を持って慶良間海域にアクセスする様々な事業者を管理可能な組織を作り上げるという難問に直面する。この困難を乗り越える過程で,座間味村のダイビングビジネスは観光業からエコツーリズムへと脱皮していくのである。本節ではこの過程を,海洋保護区域の設置 (3.1),慶良間海域保全会議の設立 (3.2),エコツーリズム推進法の制定 (3.3) を通じて,座間味のダイビング事業者による資源管理組織構築を通じた正統性の獲得という視座からを捉えていきたい。

3.1 海洋保護区域の設置

座間味村のダイビング事業者がサンゴ礁の保全に向けて最初にとった組織的対応は,1998年に実施した海洋保護区域(以下,MPA:Marine Protected Area)の設置と漁協の活用であった。サンゴは生物であり,強く健康な個体

が生き残り水質や水温などの条件さえそろえば再生可能な観光資源である。神出鬼没に移動するオニヒトデに対して，慶良間海域に点在する全てのサンゴ礁を守るのは不可能であるが，産卵可能状態にあるサンゴが残っていれば，サンゴ礁が復活する可能性は残る。また，オニヒトデの幼生の最大の天敵はサンゴであるため，健康なサンゴが残ることは，二重の意味でサンゴ礁保全に繋がる。そこで座間味村の人々は，状態の良い健康なサンゴ（もちろん，重要なダイビングスポットでもある）を重点的にオニヒトデから守ることを選択した。

このMPAの設置を進める際に問題となったのが，ダイビング事業者を統轄する組織が存在しない上，特定の海域への進入を拒む法的根拠が無いことであった。漁業権を除き，特定の海域を特定の事業者が独占的に利用する法的根拠は存在しない。しかし，漁業権は漁協に対して特定魚種の捕獲を権利として認められるのと同時に，その漁業資源の増殖義務を負っている。例えば我が国の内水面漁協は，鮭・マス類や鮎の漁獲が認められているのと同時に，資源の再生産のため稚魚の養殖・放流を実施している。それに対して，サンゴ礁の鑑賞をサポートすることで利益を得るダイビングビジネスの場合，漁協であってもサンゴ礁に漁業権は発生しない。それゆえ，サンゴ礁の利用と保全を裏付ける，明確な法的根拠が無く，ダイビング事業者の利用を簡単には制限し得ないことが，MPAの設置と運営に際して問題となった。

しかし，あえて座間味のダイビング事業者達は，鰹漁業の衰退以来，存在意義が消えかかっていた座間味村漁協に着目した。前節で指摘しているように，座間味のダイビング事業者には元漁業者が多数おり，座間味村漁協の組合員である。更に，村民の多くは，漁協の前身である漁業組合がかつては座間味村の中心的組織であったという記憶を有している。座間味村において漁業のみで生計を立てている人は殆ど存在しなかったが，座間味村漁協だけが海の利用について管理しうる出来る存在であることを，座間味村のダイビング事業者は発見したのである。そこで，ダイビング事業を営む漁協組合員が主導し，座間味村漁協名義で，ニシハマ，安慶名西端，安室島東端にMPAを設置し，3年間を目処に漁業・ダイビング業での利用を全面禁止した[16]。

もちろん座間味のダイビング事業者の中には，（例えば本土からの移住者のように）座間味村漁協に加盟していないダイビング事業者も存在する。この座

間味村漁協未加盟のダイビング事業者に対しては，ダイビング業以外の収入源を確保する必要性を示し座間味村漁協への加盟を促しつつ，古老の漁業者であっても，漁協の取り決めに従いMPA内では操業しないという論理の下で村内の同調圧力を高めることで，MPAへの協力を求めた。つまり，漁業権という法的根拠を持つ座間味村漁協を間接的に利用することで座間味村漁協に加盟しているダイビング事業者を統制しつつ，座間味村漁協に未加盟のダイビング事業者に対しては，漁協を媒介として同じ村落社会で生活する生活者の立場から牽制して，MPAを機能させたのである。

もちろん，座間味村漁協はMPAを運営する際の法的根拠としては，無理がある。座間味村漁協に加盟していないダイビング事業者に拘束力が発生しづらいだけではなく，サンゴ礁の観賞では漁業権が発生しないため，組合員にとっても無理のある取り決めであったからだ[17]。そこで座間味のダイビング事業者達は，2001年11月に阿嘉島，慶留間島を中心にあか・げるまダイビング協会を，座間味島を中心に2002年3月に座間味ダイビング協会（以下，ダイビング協会）を設立し，座間味村でダイビング業を営む者にダイビング協会への加盟を求め，新たに座間味村でダイビングショップの開業するに際しては，協会による承認を必要とする体制を敷いた。このダイビング協会の設置によって直接的にダイビング事業者を管理することが可能になり，MPAの運営のみならず座間味村の各ダイビング事業者に，オニヒトデの駆除に継続的に参加を求められる体制が実現することになる。

ところが，慶良間海域を利用する事業者は，ダイビング事業者と漁業者だけではない。座間味村には，シーカヤックやシュノーケリング，ホエールウォッチングなどのアウトドアスポーツ事業者や，観光客に宿泊場所を提供する旅館業者が多数存在する。サンゴ礁は単に鑑賞するだけでも，客の増加によってストレスを受ける。更に，座間味村の観光客が増え生活排水が増加した場合，周辺海域の水質悪化のためサンゴ礁の白化現象が生じるリスクが増大する。座間味村のダイビング事業が成功し，観光客が増加していくに従って，座間味のダイビング事業者達は慶良間海域を利用して収益を上げる全ての事業者を統括しうる組織を構築する必要性が生じた。そこで，2002年5月にダイビング事業者発案の下で座間味商工会が設立され，村内の事業者が加盟していくことに

なった。この座間味商工会の初代理事長は，座間味村ダイビング協会の理事長が就任することになった。これは，村内の基幹産業がダイビング産業であることが公的組織として認められたたことを意味する。つまり，この座間味商工会の設立を通じてダイビング事業者達は，座間味村のサンゴ礁の保全と産業振興に向けて村内事業者を統括する公的な立場を得たのである。

　このMPAの設置によって新たな利用可能性が生じたのは，座間味村漁協だけではなかった。MPAを設置・運営し，その効果を測定するに当たって，サンゴ礁とオニヒトデに関する科学的知識の蓄積が必要となる。座間味のダイビング事業者達は，豊富なダイビング経験に根ざした経験的知識には優れているものの，科学的知識に裏打ちされたデータを蓄積し，発信する能力は有していない。MPAという，当時としては先進的なサンゴ礁保全策を実施するに当たって，科学的知識を有した協力者の確保は不可欠であった。ここで座間味村の人々が注目したのが，1988年に設立された阿嘉臨海研究所（以下，AMSL）である[18]。

　この研究施設は，設立当初，座間味のダイビング事業者にとってほとんど無関係な存在であった。しかし，オニヒトデの発生やサンゴの白化現象を経て座間味村のダイビング事業者がサンゴの保全の必要性に迫られる中で，彼らが有する学術的知識と研究成果は重要な存在へと代わっていった。同様に人員や予算の制限から，継続的にサンゴ礁のモニタリングが不可能なAMSLにとっても，日々海に潜りオニヒトデの駆除に携わっているダイビング事業者との連携によって，慶良間海域のサンゴ礁・オニヒトデに関する広範なデータを獲得できることは魅力的であった。

　実際，座間味のダイビング事業者とAMSLの間で形成された提携関係は，MPAを初めとした座間味村のサンゴ礁保全活動の正しさを裏付ける研究成果を産みだし，サンゴ礁利用の新たな方向性を導くことになる。例えばAMSLの研究員でもある谷口（2003）は，MPAの設置によって壊滅状態であったサンゴ礁に，30～50％の回復が見られたことを指摘する。他方で，安室島東端のMPAはダイバーや漁業者の進入を一切禁止している間に，オニヒトデが大量発生したことに誰も気づかず，逆に壊滅的打撃を受けるという結果となった。この調査結果に基づき，MPAの効果を認めつつも，慎重なダイビングを前提

とした定期的なモニタリングの重要性を研究者と座間味のダイビング事業者双方が認めるようになった。この研究成果が発表されて以後，日常的に海に潜りサンゴに接するダイビング業者と，AMSLとの間でより密接な連携が図られるようになった。この連携は，谷口（2003, 2004）によって，慶良間海域のサンゴ礁で産卵される卵が沖縄本島沿岸に漂着し，定着しているという研究成果に結実していく。この研究成果から，座間味村の人々がMPAを設置し，産卵可能な状態にある健康なサンゴを選び，重点的にオニヒトデを駆除し食害から守り通したことの正しさが，科学的に立証されることになった。このようなAMSLとの連携を通じて生み出された科学的知識は，後に座間味村の人々が作る慶良間海域でのダイビングルールを那覇の事業者に遵守させる際に，根拠として利用されていくことになる。

3.2 慶良間海域保全会議の結成

　MPAを設置・運営していくなかで，座間味村民をオニヒトデ駆除とサンゴ礁保全に動員する組織（座間味ダイビング協会・座間味商工会）を作り上げ，AMSLとの提携関係を構築していった結果，座間味のダイビング業者は沖縄県下で数少ない，サンゴ礁保全に関する科学的データと，それに基づく保護実績を有する集団となった。しかし，一度オニヒトデの被害からサンゴ礁を守り抜いたからといって，全ての問題が解決したわけではなかった。むしろ，2002年の大規模な白化現象によって，沖縄本島のサンゴ礁が壊滅状態に至った結果，那覇市で事業を営むダイビング事業者が，サンゴ礁が豊富に残る慶良間海域で操業することが目立つようになった。

　那覇のダイビング事業者は，数十人単位のダイバーを大型クルーザーでダイビングスポットに運ぶ。その結果，好ポイントでは，一日数百人のダイバーがサンゴ礁を見るために海中に潜ることになる。問題となるのは，ポイントに潜るダイバーの数だけではない。座間味のダイビング事業者を利用する顧客は常連客やベテランダイバーが多く，ダイビングに際してもサンゴに触らない，近づきすぎてフィンでサンゴを壊さない，フィンで砂を巻き上げないといった，サンゴ保全に向けた座間味業者の方針を理解し，注意を払った上でダイビングを楽しむ比較的質の高い客である場合が多い。他方で那覇のダイビング事業者

の客は概して初心者が多く，技術的な問題や無知のためにサンゴを傷つけるダイビングをしてしまう。那覇の事業者は，一度に多くの（初心者の多い）客をダイビングスポットに連れて行くため，インストラクターがサンゴ保全について十分な注意を払うことが難しい。結果，オニヒトデ禍を乗り越え守り抜いたサンゴ礁が，ダイビングの過剰利用によって弱りオニヒトデの被害を受けたり，白化し易くなるという新たな問題が生じたのである。つまり，座間味のダイビング事業者がオニヒトデ被害を切り抜けた後に待っていたのは，サンゴ礁の過剰利用をいかに防ぐのかという問題であった。それは座間味のダイビング事業者による過剰利用を防止するだけでなく，次々と進入してくる那覇のダイビング事業者をいかに統制していくのかという問題である。

　1998年のMPAの設置以後の4年ほどの間に，ダイビング協会・商工会が設置され，AMSLとの連携を経た科学的・統計的データや保全実績が蓄積され，座間味島内のサンゴ礁に係わる（ダイビング事業者を含む全ての）事業者を統制しながら，サンゴ礁の持続的利用に向けた行動を取ることができるようになった。しかしながら，那覇のダイビング事業者による慶良間海域での操業については，漁協，座間味ダイビング協会や座間味商工会といった村内組織で対応できる問題ではなかった。実際，座間味村のダイビング事業者は，那覇のダイビング事業者の慶良間海域での操業に対して，当初は座間味漁協，後にダイビング協会名義でMPAへの協力と慶良間海域の利用自粛を求めたが，目立った成果をあげることはできなかった。これは，サンゴ礁を排他的に利用できる法律が無いことに加え，那覇にダイビング協会が組織されておらず，無数に存在する那覇のダイビング事業者がそれぞれの思惑に従って個別に行動していたからである。このため，座間味村のサンゴ礁を守りダイビング産業を持続していくために，座間味村のダイビング事業者は那覇のダビング事業者を統制可能な状態に置くという問題を解決せねばならなくなった。

　既存の法体系の下ではサンゴ礁の排他的利用を実現することは難しい。前段で指摘したように，MPAを設置するに当たって，座間味村漁協と村落社会の持つ力を間接的に利用したことからも解るように，公海でのダイビングを直接的に規制することは非常に難しいのである。そこで座間味のダイビング事業者は，以前のように那覇の事業者を慶良間海域から閉め出そうとするのではな

く，自らエコツーリズムを掲げ実践していくなかで，那覇のダイビング事業者が慶良間海域を利用する際には，自発的に座間味ダイビング協会が設定するダイビングルールを遵守する仕組みを構築する方法を模索するようになった。

この一つの試みとして2005年頃から，座間味村では全島で国際的な環境マネジメントシステムISO14001の取得を目指そうという動きが，商工会やダイビング協会を中心に現れるようになった。これまで座間味のダイビング事業者は，①ダイビングポイント付近の砂地海底にコンクリートブロックと繋留用ブイを2基設置し，一度にアクセスできる船の数を制限する，②複数有るダイビングスポットをローテーションで閉鎖し，サンゴ礁の回復を図るといった自主ルールを設定するだけでなく，ガイド全員に潜水士の資格の取得を求めるなど，サンゴ礁に可能な限り負荷を与えず，安全にダイビング業を営むための努力を重ねてきた。また，AMSLとの連携などを通じて，陸地から流れ出る排水がサンゴ礁に影響することを学び，旅館でウェットスーツを洗う回数を制限したり，水の使用状況に関する継続的なデータを蓄積するなど各事業者の個人レベルでの工夫も行われてきた。ISOの取得は，これまで個別に実践してきた努力を一歩進めて村全体に拡大しようとするものである。これは全島民がISOに係わることで，環境に負荷を与えない村を実現し座間味村の観光業にエコツーリズム的な付加価値を上昇させつつ，ISO取得を楯に観光客や那覇の事業者の行動を制限しようという二重の狙いに基づいた試みでもあった。時折しも，慶良間海域のラムサール条約への登録が決定し，慶良間海域の環境面での重要性が国際的にも認められたタイミングであった。

他方で，ISOの取得には時間とコストの双方がかかる上，今，目前に進入してくる那覇のダイビング業者の行動を統制することは出来ない。そこで座間味のダイビング事業者は，2005年末頃より慶良間海域保全会議の設置を目指した。これは，同じ慶良間海域に位置する座間味村と渡嘉敷村にある三つのダイビング協会と行政が，自主的ルール（表11-1）の下で慶良間海域の保全を行うという試みであった。

ここで設定されているルールは，座間味のダイビング事業者が長年の実践に基づいて練り上げてきたルールがベースとなっている。もちろんここで設定されるルールが，対外的に強制力のある法的根拠にはなり得ない。しかし，慶良

表11-1 慶良間海域におけるダイビングの自主ルール

慶良間海域保全会議　自主ルール

　平成17年11月8日に，慶良間海域はラムサール条約に登録されました。同条約の趣旨に則り，慶良間の海の現状を護りながら活用することを宣言します。その為に，以下の自主ルールに則って活動することとします。

1．自主ルールの対象となる活動
　○ダイビング，シュノーケリング
　○無道力船（シーカヤック，サバニ，ヨット）
　○ホエールウォッチング
　○グラスボート

2．配慮すべき事項
●ダイビング，シュノーケリング
① 　ボートの係留は原則ブイを取る。但し，アンカー打ちをする場合には，水中環境に配慮した方法でサンゴにダメージを与えないようにする。サンゴを獲るポイント（ラムサール条約登録海域など）は，休憩は禁止とする。尚，ポイント毎の細かい利用方法については，保全会議理事会で定める。
② 　無断でブイの設置をすることは禁止する。
③ 　フィンによる砂の巻上げやサンゴの上に立ったり踏まないなど，注意を払うよう，参加者へ呼びかける。特に初心者やカメラ派ダイバーに対してはこの点に留意する。
④ 　ポイントでのトイレは極力避け，トイレットペーパーは海に流さず，所定の場所に入れるよう，参加者に注意を促す。
⑤ 　水中写真の際は，動植物にダメージを与えないよう参加者に呼びかける。

出所：座間味ダイビング協会の資料を基に筆者作成。

間海域保全会議（2006年に設立され，翌2007年に慶良間自然環境保全会議へ改組）の顧問に座間味・渡嘉敷両村長，事務局もまた行政の課長を置き，座間味村・渡嘉敷村という二つの行政を保全会議の重要な役職に付けることで（図11-1），具体的な法的根拠こそ無いものの，単なる事業者間の自主的な取り決めでしかなかった従来のダイビング協会レベルでのルール以上の強制力を，那覇のダイビング事業者に与えることを目指した。また，このルールそのものの妥当性についても，座間味・渡嘉敷両村に在住するダイビング事業者は，長年自主的にオニヒトデの駆除に取り組んできた上[19]，AMSLとの連携の元でMPAを設置しサンゴの保全に関する科学的・統計的データを蓄積してきたという十分な裏付けがある。座間味のダイビング事業者たちは，これまでに獲得してきた実績を巧みに利用し，複数の行政を慶良間海域保全会議に巻き込むことで，座間味村のみならず慶良間海域全体を対象とした保全組織の構築を目指

図11-1 慶良間海域保全会議の組織図

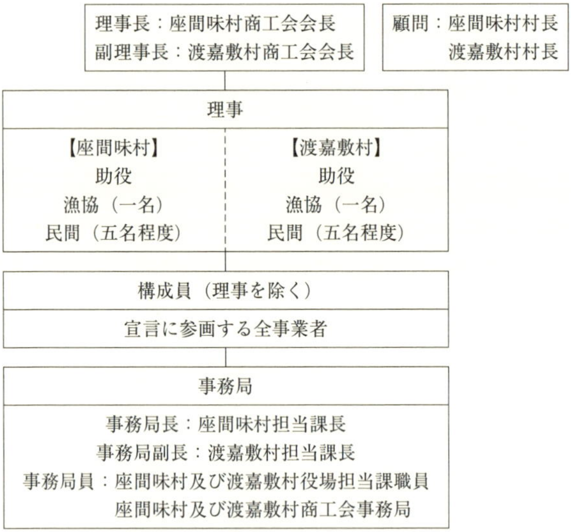

```
┌─────────────────────────────────┐  ┌─────────────────┐
│ 理事長：座間味村商工会会長      │  │ 顧問：座間味村村長│
│ 副理事長：渡嘉敷村商工会会長    │  │     渡嘉敷村村長  │
└─────────────────────────────────┘  └─────────────────┘
┌─────────────────────────────────┐
│                理事             │
│  ┌──────────────┬──────────────┐│
│  │【座間味村】  │【渡嘉敷村】  ││
│  │   助役       │   助役       ││
│  │ 漁協（一名） │ 漁協（一名） ││
│  │ 民間（五名程度）│民間（五名程度）││
│  └──────────────┴──────────────┘│
└─────────────────────────────────┘
┌─────────────────────────────────┐
│     構成員（理事を除く）        │
│     宣言に参画する全事業者      │
└─────────────────────────────────┘
┌─────────────────────────────────┐
│              事務局             │
│   事務局長：座間味村担当課長    │
│   事務局副長：渡嘉敷村担当課長  │
│   事務局員：座間味村及び渡嘉敷村役場担当課職員│
│         座間味村及び渡嘉敷村商工会事務局│
└─────────────────────────────────┘
```

出所：慶良間海域保全会議資料を基に筆者作成。

した。

　ここで注目すべきは，この慶良間海域保全会議が，自主ルールの遵守の下で那覇のダイビング事業者の慶良間海域の利用を認めているだけではなく，組織的にも那覇のダイビング事業者に対してダイビング協会の設立を前提に，理事として参加する余地を残したことである。これは，これまで個別に動かれていたため対処しようが無かった那覇のダイビング事業者に対して，ダイビング協会の設置と事業者の統括を誘導する道筋を，座間味・渡嘉敷側が意図的に準備したものである。もちろん，座間味・渡嘉敷側としては那覇の事業者を排除する事を求める人々も存在する。特に，慶良間海域と那覇の中間に位置するナガンヌ島のサンゴ礁が，那覇のダイビング事業者の過剰利用によって潰れてしまったことに対する不信感も根強かった[20]。しかし座間味村の人々は，このような不信感に駆られて単純に那覇事業者の排除を試みるのではなく，那覇事業者が自発的に座間味側のルールに基づいて行動しうる仕組みを作り上げていることで，大量の人員が必要なオニヒトデの駆除事業の参加者を増やし，サンゴ

礁の保全を推進していくこと目指したのである。

3.3 エコツーリズム推進法の制定

ここまで述べてきたように，座間味村のダイビング事業者は，島内の人々をオニヒトデ駆除に動員しつつ，MPA やダイビングルールなど，サンゴ礁の過剰利用を防ぐ試みを実現するために，座間味漁協，座間味ダイビング協会，座間味村商工会といった組織の形成が必要となった。それらの組織を運営しサンゴ礁を守り通したことで，更に行政を巻き込み慶良間海域保全会議を形成することで，慶良間海域のサンゴ礁を利用せんと新たに現れた那覇のダイビング事業者に対してダイビング協会の設立を求め，サンゴ礁保全とオニヒトデ駆除のために，関与する事業者を動員していく仕組みを作り上げることを目指した（図 11-2）。

座間味村のダイビング事業者が，複数の組織を形成し，組み合わせる必要性が生じたのは，漁業と漁協の関係と異なり，ダイビング事業者に対してサンゴ

図 11-2　座間味村のダイビング事業者によるサンゴ礁の保全組織概念図

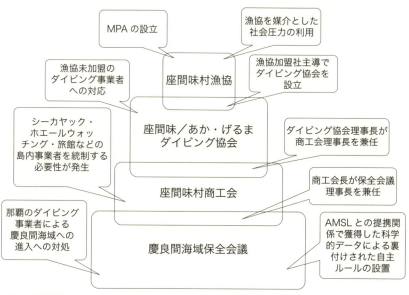

出所：筆者作成。

礁の独占的利用と保全義務を裏付ける法令が存在しなかったからである。それ故，慶良間海域保全会議の設置は，座間味村の人々が意図したように，すんなりと那覇のダイビング事業者をサンゴ礁保全とオニヒトデ駆除に導けたわけではなかった。確かに，この組織が形成されたことによって，ダイビングルールを必ずしも遵守せず，日常的にオニヒトデ駆除に参加していない那覇のダイビング事業者達は，慶良間海域で操業し難い状況になった。他方で，本土資本の新興ダイビング事業者の多い那覇では，ダイビングショップ間の連携が難しく，座間味村のようにサンゴ礁保全を前提としたダイビング協会の設立が難しい状態にあったのである。

　ここで転機となったのが，2000 年頃から新たな観光業のありかたとして注目されはじめ，座間味村のダイビング事業者達も掲げはじめていたエコツーリズムであった。当事者による資源管理を前提に，観光業で得られた収益を自然環境保護の原資として環流させることで，村落の経済的発展をも図る新たな試みであるエコツーリズムは，村おこしの新たな方法論として日本各地の行政関係者の注目を集めていた。

　実際，沖縄県は 2003 年にエコツーリズムに関する報告書（『平成十五年度エコツーリズム推進事業における保全利用協定認定などに関わる調査報告』）を作成し，座間味村のダイビング産業を成功事例の一つとして紹介しているだけでなく，座間味村にエコツーリズム推進事業として認定することを打診している。しかし，この沖縄県によるエコツーリズム推進事業の認定は，那覇のダイビング事業者が慶良間海域で操業することについて協定を結ぶことが前提となっているだけでなく，協定ルール破りに対して罰則規定が無いものであった。それゆえ，座間味村の人々は，那覇のダイビング事業者とサンゴ礁保全に関する意識が共有できないという考えの下で，県からのエコツーリズム推進事業への認定を断っている。ここで重要なことは，座間味村のダイビング事業者が，那覇の事業者が継続的なオニヒトデ駆除やダイビングルールの徹底といった，サンゴ礁保全に必要な諸活動を実施していないことを問題視したことである。オニヒトデの駆除のためには，継続的に人員を動員していく必要がある。座間味村近海のみならず，慶良間海域全域のサンゴ礁保全を目指すのであれば，オニヒトデ駆除のために那覇のダイビング事業者を動員できる方が望まし

い。しかし，座間味村のダイビング事業者にとって，那覇のダイビング事業者がオニヒトデ駆除に向けた組織な動きを見せていない状況において，沖縄県からのエコツーリズム推進事業認定は受け入れがたい事案であったのである。

しかし，2006年の参議院本会議においてエコツーリズム推進法が成立し，施行された2007年に環境省から座間味村に認定事業の候補として上げられたことで，風向きが変わった。この法案は，「当該市町村の区域の内，エコツーリズムを推進しようとする地域ごとに（中略），当該事業者，地域住民，特定非営利活動法人等，自然観光資源または観光に関し専門的知識を有する者，土地の所有者等その他エコツーリズムに関連する活動に参加する者並びに関係行政機関及び関係地方公共団体からなるエコツーリズム推進協議会を組織する（第五条）」ことによって，エコツーリズム推進協議会が「特定自然観光資源を指定（第八条）」し，「特定の自然観光資源の所在する区域への立ち入りにつき予め当該市長村長の承認を受けるべき旨の制限をすることができる（第十条）」ものである。この法案では，特定自然観光資源の利用について，県に許認可の権限が委託され，県からの認可を受けてエコツーリズムを実施するためには，年40日程度の資源（サンゴ礁）の管理義務（すなわちオニヒトデの駆除）と報告実績が求められるだけでなく，認可を受けていない事業者が特定観光資源を利用した場合の，罰則規定（30万円）まで存在する。環境省としても，1998年のMPA設置依頼，豊富なサンゴ礁保護実績を有するだけでなく，慶良間海域保全連合会という地域住民と行政を巻き込んだ組織を有している座間味村は，この法案の理念を実現するモデルケースとして最適の対象であった。

座間味村の人々は，この環境省からの申し出を受け，2008年に慶良間海域保全会議を慶良間自然環境保全会議に名称変更し，エコツーリズム推進協議会の準備組織として受け入れ体制を整えた。慶良間自然環境保全会議がエコツーリズム推進協議会として認可されることにより，慶良間海域でエコツーリズムの操業が許されるのは資源の管理義務と報告実績を有する特定事業者のみとなった。当然，慶良間海域保全会議に参加していた座間味村と慶良間村のエコツーリズム関連事業者の多くは，特定事業者として認められる実績を有している。他方で，那覇のダイビング事業者達は，特定事業者として認められるだけの実績を有していなかった。エコツーリズム推進法では，特定観光資源の不正

利用に対して罰則規定が定められているため,那覇のダイビング事業者も座間味村と同じく,オニヒトデ駆除に人員を動員しうる組織を形成していく必要性が生じていったのである。

4 おわりに

本章では,座間味村におけるエコツーリズムの成立について,前史となる鰹産業時代から紐解きつつ,分析的記述を行ってきた。座間味村のダイビング事業者は,鰹産業時代に構築された村内組織を利用してサンゴ礁保全とオニヒトデ駆除のための資源管理組織を形成した。しかし,座間味村近海のサンゴ礁を守り通したことで,那覇のダイビング事業者が慶良間海域で操業し,サンゴ礁が疲弊するという危機を招く。そこで彼らは,サンゴ礁保全活動から獲得した実績をエコツーリズムと結びつけ,座間味村・慶良間村の両行政とダイビング協会を巻き込む形で慶良間自然環境保全会議を設置し,慶良間海域全域をカヴァーする資源管理組織を構築することで那覇の事業者がこの海域を利用し難い状況を作り出した。この一連の試みは最終的に,環境省によるエコツーリズム推進法の制定により,法的な拘束力を獲得していったのである。

この座間味村のダイビング事業者にとって,サンゴ礁の私的利用とエコツーリズムの道を分ける臨界点となったのは,2000年代の那覇のダイビング事業者の慶良間海域への流入である。座間味村漁協,ダイビング協会,座間味村商工会の形成を通じた資源管理組織の構築は,ダイビング事業者を中心に薦められたものであり,彼らの意向で海域の利用を規制する試みではあった。しかし,ダイビング業が座間味村の基幹産業となり,他の事業者(民宿やマリンスポーツ事業者)にとってもサンゴ礁が資源と化したため,害獣であるオニヒトデを駆除しサンゴ礁を守ったダイビング事業者の意向が尊重されることになった。

しかし,公海である慶良間海域で,那覇のダイビング事業者の操業を規制する法的根拠が無い。そして座間味漁協やダイビング協会,座間味商工会には,那覇のダイビング事業者によるサンゴ礁の過剰利用を規制する強制力は無い。この状況下で座間味村のダイビング事業者が,たとえオニヒトデの駆除による

サンゴ礁の保護実績を有するとは言え,慶良間海域から那覇のダイビング事業者を排除することを目指せば,公海の私的独占として非難の対象となる危険性を有していた。

　それ故に,座間味村のダイビング事業者はエコツーリズムを掲げた。自然環境の保全と観光業の両立,当事者による持続可能な資源管理というエコツーリズムの理念を梃子に座間味村,慶良間村,那覇市を巻き込み,慶良間海域保全会議(後の慶良間自然環境保全会議)を設置した。これは,サンゴ礁利用に関する法的根拠が無い中で,座間味村漁協を間接的に利用して村内の事業者の統制を図ったのと同様に,那覇のダイビング事業者をサンゴ礁保全に向けて組織化する道筋を立てるという試みであった。この慶良間海域保全会議の結成を境に,座間味のダイビング事業者達は,那覇のダイビング事業者を海域から排除するのでは無く,環境保全の仲間として参加を求めていくことになる。慶良間海域で操業する限り,那覇のダイビング事業者であってもエコツーリズムの当事者であることには違いない。だからこそ,慶良間海域保全会議の結成によって市町村の持つ力を間接的に利用して慶良間海域で那覇のダイビング事業者が操業し難い状況を作りつつ,他方で彼らが資源管理に参加する道を開く必要があった。

　ここで注意が必要なのは,村内外の組織や科学的根拠,市町村との連携による正統性の量的蓄積や質的な組み合わせによって,座間味村のダイビング事業者達がエコツーリズムの善悪の臨界を乗り越えたわけでは無いことである。エコツーリズムは,当事者による持続可能な資源管理を求める。法的根拠と拘束力が無くとも慶良間海域保全会議を機能させるためには,那覇のダイビング事業者も当事者として慶良間海域の資源管理に招き入れる必要がある。那覇のダイビング事業者の当事者性を否定した瞬間,慶良間海域保全会議はエコツーリズムの理念と分断されてしまい,慶良間海域のダイビング事業者による行政を巻き込んだ私的独占へと堕ちてしまう危険性を有していた。いわば,公的組織の持つ力は,エコツーリズムという自明視された正しさと結合した時に,正統に人々の行動を資源管理に向けてコントロールする裏書きとして作用すると考えられる。

　これは,座間味村のダイビング事業者がエコツーリズム推進法の認定事業者

に認められ，法的根拠と拘束力を獲得した現在においても同様である。エコツーリズム推進法の下で認定事業者として認可されるためには，年40日以上の資源保護実績と報告義務が必要となる。逆に言えば，慶良間自然環境保全会議の制定するルールに基づいて操業し，年40日以上オニヒトデを駆除し，その実績を報告した事業者は所在地が座間味村であっても那覇であっても，認定事業者として公認される道が開かれている。いわば，エコツーリズムという自明の正しさの下で，サンゴ礁の独占的利用と保全義務を法的に根拠づけられたが故に，座間味村のダイビング事業者達は那覇のダイビング事業者を仲間として受け入れるという応答責任が生じたのである。

　エコツーリズムは，単に観光業から得られる収益を環境保全に貫流させる仕組みを構築するだけでは，善悪の臨界を乗り越えられない。エコツーリズムという自明の正しさに紐付けられた組織の運営と行為を継続していくことで，臨界を突破しその実体を獲得していくのである[21]。

（高橋　勅徳）

注
1　座間味村内にダイビングショップは41店，60の宿泊施設が営業している。
2　特に断りが無い限り，本章の鰹産業に関する記述は，上田（1995）に基づいている。
3　数少ない漁業者が狙う獲物も，豊富に回遊する鰹ではなくミーバイやタマンなどの根魚が中心であったようである。
4　当時東京で開催された万国博覧会で，我が国は鰹節や鯖節などの乾物，水産物の缶詰を出品していた。
5　戦前は義務教育が国民学校初等科の6年間のみであり，そのなかで多くの座間味村出身者が進学した沖縄水産高校は，現在の高専や短期大学と同等の教育水準を有する場所であり，当時の進学率を鑑みれば一部の富裕層のみに許されるものであった。彼らが高等学校に進学した目的は本土レベルの漁業技術を学ぶことにあったが，これは座間味地域に特徴的な傾向であったようである。
6　更には，座間味村の人々が鰹産業から得た利益を教育機会に投資してきたことも，漁業から第二次・第三次産業への職業移転をスムーズに促し，村民の漁業離れを助長したと言えるだろう。
7　沖縄方言でイワシ類のこと。
8　沖縄方言でハタ類のこと。
9　スズキ目フエフキダイ科ハマフエフキを指す。
10　22歳のOLとヨットマンがダイビングで沈没船の宝探しをする娯楽作品。配給・東宝，監督・馬場康夫，主演・織田裕二／原田知世。
11　現在でもなお，この時期にダイビングを憶え，座間味村を訪れた人々がリピート客として，もっとも厚い客層となっている。
12　ダイビングショップのオーナーの6割が本土出身者であると言われている。
13　また座間味村には漁業市場が存在しないため，座間味村に訪れる旅行者からのニーズに対して供

給体制が確立しないことも，座間味で漁業が成立しない遠因となっている。
14 彼らは伝統潜り漁を行うため，潜水士の免許を有している場合が多い。
15 例年，予算が確定し執行可能となる時期（6月）は，既にオニヒトデの産卵が終わった時期に当たり，オニヒトデの効果的な駆除に繋がらないと指摘されている。
16 この三カ所のMPAは，有望なダイビングスポットであるのと同時にオニヒトデの被害が甚大であった海域である。
17 漁業権に法的根拠を求めてMPAへの進入を拒もうとした場合，ダイビングは漁ではないため，漁業権を侵していないという論理が成り立つ。そのため，座間味のダイビング事業者は漁業権に正統性の源泉を求めるのを，かなり早期の段階で諦めていたようである。
18 阿嘉臨界研究所は，財団法人熱帯海洋生態研究進行財団の沖縄支所として，運営されている。スキューバダイビングを研究手法の一つとして，サンゴ礁を主題とした海の研究を展開している。
19 座間味では，年間のべ2,000人の地元ダイバーが駆除に参加し，年10万匹のオニヒトデを駆除している。オニヒトデ駆除については，行政からの補助が出る場合もあるが，ほとんどが座間味ダイビング協会を中心としたボランティアで成り立っている。
20 実際，慶良間海域保全海域の設立経緯にインタビューの中で，那覇の事業者に対して，慶良間海域に入る前に，オニヒトデの駆除とチービシの再生をまず求める発言がなされている。
21 座間味村のダイビング事業者が臨界を乗り越えエコツーリズムの担い手で有り続けるために，害獣に対処しつづけるという応答責任を果たさねばならない。奇しくも，長年の駆除活動の成果から2009年頃から慶良間海域でのオニヒトデの大量発生が収まり，駆除活動も毎日から週数日に変化した。とはいえ，エコツーリズム推進法の認定事業者として認められつつ，慶良間海域で操業するダイビング事業者に対する優位性を維持するためには，サンゴ礁の保全実績を積み上げ続けなければならない。そこで彼らが見出したのが，オニヒトデと同じくサンゴのポリプを食するレイシガイダマシ類である。レイシガイダマシ類は，2〜4cmと小さな巻き貝でサンゴ礁の入り組んだ内部に密集して発生する。オニヒトデのような移動性こそ低いものの，オニヒトデと同様に異常発生の原因は特定されていないため，ダイバーによる定期的なモニタリングと人力による駆除が必要である。座間味ダイビング協会は，オニヒトデと併せてレイシガイダマシ類の駆除活動を展開している。

参考・引用文献

Lawrence, T. B., Wickins, D., & Phillips, N. (1997) "Managing legitimacy in ecotourism", *Tourism Management*, Vol.18. No.5, pp.307-316.
家中茂（2009）「自然の資源化過程にみる地域資源の豊富化：沖縄県座間味村および恩納村の事例から」山尾政博・島秀典編『日本の漁村・水産業の多面的機能』北斗書房，59-87頁。
上田不二男（1995）『戦前期沖縄鰹産業の展開構造』博士論文　鹿児島大学。
沖縄県（2003）『平成一五年度エコツーリズム推進事業における保全利用協定の認定などに係わる調査報告書』。
鹿熊信一郎（2009）「サンゴ礁海域における海洋保護区（MPA）の多面的機能」山尾政博・島秀典編『日本の漁村・水産業の多面的機能』北斗書房，89-110頁。
谷口洋基（2003）「座間味村におけるダイビングポイント閉鎖の効果と反省点」『みどりいし』第15号，16-19頁。
谷口洋基（2004）「最近六年間の阿嘉島周辺の造礁サンゴ被度の変化：白化現象とオニヒトデの異常発生を経て」『みどりいし』第16号，16-19頁。
古川彰・松田素二（2003）「観光という選択：観光・環境・地域おこし」古川彰・松田素二編『観光と環境の社会学』新曜社，1-30頁。

宮内泰介 (2001)「正統性を組み直す」『環境社会学研究』第 7 巻, 56-71 頁。
吉田春生 (2004)『エコツーリズムとマス・ツーリズム』原書房。

第12章
ソーシャル・ビジネスにおける同型化と事業の展開：
一般社団法人ラバルカグループの事例分析

1. はじめに

　本章の目的は，社会企業家によるソーシャル・ビジネスの形成と事業展開について，制度派組織論における同型化（isomorphism）概念の再考を通じて新たな分析枠組みを提示するとともに，具体的な事例分析を通じて見出される発見事実から，新たな理論的知見を得ることを目的としている。

　具体的には，まず，ソーシャル・ビジネスおよび社会企業家に関する先行研究の理論的検討を通じて，この研究領域が同型化概念を用いることで抱える理論的課題を指摘する。その上で，制度派組織論にける同型化概念の再考を通じて，この理論的課題が同型化概念の誤解に起因することを指摘し，この概念が持つ本来的な含意から社会企業家によるソーシャル・ビジネスの形成および展開を捉える分析視角を提示する（2節）。この分析視角に基づき，一般社団法人ラバルカグループの詳細な事例記述を行い（3節），この事例記述から見いだされる発見事実から理論的・実践的貢献を明らかにしていく（4節）。

2. 社会企業家研究における同型化の罠とその克服

2.1 同型化の罠

　ソーシャル・ビジネスおよびその設立・運営主体としての社会企業家は，大きく，様々な社会問題を（営利・非営利双方を含む）事業の構築によって解決

する主体として捉えられている（藤井・原田・大高，2013，39頁）。このソーシャル・ビジネスと社会企業家という概念は，社会的課題に対して行政とも市場とも異なる，新たなソリューションを提供する主体を捉える感受概念（conceptive attractor）である（原田・藤井・松井，103頁）。それ故に，ソーシャル・ビジネスおよび社会企業家概念の理論的内包を厳密に定義することで現象を分析していくのではなく，この概念の持つ外延（イメージ）を手がかりに，一方で従来の議論からは見いだされなかった当事者の実践を把握しつつ，他方で研究者に対して，この概念を用いた研究活動の展開によって社会に関与していくという研究実践を期待する研究領域として拡大してきた。

　それでは，先行研究は，どのように展開されてきたのだろうか。藤井・原田・大高（2012）によれば，ソーシャル・ビジネスおよび社会企業家にかんする先行研究は大きく二つに大別される。

　第一に，米国のビジネススクールを中心に展開されてきた研究群（便宜的に新自由主義学派と呼ぶ）である。レーガノミクス以後の新自由主義の進展を背景として，社会企業家というヒロイックな主体を鍵概念として，営利企業の設立と運営によって社会的課題が解決されていく現象に迫る。ここでは，社会的企業は事業収入のみで財政的に成り立つべきものとされ，事業収入こそが，社会的企業における自立，持続可能性，財政的な自由，規模拡大，社会的インパクトを産みすのだというレトリックが創られてきた（e.g., Battle and Dees, 2006）。このレトリックの下で，社会企業家がいかに社会的課題を解決するソーシャル・ビジネスを市場において成立させるのかという，具体的な手法が提示されてきた（藤井・原田・大高，2012，26-27頁）。我が国においても，この新自由主義学派を基盤として，谷本・大室・大平・土肥・古村（2013）によってソーシャル・イノベーションのプロセスモデルが提示されている。このモデルはソーシャル・イノベーションを，社会企業家が提示する理念が共有化され，市場に受け入れられる形で普及するプロセスとして捉える。更にフィールドワークに基づくケーススタディが提供され，社会企業家の教育が試みられてきた（e.g., 谷本編，2015）。

　この新自由主義学派は，社会的企業家が倫理的存在であることを仮託した上で，ソーシャルイノベーションにおける個別具体の行為を類型化してきた。し

かし，経営学の側から社会企業家による市場での解決が，同時に異なる社会的課題を助長しているという批判的研究（e.g., Khan, Munir and Willmott, 2007；Karim, 2008）が提起されるに至り，その理論的前提が揺らぐことになった[1]。社会企業家が必ずしも社会的課題を解決しないのであれば，そこで捉えられるのは剥き出しの営利企業の論理である。いわば，市場へ過剰適応していくことで社会的課題から利益を生み出しつつ，社会的企業家を隠れ蓑に社会的課題の未解決や新たな問題の発生を隠蔽する当事者の実践を，研究者が正統化してしまうという理論的課題を抱えてしまうのである（Khan et al, 2007, pp.1071-1072）。

　この新自由主義学派に対して欧州に展開されてきた研究群は，非営利組織の基盤となってきたコミュニティと，これを支える法制度に注目してきた（本章では便宜的に，社会政策学派と呼ぶ）。この社会政策学派は，1980年代の欧州における新自由主義の展開によって削減された福祉予算に対して，コミュニティーベースの相互扶助や支援に注目する。1990年代後半からの「第三の道」によって，これらコミュニティーベースの相互扶助や支援を政策的にエンパワーメント（empowerment）していく中で，ソーシャル・ビジネス・社会企業家という概念が受容されていった（藤井・原田・大高，2012，35-38頁）。ここでは社会的企業を行政と市場の間をブリッジし，双方の問題点を克服する「いいとこどり」を図るハイブリッド構造を有する必要性の指摘に始まり，社会的企業に対するエンパワーメントを効果的に実施する政策立案に研究者が関与していった（e.g., Borzaga and Deforny, 2001）。

　ここにあるのは，新自由主義学派のようにソーシャル・ビジネス・社会企業家に倫理を仮託するのではなく，研究者が中立の第三者として積極的に倫理の実現に介入していくという独自の視座である。ハイブリッド構造を提示することで過剰な市場への同型化を防止する構造を準備しつつ，社会的企業の与える影響をソーシャル・インパクト（social impact）として測定し，法制化によって社会的企業への事業委託を円滑に進めつつ，行政による過剰な投資や，社会的企業を財政圧縮のための下請けとして用いることを抑制していくことを目指した。社会政策学派は，社会企業家・ソーシャル・ビジネスの倫理性を担保するハイブリッド構造を前提に，社会的課題とソーシャル・ビジネスに対して政

策立案に係わっていく点で，米国のビジネススクール流の社会企業家研究とは一線を画す理論的視座を提供してきた。

しかしながら，社会政策学派内でも問題として指摘されているように，この学派で捉えてきたソーシャル・ビジネスがいかにソーシャル・イノベーションを引き起こしたのかについて，現象としても分析的にも不明瞭になるという理論的課題を抱えている。ソーシャル・ビジネスへのエンパワーメントとソーシャル・インパクトの測定は，欧州の財政削減の潮流の下で，エンパワーメントの名の下で行われたソーシャル・ビジネスの下請け化を助長した側面を有する（e.g., Bode Evers and Schultz, 2006；岸・金川・尹・浦野，2017）。奇しくも，新自由主義学派を市場への同型化として批判したのと同様に，社会政策学派はハイブリッド構造を提示しソーシャル・インパクトを測定していくことで，非営利組織の行政への同型化を過度に助長することになったと考えられる[2]（e.g., Luke, Belinda and Eversole., 2013）。

市場と行政，双方への同型化という理論的・実践的課題に対して，藤井・原田・大高（2012）らが提示するのが，闘う社会的企業という新たな理論的視座である。彼らは社会政策学派のハイブリッド構造を受け継ぎつつ，市場と行政，双方からの同型化圧力に抵抗しつつ，双方から得られる便益をいいとこ取りし，どちらにも依存しない自立的な生存領域を確立する肯定的媒介（positive synergetic mix）として社会企業家・ソーシャル・ビジネスを位置づける（藤井・原田・大高，2012, 81頁）。その上で彼らは，闘う社会的企業が遂行し得るソーシャル・イノベーションの遂行を，学習概念から基礎づけていく（藤井・原田・大高，2012, 104-108頁）。

第一にハイブリッド構造を有するソーシャル・ビジネスは，多様なステイクホルダーと対話が求められるが故に，当事者の生活を巡る多様な文脈に根ざした現場の知識（local knowledge）が蓄積される。この現場の知識の蓄積は，社会企業家が当事者の潜在的ニーズや資源（能力）の顕在化を可能とする組織学習の根幹となる。第二に，ハイブリッド構造を有するが故に社会企業家は，多様なステイクホルダーから専門的知識や技術を動員し，市場や行政では解決し得ない，当事者に根付いた形で問題解決，すなわちソーシャル・イノベーションの遂行が可能となる。第三に，ハイブリッド構造のソーシャル・ビジネ

スは，多元的な財源構成を持つが故に，収益性をある程度度外視したフレキシブルな実験可能性を持つ。公的資金や寄附といった資源は組織にスラック資源を産み出し，社会企業家にソーシャル・ビジネス内での組織学習を可能とする。

本章もこの「闘う社会的企業」という理論的視座と軌を同じくする。しかしながら，ハイブリッド構造を前提とした上で学習を鍵概念とする藤井ら（2012）の議論には，固有の理論的課題を有すると考える。

まず，ハイブリッド構造の下で社会企業家が獲得する当事者性に基づく現場の知識は，地域の持つ文脈に埋め込まれることで獲得されるものであることに注意が必要である。社会企業家はソーシャル・ビジネスの構築を通じて当事者を取り巻く文脈に埋め込まれる（embedded）ことによって，現場の知識を獲得していく。だとすれば，何故，社会企業家はこの文脈への埋め込みを超えて，当事者性を基盤とした社会問題の発見を可能とするのであろうか。

次に，組織間学習を通じた学習についても，マルチステイクホルダーという概念を踏まえた時に問題をはらんでいる。ハイブリッド構造のソーシャル・ビジネスは，多様なステイクホルダーから「いいとこどり」を果たしていくことで，当時者の権利要求を求める運動体となるとされる（藤井・原田・大高, 2012, 105頁）。しかしながら，ソーシャル・ビジネスがマルチステイクホルダーの下で実現していると言うことは，社会企業家は各ステイクホルダーに対する説明責任（accountability）を果たす必要がある（e.g., Hannan and Freeman, 1977）。それでは何故，各ステイクホルダーに対するアカウンタビリティを果たしつつ，社会企業家が固有に見いだした社会的課題に対して随意にステイクホルダーが持つ資源や技術を動員できるのであろうか。

最後に，各ステイクホルダーに対するアカウンタビリティという観点で捉え直したとき，多元的財源に基づく余剰資源の蓄積をもとにした実験可能性についても，疑問を提示せざるを得ない。経営学における余剰資源とは，事業の再構築に伴う余剰人員の発生，利潤の内部留保に基づく研究開発への投資として測定される（e.g., Penrose, 1959）。これらの余剰資源の所有権は，企業自体が有する。それ故に，株主に対する説明責任を果たせる限りにおいて，余剰資源を実験的な事業に投資することが可能になる。しかしながら，ハイブリッド構

造を持つソーシャル・ビジネスは、助成金は行政に対して、寄付金は寄付者に対して説明責任を有する。非営利組織にかんする各種法規制が厳格に定められつつある現在、これらの資金は必ずしも、社会企業家が自由に処分できる余剰資源ではない。逆に考えれば、市場に適応し潤沢な収益を上げるソーシャル・ビジネスほど、自らの説明責任の下で実験的事業が可能である。

　ここで改めて注意せねばならないのは、ハイブリッド構造のソーシャル・ビジネスとは、彼らが仮想敵とした新自由主義学派流の市場に過剰適応したソーシャル・ビジネスより、遙かに強力かつ複雑な権力関係の場（すなわち組織フィールド：organizational field）として構成されていることである (e.g., DiMaggio and Powell, 1983)。この場を維持するために、社会企業家は各ステイクホルダーとの対応関係において説明責任を果たし続けない限り、ソーシャル・ビジネスを維持することは出来ない。このような同型化圧力に晒されつつ、社会企業家は固有の社会問題の解決を図るために、多様なステイクホルダーから諸資源を獲得し、余剰資源を実験的事業につぎ込み学習することは可能なのであろうか。

　藤井・原田・大高（2012）の議論は、上記の点が可能であることを前提にせねばならず、それを「闘う社会的企業」というイメージに求めた。しかしながら、この「闘う社会的企業」という概念の持つイメージは、学習という概念を用いることで彼らが批判したビジネススクール流のヒロイックな社会企業家へ、奇しくも近似していくという論理的矛盾を導くことになる。むしろ彼らが問うべき問題は、いかにして社会的企業、ひいてはこの企業を設立・運営する社会企業家が「闘う」ための能力を獲得していくのかという点である。

2.2　同型化概念の再考

　本節では先行研究が抱える以上の理論的課題に対して、制度派組織論における同型化概念の再考を通じて解決を図りたい。

　同型化概念は、制度への適応をイメージさせる概念であるが故に、通説的には行為の同質性を説明する概念として理解されてきた（桑田・松嶋・高橋, 2015, xi頁）。それ故に、ソーシャル・ビジネスは市場、政府・コミュニティに過度に同型化し、それぞれが持つ短所（市場の失敗や政府・コミュニティの

失敗)を受け継ぎ,社会的課題の解決から遠ざかってしまうものとして説明されてきた(藤井・原田・大高,2012,80-81頁)。確かにこの通説に基づいた場合,先行研究において課題として指摘されてきた,ソーシャル・ビジネスの過剰な営利企業化や,行政の下請け化は,同型化圧力の所産として説明可能であるだろう。その結果,社会政策学派はハイブリッド構造を基盤としつつ,ステイクホルダー間を媒介する主体として社会企業家を位置づけ,学習を鍵概念としつつヒロイックな「闘う社会的企業」という社会企業家像へと近似してきた。

実は,制度派組織論において,同型化圧力から超越したヒロイックな主体,あるいは媒介できる位置にいる特異な主体を仮定することでイノベーションを説明する論理は,埋め込まれたエージェンシーのパラドクス(paradox of embedded agency)として理論的課題とされてきた(e.g., DiMaggio, 1988; Graud, Hardy and Maguire, 2007)。制度派組織論においてイノベーションは,制度に起因する同型化圧力を前提とした上で,一方で制度の影響を受けない特異なカリスマとして企業家を位置づけたり,同型化的圧力を弱めることで企業家の変革への指向性を説明し,他方で変革に必要不可欠となる資源動員に際しては,再度,制度がもたらす同型化圧力が可能とする資源動員や理念・アイディアの普及として説明されてきた。

ソーシャル・イノベーション・社会企業家研究においても,一方で社会企業家の存在を理論的前提としたり,ハイブリッド構造を前提とした上で媒介する主体として社会企業家を位置づけることで変革への動機を説明し,他方で資源動員を説明する際には,市場,政府,コミュニティに埋め込まれ(適応し),資源動員を実現していく過程として説明されてきた。更には,ソーシャル・ビジネスの課題や困難を説明する際には,その力を同型化圧力として反転させ説明するという論理矛盾を招いている。その結果,先行研究においてソーシャル・ビジネスを成功させる社会企業家とは,制度のもたらす働きを都合良く使える主体として定位せざるを得ず,制度と社会企業家・ソーシャル・ビジネスの論理一貫した説明が困難に陥っていったのである。

近年の制度派組織論は,この埋め込まれたエージェンシーのパラドクスに対して,同型化概念に込められた理論的含意を再考していく形で克服を図る。

まず，制度派組織論における同型化とは，同質化を意味するものではない。同型化とは制度への単純な適応ではなく，諸制度を前提に特定の組織構造を採用することで，個々のアクターが抱える利害（interest）を達成していく，実践の多様性を捉える概念として提示された（e.g., DiMaggio and Powell, 1983, pp.151-153）。すなわち，社会問題を解決する運動体を維持するために株式会社組織を作ることも，補助金や事業委託を獲得するために非営利組織の法人格を取得することも，同型化圧力の下で可能となるソーシャル・イノベーションの多様な実践として把握される。

　次に組織フィールド概念もまた，同様の理論的視座から捉え直す必要がある。組織フィールドとは，市場や組織・コミュニティに過剰適応し組織構造もサービスの内容も同質化した個体群を捉える概念では無い。むしろ組織フィールドとは，多様な制度からの同型化圧力を前提に，独自の利害を見いだした主体が生まれ，その主体が自らの利害を達成するために，利害調整を行い独自の生存領域を確立していく関係的実践の場として提示された（Wooton and Hoffman, 2008, p.134）。すなわち，先行研究において指摘されたハイブリッド構造とは，社会的問題の解決を利害として見いだした社会企業家が構築する，組織フィールドとして再定位されると考えられる。

　最後に，同型化圧力の下で可能となる多様な実践とそこから導かれるイノベーションは，制度と主体の関係から説明される。そもそも，制度派組織論において人々は，制度にプログラミングされた行動を取る存在として定義されている訳では無い。制度とは正しさを帯びた自明の社会的事実であり，人々は制度を参照することで，そこから得られる利害を見いだすと共に他者の利害を計算し，利害関係を調整し自らの目標を達成するための正統な手段を獲得し，遂行し得る。先行研究において指摘されてきた社会企業家による「いいとこどり」とは，ソーシャル・ビジネスを取り巻く諸制度を前提にして初めて可能となる，戦略性を帯びた制度的営為（institutional work）として説明可能になると考えられる（e.g., Lawrence, Suddaby and Leca, 2011）。

2.3　本章の分析視角

　以上の制度派組織論における同型化概念の展開を踏まえた上で，本節は下記

の分析視角の下で社会企業家によるソーシャル・ビジネスの構築と展開を把握していきたい。

　第一に，人々は自らを取り巻く諸制度を参照していく中で，構造的不利益として社会問題を認識し，社会企業家として活動する動機を獲得していく。

　社会政策学派において社会企業家による社会的課題の発見は，ローカルな文脈に埋め込まれていることによって得られる当事者性から説明が試みられてきた。確かに，当事者性の獲得は社会的課題の発見において必要不可欠な過程であると考えられる。しかし，その社会的課題が市場あるいは行政やコミュニティへの適応で解決されるのであれば，社会企業家として行動する必要は生じない。彼らが見いだした社会的課題が，市場や行政・コミュニティでは解決し得ない構造的不利益として見いだされた時に，その解決方法として「いいとこどり」を手段とするソーシャル・ビジネスを構築する必要性が見いだされ，社会企業家という社会的役割を担う動機を獲得していくのである。

　第二に，社会企業家は，自らを取り巻く諸制度との関係から社会的課題の解決を目指して巻き込みうる他者や動員可能な資源を見いだし，逐次的に同型化してステイクホルダーとして獲得していくことで，ハイブリッド構造としてのソーシャル・ビジネスを構築していく。新自由主義学派，とりわけ谷本らの指摘するソーシャルイノベーションのプロセスモデルは，この過程に注目することで，現場の実践に繋がる行動類型を見いだしてきた（e.g., 谷本ほか，2013；谷本（編），2015）。他方で彼らは，社会企業家の理念が市場で普及し，行政による法制化等によって追認される（あるいは独占的地位を与えられる）という説明を行ってきた。しかしながら，人々がソーシャル・ビジネスという手段を選択するのは，市場や行政への適応だけでは，自身が見いだす社会的課題を解決し得ないためである。それ故に社会企業家は，ステイクホルダーの利害を計算に入れつつ，個々のステイクホルダーから獲得しうる諸資源を見いだしながら，諸制度との係り合いの中で逐次的に同型化していく形で個別の事業を構築し，ハイブリッド構造としてのソーシャル・ビジネスが構築されていくと考えられる。

　第三に，社会企業家はソーシャル・ビジネスのハイブリッド構造を維持・拡大，時には縮小していく形で，ソーシャル・ビジネスを展開していく。既に指

摘しているように，社会企業家は多様かつ複雑な制度的圧力に晒されている。ソーシャル・ビジネスが多元的資本によって維持されていると言うことは，同時に各資本に紐つけられるステイクホルダーに対する説明責任を果たしていかねばならない。いわば，ハイブリッド構造のソーシャル・ビジネスとは，多様な財源とそこに紐つけられるステイクホルダーへの説明責任が，社会企業家が構築する事業とミックスされた形で構成されていると考えられる。それ故にソーシャル・ビジネスの維持に際しては，ステイクホルダー間の利害衝突や，諸制度からの同型化圧力と事業展開の不適合などが必然的に生じる。社会企業家は自身が見いだした社会的課題の解決を図るため，これらの衝突や不適合を克服するための抵抗戦略（藤井・原田・大高，2012，119-121頁）が遂行されていくのである。

3. 事例分析：一般社団法人ラバルカグループの事例

　我が国において障がい者の就労支援は，福祉的就労支援と一般就労支援に分かれるが，ともに国の法制度のもとで事業を営むため，補助金依存の事業所が多くあることは否めない[3]。特に，福祉的就労支援は安定的な雇用対象から排除されてきた障がい者の支援を重点的に行うため，福祉的傾向が強く事業収入を通じた事業所経営という点で課題を抱えている。そのため，社会福祉法人という経営形態をとる共同作業所で働く障がい者の多くは月給1万円以下で働いている[4]。

　この現状に，強い問題意識を持ち，障害者雇用の促進を図る目的で設立された社団法人がラバルカグループである。愛知県豊橋市に本拠地を置き，現在は久遠チョコレートブランドを中心として全国展開している。代表理事の夏目浩次氏は，障がい者の賃金を最低賃金レベル支払うことができるよう，障害者雇用の構造変革を掲げて事業展開を開始した。彼は，福祉的就労支援業界が障がい者支援において当たり前のように取りこぼしてきた事業性の高い事業所運営を実現している。本ケースを通じて，夏目氏が制度を利用しながら，どのように組織形態を変化させることで福祉就労支援の業界を変革しているのかについて考察する。

3.1 我が国における福祉的就労支援制度の持つ構造的不利益：
1ヶ月1万円の衝撃

障害者福祉事業に携わる前，夏目氏は土木系のコンサルティング会社で，ユニバーサルデザインに基づく都市計画に携わっていた。公共施設を利用するすべての人が活用しやすい空間設計を行うことが求められているにもかかわらず，仕事の多くは経済的制約があり思うとおりに進まなかった。障がい者が利用できるようエレベーターを作りたくてもプランを変更されてしまっていた。

そのなか彼の人生を大きく変えることとなったある本と出会う。それは，小倉正男の『福祉を変える経営』であった。都市計画を行う際，障がい者との接点も多く，その情報収集として手に取った本だったが，そこに書かれていた「月額工賃1万円」という現実に夏目氏は驚愕した。実際に，豊橋市内にある障がい者支援施設の月額賃金を調べたところ，月額3千円程度だった。そこにみられた状況は，支援員や事業所が悪いのではなく，月額3千円でも構わないと言わせている福祉業界の構造があることに気づいた。そこでは，障害レベルが低賃金につながっているのではなく，そもそも事業として収益を上げることができないような店舗経営をしていたり，収益を上げなくても「仕方ない」とあきらめてしまう雰囲気が強い状況が見られた。

我が国の障がい者の福祉的就労支援は，障害者総合支援法のもとで訓練等給付の就労移行支援事業及び就労継続支援事業（A型，B型）において行われている。障害者支援施設は，これらの事業の実施において，訓練等給付費，利用者負担金，その他関連制度からの補助金をもとに運営を行っている。就労移行支援事業は，比較的軽度の障がい者を対象としており，福祉的就労から一般就労への移行を目的とするものである。事業所内や企業において作業や実習を実施し，一般就労に必要な知識・能力を養い，適性に合った職場に就労することを目指す。この事業の実施期間は24か月という限定が加えられる。他方で，就労継続支援は，通常の事業所に雇用されることが困難な障がい者に就労の機会や生産活動にかかる知識・能力を提供することを目的とする。A型（雇用中心）は，比較的生産性の高い障がい者を対象としており，利用者を雇用することが原則である。B型（非雇用中心）は比較的生産性が低い障がい者を対象としており，障がい者に生産活動その他の活動の機会を提供することを目的と

する。

　これら福祉施設の収入は大きく分けると2種類で成り立っている。ひとつは物販などの事業収入であり，もうひとつが事業内容によって受けることができる補助金である。例えば，1人の障がい者が一日来ることによって，就労継続支援であれば6千円前後（事業所規模や自治体によって金額が異なる）が支給される。これがほぼ施設の運営費として活用されており，職員の人件費などもそこから支出されている。それに対して，障がい者の作業によって生み出された売り上げは必要経費を除いて障がい者に分配される。つまり，障がい者の支援をすることで福祉施設は運営できるように保護されている。ちなみに，障がい者の賃金は都道府県によって異なるが，B型事業の場合，全国平均月額工賃は14,437円（平成25年度）である[5]。

　他方で，社会企業家／社会的企業への注目が高まるなか，小倉氏のように障がい者雇用施設においてもビジネスを通じて課題解決を目指す事業所が増えはじめていた。社会的企業とは社会問題を政治的な次元ではなく，ビジネスを通じて社会の在り方そのものを変革する社会企業家／社会的企業の存在は，障害者雇用における課題を解決するうえで大きく期待されていた（米澤，2011）。夏目氏も，障害者問題を解決していくためには，従来の障害者支援制度に頼るのではなく，障がい者も参加できるビジネスとして事業を構築していく必要性があると考えるようになった。

　　小倉正男さんの本を読んでで，そこで障がいのある人の給料が月1万にも満たないことが書いてあって，驚いてですね，地元戻ってきて休みの日に当時は…そこをグルグル廻ってみたんですよ，月3千円ぐらいだったんですよ。確かに金額はほんとなんだなって驚いて，ショックだったのがそのフィールドで働いてる支援員さんがそれはその人達が悪いのではなくて，仕方ないからこれで良しとする，みたいな，そういうもんなんですよって感じだったので…その人が悪いんじゃなくてそういう風に言わせている福祉の構造があるんだなぁと思って。何でもそうなんですけど，これで仕方ないんですって言ってしまったらそのフィールドは絶対成長しないじゃないですか。領域を広げていく努力をしないとチャレンジをしないとそのままだなと思っ

て。そうするとその狭い領域の中だけでしか彼らは生きられないと思って。

　そこで，夏目氏は職場を退職し，平成15年3月30日に，小倉氏の展開するスワンベーカリーを目指した10坪の小さなパン屋「花園パン工房ラ・バルカ」を開業する。まずは，愛知県の最低賃金で知的障害を持つ3名を雇用した。当初，経営はうまくいかず7か月で赤字となる。そこで夏目氏は当時，パンの移動販売でも注目を集め始めていたメロンパンに着目し，10種類のメロンパンを取り扱う店舗と移動販売車の二本立てで営業展開しはじめた。ちょうど，NPO／NGOやボランティア活動に着目した「愛・地球博」の開催時期も重なったこともあり，大手製パンメーカーがメロンパンのレシピを買い取って会場で販売することになった。

　移動販売車を導入することで，販売先も広がっていった。夕方に職員室や病院に赴き，翌日の朝食用として働く女性向けの販売が可能になった。この移動販売を切っ掛けとして，地元のビジネスホテルからの朝食用のパンを受注することに繋がっていく。ビジネスホテル向けには，一口サイズのパンを製造し，朝食バイキングで提供するサービスを行ったところ，今度は保育園からも注文が入ることになった。更に，一口パンをホテルの朝食で食べた旅行代理店からも声がかかり，機内食としておやつに提供するサービスとして活用されることとなった。これらのパン事業の展開の結果，平成16年には2号店を含めて16人程度の障がい者を雇用することとなり，彼らの月額賃金は8万円～13万円程度となった。

3.2　社会福祉法人を活用した民福連携の展開

　販路の拡大と雇用者数の増加に伴って，ラバルカの仕事量も増加していった。噂を聞きつけて障がい者の就労希望者も増加し，配達や経営のスタッフが足りなくなっていった。夏目氏は親族の手伝いに依存していたが，店舗数を増やしてより多くの障がい者を雇用するとなると新たな事業展開が必要となった。そこで，平成17年に，NPO法人格を取得し，デイサービスセンター実践就労支援事業所「豊生ら・ばるか」を開設する。当時は，就労支援系事業（旧授産施設）は，社会福祉法人にしか許可されていなかったが，デイサービスの

制度を活用することで就労支援事業を行うことが可能となるという計算が夏目氏にはあった。

　ここで一つ問題があった。デイサービスは障がい者に，日中の居場所を作ることを目的として作られた制度である。そのため，デイサービスを利用している障がい者がどのような労働をしていても，賃金を支払うことが認められていない。そこで夏目氏は，家族会をつくりそこに寄附をするという形をとることで，障がい者にラバルカの売り上げを分配する仕組みを作った。この制度利用は日本初の取り組みであり，その後，多くのNPO法人がこの仕組みの模倣することで，平成18年の就労支援事業制度の制定へとつながっていく。

　NPOって何が障害福祉の制度で使えたかって言うと，デイサービス。ところがこれがデイサービスってのは日中の居場所の制度なので，賃金払っちゃダメです，不可思議な制度だったんですけど，デイサービスって制度活用してみんなでパンを作るんですけど賃金は払っちゃダメですと言われる。当然ですけど就労の制度は変わってきまして，当時は障がい持った人が通所して就労して賃金もらうってのを制度化されていなくって，ただ僕らはできないから，デイサービスやっていろんな人受け入れたんですけど，働いてくれてるから賃金出したい，制度としてはダメだと，家族会に賃金の寄付をして，分配するような形で，そうするとやりづらさもあって，税法上的にも…色々窮屈なとこもあって。

　順調にラバルカの製パン事業が拡大していった結果，夏目氏が雇用する障がい者の人数は37名となっていた。しかし，税法上の問題もあり，これ以上人数を増やし続けていくことは困難であった。そこで，夏目氏は社会福祉法人の設立を検討することとなる。ここで直面したのが，営利事業であるラバルカと社会福祉法人制度の間のミスマッチであった。

　どんどん働きたいって来ていただくんですけど，叶えられないんですよ，で断るしかなく一方で福祉の社会法人とか福祉の方でもう少しやりようがある，そうするとこの人達をもう少し救えるんじゃないか，そう主張すると…

あなたは民間のパン屋，私達は社会福祉法人っていう切り分けかたをされてしまうんですよ．そこじゃないんだけど，冠が株式会社でも個人事業でも社会福祉法人でもやるべき事は同じだと思うし，やれる事は絶対にあると思うんですよ，じゃあこれを何とかせないかんな，まぁそれを言ってても切り分けられちゃうんだったら社会福祉法人になって行くしかないなと．

　一般的に，社会福祉法人を設立するとなると，行政に施設を建設してもらうことを待つ事業所が多い．社会福祉法人の設立手続きそのものは法制度的に整えられ，行政にも窓口と担当者が設置されている．しかし，我が国の福祉は交付金依存であるため，社会福祉法人を志す事業者はその認可に必要となる施設の建設資金を用意することができない．特に，社会福祉事業という公益性の高い事業のため，安定的，継続的に経営していくことが求められ，財政面において確固とした経営基盤を持っていなければならない．地域の必要性に迫られて行政主導で建設する福祉施設が多く，その方法で設立するためには一般的に平均で5〜10年要した．

　逆に考えれば，法制度と手続きが決まっているため，施設と資金を用意すれば社会福祉法人の設立は可能である．そこで，夏目氏は資本金を自ら用意し[6]，施設に適している建物を探すことから始めた．社会福祉法人に最適の物件として，豊鐵工株式会社から土地・建物（旧社員寮）・運営資金の贈与を受けることができ，平成17年10月，「社会福祉法人豊生ら・ばるか」として豊橋市から認可を受けることとなる．翌年2月には，身体・精神障害の受け入れも可能となるように相互利用制度を適用し，知的障害者通所授産施設「豊生ら・ばるか就労訓練工場」が開設された．夏目氏は半年で認可にこぎつけ，日本最速・最年少の社会福祉法人設立者となった．

　社会福祉法人の設立にこぎつけたとはいえ，従来通りの補助金依存の経営をしていれば，ラバルカ時代の給与水準を維持することはできない．夏目氏が目指したのは，社会福祉法人であることを利用した，更なる事業拡大であった．

　社会福祉法人として，最初に行った事業は印刷業であった．ただし，大きな印刷会社を設立することはできない．そこで目を付けたのが名刺の作成であった．ほとんどの印刷会社が名刺作成は単価が低いため嫌う．しかもインター

ネットで作成すれば，個人でも1,500円程度でできてしまうため，営利会社の仕事として成り立ち難い。その点，社会福祉法人は行政寄付金が人数分入ってくるため安価で引き受けることができる。そのメリットを活用してオフィス用品通販サービス業社K社に業務提携を持ち掛けた。営業活動をK社に任せ，名刺作成の部分をら・ばるかで請け負った。今日の民福連携の先駆けである。

行政の寄付金に加えて事業収益が確保された経営により，ら・ばるかでの障がい者の賃金は月額10万円前後を実現させ，かつ健常者のパートを雇用できるため手厚い支援も可能となった。K社との連携により，収入源が確保され，名刺事業のサービスクオリティは向上していった。障がい者にとっては，自分の力でiPadを買ったり，好きなタレントのコンサートに行ったりと，彼らが生き生きと働く現場を実現につながった。

今までのパンのコンテンツのほかにもう1つは食品じゃないものを作りたいと。PC事業部って形で入力だとか，印刷を，大きな印刷社は設立できなかったんで，名刺をと思ってやってたんですけど，なかなか商売にならなかったんで，どうしようって考えてた時に，オフィス用品の宅配業者が5社あったんですけど，その内の1つにK社ってのがあって。色々調べていくと，どうもどこも名刺はやりたがらないらしいですね。町の印刷屋さんに聞いても名刺は単価が安いってどう頑張っても2000、3000，今ネットでやれば1500円とか1000円切るものもあると，手間は一緒だし，大きいチラシやDMやった方がいい，文具宅配業者に聞いても，あれはできます，これはできません紙やペンは配達しますけど，名刺はやりませんってなる。…K社さんに提案したのが僕らがやるので営業だけして下さい。…僕らの社会福祉法人になってる強みは，そこに40人きてるので，40人分の行政寄付金が毎月入ってきますから。社会福祉法人になっても言われ続けたのが「商売上手く行ってますか～」とかチクチク言われました。君のとこは社会福祉法人とは認めてないよ，みたいな。何言ってんだろとかよく思ったんですけど，でも人がどんどん来るし，みんな自己実現していくし，給料でiPad買ったりとか，好きなジャニーズのコンサート行ったりとか，活き活きと働いてくれてるわけですよ，更に行政からの寄付金と事業の売り上げが

あるから収入構造が二重になってるから，支援者で人を増やせるんですよね。

　平成19年，夏目氏は長野県から，民福連携の仕組みを長野県に導入を依頼され，長野県健康福祉部障害者支援課の工賃アップアドバイザーに就任することとなった。平成21年には，障がい者の働くタリーズコーヒー店を信州大学病院に開く。タリーズコーヒーは，病床数600床以上の病院にしか出店しない。これが福祉制度と絡めて事業展開した場合，病床数250床まで落としても収益を上げることが可能となる。障がい者にとっては，タリーズコーヒーの制服をきて，おしゃれなカフェで仕事ができ，タリーズコーヒーとしては今まで出店できなかったところに出店可能となるということで，お互いの利害が一致した。時を同じくして，第一次安倍内閣が障がい者の工賃アップは国の成長戦略の1つに位置付け，全国的に工賃アップ施策が実施されていくこととなる。

　そこから長野からオファー頂いて県下の人に対してそういう民福の発想を入れていってくれて，仕事含めてアドバイスしてくれて。当時の僕の展開の方法として，民福で色んな企業さんにプレゼンして仕事作っていって。当時タリーズコーヒーは病院のベッド数が600ないと収支がでないってことで出店しなかったんですね，福祉の制度と絡めていくと，ベッド数が250ぐらいまで落としても充分大丈夫ですよってことで，それで，彼らのかっこいい働く場所ができて，タリーズコーヒーとしても今まで出店できなかったところが出店できるってことで，民福がガチッと行って。

　以上のように夏目氏は，民福連携を促進させていくために，会社に事業そのものを提案するところから始め，ビジネスが実現可能であることを説明できなければならなかった。そこで経営参画という形で連携先の内部に入っていく方法を検討する。その1つが，平成22年のジョイコンサルティング株式会社への出資と経営参画である。
　身体障害者の人材紹介会社に，福祉制度を活用してトレーニングセンターを開設し，育成した後に企業に紹介する仕組みを構築する。これまでは面談をし

て紹介するだけだったため，マッチングに失敗するケースが多かったが，時間をかけてトレーニングすることで，よりマッチングした人材を紹介することができるようになった。これは，民間の資金だけでは到底実現しえなかったものだったが，制度を利用することで実現可能となったのである。

ちょうどそのころから規制緩和が始まり，社会福祉法人でなくても福祉制度が利用できるようになり，就労者継続A型・B型事業所が開設されていく。そこで，夏目氏は，経営が困難になって廃業しなければならない地域の商店に注目した。例えば，店をたたまなければならないトンカツ屋があれば，そこに経営参画して就労継続A型とする。そうすることで，トンカツ屋は事業を継続でき，障がい者の雇用の場も生まれる。まさしく，地域の商店を救済するビジネスであった。障害者雇用による商店街活性化事業を展開するため，ジョイコンサルティング株式会社を，株式会社アイエスエフネットの子会社化した。株式会社アイエスエフネットは従業員3,000人程度の会社で，そのうち障がい者を100人程度雇用していた。2020年までに障がい者を1,000人雇用する目標を掲げていたため，株式会社アイエスエフネットの資金を活用して，全国の廃業するクリーニング店を買収し障がい者の雇用を促進していったのである。

　　ジョイは身体障害者の人材紹介会社だったんで，こちらから半年入って障害の制度を使って，トレーニングセンターを作ったんです。今までは，面談して紹介できそうだったら紹介する，会社としては限界が来ちゃってた，面談の時しかその人見れないから，本当に軽度な即戦力になりそうな人しか紹介できなかった。トレーニングセンターを作ることによって，育成をするってことができるんで，そうすると，時間をかけてその人のことがわかっていくんで，よりマッチングするところに紹介しやすい。…民間の資金だけではできなかったんですよね。そんなころから規制が緩和されて，社会福祉法人じゃなくても株式会社でも福祉制度が使える，就労者継続AとかBとか移行支援とかそういう制度ができてきたんで，ハンズオンって制度を促進させていったんですけど。こないだも店閉めちゃうっていうトンカツ屋さんとか経営参画をしてお店一個を就労継続A型に，すると雇用の計画はできる店は閉めなくていい，彼らの働く場もできる。アイエスエフネットって，当時

3,000人くらいいて，100人ぐらい障害者雇用してる会社だったんですけど，そこにジョイコンサルティングを子会社にしてもらったんです。それで社名がアイエスエフネットジョイです。2020年までに1,000人雇用したいと掲げてたので，僕が入ってハンズオンのスタイルを提供して，アイエスエフネットのマネーで全国の廃業するクリーニング店を買って，それこそリノベーションじゃないですけど…。

3.3 久遠チョコレートへの事業展開

　順調に民福連携を拡大し，障がい者の雇用拡大と賃金上昇を実現していった夏目氏であったが，社会福祉法人に特別監査が入ることになった。夏目氏は各種法制度を遵守しており，実際，行政からの指摘事項は罰則項目ではなかったが，急速な展開に行政がついていくことができなかったことが監査の原因であった。この時期，土木建築業者のなかには，A型事業を悪用する業者も現れ始め，行政の警戒が強くなっていた。とんかつ屋やオムライス屋に出資して，障がい者の雇用の場と変えていた夏目氏の活動が，制度の悪用として行政の目に映ったのである。

　この特別監査を受けたことによって，内部の職員が不安を抱き始めたのと共に，社会福祉法人を利用した民福祉連携の限界も見え始めていた。そこで夏目氏は，平成24年にハンズオンのビジネスを社会福祉法人から切り離すとともに，一般社団法人ラバルカを立ち上げることとなる。

　2年前からハンズオンのスタイルで，これが今はこの国の限界だと思ったんですけど，社会福祉法人に特別監査されまして，結論からいくと，指摘事項は3個だけで大した事なく，罰則のあることじゃなかったんですけど，要は展開が派手だったんですよね。それで役所の人が理解できない。1番は地域のトンカツ屋さんとかオムライス屋さんを出資をして，働く場に変えてた時に，それで理解されなかったってことと，いろんな行政機関が警戒するようになったんですよね……制度を悪用しているように見られてしまって……実際に愛知県であったんですけど，土木業者，建設業者さんがA型事業を悪用して，それを逆にコンサルしちゃう人が出てきて，やってること

がだんだん違う人が悪用するようになってしまって，更に輪をかけて行政が警戒するようになってんです。社会福祉法人での動きは限界があったんで特別監査もあって，内部のマネジメントが結構ギクシャクしちゃって，何もわからない職員達は自分達が特別監査受けて，経営層が悪いことしてんじゃないかって理事会でもゴタゴタあって，じゃあ社会福祉法人はやめようって切り分けて社団法人にしたんです。

　社団法人の設立によって組織内の動揺が治まる共に，社会福祉法人の経営者として営利事業にタッチしない構造を作ることで，夏目氏はひとまず特別監査を実施した行政の懸念事項を一旦克服した。しかし，民福連携を進める中で夏目氏が構築したハンズオンの仕組みは，行政の理解が進まなければ，遠からず同じような問題が再発することが目に見えていた。
　そんな時，夏目氏はショコラティエの野口和男氏と出会った。野口氏と民福連携ができないかと考えた夏目氏は，野口氏の工房に実際に働きに行った。そのとき野口氏の元で働いている工員は日本語学校の外国人など言語の壁を抱えている人たちだった。夏目氏は野口氏より，チョコレートを作る作業は誰でもできるものであり，本物の素材と，正しい知識があれば，高級チョコレートも誰もが触れることができるカジュアルなものと変わることを教わった。
　夏目氏は野口氏との出会い，チョコレートと向き合う中で，この仕事の性質が障がい者に適しているだけでなく，これまで手がけてきたパンや名刺では実現できなかった，障がい者の働く現場を根本的に変える製品だと確信する。

　チョコレートと出会って，やればやるほどこれは良いなって思ったのが排除される人がいない。ずっとパン屋からスタートして，色んな事業作り出してやっても，必ず一定のクオリティ保つためには誰かが排除される。チョコレートはそれがなくて人に合わせてくれる，人が遅かったらそれなりに遅い仕事しても，価値は高い物を出せる，しかも役場にも成功法の起爆剤が作れるんじゃないか。パン屋クッキーじゃない。働く現場を根本的に変えると思ったんで，色んな出資形態を整理して徐々に縮小して今チョコに。チョコレートってコンテンツをしっかりした物にしたら，またハンズオンっていう

スタイルを導入して，色んな企業に出資して。例えば飲食店を展開してる居酒屋さんに，中小企業に出資をして入っていって，デザートでチョコレートだす。

　チョコレート菓子の加工に際して重要なのは，チョコレートを溶かして練る（テンパリング）する際の温度管理である。この加工を経た後は，溶かしたチョコレートを型に入れたり，乾燥果物と合わせるといった単純作業が残るだけである。この工程では作業の早さは求められない。そのため，作業の早さや効率化という点から障がい者が排除され難いのである。

　更に，チョコレートビジネスを障害者支援に結びつけることで，雇用された障がい者はショコラティエという専門職の肩書きを得ることが可能になる。専門職の肩書きは，名刺作成では得られない。製パン事業であればパン職人の肩書きを得ることも可能であるが，作業の早さや量の面で，一般的なパン職人としては扱われない。しかし，ショコラティエであれば健常者と障がい者が同等の立場で仕事が出来るのである。

　そこで夏目氏は，これまで展開してきた民福連携事業を縮小し，チョコレートに特化していくことを決める。チョコレートブランドが確立されたとき，改めてハンズオンの手法を活用して出資した企業にチョコレートを提供する状況を作り出せばいいという長期的な視点を持っての事業縮小であった。

　平成26年に公益財団法人日本財団と，全国夢のチョコレートプロジェクトを開始する。まずは，京都市堀川商店街に第1号店として「New Standard Chocolate」を開業する。チョコレートのブランド名は「久遠チョコレート」となった。久遠チョコレートブランドはスーパーで売っているものほど安くはないが，デパートで売っている高級チョコレートブランドのものよりは安い。久遠チョコレートの価格設定は600円〜1,000円である[7]。デパートなどで販売されるプレゼント用のチョコレートは3,000円以上が普通だが，自社販売の場合は原材料費が高いチョコレートであっても，パッケージを素朴にするなどしてコストをさげることが可能である。通常，商店街で買い物をする人が買うケーキなどは400〜500円であり，そのお客さまの手に届く価格帯に設定したのだ。もちろん，味はピュアチョコレートと同じ原材料を使っているため本物

である。そのため，連日顧客の足が絶えることなく，ひと月の売り上げは京都店をはじめとする全国のショップで200万円を超えるまでに成長した[8]。

このショップでの久遠チョコレートブランドでの展開と同時に，OEMの受注も重要な収入源となった。OEMによって発注されてくるものは主として企業の贈答用の品であり，主力商品となっているの乾燥果物にチョコレートをかけたものである。これは大量生産でつくる板チョコレートとは違い，機械では製造不可能な，障がい者が手作業で産み出す作品である。OEMを発注する企業側も，このような作品であることに，付加価値を見いだしていた。

プロジェクトを開始してから2年目となる2015年度の実績は，年間総売上が8,035万7,000円，障がい者ショコラティエの年間平均給与は153万6,000円である。障がい者の就労者数は67名で，月額平均工賃は5万3,724円となっている。現時点で（平成29年2月現在），久遠チョコレートショップは全国15か所に拡大しており，今後も開店予定の計画が進行している。

4. おわりに

本章ではここまで，社会企業家およびソーシャル・イノベーションに関する先行研究の抱える理論的課題に対して，制度派組織論の近年の理論的展開に基づいた分析枠組みを導出した上で，具体的な事例の分析的記述を行ってきた。多元的な諸制度に埋め込まれる中で構造的不利益として社会的課題を見いだした社会企業家は，諸制度から動員可能な資源や特定の制度に適応することで得られる便益を計算に入れつつ，自身が見いだした社会的課題を克服する手段としてソーシャル・ビジネスを構築していく。本章で取り上げた夏目氏も，障がい者を取り巻く労働賃金に社会的課題を見いだし，障害者支援に係わる諸制度を利用していくことで，社会的企業を設立し，事業を展開していった。

本章では最後に，この事例記述から見いだされる理論的貢献を指摘していきたい。

本章の事例記述を通じて注目すべきは，夏目氏が純粋な営利企業（製パン事業）から事業をスタートし，NPO法人・社会福祉法人を利用した民福連携事業へと展開し，最終的に民福連携事業を縮小しつつ営利企業（チョコレート事

業) に回帰していった点である。この夏目氏の事業展開から，二つの理論的貢献が見いだされる。

　第一に，新自由主義学派において支配的パラダイムであるソーシャルイノベーションのプロセスモデルとは異なり，社会企業家の事業が市場に受け入れられ，法制化されたことが，逆に夏目氏の事業展開に困難を招く結果になったことである。

　夏目氏の構築した民福連携の仕組みが法制化されたことで，民福連携の社会的事業を成立させる計算が成り立つ状況になったことで，この制度を悪用する模倣者が現れてしまった。いうなれば，民福連携という仕組みが普及したことで，逆にこの仕組みの倫理性に疑いが生じ，夏目氏は新たな仕組みの構築を図る必要性に迫られた。新自由主義学派において，ソーシャル・ビジネスの倫理性は，社会企業家という存在そのものに帰着させた上で，その具体的行為としてソーシャルイノベーションのプロセスモデルが提示され，段階毎に取るべき行為の類型が追求されてきた。それに対して夏目氏の事例からは，ソーシャル・ビジネスの構築と発展のプロセスが法制化に帰結するモノでは無いことが明らかになると共に，法制化の後に生じ得るソーシャル・ビジネスの不可避の課題に対して，社会企業家がいかに対応していくのかという現在進行性の実践への注目が，当該事業の倫理性が担保するという新たな理論的視座が見いだされると考えられる。

　第二に，社会政策学派は社会企業家の学習に基づいたハイブリッド構造の維持によって，社会的課題を解決し得る独自の生存領域が維持・拡大されていくと捉えてきた。それに対して夏目氏の事業展開は，諸制度に逐次適応しつつソーシャル・ビジネスを展開していくことで不可避に生じた課題に対して，最終的にはNPO法人や社会福祉法人を利用した民福連携事業を縮小し，営利事業へと回帰していくことで解決を図った。すなわち社会企業家が採用しうる抵抗戦略とは，社会政策学派が主張する「いいとこどり」だけではなく，事業展開の上で生じる課題の源泉となった制度と関わりを一時的に「断つ」という方法が存在すると考えられる。

　社会政策学派が提示してきたソーシャル・ビジネスのハイブリッド構造は，社会企業家が諸制度との関わりの下で多元的な財源を確保し，独自の生存領域

を構築していくための戦略的行為を捉えていくための理念型として，非常に有効に機能してきた。他方で，「いいとこどり」を可能とするハイブリッド構造を前提とするが故に，その構造の確立と維持に分析の焦点があてられることにもなった。

確かに夏目氏の民福連携事業は，先行研究が指摘するハイブリッド構造の構築であった。しかしながら，この民福連携事業が成功事例として法制化されることで，制度の悪用という社会的課題が生じてしまったのである。ハイブリッド構造そのものが問題を生み出している限り，ステイクホルダーのマネジメントだけで事業を維持することは困難であると共に，その構造を採用することで倫理性が逆に失われていくという危機に直面することになる。それ故に，夏目氏は民福連携事業を縮小し（一旦は制度との関係を断ち），営利事業であるチョコレート事業を通じた障害者支援へと回帰していったのである。

本章は，社会政策学派が提示するハイブリッド構造と闘う社会的企業という議論に基づいて，制度派組織論における近年の展開を踏まえて改めて社会企業家の行為に焦点化する分析枠組みを提示してきた。この分析枠組みに基づくことで，ハイブリッド構造がソーシャル・ビジネスにもたらす課題を浮き彫りにすると共に，社会的企業が諸制度からの圧力に対して闘うための新たな行動類型として，制度との関わりを一時的に「断つ」ことを見いだした。もちろん，夏目氏の実践した「断つ」は単に市場主義への回帰を意味するのでは無い。夏目氏が事業を展開していく中で構築した民福連携の仕組みと，チョコレート事業を将来的に結合していくことを見据えた上での，一時的な事業の縮小と新展開である。だとすれば，ソーシャル・ビジネスはハイブリッド構造を維持する社会企業家の抵抗戦略によってのみ実現するのでは無く，諸制度との関わりの中で社会企業家が多様な資源やステイクホルダーを組み合わせ，時には特定の制度との関係を断つことによって実現する，社会的課題を解決しうる新たな価値（例えば，障がい者への高い給与やショコラティエという専門職の肩書き）の提示によって，実現していくと考えられる。

（高橋　勅徳）
（木村　隆之）

注

1 Khan et al. (2007) は，社会企業家の成功例として知られるシアルコットにおけるサッカーボール縫製業からの児童労働の撤廃について，メーカーと地元縫製業者が共同で設立し，NGO が監視するサッカーボール縫製工場の設立によって，各家庭の収入が減少し，児童の就学すらままならない貧困という新たな問題が引き起こされたことを指摘する。シアルコットにおいて児童労働が発生していたのは，パキスタンにおける女性差別，職業差別が原因であった。表立って働くことのできない母親たちは，仲介業者を通じたサッカーボールの縫製を子供達と共に細々と行っていた。しかしサッカーボールの縫製が工場で行われることにより，女性達は逆に仕事を失い，現金収入を失ってしまった。その結果，サッカーボール縫製における児童労働は撤廃されたものの，ソーシャル・ビジネスの陰で女性差別と職業差別が隠蔽され，メーカーと地元縫製業者が利益を上げ続ける構造だけが維持されたのである (Khan et al., 2007, pp.1060-1061)。

2 Luke et al. (2013) は，異なる組織において SROI の値を比較することは，実質的な意味をなさないにも係わらず，サードセクターを奨励することによって，模倣的・規範的な同型化が興り，強力なステイクホルダーである資金提供者を意識して正当性を示すことになると指摘している。

3 福祉的就労支援は「障害者の日常生活及び社会生活を総合的に支援するための法律（以下，障害者総合支援法）」を，一般就労支援は「障害者の雇用の促進等に関する法律（以下，障害者雇用促進法）」を法的根拠とする。

4 小倉正男（元ヤマト運輸会長）がこの事実に強い問題意識を持ち，ヤマト福祉財団を立ち上げたことは有名である。詳しくは，小倉正男 (2003)『福祉を変える経営』日経 BP 参照。

5 東京都の場合は，1 万 4,588 円（平成 25 年度）。その他，各自治体の公式サイトを参照。

6 旧制度では資本金が 1 億円必要であったが，制度改正があり 1 千万円での開設が可能となった。

7 京都店のメイン商品である「京テリーヌ」は 6 枚入りで 960 円である。

8 チョコレートは原材料の入手が非常に困難なため，参入障壁が高いビジネスである。その点，野口氏のルートがあることで良質のカカオを原材料から入手することが可能となった。

参考・引用文献

Battle, A. B. and Dees, J. G. (2006) "Rhetoric, reality and research: building a solid foundation for the practice of social entrepreneurship", A. Nicholls (ed.) *Social Entrepreneurship, New Models of Sustainable Social Change*, Ocford University Pres, pp.144-168.

Bode, I., Evers, A. and Schultz, A. (2006) "Social enterprises: Can hybridization be sustainable?", M. Nyssens (ed.) *Social Entreprise: At the Crossroads of Market*, Public Policies and Civil Society, Routledge, pp.237-258.

Borzaga, C. and Deforny, J. (2001) *The Emergence of Social Enterprise*, Routledge.（内山哲朗・石塚秀雄・柳沢敏勝訳『社会的企業（ソーシャルエンタープライズ）：雇用・福祉の EU サードセクター』日本経済評論社，2004 年。）

DiMaggio, P. J. and Powell, W. W. (1983) "The Iron Cage Revisited: Institutional Isomorphism and Collective Rationality in Organizational Fields", *American Sociological Review*, Vol.47, No.3, pp.657-679.

DiMaggio, P. J. (1988) "Interest and Agency in Institutional Theory", L.G. Zucker (ed), *Institutional Pattern and Organizations: Culture and Environment*, Ballinger Publishing Company, pp.3-21.

Greenwood, R., Oliver, C., Sahlin, K. and Roy S. (2008) "Introduction", R. Greenwood, C. Oliver, K. Sahlin, and R. Suddaby (ed.), *The Sage Handbook of Organizational Institutionalism*, SAGE, pp.1-46.

Hannan, M. T., and Freeman, J. (1977) "The Population ecology of organization", *American Journal of Sociology*, Vol.82, No.5, pp.929-964.

Karim, L. (2008) "Demystifying Micro-Credit The Grameen Bank, NGOs, and Neoliberalism in Bangladesh", *Cultural Dynamics*, Vol.20, No.1, pp.5-29.

Khan, F. R. M., Kamal, A. and Willmott H. (2007) "A Dark Side of Institutional Entrepreneurship: Soccer Balls, Child Labour and Postcolonial Impoverishment", *Organization Studies*, Vol.28, No.7, pp.1055-1077.

Lawrence, T., Suddaby, R. and Leca, B. (2011) "Institutional Work: Refocusing Institutional Studies of Organization", *Journal of Management Inquiry*, Vol.20, No.1., pp.52-58.

Luke, B., Barraket, J. and Eversole, R. (2013) Measurement as legitimacy versus legitimacy of measures, *Qualitative Research in Accounting & Measurement*, vol.10, no.3/4, pp.234-258.

Penrose, E. (1959) *The Theory of Growth of the Firm*, Oxford University Press. (日高千景（訳）『企業成長の理論』ダイヤモンド社, 2010年。)

Wooten, M. and Hoffman, A. J. (2008) "Organizational field: Past, present and future", R. Greenwood, C. Oliver, K. Sahlin and R. Suddaby (ed.), *The Sage Handbook of Organizational Institutionalism*, SAGE, pp.131-147.

岸昭雄・金川幸司・尹大栄・浦野充洋（2017）「英国における Social Value Act と公共調達」『経営と情報』（印刷中）。

桑田耕太郎・松嶋登・高橋勅徳（2015）『制度的企業家』ナカニシヤ出版。

谷本寛治・大室悦賀・大平修司・土肥将敬・古村公久（2013）『ソーシャルイノベーションの普及と創出』NTT 出版。

谷本寛治編（2015）『ソーシャル・ビジネス・ケース』中央経済社。

原田晃樹・藤井敦史・松井真理子（2010）『NPO 再構築への道』勁草書房。

藤井淳史・原田晃樹・大高研道（2013）『闘う社会的企業：コミュニティ・エンパワーメントの担い手』勁草書房。

結語
社会企業家への関与

1. はじめに

　本書ではこれまで，経営学の知見からソーシャル・イノベーションおよび社会企業家に関する先行研究の理論的基盤を整備しつつ，我が国における先進的事例のフィールドワークに基づく発見事実から，様々な理論的・実践的貢献を提示してきた。

　社会企業家研究は，社会的排除を起因とする社会問題に対して，新たな価値創造を通じて解決して行くという固有のロジックを有する。このロジックは当事者の実践を，企業家精神によって正統化された英雄的行為として焦点化するだけでなく，現象と不可分に結びついた既存研究の理論的課題を英雄的行為から逆照射し，新たな理論的・実践的地平を切り開いていく。

　実際，本書では社会政策学派における市場・公共領域への過度な同型化という理論的課題に対して，制度にあえて同型化することで，それをレバレッジとして独自のハイブリッド構造を構築する障害者支援施設（2章），6次産業化における企業家精神の必要性を強調する余り，その具体的行為を見落としてきた農業経営研究の理論的課題に対して，助成金や支援組織を利用しステークホルダーとの利害のマネジメントを行い，林業の6次産業化に成功したTokyo Woodの事例（3章），更には6次産業化における農業経営者の農協からの自立を強調する余り，農協のもとで既に十分な経営体力を獲得してきた農業者しか6次産業化を担うことが出来ないという逆説を産み出した農業経営研究に対して，畜産業をとりまく既存の関係構造を利用したローリスク・ハイリターンのブランド豚の生産販売に成功したみやじ豚の事例（4章）から，単に既存の諸制度と対立するのでも過度に適応するのでもなく，レバレッジとして上手く

利用していくことで社会問題を解決していく実践として，社会企業家の新たな行動類型を明らかにしてきた。

もちろん，企業家精神によって正統化されているとはいえ，社会企業家の行為が全て肯定される訳ではない。Schumpeter（1926, 1950）が企業家を資本主義のエンジンとして経済発展を体系化したように，社会企業家が遂行していくソーシャル・イノベーションは，当該社会が信奉する社会性に接続されることで，「より良き社会」の実現を目指した実践として受容される。

本書の第5章において詳細に議論してきたように，一方で米国においては，新自由主義を前提とした上で，公共サービスの市場化による自立を肯定したソーシャル・イノベーションのプロセスモデルが提示され（e.g., Mulgan, 2006），他方で，社会民主主義の伝統を有する欧州においては，福祉国家の樹立を目指した国家変革のエージェントとして社会企業家を位置づけてきた（e.g., Giddens, 1998；2000）。翻って我が国においては，社会問題に対して現場主導での解決を実現する主体を「価値の共創環境を構築する社会企業家」（谷本，2006）や，「闘う社会的企業」（e.g., 藤井・原田・大高，2012）からアプローチしてきた。我が国におけるソーシャル・イノベーションや社会企業家に関する議論は，欧米の先行研究の影響を受けつつ，新自由主義のもとで社会企業家による公共サービスの市場化を強調する新自由主義学派とも，社会民主主義のもとで政策的な介入を通じた社会企業家による国家変革を目指す社会政策学派とも異なる，新たな行動類型の提示を試みつつも，欧米とは異なる我が国固有の社会性を十分に示すことができなかった。そこで本書では，我が国が歴史的に根ざしてきた社会性である厚生に基づいた，官民連携をすすめていく現象に注目していった。そこで見出された，市町村合併における制度的リーダーシップ（6章），島おこしにおける社会的企業家としての行政職員（7章），地域活性化における遊休不動産を媒介とした利害のマネジメント（8章）は，行政組織の職員や商工会のメンバー，不動産オーナーが，厚生に紐付けられた自助努力として社会企業家活動を展開していく現象であるとともに，その具体的な方法を理念と物質，双方を利用した利害のマネジメントという位相から明らかにしてきた。

このような理論的視座に立つ時，社会企業家の行為とは社会的排除を解消す

る企業家精神の発露として捉えられるとともに，それが当該社会において信奉されている社会性へ繋がる形に，自らの正統性を他者へと明らかにしていく現在進行形の行為であることに気付かされる。新自由主義や社会民主主義といった明確に言語化・体系化された社会性を有さなかった我が国のソーシャル・イノベーションおよび社会企業家研究では，長年，この社会性の根幹を現場に根ざしていることに求めてきた（藤井・原田・大高，2012，70頁）。しかし，現場に根ざしていることそのものが，社会企業家の存在を正統化していると考えるのは，やや短絡的であると言わざるをえない。社会企業家は新自由主義，社会民主主義，そして厚生といった不可知な倫理に紐付けられた，より良き社会を目指す自律的行為である。それ故，社会企業家はその都度，彼を取り巻く関係の中で正しさを証明し続けていく必要がある。

　このことを，経営倫理論の持つ理論的視座から迫ったのが第9章である。主体の属性が営利・非営利のどこにあれ，ソーシャル・ビジネスとして社会問題の解決を目指すことは，公共の私益化という善悪の臨界に迫られる。この善悪の臨界に立つ主体こそが社会企業家であり，ステークホルダーに対する説明責任を果たす倫理的存在と化しながらも，その倫理性に惹きつけられ新たな社会問題の解決をステークホルダーから迫られつつ，それをレバレッジとして更に新たな事業機会を切り開き続ける現在進行形の行為として社会企業家の実践を捉えるという理論的視座のもとで，本書ではオーガニックコットン事業における終わりなき権力関係の解体と再創造（10章），エコツーリズムを実現する資源管理組織の構築（11章），障がい者支援ビジネスにおける諸制度との新結合と切断（12章）から明らかにしてきた。

　以上のように本書では一貫して，社会企業家という固有のロジックのもとで，社会問題の各現場と不可分に結びついた諸研究領域の抱える暗黙の前提とそこに起因する理論的課題に対峙し，フィールドワークを通じて新たな理論的地平を切り開いてきた。しかし，ここで改めて振り返っておきたいのが，この研究領域への参加を通じて新自由主義学派は教育の場で，社会政策学派は政策立案の場で，ソーシャル・イノベーションの実現に関与してきたことである。つまり，社会企業家という概念は，理論と不可分に結びついた社会に研究者としていかに関与していくべきなのかを問い直す。そこで本書では最後に，我々

が社会企業家という概念にどのように関わるのかについて，参加的次元（precipitative dimension）という視座から問い直していきたい。

2. 企業家における遂行的次元と参加的次元

　本書で繰り返し議論してきたように，社会企業家とは歴史的・政治的に信奉された社会性のもとで企業家精神によって正統化された，社会変革の遂行主体として定義される。この社会企業家概念は，一方では社会的排除に起因する社会問題を新たな価値創造を通じて解決する人々の実践を捉え，他方ではこの実践への注目を通じて既存の理論体系と不可分に結びつく諸制度の課題を浮き彫りにし，理論的・政策的な発展を目指す概念として求められてきた。

　社会企業家はこのような役割と働きを有するからこそ，人々はソーシャル・イノベーションへの機会を獲得できるとともに，研究者は社会への係り合いを有する形で研究実践を展開していくことが可能になる。実際，米国を中心とする新自由主義学派は研究から得られた知見をビジネス・スクールにおける教育を通じて還元し，欧州を中心とした社会政策学派はソーシャル・インパクトの測定といった社会政策への関与という形で，研究成果を社会へと再接続する研究実践を展開してきた。それでは，本書がここまで展開してきた研究成果は，いかに社会へと再接続されていくべきなのだろうか。

　ビジネス・スクールでの教育や社会政策への関与も，確かに研究成果を社会へと再接続していく一つの方法であるだろう。実際，本書で取り上げた各事例は，首都大学東京大学院社会科学研究科ビジネス・スクールにおける講義「ビジネスイノベーション特別演習」や九州産業大学経営学部における講義「中小企業論」「ベンチャービジネス論」におけるケーススタディ教育，更には内閣府地方創生事務局による「地方創生カレッジ事業」での映像教育において利用されてきた。しかし，このような研究教育活動を通じて，なぜ，ソーシャル・イノベーション研究や社会企業家研究の実践が，より良き社会の実現へとつながっていくのかについて，改めてその理論的基盤を明確化していく必要があるだろう。1章で指摘しているように，社会企業家という概念は，企業家のもつ英雄としてのイメージをもとに構築された。だとすれば，企業家研究において

企業家という概念をどのように取り扱い，社会に関わってきたのかについて再考していくことが，この最後の理論的課題を解き明かしていく端緒になるだろう。

近年，企業家研究における実践的転回（practice turn）を主導し，企業家研究の社会への関与について議論を深めている Steyaert（2011）は，企業家研究と社会の関わりを遂行的次元（performative dimension）と参加的次元に分類する。

企業家研究の遂行的次元とは，規範的かつ抽象的な研究成果の生産を目的とした研究実践を意味する。遂行的次元において研究者は，現場での観察や調査を通じた研究者の徹底した内省的態度（e.g., 高橋・松嶋，2015）を通じて，既存研究の持つ理論的限界を浮き彫りにするとともに，その差分として提示される新たな概念やモデルは元型（archetype）として人々の行為を導く遂行的な役割を担うことになる（Steyaert, 2011, p.84）。例えば，合理的経済人との対比から，企業家に特有のパーソナリティを達成動機や危険負担指向性，統制の位置から迫った心理学的研究（e.g., McClleland, 1961），単なる資源の獲得経路を示すネットワーク概念を超え，ネットワークそのものを再編成し新たな価値を産み出す地域内の関係を指す概念として提示されたクラスター概念（e.g., 金井，2012），文化や法制度を人々の行為を規定する外的環境ではなく，人々が固有の利害を見出し，その実現を目指して新結合を遂行するレバレッジとして捉え直した制度的企業家概念[1]（e.g., Maguire, 2007）等，企業家研究が生み出してきたこれらの概念は，調査を通じた内省的態度のもとで得られた，既存研究に対する理論的貢献であるとともに，人々に新たな行為の可能性を示唆する元型なのである（e.g., 松嶋・高橋，2015）。

それに対して企業家研究における参加的次元は，Latour（2005）のアクター・ネットワーク理論を基盤としつつ，当事者のみならず研究者をも人と物の異種混合（heterogeneous）のネットワークにおけるアクタント（actant）であることを出発点とする。英雄としての企業家が正統化されている社会において，人々は異種混合のネットワークに偏在する要素を固定的な役割を担うアクターとして見出し，その組み合わせによって新たな社会を構築していくアクター・ワールドを構築していく可能性を見出す。このアクター・ワールドの構

築を目指し，各アクターに働きかけていくことを翻訳（translation）と呼ぶ。企業家活動とは，異種混合のネットワークからアクター・ワールド構築を目指して，アクターを確定し，接続していくことでその役割を変化させていく一連の実践を通じて捉え直す事が可能となる（e.g., 松嶋，2006）。

翻って企業家研究に携わる研究者も，企業家概念を用いることで可能となる「共有された実践的理解の周りに組織化され，人間の体が結節点となった一連の活動」（Schatzki, Theodore, Karin Knorr-Cetina & Eike von Savigny., 2001, p.2）として見いだされることになる。遂行的次元において指摘された研究活動から産み出された研究成果を介して人々の企業家精神の発露へ導いていく研究者の実践は，このアクター・ワールドに我々が参加しているがゆえに可能となる。いうなれば，我々が遂行的次元での研究活動が可能となるのは，研究教育機関において研究者・教育者としての役割（actant）を演じることが出来る，人や諸制度，物質（校舎や教室）のアクター・ネットワーク（actor network）に参加しているからである（e.g., Latour, 2005）。このことを自覚した時，研究者自身も，企業家という現象を（再）組織化するために，翻訳を駆使する主体として改めて捉え直すことができる。これが，Steyaet（2011）が指摘する，参加的次元である。

更にSteyaert（2011）はこの遂行的―参加的次元をもとに，研究者の役割を類型化していく。

第一の類型は来訪者（visitor）である。この立場は従来の遂行的次元の立場に伴い，部外者としてベンチャーという現場を観察し，そこから得られる発見事実に基づく内省を通じた理論的貢献として研究成果を発表していく。この立場は一見，現場に対する関与が無い様に見えるかもしれない。しかし，学術界と現場が社会において分かちがたく結びついていることを前提とした時，現場を通じた内省を通じて得られる理論的知見は，一方で企業家研究の理論的地平を切り開くとともに，他方では企業家として可能になる実践の地平を切り開くことにも繋がる。だとすれば，既存研究の理論体系に対する内省を通じた批判的態度は，理論の発展とともに人々の新たな行為の地平を切り開くことになる（e.g., 高橋・松嶋，2015）。

第二の類型はブローカー（broker）である。ここでは，研究者は学術を担

う立場から知識を現場に輸入し，社会改良を目指す。いわば，理論的知見を掛け金として，研究者が政策立案の媒介者として機能していくのである。このブローカーとしての典型的研究として挙げられるのが，Aldrich (1999) による Organizations Evolving（邦題：『組織進化論』）であろう。彼はプラグマティズム的折衷主義の立場から，進化論モデルを提唱し，イノベーションを企業家（イノベーター組織）によって遂行される新結合が，再生産者組織による模倣を経ることで新産業として形成される現象と捉える（邦訳，116-117頁）。彼はこの進化論モデルを変異，淘汰，闘争，保持の段階に分け，各段階で企業家に求められる行動を，個体群生態学，ネットワーク論，制度派組織論の諸概念を折衷していくことで説明していく。この進化論モデルは，過度に単純化された線形的進化論モデルという批判が生じただけでなく (e.g., Mckelvey, 2004)，進化論モデルを構築する際に折衷した既存の諸理論（制度派組織論，ネットワーク論，個体群生態学）の研究者から，各理論の持つ理論的含意とは異なる（誤った）用いられ方をしているとの批判が生じた。

しかし，Aldrich (1990) はプラグマティズムの観点から，これらの批判を退ける。彼の進化論モデルは，発見事実から導かれる差異から理論的貢献を目指したのではない。進化論モデルの各段階で求められる企業家の行為を類型化することで，新産業創出に資する効果を得ることを強調したのである (Aldrich, 1990, 邦訳，116-117頁)。いわば Aldrich (1990) は，研究者が有する社会的地位を掛け金に，進化論モデルを道具として提供してくことで，新産業の創出へと関与していくことを目指したのである。

第三の類型は，代弁者（advocate）である。この立場に立つ研究者は，現場に根付いた調査を通じて，企業家活動を取り巻く社会的障壁の存在を指摘していくことで，社会的障壁から人々を開放し，産業や地域を再生していくことを目指す。例えば 1980 年代後半から 1990 年代前半にかけて，米国において展開された移民企業家研究は，一方で移民の労働市場からの阻害を指摘しつつ，他方でエスニック・ビジネス（ethnic business）として移民集団が集団内で保有する特有の資源と文化が企業家精神へと結びつくプロセスを明らかにし (e.g., Kim, Hurh and Fernandez, 1989)，米国での適応について明らかにしていくものであった。これは，1980 年代の新自由主義政策による移民の失業者と犯

罪者の増加に対して，移民企業家を肯定的に扱うことで移民コミュニティの再生を通じて米国での自立を促すという目的を有していた（e.g., 高橋，2008）。

　第四の類型は，扇動者（provocateur）である。この立場に立つ研究者が現場に向かうのは，調査でも知識の輸入でも，現場を支援するためではない。むしろ現場で軋轢（friction）を生み出し，人々との交渉（negotiation）を行うことを通じて現場に変革の芽を生み出せるように，積極的に介入していく。

　この立場は，ブローカーや代弁者とは異なる形で現場に入り込み，研究者として現場に介入していくことで革新のきっかけを産み出す。例えば金井（2012）が提唱するクラスター概念は，地域内で新たな関係を取り結び，地域再生や新産業創出を可能とする表象としてクラスター概念を位置づけることで，既存の構造を変革し，地域内に新たな価値を産み出す関係構築を図ることを，行政や産業界に求めた。我が国において，1990年代末より産業クラスター政策は，まさに金井を中心とした扇動者としての研究者の働きが産み出したものであると考えられる（e.g., 高橋・稲垣，2015）。

　第五の類型は創始者（initiator）である。研究者の持つ社会的立場を利用し，自らが企業家を導く導師（guru）として，社会実験へと動員していく立場である。この立場に立つ代表的な研究者として，2章において取り上げたカンターが挙げられる。カンターは1980年に発表した『チェンジマスター』によって，新規事業開発やイノベーション研究の第一人者としての社会的立場を獲得していく。彼女はその後，研究活動と並行してベンチャー支援の非営利組織を立ち上げる社会活動へと身を投じていく[2]。彼女は，米国における非営利組織への寄付市場と研究者としての社会的立場を適応的に利用していくことで，イノベーションを導く創始者（initiator）として活躍する道を切り開いたのである。

3. 社会企業家を語る我々の作法

　以上のように企業家研究は，現場に部外者として関わり学術界を通じた理論的貢献を目指す遂行的次元を出発点としつつ，企業家という概念を用いつつ学術という場からイノベーションに関わっていくという，ブローカー，代弁者，

扇動者，創始者といった参加的次元に置ける研究者の多様な役割を見出してきた。もちろん，これらの役割のうち，どの役割を担うことが正しいと断言することは出来ない。来訪者が産み出すアカデミックな学術論文を通じて，研究者は学識関係者として社会に参加する役割を確立していく。学術的な裏付けのないまま，研究者がブローカー，代弁者，扇動者，創始者という役割を担うことは出来ない。同時に，研究者のブローカー，代弁者，扇動者，創始者しての役割は，我々の研究成果が現場と地続きの実践であることを社会的に証明し，アカデミズムという営為が社会的に必要とされる根拠を産み出すものである。

この Styeaert（2011）による議論は，同じく企業家精神を鍵概念とするソーシャル・イノベーション研究および社会企業家研究にまで展開していくことが可能であるだろう。仮に遂行的次元と参加的次元を両極に置き，研究者の果たしうる役割を社会に直接的に関与していく程度に従って遂行的次元から配列していくとすれば，来訪者→ブローカー→代弁者→扇動者→創始者という順番に配置することが可能になるだろう。この連続線上に，本書で取り上げたソーシャル・イノベーションおよび社会企業家研究の主要な学派をあえて位置づけていくとすれば，図結-1 のように表現できると考えられる。

まず，Mulgan（2007）や谷本（2006）に代表される日米の新自由主義学派の研究は，来訪者とブローカーの間に位置づけることが出来る。学術的所産として抽象化されたモデルを提示し，各段階で求められる社会企業家の行為を既存研究との関連から明らかにしていく一方で，社会との接点はビジネス・ス

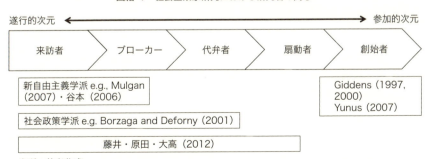

図結-1　社会企業家研究における研究者の関与

出所：筆者作成。

クールを始めとした教育の現場に限定しているからである。

　他方で，Borzaga and Deforny（2001）に代表される欧州の社会政策学派は，来訪者としての規範的研究を蓄積しつつ，政策立案にブローカーとしての役割を担うだけでなく，社会的排除の存在を指摘しソーシャル・イノベーションの必要性を訴える代弁者の役割まで担う。この社会政策学派を基盤としつつ現場性を強調し「闘う社会的企業」を提唱する藤井・原田・大高（2012）も，欧州の研究成果を紹介するというブローカーとしての立場を確立し，その研究成果を通じて現場の代弁者として我が国のソーシャル・イノベーションを巡る現状の問題点を指摘し，改良を促す扇動者としてその役割まで伸張させていった。最後にグラミン銀行を設立したYunus（2007），第三の道を提唱し国政に関わったGiddens（1997, 2000）は，ソーシャル・イノベーションそのものを組織化するアクタたる創始者としての役割を担ったと考えられる。

　繰り返すことになるが，遂行的次元―参加的次元の連続線上のうちで，研究者がどの役割を担うのかについての，優劣は存在しない。むしろ，どの役割を担うかは，各研究者が異種混合のネットワークからどのような役割＝アクタントを見出し，どのようなより良き世界＝アクター・ワールドの構築を目指すのかによって，変わってくるのである。

4. おわりに

　本書では最後に，これらの論考に基づき，我々がどのような役割を担いソーシャル・イノベーションおよび社会企業家に関与していこうとしたのかについて明らかにしておきたい。

　図結-1の連続線上に本研究をあえて位置づけるのであれば，日米の新自由主義学派と同じく，来訪者―ブローカーの範囲に位置づけられるだろう。本書は欧米の先行研究を経営学のもつ理論的視座とフィールドワークに基づいた学術的研究の成果であるとともに，筆者らがそれぞれの教育現場でケーススタディとして用いることで，多少なりともソーシャル・イノベーションの現場を変えていこうとする教育実践の成果でもある。同時に，筆者らをとりまく異種混合のネットワークが，我々にブローカー以上の役割を求めなかった（あるい

結語　社会企業家への関与　319

は，我々がブローカー以上の役割を見いだせなかった）とも言えるだろう。

　他方で，本書が来訪者―ブローカーの位置に，戦略的に留まったことも，確かなことである。我が国におけるソーシャル・イノベーションおよび社会企業家は，中曽根政権以来続く国政レベルでの新自由主義政策と民間活力を利用した福祉政策の推進，阪神大震災・東日本大震災という二度の災害を通じた非営利組織の台頭という政治的・社会的背景に後押しされるかたちでその重要性が認識され，安倍政権により改革の柱に据えられた地方創生によって，今，ピークに差し掛かっているだろう。経営学の領域においても主要学会においてソーシャル・イノベーションや社会企業家を題する研究報告やテーマセッションが行われるだけでなく，1999年にNPO学会，2008年に地域活性学会と，多様な研究背景を持つ研究者が参加する，新たな研究動向を反映した学会が設立されてきた。この10年ほどの間に，これらの学会活動を通じて欧米から多様な研究成果が導入されるとともに，我が国におけるグッドプラクティスに注目した事例研究の蓄積も進められてきた。これらの活動が「闘う社会的企業」や「価値の共創環境を構築する社会企業家」という我が国独自の行動類型が生み出され，これらの研究成果を社会に反映していくための政策的な試みも進められている。

　このタイミングだからこそ，我々は改めてソーシャル・イノベーションおよび社会企業家研究の根幹を問い直し，理論的基盤を整備し直す必要があると考えた。第5章で詳細に議論しているように，我が国のソーシャル・イノベーションおよび社会企業家研究は，欧米の研究成果を同時期に輸入する形でスタートしたがゆえに，各学派が自明のものとして信奉する社会性に引きずられる形で，目の前の現象がソーシャル・イノベーションであるか否か，その担い手が社会企業家として取り上げるにふさわしいか否かについて，ある種の神学論争に巻き込まれていた。学術界が社会企業家である／無いという神学論争に耽溺していては，そこに地続きで繋がる現場はその論争の代理戦争の場となり，知らぬうちに現場の足を引っ張ることになりかねない。さらに言えば，社会企業家である／無いという神学論争への耽溺は，我々が研究者として様々な役割を担うための足元を揺るがしかねない。

　このような神学論争の果てに，研究領域と共に現象までもが痩せ細っていく

危機を回避するためにも，改めてこの研究領域が蓄積してきた研究成果を問い直し，確固たる理論的基盤を構築していく必要がある。そのために本書では，改めてソーシャル・イノベーションと社会企業家を基礎づける概念である企業家精神からこの研究領域の持つ独自の理論的視座を明らかにし（2章），我が国が歴史的・政治的に依拠してきた社会性として厚生を提示する（5章）とともに，善悪の臨界という立場から，社会企業家を新結合の遂行を通じて，倫理を体現しつづける主体（9章）として，再定義してきた。

経営学（特に企業家研究，公共経営論，経営倫理研究）の先端的研究成果に基づくとはいえ，学際的研究としての性質の強いソーシャル・イノベーション研究および社会企業家研究にとって，本書の議論はある種の偏りが存在するという批判は避けられないだろう。しかし，我々の研究活動が参加的次元にあることに自覚的になった時，本書が外部者—ブローカーとして提示してきた理論的論考は本研究領域の新たなスタートラインになるとともに，代弁者，扇動者，創始者として現場に関わり，社会企業家の活動に関与しソーシャル・イノベーションの新たな可能性を切り開く際の準拠点になり得ると考えている。

筆者らが本書に基づき，どのような役割を今後背負っていくのかについては，本書を世に問うことで新たに広がる翻訳の可能性に依拠することになる。その意味でSteyaert（2011）が指摘するように，我々の研究実践も，当事者の実践も社会企業家という抽象物によって切り開かれたアクター・ワールドに参加し，関与していく中で生じる適応的（adaptive）反応であるだろう（pp.87-86）。この適応的反応に関わり続けていくことで，ソーシャル・イノベーションや社会企業家という現象が息づいていくのである。

高橋　勅徳
木村　隆之
石黒　督朗

注
1　制度的企業家概念の詳細な理論的検討については，桑田・松嶋・高橋（2015）を参照のこと。
2　Kanterの経歴及び社会活動については，https://www.hbs.edu/faculty/Pages/profile.aspx?facId=6486 を参照のこと。

参考・引用文献

Aldrich, H. (1999) *Organizations Evolving*, Sage Publications. (若林直樹・高瀬武典・岸田民樹・稲垣京輔 (訳)『組織進化論』東洋経済新報社, 2007 年。)

Borzaga, C. and Deforny, J. (2001) *The Emergence of Social Enterprise*, Routledge. (内山哲朗・石塚秀雄・柳沢敏勝訳『社会的企業 (ソーシャルエンタープライズ): 雇用・福祉の EU サードセクター』日本経済評論社, 2004 年。)

Drucker, P. F. (1990) *Managing the Nonprofit Organization*, Harper Collins Publishers. (上田惇生・田代正美訳『非営利組織の経営』ダイヤモンド社, 1991 年。)

Giddens, A. (1998) *The Third Way*, Polity Press. (佐和隆光訳『第三の道 効率と公正の新たな同盟』日本経済新聞社, 1999 年。)

Giddens, A. (2000) *The Third Way and its Critics*, Polity Press. (今枝法之・干川剛史訳『第三の道とその批判』晃洋書房, 2003 年。)

Kanter, R. M. (1999) "From spare change to real change: The social sector as beta site for business innovation", *Harvard business review*, 77, 122-133.

Kim, K. C., Hurh, W. M. and Fernandez, M. (1989) "Intra-group difference in business participation: Three Asian immigrant groups", *International Migration Review*, Vol.23, No.1, pp.73-95.

Latour, B. (2005) *Reassembling the social: An introduction to Actor-Network-Theory*, Oxford University Press.

Maguire, S. (2007) "Institutional entrepreneurship", S. Clegg and J. R. Bailey (eds.) *International Encyclopedia Organizational Studies*, Sage publication, pp.674-678.

McClleland, D. C. (1961) *The Achieving Society*, Van Nostrand Company. (林保 (監訳)『達成動機:企業と経済発展に及ぼす影響』能率産業短期大学出版部, 1971 年。)

Mckelvey, B. (2004) "Toward a complexity science of entrepreneurship", *Journal of Business venturing*, Vol.19, No.3, pp.313-341.

Schumpeter, J. A (1926) *Theorie der Wirtschaftlichen Entwicklung:eine Untersuchung ube Unternehmergewinn, Kapital, Kredit, Zins und den Konjunkturzyklus*, 2nd revised ed., Leipzig: Duncker and Humblot. (塩野谷祐一・中山伊知郎・東畑精一訳『経済発展の理論:企業者利潤・資本・信用・利子および景気の回転に関する一研究 上巻・下巻』岩波文庫, 1977 年。)

Schumpeter, J. A. (1950) *Capitalism, Socialism, and Democracy*, 2nd edition, Harper. (中山伊知郎・東畑精一訳『資本主義・社会主義・民主主義』東洋経済新報社, 1995 年。)

Steyaert, C. (2011) "Entrepreneurship as in(ter)vention: Reconsidering the conceptual politics of method in entrepreneurship studies", *Entrepreneurship and Regional Development*, Vol.23, No.1-2, pp.77-88.

Yunus, M. (2007) *Creating a World without Poverty*, PublicAairs. (猪熊弘子訳『貧困のない社会を作る:ソーシャル・ビジネスと新しい資本主義』早川書房, 2008 年。)

金井一頼 (2012)「企業家活動と地域エコシステム構築プロセスのミクロ―メゾ統合論」西澤昭夫・忽那憲治・榊原伸彦・佐分利応貴・若林直樹・金井一頼 (編)『ハイテク産業を創る地域エコシステム』有斐閣, 231-266 頁。

高橋勅徳 (2008)「埋め込まれた企業家の企業家精神:神戸元町界隈における華僑コミュニティを事例として」『ベンチャーレビュー』第 12 巻, 23-32 頁。

高橋勅徳・稲垣京輔 (2015)「組織フィールドとしての産業クラスター」桑田耕太郎・松嶋登・高橋勅徳編『制度的企業家』ナカニシヤ出版, 273-299 頁。

高橋勅徳・松嶋登 (2015)「企業家語りに潜むビッグ・ストーリー：企業家を演じる経営者のナラティブ・アプローチ」桑田耕太郎・松嶋登・高橋勅徳編『制度的企業家』ナカニシヤ出版，384-412頁。

谷本寛治編著 (2006)『ソーシャル・エンタープライズ―社会的企業の台頭』中央経済社。

藤井敦史・原田晃樹・大高研道 (2013)『闘う社会的企業：コミュニティ・エンパワーメントの担い手』勁草書房。

松嶋登 (2006)「企業家による翻訳戦略：アクターネットワーク理論における翻訳概念の拡張」土橋臣吾・上野直樹（編）『科学技術実践のフィールドワーク：ハイブリッドのデザイン』せりか書房，110-127頁。

索　引

【数字・アルファベット】

6次産業化　55, 57, 71, 77-79
EMES　107
Evers　28
Mulgan　7
SROI　112
Weber（ウェーバー）　103, 105
Yunus（ユヌス）　4, 219, 238

【ア行】

新しい公共　136
アリーナ　172, 197, 210, 213
いいとこどり　108, 224
いいとこ取り　27
埋め込まれたエージェンシーのパラドクス
　　289
英雄　113
エコツーリズム　254-256
大河内一男　124

【カ行】

撹乱する反復　239-241
カリスマ的リーダー　192
関係構造　83
関係論的転回　58
企業家精神　14, 19, 59
企業家的利潤　60-61
基礎的存在　113
協働的（collaborative）リーダーシップ　31
言説分析　239
厚生　123, 126, 128
　　──経済学　123
構造的不利益　60-61
肯定的媒介（positive synergetic mix）　26,
　　28, 224
公平な観察者　229-230
古層　120-121, 125

【サ行】

参加的次元　312, 314
三極モデル（tri-polar model）　107-108
市場主義　105, 113
市場の社会的・政治的埋め込み　25
実践的転回　313
島おこし　169, 181, 183
社会企業家　20-21, 99, 220
社会資本　10
社会政策学派　106, 109, 111-113, 117-118, 126,
　　222-223, 285
社会的企業　222
社会的排除　6-12, 27
社会民主主義　29, 113
　　──レジーム　110
商店街活性化　208
新自由主義学派　100-102, 105-106, 112-113,
　　118, 125, 221, 284
シンパシー　227, 229-230, 233
真理の体制　239
遂行的次元　312
政治の再埋め込み　14
制度的リーダー　140
　　──シップ　134, 137, 139-140, 142-143, 161,
　　163
善悪の臨界　220, 232
　　──点　233
ソーシャル・イノベーション　6, 25, 115-116,
　　128
　　──・クラスター　193
　　──研究　113
　　──・プロセス　193
　　──・プロセスモデル　105, 115, 170-171,
　　190
ソーシャルインパクト　119
ソーシャルビジネス　114

【タ行】

第三の道（third way） 8, 15-16, 110
多元的経済 113
多元的資本 9, 28
多元的所有 9, 28
多元的組織 9, 28
多元的目標 11, 108
闘う社会的企業 26, 117, 119, 225, 286-287
地域活性化 169-170
地方自治体の役割 171
同型化 283, 286, 288
　——圧力 26

【ナ行】

農商工連携 71

【ハ行】

媒介の場 108
ハイブリッド構造 26-28, 30, 108, 118-119
ヒーロー的起業家 195
　——仮説 102

ヒーロー的起業仮説 119
ビッグ・ストーリー 193
　——問題 192
不可知 230
　——な倫理 227, 230-231
プロセスモデル 106
平成の大合併 134, 137
保守主義 109, 113

【マ行】

まちづくり 192, 195, 197

【ヤ行】

遊休不動産 196, 206, 212

【ラ行】

利害の結び直し 195, 211-212
利害マネジメント 134, 161
リノベーション 200, 210
倫理的実践 220, 230-231
倫理的暴力 240
労働統合型社会的企業 27

著者紹介

高橋勅徳（たかはし　みさのり）

1974年生まれ。1999年神戸大学大学院経営学研究科博士課程前期課程修了。2002年神戸大学大学院経営学研究科博士課程後期課程修了。博士（経営学）。沖縄大学法経学部専任講師（2002－2004年），滋賀大学経済学部准教授（2004－2009年）を経て，現在，首都大学東京大学院経営学研究科准教授（2009年－）。企業家研究，ソーシャルイノベーション論を専攻。2009年，第4回日本ベンチャー学会清成忠男賞本賞受賞。

木村隆之（きむら　たかゆき）

1973年生まれ。運送会社，行政コンサルタント会社の勤務と並行し，2011年滋賀大学大学院経済学研究科経営学専攻博士前期課程修了。2015年首都大学東京大学院社会科学研究科経営学専攻単位取得退学。博士（経営学）。九州産業大学経営学部産業経営学科専任講師（2015－2018年）を経て，現在，九州産業大学商学部経営・流通学科准教授（2018年－）。企業家研究，ソーシャル・イノベーション論，公共経営論を専攻。2015年，第10回日本ベンチャー学会清成忠男賞本賞受賞。

石黒督朗（いしぐろ　とくろう）

1986年生まれ。2011年滋賀大学大学院経済学研究科経営学専攻博士前期課程修了。首都大学東京大学院社会科学研究科経営学専攻在籍（2011年－）。修士（経営学）。東京経済大学経営学部専任講師（2014年－）。企業家研究，経営倫理論を専攻。

ソーシャル・イノベーションを理論化する
―切り拓かれる社会企業家の新たな実践―

2018年9月20日　第1版第1刷発行　　　　　　検印省略

　　著　者　　高　橋　勅　徳
　　　　　　　木　村　隆　之
　　　　　　　石　黒　督　朗
　　発行者　　前　野　　　隆
　　発行所　　株式会社　文　眞　堂
　　　　　　　東京都新宿区早稲田鶴巻町533
　　　　　　　電　話　03（3202）8480
　　　　　　　FAX　03（3203）2638
　　　　　　　http://www.bunshin-do.co.jp
　　　　　　　郵便番号(162-0041)　振替00120-2-96437

製作・モリモト印刷
©2018
定価はカバー裏に表示してあります
ISBN978-4-8309-4998-2 C3034